坑儒平议

周芳 著

广西师范大学出版社
·桂林·

图书在版编目(CIP)数据

坑儒平议/周芳 著.—桂林:广西师范大学出版社,2013.1
ISBN 978-7-5495-2979-7

Ⅰ.①坑… Ⅱ.①周… Ⅲ.①焚书坑儒-研究 Ⅳ.①K233

中国版本图书馆 CIP 数据核字(2012)第 281676 号

出 品 人:刘广汉
策　　划:刘冬雪
责任编辑:刘冬雪
装帧设计:陈　维
广西师范大学出版社出版发行
(广西桂林市中华路 22 号　　邮政编码:541001
网址:http://www.bbtpress.com)
出版人:何林夏
全国新华书店经销
销售热线:021-31260822-882/883
山东临沂新华印刷物流集团印刷
(山东省临沂市高新技术开发区新华路东段　邮政编码:276017)
开本:690mm×960mm　1/16
印张:24.5　　　字数:330 千字
2013 年 1 月第 1 版　　2013 年 1 月第 1 次印刷
定价:52.00 元

序

呈现在读者面前的，是周芳同志的《坑儒平议》。这是她的学位论文，后来又经过了认真修改。

焚书坑儒，是中国历史上少有的头等大事之一。这件事的始末，却有重新检讨的必要。这本书，就是周芳同志重新检讨的结果。其内容是什么，结论又如何，不必在这里说了，读者翻看内容就是。这里要说的仅仅是，第一，这是周芳同志认真钻研后得出的结论。而这个结论，我是赞成的。所根据的材料，也是可靠的。第二，希望读者能冷静地对待该书的结论，哪怕这个结论距离你原来的观念有十万八千里之遥。因为无论我们的感情如何，历史问题，毕竟要以弄清史实为根据。而且我们的感情，也应该建立在可靠的史实基础之上。第三，一个人，一个民族，只有敢于面对真实，才有光明的前途。

是为序。

李申

2011－11－19

自　序

历史要赏善罚恶，以训后世，前提是我们所展示的历史必须是真实的。学术界历来习惯把“焚书坑儒”定位为历史上秦始皇最大的暴政、最臭名昭著的劣迹，似乎这是一个毋庸质疑的定论。也正是因为这样，现当代学者可能会疏于对历史本身的理解。本书以“坑儒”为考察对象，在秦汉时期这样的大背景下完整地展现秦始皇“坑儒”始末，结合前辈学者的研究成果，从现有的历史材料出发，以儒者的发展为线索，力求比较公允地探讨秦始皇“坑儒”的原因、结果、影响等，尽可能真实地展示历史原貌。

“坑儒”是历代儒者谈论不休的一个话题。从太史公司马迁就已经开始了，《史记·儒林列传》明言：“及至秦之季世，焚诗书，坑术士，六艺从此缺焉。”自此以后，历朝历代儒者大多论及此事，及至今世，这个问题同样受到当代人的关注。但是对于这一事件，还有许多问题亟待解决，很多疑点仍须斟酌：秦始皇为什么要“坑儒”？是不是把儒生都坑尽了？“坑方士”怎么演变成“坑儒”的？“坑儒”是国策还是个案？

本书拟对这些问题进行详细的解答，再进行细致的分析，总结有关研究，进而澄清一些误解和模糊之处。“坑儒”事件的始末，首见于《史记》，所以研究《史记》所载之“坑儒本事”，是追踪“坑儒”这一焦点话题的起点。根据《史记·秦始皇本纪》的记载，导致“坑儒”事件的原因，是秦始皇求仙药的活动。关于“坑儒”事件的始末，还有一种说法，出于东汉时期卫宏《古文尚书序》。在此序中，“坑儒”被演绎成为秦始皇蓄意针对儒者的一次毁灭性的行动。这也是许多学者认为秦始皇“坑儒”有深层次动机的一个原因，学术界还从政治、政策、文化、秦始皇个人的品质等角度对“坑儒”原因进行了探讨。但是我们发现要考察“坑儒”的真正原因，还是要回归到《史记》所载之“坑儒本事”，即回归到方士们求仙药上来。秦始皇“坑儒”实有其事，但是通过对事件本身的考察，我们发现这一事件并不是针对全体儒者的蓄谋已久的国策。对秦汉之际儒生的生存状况的考察，是将“坑儒”定性为个案的最有力的佐证。这一事件在当时的影响并不十分严重，却为历代文人所诟病，是历来遭受非议最多的事件，成为历史上著名的暴政。这与“焚书”、“坑儒”同提，汉兴后“儒术独尊”不无关系。同时这中间也纠结着对儒生和方士的不同理解，所以弄清儒的本义及其在秦汉之际的性质，对于更好的认识“坑儒”的历史意义有重要的作用。

目　录

论述部分

资料部分

论 述 部 分

绪论 原儒

“儒”，据著名甲骨文研究专家徐中舒考证，在甲骨文中写作“需”。[①] 徐中发挥徐中舒的观点，认为“需(儒)”产生于原始的雷神崇拜，其原型上为雨，下为人形，表示祭祀雷神的求雨仪式，其本义为雷神燎祭集团中的女性祭祀者，并认为“一个儒字告诉了后人两件事情：(1) 需字左边的人字旁，是在明确地告诉人们：儒只是主持民间‘人事’的低贱‘术士’而已。(2) 人字旁右边的需字，是在隐喻地告诉人们：想当年儒就是叱咤风云地主持‘神事’的高级巫祝——‘需’”。[②] 国学大师章太炎先生在《原儒》中考证，“儒”在古文字中本是写作“需”的，而需是求雨的巫觋。[③] 依据他们的考证，儒起源于古代的巫。

“儒”字在古籍上出现，当以《周礼》和《论语》为最早。《周礼·天官冢宰》载：“儒以道得民。”郑玄注：“儒，诸侯保氏，有六艺以教民者。”《论语·雍也》载孔子告诫子夏语：“女为君子儒，无为小人儒。”所谓“君子儒”，当是做诸侯保氏“有六艺以教民者”。其代表人物，当是孔子以及他的弟子们。“小人儒”，见于先秦文献所载之代表事件之一，当是《庄子》所载的“以诗礼发冢”之儒。[④]

汉代学者探讨儒之起源的代表人物，当属刘歆和班固。班固《汉书·艺文志》引刘歆《别录》道：“儒家者流，盖出于司徒之官，助人君顺阴阳明教化者也。游文于六经之中，留意于仁义之际，祖述尧舜，宪章文武，宗师仲尼，以重其言，于

---

① 徐中舒：《甲骨文中所见的儒》，《四川大学学报》1975 年第 4 期。

② 徐中：《儒的起源》，《江海学刊》1998 年第 4 期。

③ 章太炎：《国故论衡·诸子学九篇·原儒》，上海古籍出版社，2006 年。

④ 《庄子·外物》：“儒以诗礼发冢。大儒胪传曰：‘东方作矣，事之何若？’小儒曰：‘未解裙襦，口中有珠。’《诗》固有之曰：‘青青之麦，生于陵陂。生不布施，死何含珠为？’接其鬓，擪其顪，儒以金椎控其颐，徐别其颊，无伤口中珠。”

道最为高。”这可以说是“以道得民”的儒和孔子所说的“君子儒”。君子之儒取得实效的，在班固和刘歆看来，就是所谓尧舜时代和夏商周三代的政治：“唐虞之隆，殷周之盛，仲尼之业，已试之效者也。”但是后来，儒道衰落了：“然惑者既失精微，而辟者又随时抑扬，违离道本，苟以哗众取宠。后进循之，是以五经乖析，儒学浸衰，此辟儒之患。”这里讲的“辟儒”，当就是孔子所说的“小人儒”。

然而据东汉著名古文经学家许慎说，则儒又和术士同义：“儒，柔也，术士之称。从人，需声。”(《说文解字》)《扬子·法言》亦云“通天地人为儒”。许慎的解释一方面透露了“儒”和“需”的关系，另一方面也说出了儒“柔”的特征。清人段玉裁对此注道：“儒行者，以其记有道德所行。儒之言，优也，柔也；能安人，能服人。又，儒者濡也，以先王之道能濡其身。”段氏进一步发挥了“儒者柔也”和负载“先王之道”的意义，但避开了儒与术士的关系。儒“柔”这一特征在此后“儒”的衍生义中也有体现，比如懦弱，《荀子·修身》：“劳苦之事则偷儒转脱。”杨倞注：“偷，谓苟避于事，儒，亦谓懦弱畏事：皆懒惰之义。”又比如柔顺、谦和，《素问·皮部论》：“少阴之阴，名曰枢儒。”王冰注：“儒，顺也。守要而顺阴阳开合之用也。”此二处不是释儒，与儒生无关，但就一“柔”将儒的多种释义内在地联系了起来，所谓 “儒柔”，意即“柔弱、文弱”。

现代学者发挥儒字“需”义的，多采用《易经·需》卦的释义。理由是“需”字在古籍中，以《周易》的“需卦”最具代表性，论述也最详尽。朱高正说：“从卦象来看，需(䷄)卦是下乾(☰)上坎(☵)。乾为天，坎为水、为云，云上于天，还没有下降为雨，故有需待之象。需，须也者。需乃须待之义也。乾之刚健方进而坎险在前，不容遽进，故有需待之象。惟能需待，故不陷于坎也。不陷于坎则不困穷矣。所以，从卦德来看，乾为刚健，坎为险陷。险难既在眼前，若是轻用其刚健而剧进，难免陷入险境，因此应先待而后进。‘先待’所以积蓄才德，充实涉险能力，并静待险难之解除，时至而后动，动乃有功。因此，‘需’的本义为等待。”他由儒从“人”、从“需”出发，得出了“需待之人”为“儒”的结论。① 所谓“需待”，就是等待别人的任用。而等待别人任用的条件，则是有某种技艺，或者有道。因此，将儒解释为“需待之人”，不过是“以道得民”之儒和“君子之儒”的另一说法。

关于“儒”字的“柔”义，则得到了现代学者胡适等人的响应。胡适认为“儒”是“殷商遗民”，“柔”的意义就是“文弱迂缓的人”：“大概最古的儒，有特别

---

① 朱高正：《论儒——从〈周易〉古经论证“儒”的本义》，《社会科学战线》1997 年第 1 期。

的衣冠,其制度处于古代(说详下)而其形式——逢衣,博带,高冠,搢笏——表出一种文弱迂缓的神气,故有'儒'之名。"①郭沫若则把"柔"义解释为不事生产的高等游民,"儒之本意诚然是柔,但不是由于他们本是奴隶而习于服从的精神的柔,而是由于本是贵族而不事生产的筋骨的柔。古之人称儒,大约犹今之人称文绉绉,酸溜溜……","儒,在初当然是一种高等游民,无拳无勇,不稼不穑,只晓得摆个臭架子而为社会上的寄生虫"。② 杨向奎则以为"柔"不是柔弱义,而是迟滞义,认为儒家职业是相礼,后来教书授徒,"他们之所以被称为儒,或自称为儒,都不必从软弱怕事方面来追求,他们的宽衣博带,他们的解果其冠,给人们的印象是迟滞缓慢,而且相礼职业的本身要求也是如此,如果从字义本身说儒,应从此着手"。③ 然而迟滞与柔弱,意义则相差不远。饶宗颐也驳斥胡适对"柔"字的解释,指出"儒"训"柔",其意义并非柔弱迂缓,而是"安",是"和"。然而对于"儒"字训"柔",也没有反对意见。

儒作为术士,也就与巫祝相关。据胡适等人意见,则至迟在殷代就有了专门为人料理丧葬事务的神职人员。他们便是早期的儒,也可称为术士。他们精通礼仪,但地位低微,收入菲薄,往往要看主人的眼色行事。故而形成比较柔弱的性格。章太炎一面继承刘歆、班固说,认为"古之学者,多出王官"(《诸子学略说》),一面也赞同许慎,认为"儒有三科"(胡适《说儒》),其中就包括"术士"一科。

认为秦汉之际的儒者就是方士,其代表作是顾颉刚的《秦汉的方士与儒生》。该书用大量的历史材料说明,秦汉时代的儒者,就是方士,或者说,和方士是一类人。"他(秦始皇)把养着的儒生方士都发去审问,结果,把犯禁的四百六十余人活葬在咸阳:这就是'坑儒'的故事。当时儒生和方士是同等待遇,这件事又是方士闯下的祸,连累了儒生;后人往往把这件事与'焚书'作一例看,实在是错误。焚书是初统一时的政治使命,坑儒则不过始皇个人的发脾气而已。"④ 顾颉刚的观点,可以说是对许慎"儒为术士"说的彻底发挥。

郭沫若反对把儒等同于术士,认为称术士为儒,是秦汉以后对儒名的滥用,而并非古代素有的称谓。他说没有证据表明秦以前术士称儒,巫医自古并不称

---

① 欧阳哲生编:《胡适文集》第5册,卷一《说儒》,北京大学出版社,1998年,第7页。

② 郭沫若:《青铜时代·驳说儒》,中国人民大学出版社,2005年。

③ 杨向奎:《宗周社会与礼乐文明》,人民出版社,1992年,第419页。

④ 顾颉刚:《秦汉的方士与儒生》,上海古籍出版社,2005年。

儒。儒本是邹鲁之士缙绅先生的专号,在孔子以前已有,是春秋时代的产物。①郭沫若的反驳只是否定了把儒完全等同于术士,却也承认:秦汉之际的儒,和方士已经混而为一。

郭沫若虽然指出上古术士不称儒,但和胡适一样,也承认儒的来源是祝宗卜史,认为春秋时代社会阶层分化,权力重心转移,官职改革,祝史等零落式微,于是产生了儒的职业,这个过程就是儒的职业化。这个观点,也得到了冯友兰先生的认同。"后来在儒之中,有不止于以教书相礼为事,而且欲以昔日之礼乐制度平治天下,又有予昔之礼乐制度以理论的根据者,此等人即后来之儒家。孔子不是儒之创始者,但乃是儒家之创始者。"②当代学者傅剑平则通过对 1961 年陕西出土的一则铭文中"无需"二字的考察,认为其中的"无"字就是"巫","无需"即"巫需"。"儒"就是由"需"而来,其含义是一种"舞"(巫)在操作巫术时所戴的礼冠,继而被转称戴这种冠而探其巫术的人为"儒",即术士,进而又成为先秦诸子百家的思想学术流派之一即儒家。③

以上的考察表明,对于"什么是儒"这个问题的回答,虽然自古以来就有分歧,但大体一致。认为儒的前身就是孔子以前的祝宗卜史之人,孔子当时亦在丧事或礼仪中担任相礼或料理丧葬事务的职务。孔子继承"以道得民"的传统,以先王之道教授学生,开创了"儒家"这一学派。然而儒者的传统职能并没有因为孔子而丧失。而巫祝由于是通神的使者,在秦汉之际成为以寻找不死药而著名的方士,也是顺理成章之事。至于在道德方面,君子之儒担负着传述先王之道、协助君主治国平天下的任务,而小人之儒甚至会干出"发冢"之类的鸡鸣狗盗之事。所谓"儒"字的"柔"义,说明这是一些不事生产,也不能冲锋陷阵的,和武士不同的"文士";所谓"需待",说明他们是士阶层中有某种道、艺在身,等待为国家服务的人物。这正如钱穆对"儒"的总结:"柔乃儒之通训,术士乃儒之别解。"④

当我们考察秦始皇"坑儒"的过程及其意义的时候,弄清儒的本义及其在秦汉之际的性质,对于认识"坑儒"的历史意义,是必要的。

---

① 郭沫若:《郭沫若全集 · 历史编》第一卷,人民出版社,1982 年,第 457 页。
② 冯友兰:《中国哲学史 · 原儒墨》下册,华东师范大学出版社,2000 年,第 363 页。
③ 傅剑平:《儒家起源论》,《中国社会科学季刊》1994 年第 7 期。
④ 顾颉刚:《古史辩》第四册钱穆序,蓝灯出版社,1993 年。

第一章　坑儒本事

"坑儒"事件的始末如何，是本章要探讨的问题。一切关于坑儒事件的评说，归根到底，都必须以事实为根据。

一、《史记》所载坑儒本事

"坑儒"事件的始末，相关记载首见于《史记》。根据该书《秦始皇本纪》的记载，导致"坑儒"事件的原因，是秦始皇求仙药的活动。方士卢生、侯生诡言可以求来仙药，从秦始皇那里骗得了大量的经费和财物，但仙药始终未能求来。为免受惩罚，卢生、侯生在背后大肆诽谤秦始皇后就逃走了。秦始皇大怒，要求追查类似的在背后诽谤他的人，由此导致四百余名"诸生"被坑。

据《韩非子》记载，求仙和求仙药的活动在战国时代已经出现：

> 有献不死之药于荆王者，谒者操之以入。中射之士问曰："可食乎？"曰："可。"因夺而食之。王大怒，使人杀中射之士。中射之士使人说王曰："臣问谒者，曰'可食'，臣故食之，是臣无罪而罪在谒者也。且客献不死之药，臣食之而王杀臣，是死药也，是客欺王也。夫杀无罪之臣而明人之欺王也，不如释臣。"王乃不杀。（《韩非子·说林上》）
>
> 客有教燕王为不死之道者，王使人学之，所使学者未及学而客死。王大怒，诛之。（《韩非子·外储说左上》）

这两起事件，在韩非子看来，乃是一个骗局，一种荒唐的事件。但是在战国时代，这样的荒唐事件时有发生，已经形成了相当规模，并且出现了一批以求仙药为能事的方士群体。他们声称，在渤海或东海中，有三座神山，即所谓蓬莱、方丈、瀛洲。神山里"其物禽兽尽白，而黄金银为宫阙"，那里居住着仙人，仙人手中有仙药，服之能使人长生不死。齐威王、齐宣王和燕昭王等都曾"使人入海求蓬莱、方丈、瀛州"。据方士说，曾经有人到过这三座神山。但是齐王、燕王所派的人却始终未能到达："未至，望之如云；及到，三神山反居水下。临之，风辄引去，终莫能至云。世主莫不甘心焉。"(《史记·封禅书》)大约由于屡遭失败，那些燕、齐的君主们便对之心灰意冷，只能把它当做镜花水月之事而不再理会，方士们也便由此暂时遁身隐形，销声匿迹了。

及秦始皇平定天下，东游海上，那些齐燕方士，又突然活跃了起来："及至秦始皇并天下，至海上，则方士言之不可胜数。"(《史记·封禅书》)而秦始皇求仙药的活动也有了更大的规模。

据《史记·封禅书》记载，从秦始皇统一六国自称皇帝至沙丘暴亡的十二年中，曾四次东巡郡县，而且每次东巡都同"入海求仙人"或多或少有一定的关系：

> 始皇自以为至海上而恐不及矣，使人乃赍童男女入海求之。……其明年，始皇复游海上，至琅邪，过恒山，从上党归。后三年，游碣石，考入海方士，从上郡归。后五年，始皇南至湘山，遂登会稽，并海上，冀遇海中三神山之奇药。不得，还至沙丘崩。

关于三次求仙药[①]的本事，《史记·秦始皇本纪》有比较详细的记载。

据《史记·秦始皇本纪》，秦始皇首次派遣方士"入海求仙人"，是在统一六国以后的第三年：

---

① 秦始皇第三次求仙药已是"坑儒"后："三十七年十月癸丑，始皇出游。……还过吴，从江乘渡。并海上，北至琅邪。方士徐市等入海求神药，数岁不得，费多，恐谴，乃诈曰：'蓬莱药可得，然常为大鲛鱼所苦，故不得至，原请善射与俱，见则以连弩射之。'始皇梦与海神战，如人状。问占梦，博士曰：'水神不可见，以大鱼蛟龙为候。今上祷祠备谨，而有此恶神，当除去，而善神可致。'乃令入海者赍捕巨鱼具，而自以连弩候大鱼出射之。自琅邪北至荣成山，弗见。至之罘，见巨鱼，射杀一鱼。遂并海西。"(《史记·秦始皇本纪》)

二十八年，始皇东行郡县……南登琅邪，大乐之，留三月。乃徙黔首三万户琅邪台下，复十二岁。作琅邪台，立石刻，颂秦德，明德意。……既已，齐人徐市等上书，言海中有三神山，名曰蓬莱、方丈、瀛洲，仙人居之。请得斋戒，与童男女求之。于是遣徐市发童男女数千人，入海求仙人。

这是秦始皇第一次派遣方士入海求仙。此次东巡，曾先后上峄山、封泰山，登之罘，达成山，东抵琅邪。修筑琅邪台以后，方士徐福（徐福，也写作徐市。市，音福。）等乘机上书秦始皇，讲求仙事。秦始皇轻信徐福，“发童男女数千人，入海求仙人”。显然，这是徐福等所导演的一场闹剧。而那三千童男女还有徐福本人，从此就没了音信。《史记·淮南衡山列传》引淮南王刘安谋士伍被的话，对这次求仙活动进行了生动的描述：

又使徐福入海求神异物，还为伪辞曰：“臣见海中大神，言曰：‘汝西皇之使邪？’臣答曰：‘然。’‘汝何求？’曰：‘愿请延年益寿药。’神曰：‘汝秦王之礼薄，得观而不得取。’即从臣东南至蓬莱山，见芝成宫阙，有使者铜色而龙形，光上照天。于是臣再拜问曰：‘宜何资以献？’海神曰：‘以令名男子若振女与百工之事，即得之矣。’”秦皇帝大说，遣振男女三千人，资之五谷种种百工而行。徐福得平原广泽，止王不来。

这就是秦始皇第一次派遣方士大规模入海求仙的始末。

接下来的几年，秦始皇并没有立刻实施第二次派遣方士入海求仙的活动，在其为君的第二十九年（前218），他又到了海边：

二十九年，始皇东游。……宇县之中，承顺圣意。群臣诵功，请刻于石，表垂于常式。……常职既定，后嗣循业，长承圣治。群臣嘉德，祗诵圣烈，请刻之罘。旋，遂之琅邪，道上党入。（《史记·秦始皇本纪》）

仅从此寥寥数语，似乎看不出秦始皇此次东巡有求仙之意。从第二十九、三十到三十一年，三年之间，都没有求仙活动的记载，当是与徐福未归而心灰有关。但如果从《封禅书》把此次东巡排列在秦始皇第一次入海求仙人即“发童男女，入海求仙人”和第三次入海求仙人即“考入海方士”之间来看，此次东巡，除有在之罘刻石颂德之意而外，在东抵琅邪时，也可能会有一些“入海求仙人”的活动，但是《史记·秦始皇本纪》对其记之未详，我们也不能作无端的揣测。

徐福求仙不归，始皇难免心冷，却不死心，既然徐福等未归，还得派人再去打探，加上方士们的鼓吹，这就有了史载的第二次求仙活动。秦始皇第二次派遣方士“入海求仙人”是在其为君的三十二年（前215）：

> 三十二年，始皇之碣石，使燕人卢生求羡门、高誓。……因使韩终、侯公、石生求仙人不死之药。始皇巡北边，从上郡入。燕人卢生使入海还，以鬼神事，因奏录图书，曰：“亡秦者胡也。”始皇乃使将军蒙恬发兵三十万人北击胡，略取河南地。（《史记·秦始皇本纪》）

秦始皇此次东巡碣石，似乎对方士求仙事心存疑窦。“后三年，游碣石，考入海方士。”（《史记·封禅书》）“考入海方士”中的一个“考”字，道出了其怀疑的心态，也道出了又是方士主动建议、献策，于是才引出了秦始皇对他们的考察。然而尽管如此，秦始皇还总是寄希望于万一，他不仅派遣燕人卢生前往求见羡门、高誓这两位传说中的仙人，而且又派遣方士韩终、侯公、石生入海求“仙人及不死之药”。求仙的规模似乎更扩大了。当然结果仍然是不遂人愿。卢生从海上归来，并没有带回不死药，而是带回了一个“亡秦者胡也”的鬼神图书。

图书，据胡三省《资治通鉴注》卷七：“如后世谶纬之书也。”谶纬之书，就是记载神祇预言的书。很显然，这样的预言，完全是卢生伪造的。然而就是根据这条预言，秦始皇派出了三十万人马，发动了对匈奴的战争。而据《史记·蒙恬列传》，此次出击匈奴的军事行动，还伴随着大规模地修筑长城的举动：

> 秦已并天下，乃使蒙恬将三十万众北逐戎狄，收河南。筑长城，因地形，用制险塞，起临洮，至辽东，延袤万余里。于是渡河，据阳山，逶蛇而北。暴师于外十余年，居上郡。（《史记·蒙恬列传》）

而这样一次大规模的军事行动，其直接原因，就是卢生带回的那条谶言。

然而事情并没有就此完结，三年以后，即始皇为君的第三十五年（前212），卢生又向秦始皇提出了新的建议：

三十五年……卢生说始皇曰："臣等求芝奇药仙者常弗遇，类物有害之者。方中，人主时为微行以辟恶鬼，恶鬼辟，真人至。人主所居而人臣知之，则害于神。真人者，入水不濡，入火不爇，陵云气，与天地久长。今上治天下，未能恬倓。愿上所居宫毋令人知，然后不死之药殆可得也。"（《史记·秦始皇本纪》）

这段话使秦始皇心花怒放，当即表示"吾慕真人"，并且自称真人："自谓'真人'"，而不再称"朕"。真人，也就是神。为了听从方士们"微行以辟恶鬼"的建议，秦始皇就大修复道、甬道：

乃令咸阳之旁二百里内宫观二百七十复道甬道相连，帷帐钟鼓美人充之，各案署不移徙。行所幸，有言其处者，罪死。（《史记·秦始皇本纪》）

可以想见，这又是一项多么浩大的工程，一次多么严重的政治事件。后世杜牧那篇引起诸多争议的《阿房宫赋》，说阿房宫"覆压三百余里，隔离天日"，当是根据《史记》这段记载而来。而其起因，也全是方士卢生的谎言。

这段谎言所导致的另一结果，就是一批泄密的"中人"被杀：

始皇帝幸梁山宫，从山上见丞相车骑众，弗善也。中人或告丞相，丞相后损车骑。始皇怒曰："此中人泄吾语。"案问莫服。当是时，诏捕诸时在旁者，皆杀之。自是后莫知行之所在。听事，群臣受决事，悉于咸阳宫。（《史记·秦始皇本纪》）

中人，就是宫中人，皇帝的近侍。当时有多少人在场，已不得而知。总之是一大批人被杀。这也是秦始皇严格实行卢生"微行"建议的后果之一。

结果自然也是明白的，神仙还是没来，不死药还是没有得到。于是卢生、侯生再没有新招谎称可以招来神仙和仙药，而他们也准备脱身了。脱身之前，他们发表了一通议论：

侯生、卢生相与谋曰："始皇为人，天性刚戾自用，起诸侯，并天下，

> 意得欲从，以为自古莫及己。专任狱吏，狱吏得亲幸。博士虽七十人，特备员弗用。丞相诸大臣皆受成事，倚办于上。上乐以刑杀为威，天下畏罪持禄，莫敢尽忠。上不闻过而日骄，下慑伏谩欺以取容。秦法，不得兼方，不验，辄死。然候星气者至三百人，皆良士，畏忌讳谀，不敢端言其过。天下之事无小大皆决于上，上至以衡石量书，日夜有呈，不中呈不得休息。贪于权势至如此，未可为求仙药。"于是乃亡去。（《史记·秦始皇本纪》）

秦始皇的为人如何，可以讨论。然而卢生、侯生的这段言论，却绝对是文过饰非之词。从始到终，秦始皇对于他们完全可以说是言听计从。而他们的行为对于秦始皇来说，则完全是一个骗局。秦始皇几乎是把整个国家的命运都放在他们二位所制造的谎言之上。因此，他们的逃跑和诽谤，也就使秦始皇特别愤怒。一个普通人受骗以后，也会用各种办法惩罚骗子；作为一个皇帝，也就必然要动用他的权力，来惩办骗子和诽谤者。后世人俱称秦政暴虐，但是在这件事情上，却是方士们侵犯了皇帝的人身和尊严，且毁谤君主，依律也应处以极刑。但是骗子逃走了，秦始皇把他的怒火发在了所谓的"诸生"身上：

> 始皇闻亡，乃大怒曰："吾前收天下书不中用者尽去之。悉召文学方术士甚众，欲以兴太平，方士欲练以求奇药。今闻韩众去不报，徐市等费以巨万计，终不得药，徒奸利相告日闻。卢生等吾尊赐之甚厚，今乃诽谤我，以重吾不德也。诸生在咸阳者，吾使人廉问，或为妖言以乱黔首。"于是使御史悉案问诸生，诸生传相告引，乃自除。犯禁者四百六十余人，皆坑之咸阳，使天下知之，以惩后。（《史记·秦始皇本纪》）

这就是著名的"坑儒"事件。这个事件，使秦始皇的长子也受到了牵连：

> 始皇长子扶苏谏曰："天下初定，远方黔首未集，诸生皆诵法孔子，今上皆重法绳之，臣恐天下不安。唯上察之。"始皇怒，使扶苏北监蒙恬于上郡。（《史记·秦始皇本纪》）

扶苏到了边境，远离京城，致使在秦始皇死后，秦二世胡亥得以伪造始皇遗诏，使其自杀。而其渊源，又都是在于卢生、侯生所设置的骗局。可见，卢生、侯生之流的言行，造成了多么严重的后果。

这就是《史记》记载的"坑儒"事件的始末。

司马迁在《史记·儒林列传》中说的"焚诗书，坑术士"，显然指的就是秦始皇在位第三十五年时对那四百六十余名违法犯禁诸生们的坑杀。与他在《史记·淮南衡山列传》中引用伍被的话，说秦"杀术士"是同样的含义。后来，刘向明确讲出了"坑儒"的概念：

（秦始皇）任刑罚以为治，信小术以为道。遂燔烧诗书，坑杀儒士。上小尧舜，下邈三王。（《战国策序》）

司马迁和伍被所说的"坑术士"，就是"坑儒"。刘向这里说得就更加明确了。从此以后，秦始皇因卢生、侯生在骗局败露之后又造言诽谤而追查犯禁者、坑杀诸生的事件，就被定性为"坑儒"事件。署名孔安国的《尚书序》称："及秦始皇灭先代典籍，焚书坑儒，天下学士逃难解散，我先人用藏其家书于屋壁。"及至后来官方为儿童编写的启蒙读物《幼学琼林》里也说："秦始皇无道，焚书坑儒。"这样，"坑儒"就被作为秦始皇最重大的一项罪行，使中国的妇孺皆知，直到两千多年之后的今天。

二、卫宏所说坑儒本事

关于坑儒事件的始末，还有一种说法，出于东汉时期卫宏《古文尚书序》。卫宏的说法最早见于唐初颜师古的《汉书注·儒林传》：

师古曰："……今新丰县温汤之处号愍儒乡。温汤西南三里有马谷，谷之西岸有坑，古老相传以为秦坑儒处也。卫宏《诏定古文尚书序》云：'秦既焚书，患苦天下不从所改更法，而诸生到者拜为郎，前后七百人。乃密令冬种瓜于骊山坑谷中温处。瓜实成，诏博士诸生说之，人人不同。乃命就视之，为伏机。诸生贤儒皆至焉。方相难不决，因发机，从上填之以土。皆压，终乃无声。'此则闵儒之地，其不谬矣。"

颜师古，名籀，著名儒者颜之推之孙，本人亦极有学问，《旧唐书》本传称其“传家业，博览群书。尤精诂训，善属文”。他曾奉唐太宗之命考订五经文字，与诸儒撰定唐朝的礼仪制度，是唐朝初年极其重要的儒者。他的《汉书注》，至今仍是阅读《汉书》最重要的辅助读本。他的说法，自然会得到较多的响应。

颜师古之后，太子李贤作《后汉书注》，在《陈蕃传》中注道：

> 秦始皇时，丞相李斯上言曰：“天下已定，百姓力农。今诸生好古，惑乱黔首。臣请史官非秦记及天下敢有藏诗书百家语者，悉烧之。”事见《史记》。卫宏《诏定古文官书序》曰：“秦既焚书，患苦天下不从所改更，而诸生到者拜为郎，前后七百人。乃密令种瓜于骊山坑谷中温处。瓜实，诏博士说之，人人不同。乃令就视，为伏机。诸生贤儒皆至焉。方相难不决，因发机，从上填之以土，皆压之，终乃无声。”今新丰县温汤处号愍儒乡。汤西有马谷，西岸有坑。古老相传，以为秦坑儒处也。

卫宏的说法也被张守节采入《史记正义·儒林列传》：

> 卫宏《诏定古文尚书序》云：“秦既焚书，恐天下不从所改更法，而诸生到者拜为郎，前后七百人。乃密种瓜于骊山陵谷中温处。瓜实成，诏博士诸生说之，人言不同。乃令就视，为伏机。诸生贤儒皆至焉。方相难不决，因发机，从上填之以土。皆压，终乃无声也。”

张守节，生平不详。据《史记正义》自序，此人是唐代开元年间儒者，曾做过诸王侍读、率府长史。《史记正义》这段文字被明人梅鼎祚采入所编《东汉文纪》卷七，标题为“古文尚书序”，似乎这段文字确是东汉时期的文字。

这几段文字的大意是，秦始皇焚书之后，害怕天下人有异议，不遵从新法。于是一方面对诸生进行招安，另一方面却秘密种瓜于一山谷中，待瓜成熟之后，以探瓜为由，将诸生骗至种瓜处，将诸生活活坑埋于谷中。

然而同在唐初，和颜师古同样著名的儒者孔颖达和欧阳询，关于卫宏说的记载，和颜师古就有重大不同。欧阳询《艺文类聚》卷八十七载：

> 《古文奇字》曰：“秦始皇密令人种瓜于骊山硎谷中温处。瓜实成，

使人上书曰'瓜冬有实',有诏下博士诸生说之,人人各异。则皆使往视之,而为伏机。诸儒生皆至。方相难不决,因发机,从上填之以土,皆压死。"

孔颖达的《古文尚书正义》,所载与欧阳询略同:

(汉孔安国序)及秦始皇灭先代典籍,焚书坑儒,学士逃难解散,我先人用藏其家书于屋壁。

正义:……(李斯奏请,天下敢有藏诗书百家语者,悉诣守尉杂烧之。有敢偶语诗书者,弃市。令下三十日不烧,黥为城旦。制曰:"可。"是焚书也。

三十五年,始皇以方士卢生求仙药不得,以为诽谤。诸生连相告引,四百六十余人皆坑之咸阳。是坑儒也。)

又卫宏《古文奇字序》云:"秦改古文以为篆隶,国人多诽谤。秦患天下不从,而召诸生至者皆拜为郎,凡七百人。又密令冬月种瓜于骊山硎谷之中温处。瓜实,乃使人上书曰'瓜冬有实',有诏天下博士诸生说之,人人各异。则皆使往视之,而为伏机。诸生方相论难,因发机,从上填之以土,皆终命也。"

"卫宏,字敬仲,东海人也。少与河南郑兴俱好古学"(《后汉书·儒林传》),是东汉初期的古文经学家,著有《汉旧仪》。曾从杜林受《古文尚书》,作《训旨》。卫宏的《汉旧仪》,今天仍然存世,名《汉官旧仪》。其《古文尚书训旨》今已不传,只有一篇《古文尚书序》,收于《东汉文纪》,似已非全文。这篇序为世人关注,其一是因为他说《今文尚书》传授者伏生当时已九十高龄,口齿不清,晁错所记错误很多;其二就是关于"坑儒"事件。

关于卫宏所说"坑儒"本事,一则说是出自《古文尚书序》,另一则说是出自《古文奇字序》。至于究竟是出自哪一篇文章,当时欧阳询、孔颖达和颜师古就说法不一,后人更是难以知晓。关于《古文尚书序》,明人梅鼎祚的《东汉文纪》曾收集其遗文两则。《古文奇字序》、《东汉文纪》则没有收入,很可能梅鼎祚不相信有这篇文章。

所谓"古文"和"奇字",都是指古代的字体。古代有六种字体,称"六体",即古文、奇字、篆书、隶书、缪篆、鸟虫书。《汉书·艺文志》:“六体者,古文、奇字、篆书、隶书、缪篆、虫书,皆所以通知古今文字,摹印章,书幡信也。”《说文解字序》中也说道:“及亡新居摄,使大司空甄丰等校文书之部,自以为应制作,颇改定古文。时有‘六书’,一曰古文,孔子壁中书也;二曰奇字,即古文而异者也;三曰篆书,即小篆,秦始皇帝使下杜人程邈所作也;四曰佐书,即秦隶书;五曰缪篆,所以摹印也;六曰鸟虫书,所以书幡信也。”此外,六体也指《尚书》的六种文体。于此我们似乎可以看出一些《古文奇字序》与《古文尚书序》的关联,但是我们终究不能判定这两篇文章是否为同一篇。也就是说,卫宏的说法到底是出于《古文尚书序》,还是出于《古文奇字序》?为何记载如此矛盾,令人生疑。此其一。其二,《古文尚书序》说是“恐天下不从所改更法”,即反对秦朝法令的严酷。而《古文奇字序》说的则是“秦改古文以为篆隶,国人多诽谤。秦患天下不从”,似乎又仅是反对秦朝的文字改革。所以卫宏究竟说了什么,说的是否可信,甚至说了没有,也令人生疑。其三,更重要的是,卫宏即使说了,其根据何在?从西汉初年开始,秦朝为何灭亡,就是学者们讨论的重大课题。陆贾、贾谊、董仲舒、司马迁、刘向等人,都是当时一流的学者,并且都对秦朝的灭亡进行过认真的思考和讨论,但他们谁也没有提到什么种瓜、发机、七百人之类的事,卫宏作为东汉的儒者,又如何知晓?

虽然如此,卫宏的说法在唐代似乎得到了朝廷的确认。开元、天宝之际,唐玄宗命令在坑儒处建立“旌儒庙”。《旧唐书·玄宗本纪》载:

> (天宝元年)……冬十月丁酉,幸温泉宫。辛丑,改骊山为会昌山,仍于秦坑儒之所立祠宇,以祀遭难诸儒。

而该书《礼仪志》载:

> (开元二十年)十月,改新丰骊山为会昌山,仍于秦坑儒之所立祠宇。

儒者贾至撰《旌儒庙颂》,其序言中写道:

> 观象考历本乎元,辨方正位稽乎极。体元御极,莫先乎教,教之大,

莫大于儒。旌儒有祠，我新典也。昔秦灭羲轩之制，废唐虞之则，大搜学徒，竭索儒党，怀书捧檄者，鳞集麏至。然后罪九流之异论，尤百氏之殊术，无辜杀身，有道并命。冤骸积于坑谷，流血染于泉壤，蹈仁义而死者，不可胜纪。

开元末，天子在骊山之宫，登集灵之台，考图验记，周览原湿。见乡名坑儒，颓堑犹在，慨然感亡秦之败德，哀先儒之道丧，强死千载，游魂无依。乃诏有司，是作新庙，牲币有数，以时飨祀，因祀命乡，号曰旌儒。人神和悦，怨气消散。

唐朝皇帝的表彰，就坐实了卫宏的说法。而贾至序言中说的“大搜学徒，竭索儒党”，似乎是当时秦朝曾经在全国大肆搜捕儒者，非要斩尽杀绝不可。

欧阳询、孔颖达、颜师古、李贤、张守节等人的记载，以及旌儒庙的建立，都使卫宏的说法广泛流传。

这样，至少从唐代开始，关于坑儒本事就有两种不同的说法。后世的人们，如何对待这两种说法呢？

三、后世学者对坑儒本事的认定

东汉王充，似乎还没有听到卫宏的说法，所以他仍然相信，秦始皇坑杀的儒生数量为四百六十七人，原因是这些儒生“为妖言”：

明年，三十五年，诸生在咸阳者，多为妖言。始皇使御史案问诸生，诸生传相告引者，自除犯禁者四百六十七人，皆坑之。燔诗书，起淳于越之谏。坑儒士，起自诸生为妖言，见坑者四百六十七人。（《论衡·语增篇》）

到唐代，颜师古、李贤、张守节，包括唐玄宗、贾至等人，应该是完全接受了卫宏的说法。但杜佑作《通典》，两次提到坑儒事件，都援引《史记》的记载：

燕人卢生窃言“始皇乐以刑杀为威”，因亡去。始皇闻之怒，诸生

在咸阳者四百六十余人,皆坑之。(《通典》卷一百六十三《刑制上》)

又卷一百七十《峻酷》篇载:

> 始皇专任狱吏。燕人卢生窃叹曰:"帝亲幸狱吏,乐以刑杀为威。天下畏罪持禄,莫敢尽忠。上不闻过而日骄,下摄伏谩欺以取容。"始皇闻之,怒曰:"诸生在咸阳者,吾使廉问,或为妖言以乱黔首。"于是使御史悉按问诸生,诸生传相告引,乃自诬。犯禁者四百六十余人,皆坑之。

杜佑没有提及卫宏的说法,他似乎更相信《史记》的记载。

至于孔颖达的《尚书正义》,虽然也援引卫宏说,但是他把《史记》的记载放在前面,用"又"来区别《史记》的记载和卫宏的说法。从孔颖达的这种安排看来,他似乎更加相信《史记》的记载,但也不否认卫宏。

后来的人们,往往根据自己的需要和要说明的情况不同,或者援引《史记》,或者援引卫宏的说法。比如清代所修的《陕西通志》卷七十三、《大清一统志》卷一百七十八等,在不同的章节,援引了不同的说法。多数记载都是采取孔颖达的办法,两种说法兼收,皆《史记》在先,而卫宏在后。也就是说,他们更相信《史记》的记载,但对卫宏之说似也未提出异议。于是在他们的言辞间,似乎"坑儒"实有其事,而且还坑了两次。元代陈师凯在《书蔡氏传旁通》卷一中就"坑儒在三十五年"疏云:

> 三十五年,始皇以方士卢生求仙药不得,以为诽谤,诸生连相告引,四百六十余人皆坑之咸阳。又卫宏《古文奇字序》云:"秦改古文以为篆隶,国人多诽谤。秦患天下不从,而召诸生至者皆拜为郎,凡七百人。又密令冬月种瓜于骊山硎谷之中温处。瓜实,乃使人上书曰'瓜冬有实',有诏天下博士诸生说之,人人各异。则皆使往视之,而为伏机。诸生方相论难,因伏机,从上填之以土,皆终命也。"

这是对两次"坑儒"本事的记录,作者没有表态更信从哪一种说法,更没有对此进行举证,当是既信《史记》又信卫宏说的代表性论点。

两者都信的还可见于马端临的《文献通考》卷四十：

> 按《西汉公卿百官表》："博士，秦官，掌通古今。"秦焚诗书，独存博士官所职者，则犹令其司经籍。然既曰通古今，则上必有所师承，下必有所传授，故其徒实繁。秦虽存其官而甚恶其徒，常设法诛灭之。始皇使御史案问诸生，传相告引，至杀四百六十余人。又令冬种瓜骊山。实生，命博士诸生就视，为伏机，杀七百余人。二世时，又以陈胜起，召博士诸生议，坐以非所宜言者，又数十人。然则秦之于博士弟子，非惟不能考察试用之，盖惟恐其不澌尽泯没矣。叔孙通面谀，脱虎口而逃亡，孔甲持礼器发愤而事陈涉，有以也哉。

这里与《史记》所载的坑儒原因是有出入的。这段话的字里行间表达了这样的观点，即"焚书坑儒"是秦始皇的既定政策，秦对待博士诸生"甚恶"，依据有三：一是"焚书"后只保留了博士官；二是两次"坑儒"；三是陈胜起义后二世虽然招诸生对策，但是诸生之策不得用，也正是自此之后，叔孙通以"圆滑"著称于世，而孔鲋则抱着礼器去投奔陈胜了。从这段话来看，这一切都归源于秦始皇的"坑儒"政策，是秦始皇"惟恐其不澌尽泯没矣"。

对于秦始皇"坑儒"的原因、人数以及"坑儒"方式，历史上都曾有过不同看法。其原因，据《史记》，则是方士卢生、侯生的诽谤。据卫宏说，一是由于秦始皇怕儒者反对他对法令制度的变革，二是怕儒者们反对他对文字的改革。其地点，《史记》说是"皆坑之咸阳"，汉代桓宽《盐铁论·利议》引大夫语曰："故秦王燔去其术而不行，坑之渭中而不用。"所谓"渭中"，也当是咸阳的另一说法。《汉书注》、《后汉书注》和《史记正义》，则具体指在汉新丰县温汤之处。被坑的人数，主要有七百和四百六十余两种说法。《论衡·语增篇》作四百六十七人，《文选·西征赋注》作四百六十四人，是对《史记》四百六十"余人"的具体化；《古文尚书序》或《古文奇字序》作七百人，《文献通考》作七百余人，不过是大同小异。至于坑的方式，《史记》只说坑，应是当时惯用的处死罪犯的方法，没有什么特别之处。卫宏则说是以视瓜之名，是秦始皇用了阴谋诡计进行坑埋（"从上填之以土"）。

近现代学者，更多的是相信《史记》的记载。比如范文澜的《中国通史》和权威性辞书《辞源》"焚书坑儒"条所说"坑儒"事，也都是由于卢、侯二生非议始皇引起四百六十人被杀。

近年出版的由众多知名学者共同撰写的《中国儒学百科全书》，其中“焚书坑儒”条下说卢生、侯生议论秦始皇后逃走，于是坑杀犯禁者四百六十人。接着，该条又介绍了东汉卫宏的另一说法。并说卫宏之原文已不存在，只有其中的“坑儒”说一段被唐代李贤引入《后汉书·陈蕃传注》，又被唐张守节引入《史记·儒林传序注》，清代严可均将之收入《全后汉文》。该条的撰写者是北京大学教授朱伯昆先生，紬绎作者的意思，似乎他和古代许多学者一样，也不大相信卫宏的说法，所以用了一个“又”字，仅仅指出还有这样一种说法而已。

对于卫宏的说法，古人不仅是怀疑者居多，直接质疑的声音，从宋代起，几乎没有中断。

四、对卫宏说的质疑

质疑卫宏说法的，首载于宋朝程大昌《雍录》。该书卷七在《坑儒谷》条下考证道：

> 谷在昭应县三百里。卫宏曰：“秦既焚书，患苦天下不从，而诸生到者拜为郎，前后七百人。乃密令种瓜于丽山坑谷中温处。瓜实成，诏诸博士诸生说，人人不同。乃命就视之，为伏机。诸生方相难不决，因发机，从上填之以土，皆压，终无声。”唐先名此地闵儒卿，天宝中改为旌儒庙。庙在昭应，则以卫宏之说为信也。
>
> 按《史记·始皇纪》，卢生及咸阳诸生窃议其失，始皇闻之，使御史案问，而诸生中七百余人悉受坑于咸阳。其地不在昭庆也。昭庆，渭南也；咸阳，渭北也。地望不同，岂昭应谷中七百人者自为一戮，而咸阳四百六十人者别为一戮耶？然当以秦纪为正。如议瓜之说似太诡巧，始皇刚暴自是，其有违己非今者，直自坑之，不待设诡也。

程大昌，《宋史》本传称其“笃学，于古今事靡不考究”，曾做过皇帝侍讲兼国子祭酒，终于龙图阁学士，是南宋初年著名儒者。在程大昌看来，关于坑儒一事，“当以秦纪为正”，就是以《史记·秦始皇本纪》为正。而卫宏的话是不可信的，不可信的原因,是因为该说“太诡巧”。因为秦始皇这样的皇帝“刚暴自是”,对于那些反对自己的人,直接坑杀就是:“直自坑之”。用不着搞阴谋诡计。也就是说,就秦始皇本人的地位和个性特点看,他贵为天子,口含天宪,杀起人来一般采取的是“明正典刑”的办法。比如《史记》所载坑儒本事中,秦始皇就毫不留情地杀了泄密的“中人”。

本文认为,程大昌的说法,是有道理的。

第二章 坑尽儒者辩

本章要讨论的问题是，所谓坑儒事件，是个偶发事件，还是秦朝的既定国策。或者说，是秦始皇根本就讨厌儒者，要对他们实行系统的迫害，还是仅仅因为卢生、侯生的诽谤引起了秦始皇的愤怒。

一、坑尽儒者论

西汉时期，无论是在司马迁《史记》的记载，还是刘向的说法中，坑儒事件似乎就是因方士卢生、侯生诽谤始皇而引起的偶发事件。然而刘向首先用了“坑杀儒士”一词，简称就是“坑儒”。这是个具有普遍意义的概念。这个概念的使用，使人很容易认为，秦朝就是要消灭所有的儒者。班固在其撰写的《汉书》中说道：“陵夷至于暴秦，燔经书，杀儒士，设挟书之法，行是古之罪，道术由是遂灭。”（《汉书·楚元王传》）道术“遂灭”，使人很容易想到儒生的灭尽。后来的赵岐在为《孟子》作注时写道：“至亡秦，焚灭经术，坑戮儒生，孟子徒党尽矣。”（《孟子题辞》）在赵岐看来，孟子是在“尧舜汤文周孔之业将遂湮微，正涂壅底，仁义荒怠，佞伪驰骋，红紫乱朱”的时代继承孔子事业的人物，因而“孟子的徒党”也就是全部儒者的代称。

大约东汉时代，“坑儒”的概念已经普遍流行，而其意义似乎就是要坑尽所有儒生，因此引起了以“疾虚妄”为宗旨的王充的考察。王充说：

> 传语曰：“秦始皇帝燔烧诗书，坑杀儒士。”言燔烧诗书，灭去五经

文书也;坑杀儒士者,言其皆挟经传文书之人也。烧其书,坑其人,诗书绝矣。言燔烧诗书、坑杀儒士,实也。言其欲灭诗书,故坑杀其人,非其诚,又增之也。

秦始皇帝三十四年,置酒咸阳台,儒士七十人前为寿。仆射周青臣进颂始皇之德。齐淳于越进谏始皇不封子弟功臣自为夹辅,刺周青臣以为面谀。始皇下其议于丞相李斯。李斯非淳于越曰:"诸生不师今而学古,以非当世,惑乱黔首。臣请敕史官,非秦记皆烧之。非博士官所职,天下有敢藏诗书、百家语、诸刑书者,悉诣守尉集烧之。有敢偶语诗书,弃市。以古非今者,族灭。吏见知弗举,与同罪。"始皇许之。明年,三十五年,诸生在咸阳者,多为妖言。始皇使御史案问诸生,诸生传相告引者,自除犯禁者四百六十七人,皆坑之。燔诗书,起淳于越之谏。坑儒士,起自诸生为妖言,见坑者四百六十七人。传增言坑杀儒士,欲绝诗书,又言尽坑之,此非其实,而又增之。(《论衡·语增篇》)

"又言尽坑之",也就是说,东汉时就有人认为,秦始皇是要把儒生完全消灭。这样的言论,当不是个别言论,所以才引起王充的辩解。依王充的意见,坑儒事件"起自诸生为妖言",因而是个偶发事件,不是秦始皇要消灭所有儒者。

然而王充的辩解并没有得到所有人的赞同。东晋时,伪《古文尚书》面世,署名孔安国的序言称:"及秦始皇灭先代典籍,焚书坑儒,学士逃难解散,我先人用藏其家书于屋壁。"孔安国孔子嫡传子孙的特殊身份,进一步巩固了坑儒就是要消灭所有儒者的观念。

唐初出现的卫宏说,其中有"诸生贤儒皆至","从上填之以土,皆压"这样的字样,则似乎当时就把儒者已经坑杀完毕。这一时期,由房玄龄主编的《晋书》中说道:

及嬴氏惨虐,弃德任刑,焬坟籍于埃尘,填儒林于坑阱,严是古之法,抵挟书之罪,先王徽烈,靡有孑遗。(《晋书·儒林列传》)

所谓"先王徽烈",就是儒书和儒士。所谓"靡有孑遗",那就是坑尽杀绝。

同一时期由魏征主编的《隋书》中,似乎觉得"靡有孑遗"不大符合史实,于是为残存的儒者找到了一条出路:

秦政奋豺狼之心，刬先代之迹，焚诗书，坑儒士，以刀笔吏为师，制挟书之令。学者逃难，窜伏山林，或失本经，口以传说。（《隋书·经籍志》）

从这段话可以看出，作者相信秦朝是要地方政府坑尽儒士的。儒士之所以还存在，是他们逃难的结果。

唐朝末年，杜牧又重申了坑儒是要坑杀全部儒者的观念。其《书处州韩吏部孔子庙碑阴》道：

天不生夫子于春秋，后世当何如。曰，不《春秋》如也。荀卿祖夫子，李斯事荀卿，一日宰天下，尽诱夫子之徒与书，坑而焚之。曰，徒能乱人，不若刑名狱吏治世之贤也。彼商鞅者，能耕能战，能行其法，基秦为强。曰，彼仁义，虱官也。可以置之（置之言不用也）。自董仲舒、刘向，皆言司马迁良史也。而迁以儒分之为九，曰博而寡要，劳而无功，不如道家者流也。

一句“尽诱夫子之徒与书，坑而焚之”明白告诉世人，所谓焚书坑儒，一是要烧尽儒家的书，二是杀尽儒家的人。杜牧这篇文章还提出了一个新的问题，那就是李斯的老师是荀子。因此，导致秦始皇焚书坑儒的，乃是荀子的学说。因为从这个学说中，出现了韩非和李斯认为儒者“徒能乱人”而不如刑名狱吏有用的判断。这样，秦始皇要坑灭儒书儒生，就是基于这样一种对于儒者的认识，因而具有深刻的思想背景。杜牧的话得到了后世朱熹的赞同。朱熹说：

如世人说坑焚之祸起于荀卿。荀卿著书立说，何尝教人焚书坑儒。只是观它无所顾藉，敢为异论，则其末流便有坑焚之理。（《朱子语类》卷一百三十七）

朱熹的话看似在替荀子辩护，实际上是说荀子的理论，就是引起焚书坑儒的理论基础。那么，坑儒就是要灭尽所有儒者，就是秦朝的既定国策了。

到了元朝，马端临作《文献通考》。据马氏的考证，秦朝灭儒共有三次。第一次，坑杀四百六十余人。第二次，又坑杀七百余人。第三次，是陈胜起义之后，

"坐以非所宜言者又数十人"。于是他得出结论说:"秦之于博士弟子,非惟不能考察试用之,盖惟恐其不澌尽泯没矣。"所谓"惟恐其不澌尽泯没",和汉朝人说的"尽坑之",杜牧说的"尽诱夫子之徒与书,坑而焚之",都是一个意思。就是说,灭绝儒者和儒书,就是秦朝的既定国策。而其理论基础,不仅有荀子和韩非始作俑,而且还有商鞅把仁义视为"虱官"的主张在前。这样,由于不断得到新的论证,坑儒就是坑杀所有儒者的观念,也就不断得到新的加强。

不过,对坑儒就是坑尽所有儒者的说法,从汉代开始,就不断有人质疑。

二、对"坑尽说"的质疑

最早质疑"坑尽说"的,应是王充。他认为"坑尽说"是后来人们"语增"的结果。他的根据是《史记》的记载,他的结论是"坑儒士,起自诸生为妖言,见坑者四百六十七人"(《论衡·语增篇》),并不是全部。

第二个质疑"坑尽说"的,应是宋代的郑樵。郑撰《通志》,其卷七十一有《秦不绝儒学论二篇》,其一论坑儒道:

> 陆贾,秦之巨儒也;郦食其,秦之儒生也;叔孙通,秦时以文学召待诏博士。数岁,陈胜起,二世召博士、诸儒生三十余人而问其故,皆引《春秋》之义以对。是则秦时未尝不用儒生与经学也。况叔孙通降汉时,自有弟子百余人,齐鲁之风亦未尝替。故项羽既亡之后,而鲁为守节礼义之国,则知秦时未尝废儒,而始皇所坑者,盖一时计议不合者耳。

所谓"一时计议不合者",和王充的"诸生为妖言",是同样的意思。也就是说,被坑的,仅仅是犯有诽谤罪或曰政见不合者。

郑樵的第二篇,是关于焚书的。其论道:

> 萧何入咸阳,收秦律令图书,则秦亦未尝无书籍也。其所焚者,一时间事耳。后世不明经者皆归之秦火使学者不睹全书,未免乎疑以传疑。然则《易》固为全书矣,何尝见后世有明全易之人哉!臣向谓"秦人焚书而书存,诸儒穷经而经绝",盖为此发也。《诗》有六亡篇,乃六

笙诗,本无辞。《书》有逸篇,仲尼之时已无矣。皆不因秦火。自汉已来,书籍至于今日,百不存一二。非秦人亡之也,学者自亡之耳。

以这两项为根据,郑樵的结论是:秦朝并不废儒学,更不是要坑尽儒者。

郑樵,《宋史》本传说他"好著书,不为文章。自负不下刘向、杨雄"。曾被宋高宗召对,高宗说郑"敷陈古学,自成一家",慨叹"何相见之晚"。他是一位具有独立思想的儒者。

与郑樵类似,宋代萧参著《希通录》,也讨论坑儒之事。

前辈尝论之,但坑儒一事,未有究极之者。仆按史书,所坑特侯生、卢生四百六十余人,非能尽坑天下儒者。为其所坑,又非儒者。何以知之?始皇三十二年,使卢生求羡门,刻碣石门,坏城郭,决通隄防。又卢生入海还,因奏录图书,曰:"亡秦者胡也。"始皇乃遣蒙恬发兵三十万,北伐匈奴。起临洮,筑辽水。又卢生说始皇曰:"日方中,人主时为微行以避恶鬼,恶鬼避,真人至。愿上所居宫毋令人知,然后不死之药始可得也。"其后建阿房宫千间万落,必自此言发之。观此二事,皆卢生等稔其恶,又从谀之,特方技之流耳,岂所谓儒者哉?(元陶宗仪《说郛》卷六下,《辍耕录》卷二十五引,下同)

依萧参的意见,秦朝不但"非能尽坑天下儒者",而且所坑根本也不是儒者,而是"方伎"之流。接着,萧参历数了这些方伎之流祸国殃民的罪恶:

始皇因封禅之义,谤口纷纷,已怀杀意。及其一怒而坑之,或者天理之不容。方其求药海上也,则挟童男童女以行,皆取于民间,夺其无告之孤,肆厥不轨之状。如今所谓妖教,其中死无辜者多矣。此一罪也。因亡胡之谶,兴北伐之师,筑长城,断地脉,南北生灵因是役而死者,不可胜算。骸积如山,血流成川。调发频仍,剥及闾左。原始要终,谁生厉阶,此二罪也。献避鬼之术,觊真人之来。咸阳宫观二百七十复道相连,有言其所幸之处者罪死。梁山之上,其语一泄,时在旁者尽杀之,自是莫知上之所在。此三罪也。有一于此,罪不容于死,况兼有之。以四百六十余人之坑,偿万民之命,良不为过。

> 天网恢恢，疏而不漏，真可畏哉。

依萧参说，卢生等方伎之流，罪恶有三：第一，从民间征发童男女求仙药，致许多人死亡，使许多家庭破坏，这是“妖教”，也就是今天所说的邪教的行为。第二，制造谶言，鼓动北伐匈奴，修建长城，使“骸积如山，血流成川”，民众劳役不断，起因就是方士们的谎言。第三，为避恶鬼，鼓动用复道连接二百余座宫观。一次泄密，杀尽所有在场者。这三项罪恶有一项，就“罪不容于死”，何况三项具备。因此，萧参认为，用这四百六十余人的生命，偿还千万人的生命，“良不为过”。

萧参继续说，把这四百六十余人说成是儒生，全是因为公子扶苏的一句话。然而在他看来，扶苏的话是不可信的。这四百六十余人，根本不是儒者：

> 始皇曰：“卢生等吾尊赐之甚厚，今乃诽谤我。诸生在咸阳者，吾使廉问，或为妖言以乱黔首。”于是使御史按问诸生，传相告引。仆亦信卢生非吾儒中人，况始皇自谓尊赐甚厚，岂非如前三者方术图谶之类有以中其欲欤？
>
> 尊赐之，初不名其诵孔子之言以进。古今相承，皆曰坑儒，盖惑于扶苏之谏。扶苏曰：“诸生皆诵法孔子，皇上皆重法绳之，臣恐天下不安。”呜呼，若卢生者，何尝诵法孔子？自扶苏一言之误，使儒者蒙不韪之名。自我一洗，亦万世之快也。不然，如两生、四皓、伏生之流，鸿飞冥冥，弋人何慕，肯摇唇鼓吻，自投于陷阱哉？仆故曰，卢生四百六十余人，皆方伎之士也。
>
> 天下之大，所谓儒者，固不止此。其坑之者，此而已矣。有道之士，秦不能坑。火德一炎，两生以讲礼闻，四皓以羽翼之功闻，伏生以口授古书闻，岂非天寿其脉，留此数公，以见吾儒不可磨灭，而明奸恶小人终不能为常久计？

萧参的意思，秦始皇说他对卢生等“尊赐之甚厚”，并没有说卢生等诵法孔子之言。说他们诵法孔子，全是因为扶苏的一句话。这四百六十余人，又何尝诵法孔子？所以萧参断定，卢生和被坑的四百六十余人，“皆方伎之士”，并非儒生。于是萧参得出结论：

商君以变法祸秦,竟遭车裂。卢生等以方技祸秦,坑于咸阳。其罪等也。天其或者假手于秦欤? 商君裂矣,卢生坑矣,而秦以不祀,抑自相挤陷之明报。而祸淫之道,为不偏矣。仆甚恶坑儒之名,故论其颠末云。

依萧参的意见,则秦始皇坑杀四百六十余个方伎之流,和车裂商鞅,是一样的性质,都是秦国内部的“自相挤陷”,是上天福善祸淫的报应。

萧参,或作萧森,只知道他自称“通岩居士”,其《希通录》成书于南宋嘉定年间。

郑樵和萧参的议论,引起了元明时代一些儒者的注意。

三、坑尽与否之辩

宋高宗曾命令郑樵把《通志》进献,适逢郑樵病死,所以《通志》在南宋未能广泛流传。他关于坑儒的新见,到元朝引起了儒者的注意。

刘壎《隐居通议》卷二十六,有《秦不绝儒学》一条,基本内容就是抄录郑樵的两条议论。其开头说道:

秦始皇焚书坑儒,遗臭万世。而莆阳郑夹漈樵,谓秦未尝废儒学。言有证验,似亦可采。

其末尾又说:

以上二论甚新。

由此看来,刘壎对郑樵的意见是赞同的。

刘壎,宋末元初儒者。所著《隐居通议》,《四库总目》评论说,该书“论诗论文,尤多前辈绪余,皆出于诸家说部之外。于征文考献,皆为有裨。固谈艺者所必录也”。也就是说,刘壎在考据方面,是有益于世人的。

另一位专门从事文献考据的马端临,也援引了郑樵“秦不废儒学”的议论,并加以评论道：

> 秦以儒者为博士，每国家有大事，则下博士议之。然因淳于越进议封建而下焚书之令，因卢生辈窃议时事而下坑儒之令。盖此二事者，皆激于博士之正论。然则其所进用者，必皆得面谀顺指如周青臣、叔孙通辈，然后能持禄苟免耳。稍引古义，持正论，则批逆鳞、触奇祸。是书虽存而实亡，博士官虽设而实废矣。（《文献通考》卷一百七十四）

马端临似乎不赞成郑樵的“秦不绝儒学论”，但他指出：第一，秦朝的博士都是儒生；第二，遇大事要交博士们讨论；第三，秦只听顺耳之言，所以博士是虚设。然而马端临的议论，倒是说明秦朝并不想坑尽儒生。

马端临，生于南宋而长于元朝，隐居著书。所著《文献通考》，与唐朝杜佑的《通典》、宋朝郑樵的《通志》，并称“三通”，是研究传统文化的必备书。因此，马端临和郑樵的见解，具有重要的参考价值。

到明代，于慎行也对儒者的身份发生了怀疑，认为被坑之人为方士而非儒生：

> 夫秦人之坑儒，以二方士故也。侯生、卢生相与讥议始皇，始皇闻之，怒曰：“卢生等吾尊赐之甚厚，今及诽谤我。”于是使御史按问诸生在咸阳者，传相告引，得四百六十余人，皆坑之咸阳。
>
> 夫以二方士故，而坑诸生数百人，其说不可知。彼所谓诸生者，皆卢生之徒也，坑之诚不为过；其诵法孔子者，与方士何与？而尽坑之。世不核其实，以为坑杀儒士，彼卢生岂儒士邪？（《读史漫录》卷二）

于慎行，明朝后期儒者，《四库总目提要》认为“是书评论历代史事。起伏羲氏，至辽金元。所论无甚乖舛，亦无所阐发”。所谓“无所乖舛”，也当包括坑儒的评论。于慎行的评论，可说是对萧参说的支持。

明朝末年，孙承恩作《秦儒》一文，严厉批驳郑樵的议论。孙承恩说，坑儒这样的事，桀纣都没有做过，秦朝做了。秦朝不用儒者，是非常明白的。可是“妄儒”郑樵却要替秦朝辩护，举出陆贾、郦食其、叔孙通等，还有秦二世时尚存的几位博士，想以此证明秦朝还是任用儒者与经学的，这真是妄加议论。

孙承恩继续说，像陆贾、郦食其这样的儒者，当时得到重用了吗？叔孙通做待诏博士数年，不过被秦朝“兽畜”而已。难道郑樵认为，当时一定要把儒者灭尽，所有的人都成为文盲，才算是废儒吗！据孙承恩的考察：

> 秦之博士，虽用儒者，然亦杂矣。博士而有占梦等名位，则当时多方技流耳。陈胜之议，引经义者，辄下狱，而叔孙以佞获赏。如是而云用儒与经学，其可哉？（《文简集》卷四十三《秦儒》）

孙承恩反驳郑樵的所谓“所坑特一时议论不合者”：“夫樵之意，岂不谓所坑皆是议胜、广之徒，余儒固无恙”，认为那些由于诽谤而招祸的，没有什么可说的。但那四百六十余人，又有什么罪呢！于是孙承恩得出结论：

> 始皇曰：“以妖言乱黔首。”呜呼，秦事法律，土苴仁义。既废所以载仁义之说者，而复于诵习之人并除灭之。幸而苟免者，则阿谀小人，固秦之所谓用儒也。若取其苟免者与未尽去者为据，而谓秦未尝废儒，其悖谬岂不甚哉？（《文简集》卷四十三《秦儒》）

依孙承恩的意见，秦朝依赖法律，抛弃仁义，所以要在废弃仁义的载体，即书籍之后，也要除灭诵习仁义的人。那些幸免于难的，不过是叔孙通这样的阿谀小人。因此，举出那些幸免的和尚未坑尽的，据此说秦朝不废儒，乃是绝对的谬论。所以，郑樵的言论不必理睬，但秦朝是这样的无道，有些人却还要借助郑樵的话来为秦朝辩护，这才是“可恶”的。

依孙承恩的结论，秦朝为了抛弃仁义，专任法律，是一定要烧尽负载仁义的书，除灭诵习仁义之人的。那些存在于汉朝的儒者，不是阿谀奉承的小人，就是侥幸逃脱的人。也就是说，灭尽儒者，是秦朝的国策。之所以还有儒者幸存，不过是没有来得及杀尽而已。

关于郑樵的说法争论如此激烈，至于萧参所说秦朝坑杀的根本不是儒者，则未见批驳者。

尽管争论是如此激烈，到了清代，仍然有人认为，秦朝并不是要灭尽儒者：

> 《叔孙通传》载，二世召博士诸儒生三十余人问陈胜，又通降汉从

> 儒生弟子百余人，征鲁诸生三十余人……则知秦时未尝废儒，亦未尝聚天下之儒而尽坑之。（梁玉绳《史记志疑》）

梁玉绳是“乾嘉学派”的重要学者之一，也是当时研究《史记》、《汉书》最有成就的学者。其《史记志疑》是考证《史记》的一部重要著作。经过考证，梁氏还说道：“余常谓世以‘焚书坑儒’为始皇罪，实不尽然。……其所坑者，大抵方伎之流与诸生，一时议论不合者耳。”（《史记志疑》）也就是说，梁氏不仅再次证明了郑樵所说是实，而且也证明了萧参的意见大体正确。并且又举出叔孙通的弟子百余人，汉初曾经征召鲁地儒生三十余人，作为证明。

然而纵观古代对于坑儒的评论，绝大多数儒者几乎是不假思索地接受了坑儒就是坑尽儒者的判断，认真进行考证的，除郑樵、萧参、于慎行等少数儒者外，很少有人认真考证此事。争辩者，也寥寥无几。精于考证的乾嘉学者，他们考证了许许多多的问题，以至于所谓“考不必考”。但是对焚书坑儒这样的大事进行考证的，似乎只有梁玉绳一人。因此，在几乎众口一词地认为坑儒就是坑尽所有儒者的声浪中，郑樵、萧参、于慎行和梁玉绳的声音，甚至微弱到听不见的程度。

那么，到了近代，学者们几乎都是从“坑尽说”出发，来探讨秦朝为什么要坑儒，而很少有人考证秦朝是否要坑尽所有儒者。

第三章　现代学者论坑儒

现代学界，起初似乎仍有许多人还是心存疑窦：难道所谓“坑儒”，就是坑那些方士之流吗？然而更多的学者，则从坑儒就是坑尽儒者的观念出发，认为“坑儒”也可能还有深层次的原因。并且从政治、政策、文化、秦始皇个人的性格等诸多方面，对坑儒的原因进行了多角度探讨。

一、现代早期坑儒论

所谓现代早期，即19、20世纪之交，那是中国学者刚刚接受西方近代的社会科学，并且仿照西方近代学者研究自己历史的开始。在这些研究者之中，我们首先考察的，是梁启超和章炳麟（号太炎）。

梁启超在“坑儒”问题上的评价是，“坑儒”之罪小而“焚书”之罪大。他说：

> 二事同为虐政，而结果非可以一概论。坑儒之事，所坑者咸阳四百余人耳。且祸实肇自方士，则所坑者什九皆当如汉时文成、五利之徒，左道欺罔，邪谄以易富贵，在法宜诛也。即不然，袭当时纵横家余唾，揣摩倾侧，遇事风生；即不然，如叔孙通之徒，迎合意旨，苟以取荣。凡若此辈，皆何足惜！要之当时处士横议之风，实举世所厌弃。虽其志节卓荦，道术通洽之士，亦较他时代为特多，然率皆深遁岩穴，邈与世绝矣。其仆仆奔走秦廷者，不问而知其为华士也。始皇一坑，正可以扫涤恶

氛，惩创民蠹，功逾于罪也。①

依梁启超的意见，所谓“坑儒”，坑的主要是方士。这些人依据法律也是应当被诛杀的。其中可能有一部分像叔孙通那样迎合上意、谋取富贵的儒者，这些人被坑，也没有什么可惜的。梁启超的意见，是对萧参意见的发展。

和梁启超同时的章太炎，作《秦献记》，对“焚书坑儒”也作了历史考察。他指出“焚书”的起因，在于淳于越等依据儒家典籍以古非今，反对郡县制。“坑儒”，则是由以卢生为首的一批人诽谤新政权所引起的。他论证了秦始皇“焚书”有一定范围，“坑儒”也有严格界限，并肯定它的作用说：“不燔六艺，不足以尊新王。”而坑儒，他比作汉代的党锢，是一时的案件，不是要杀掉所有读书人：

若其咸阳之坑死者四百六十人，是特以卢生故，恶其诽谤，令诸生传相告引。亦由汉世党锢之狱，兴于一时，非其法令必以文学为戮。数公者，诚不以抵禁幸脱云。②

或者说，假如没有卢生等对秦始皇的诽谤，也就没有所谓坑儒事件。

稍晚于梁、章的胡适，也对坑儒事件发表过意见。胡适研究了坑儒的始末之后说道：

细看这一大段，可知秦始皇所坑杀的四百六十余人乃是一班望星气、求仙药的方士。这种方士，多坑杀了几百个，于当时的哲学只该有益处，不该有害处。故我说坑儒一件事也不是哲学中绝的真原因。③

胡适也赞成坑杀的不是儒士，而是方士。并且认为，这样的方士，多坑杀几百个，对哲学的发展是有好处的。也就是说，所谓坑儒事件，对于中国文化，并非是百分百的坏事。

著名历史学家吕思勉在评论“焚书”事件的时候，也注意到，坑儒并不是要

① 梁启超：《饮冰室合集》第四册，专集46，中华书局，1989年。
② 章炳麟：《秦献记》，载《雅言》第6期，1914年3月。
③ 胡适：《中国哲学史大纲》卷上，上海书店，1989年，第388页。

除灭所有儒士：

> 坑儒一举，乃因有人诽谤始皇而起，意非欲尽灭儒生，并不能与焚书之事并论。①

梁、章、胡、吕都是近代第一流的学者，他们的意见应该能够得到人们的赞同。然而实际上，巨大的历史惯性以及其他的种种原因，认为坑儒就是要坑尽儒士，是文化灾难的声音，仍然是对于坑儒事件的主流认识。

二、现代对坑儒事件的主流认识（上）

由于历史的惯性，今天的多数史学家对秦始皇的谴责，仍然是不绝于耳。而秦始皇被谴责的最主要原因，就是"焚书坑儒"。而且由于新的认识，对于坑儒的原因，也有了新的分析。比如著名历史学家翦伯赞，从阶级分析入手，认定"焚书坑儒"是新兴商人地主政权打击旧贵族势力的斗争：

> 焚书坑儒，客观上是对文化之一般的毁灭，但在当时新政府的一般动念上，却是为了肃清隐藏在政府机构中的残余旧贵族，乃至作为其政治指导原理的旧文化。……这四百六十几个诸生，在当时的政府看来，都是最有学问的知识分子。他们被活埋，是中国文化的一个大损失。②

也就是说，当时所坑杀的，都是"最有学问的知识分子"。这是对卫宏说"诸生贤儒皆至"的发展。

影响更为广泛的历史著作，是范文澜的《中国通史简编》。该书把焚书坑儒归结为荀子学派、法家学派与孔孟正统派儒学的斗争，认为这个斗争"集中表现在中央集权（地主政治）与分封诸侯（领主政治）的争论上，终于爆发了焚书坑儒的大破裂"。该书认可坑儒是方士求神仙不得，"畏罪逃走"，秦始皇愤怒，导致

---

① 吕思勉：《吕著中国通史》，华东师范大学出版社，2004年，第359页。

② 翦伯赞：《秦汉史》，北京大学出版社，1983年，第58－61页。

"活埋儒生四百六十余人"的"野蛮行为"。他也认为坑儒事件"把孟子学派的儒生大体杀尽"。[①]范文澜自注，是采东汉赵岐说，可见历史的传统，是多么深厚。

史学家的意见影响到历史课本的编写。现行的中国历史教科书，无论是小学、中学，还是大学的，都会讲到焚书坑儒。客观一点的，会说是坑掉一批而不是全部儒士。笼统一点的，仅说焚书坑儒手段残酷，后果恶劣，堵塞言路，给文化造成无法弥补的损失。而在中学历史教学习题中，则经常会出现这样的题目：秦始皇"焚书坑儒"的直接原因是什么？答案通常是儒生攻击郡县制，非议秦始皇，其解释为秦朝建立后，一些儒生谈论诗书，以古非今，秦始皇接受丞相李斯的建议，烧毁了秦国以外的历史书和民间收藏的诗书以及诸子百家书。后来秦始皇追究一些儒生和方士，活埋了四百多人。这两件事历史上称"焚书坑儒"。

而在众多的有关历史的论著中，人们大多是在下意识地认为坑儒就是要除灭儒家的前提下，来谈论坑儒事件。下面是一些随手拈来的例子。

朱绍侯在《中国古代史》中，把"坑儒"作为"古今之争"的结果：

> 秦始皇焚书坑儒是"师古"与"师今"两种政治思想激化的表现。在当时的历史情况下，为了巩固统一，禁止"以古非今"的反动活动，采取统一思想的措施是必要的。但是，焚书坑儒的手段是愚蠢的，特别是焚书毁灭了许多古代的文化典籍，造成了文化上的重大损失。[②]

古今之争起于《史记·秦始皇本纪》记载的"周淳之辩"："始皇置酒咸阳宫，博士七十人前为寿。"仆射周青臣进颂，大肆称颂秦始皇功业，秦始皇听得很高兴。但是博士淳于越认为："事不师古而能长久者，非所闻也。今青臣又面谀以重陛下之过，非忠臣。"对于周氏和淳于氏的忠奸之辩，秦始皇"下其议"，让群臣讨论，于是引出了李斯"焚书"的主张。但是却没有因此"坑儒"。"坑儒"与"古今之争"没有直接的关联。但是这种判断却影响深远，许多学者把周与淳于氏的古今之争不仅作为焚书的直接原因，也作为坑儒的直接或者根本原因。

也有人从"方士"一词的解释入手，认为"'方'字除了古时实指异于中国之邦国外，亦可解释为研究域外学术之人，所以始皇说方士们'为谣言以惑乱黔

---

① 范文澜：《中国通史简编》第二编，人民出版社，1958年，第19页。

② 朱绍侯：《中国古代史》上册，福建人民出版社，1985年，第257页。

首’，毁谤始皇的不德，固为其罪状，但此外也是恐怕他们还要将战国时域外传来的‘禅让’说搬出来企图撼摇秦朝政权”。

> 禅让之说谓天下者非一人之天下，唯有德者居之。尧舜官天下故称圣王，禹德衰，不传贤而传子，这些学理为盼望万世一系的始皇所最畏恶者，自然要设法制止。①

于是导致了坑儒事件的发生。

也有人认为，秦始皇“焚书坑儒”，是当时东西区域文化价值系统对立并冲突的结果，亦是始皇求仙受挫后偏激的个性心理因素所致。②

从始皇的心理上进一步延伸，有人认为“坑儒”不纯是一偶发事件，是始皇有预谋之举。

> 始皇当得知方士韩众、卢生等人逃亡之前，早已使人监视在咸阳的诸生，见有人告反动舆论宣传，即“为妖言以乱黔首”，遂动了杀机；而韩、卢等人可能因接近皇帝的职业之变，有所觉察，故能逃之夭夭。因此“坑儒”绝不是如今某些学者所说的纯为一偶发事件。③

从某种意义上来说，所谓东西异质文化的冲突，典型的表现正是法家思想和儒家思想的对立，所以很自然的即可得出“坑儒”也是“儒法斗争”的结果。有学者是这样论述的：秦始皇既然选择了“以法为教”、“以吏为师”的思想文化政策，那么，“焚书坑儒”正是这一政策导向带来的必然性的“后果”。④

从儒法之争的角度看问题，“坑儒”就是秦朝既定的国策。李元说：

> 在法家的理论中，商鞅早就把知识分子视为“六虱”之一；韩非也曾把知识分子列入五蠹之中。根据他们的理论，知识分子全是些有害

① 苏雪林：《屈赋论丛》，台湾编译馆，1978年。

② 李禹阶：《秦始皇“焚书坑儒”新论——论秦王朝文化政策的矛盾冲突与演变》，《重庆师范大学学报》2004年第6期。

③ 张华松：《秦代的博士与方士》，《孔子研究》1999年第5期。

④ 安作璋、孟祥才：《秦始皇帝大传》，中华书局，2005年，第310页。

> 无益、必须严加镇压的害人虫！过去容忍他们的所作所为，那是因为敌国尚在，大业未就，现在已经寰局大定，海县清一，该是清算他们的时候了！韩非有言："禁奸之法，太上禁其心，其次禁其言，其次禁其事。"这乃是惩治鲍白令之类知识分子的唯一正确的方法。……在《焚书令》实施的第二年，也就是秦始皇三十五年（公元前212年），"坑儒"的惨案又发生了。事情的起因没什么可讲的，无非是一些不知天高地厚的知识分子在背地里攻击秦始皇"乐以刑杀为威"而已，这在战国时代根本不能算什么了不得的事情，但新时代就不同了，为此，秦始皇大兴冤狱，"使御吏悉按问诸生，诸生传相告引，乃自除。犯禁者四百六十余人，皆坑之咸阳，使天下知之，以惩后"。他的目的非常明显，就是让天下人，特别是那些以社会精英自居的知识分子们清楚地认识到，他要不惜一切代价建立起符合新的帝国政治的意识形态霸权，任何反对这一政治任务的人都要遭到严惩！①

"任何反对这一政治任务的人都要遭到严惩"，就是一定要将儒士坑灭无遗。

如果从源头上来讲，法家的确也是发端于儒家："《荀子·非十二子》在批判了当时的各种'邪说'之后，提出了'总方略，齐言行，一统类'的统一思想的主张。这固然是当时政治上统一趋势的要求与反映，但却成为后世君主专制主义实行思想文化专制统治的发端。……而'焚书坑儒'正是李斯对他老师'总方略，齐言行，一统类'和'百事齐于官'的专制主义思想主张的实践。"②

把荀子这位硕儒的思想作为"焚书坑儒"的思想根源，是杜牧到朱熹说法的再现。由此推出的结论就是：儒家自身为焚其书、坑其人埋下了伏笔。

也有人认为，"焚书坑儒无论从什么角度讲，都是一种空前野蛮和愚蠢的暴行，它是战国时期'礼贤下士'之风的反动，也是对'百家争鸣'学术思潮的扼杀，是思想文化史上一场空前的大浩劫，成为永远无法弥补的损失"。③

有人似乎觉得这样的论断有点偏激，对焚书和坑儒进行了区分："从以上来看，焚书与坑儒事件的发生好像并不是相互的关系，因为事情的起因与处理的结

---

① 李元：《论秦始皇的知识分子政策》，《求是学刊》1999年第3期。

② 王超：《中国历代中央官制史》，上海人民出版社，2005年，第81页。

③ 安作璋、孟祥才：《秦始皇帝大传》，第322页。

果是不相同的。焚书是始皇帝的有心之举，而坑儒是无意间引发的，所以将焚书坑儒二事联系在一起，好像有失偏颇。”但他同时也认为两者有内在联系：“焚书偏听李斯一面之词，而坑儒也可以说是始皇帝上当后的一种变态报复，二者结合，我们可以充分地看到始皇帝愚蠢与残暴的一面。”“始皇帝的最终思想是，消灭一切对帝国统治有危害影响的人与物，让帝国的统治千秋万代不受影响。……这一切都是私心在作祟。”①

所谓“消灭一切对帝国统治有危害影响的人与物”，也就是要坑尽所有儒士。这就是说，春秋战国时期催开的“百花齐放，百家争鸣”之风，及至秦始皇统一中国，已需要在意识形态上有相应的变化，所以有人认为李斯提出的“以吏为师”的主张，纯粹是大开“历史倒车”，其结果与“焚书坑儒”殊途同归，导致了“高压效应”。这也就是说“坑儒”与“以吏为师”一样，都禁锢了春秋以来蓬勃发展的学术氛围，是一种文化的专制。

三、现代对坑儒事件的主流认识(下)

“秦始皇采取极其野蛮粗暴的方式‘焚书’、‘坑儒’，希望以此残酷的手段达到思想上的高度统一，充分体现了封建地主阶级专政的残酷和皇帝掌握着至高无上的权力。焚书摧残了自春秋战国以来百家争鸣所形成的文化繁荣局面，使祖国文化宝库蒙受了灾难。坑儒则沉重地打击了儒家学派及广大知识分子，使法家学说完全官学化”②，也是从学派之争的角度谈论坑儒事件。依照这种说法，打击儒家，进而除灭儒者，就是秦朝既定的施政目标。

所谓“法家的官学化”，可能就是阎步克所说的“文吏”③。但同时阎步克也指出了“文吏”的出现并不始于“坑儒”，“战国时社会分化出了学士和文吏两个群体，他们分别是儒家和法家所依赖的治国者，秦政独用文吏而汉政文吏、儒生兼收并用，并促使这二者逐渐地融合交汇”。④

---

① 叶依青：《历代帝皇功过是非系列总序》，http://club.xilu.com/lqd/replyview－904124－568.html。

② 孙铁：《影响中国历史100事件》，线装书局，2003年，第3页。

③ 阎步克：《秦政、汉政与文吏、儒生》，《历史研究》1986年第3期。

④ 阎步克：《士大夫政治演生史稿》，北京大学出版社，1996年，第18页。

用文吏而排斥儒士，就使战国时期的百家争鸣局面趋于消失：

> 战国时期，百家争鸣，是学术文化的高涨时期，秦始皇焚书坑儒，阻碍学术思想自由发展，把战国以来高涨的学术思潮暂时压了下去。①

著名历史学家何兹全的议论，也有意无意地在告诉人们，坑儒，乃是秦朝实施政治统治的既定方针。这个方针，使本来活跃的学术气氛沉寂下去。

禁锢活跃的学术气氛自然地导出文化专制：

> 始皇认为他们犯了诽谤和妖言惑众罪，使御史治罪，将四百六十多儒生坑杀于咸阳。始皇是想借此以实行文化专制，并非有悔于方术之谬误。②

不知有谁说过秦始皇的坑儒是"有悔于方术的谬误"，因而"并非"的判断乃是无的放矢。但说坑杀四百六十多儒生是要"借此实行文化专制"，其潜台词乃是这四百六十多人乃是儒生的全部、至少是大部，因而也是坑尽说的继续。

"焚书坑儒"，并公示天下，被认为是秦帝国文化专制政策的确立。这种政策，被认为是大一统君主制集权的官僚体制系统在文化问题上的定位。所以有人认为，此后承秦之制的汉帝国"罢黜百家，独尊儒术"，其唯儒独尊的文化形式，以及后来以专制主体的官僚体制价值系统为内涵的"新儒家"大一统学说的学术与理论体系，都正好是秦帝国文化禁锢政策的承继。因此，焚书坑儒，"开启了中国封建社会二千多年来文化专制政策的先河"。③

秦赫赫帝国，二世而亡，何其神速！原因何在？汉初政治家纷纷探讨其中的道理。陆贾指出，秦二世不行仁义，"尚刑而亡"，他认为只有"文武并用"，才是"长久之术"。贾谊慷慨论秦之过，指出秦王朝一味实行法家一套办法："禁文书而酷刑法，先诈力而后仁义，以暴虐为天下始。"失天下的原因是"仁义不施，而攻守之势异也"。（贾谊《新书·过秦论》）到了唐代，则把"仁义不施"具体地归

---

① 何兹全：《何兹全文集》第五卷，中华书局，2006年，第2295页。

② 牟钟鉴、张践：《中国宗教通史》（上），社会科学文献出版社，2003年，第221页。

③ 李禹阶：《秦始皇"焚书坑儒"新论——论秦王朝文化政策的矛盾冲突与演变》。

结为焚书坑儒。贾至《旌儒庙颂》的序言说：

> 观夫坑儒焚书之意，乃欲盖先王之能事，窃作者之鸿名，黈众耳以前闻，逞私欲于当代。此儒之所忌也，秦之所志，悲夫。儒以恭俭为宗，秦则疲弊生人，极力宫室。儒以道德柔远，秦则竭耗中国，劳师四夷。儒以宥过议贤，秦则刻法峭刑，贼虐谏辅。儒以述先好古，秦则私心徇智，播弃典坟。夫如是，则秦不得不灭，儒不得不坑，事使然也。

这里把坑儒和秦灭相连，也就是告诉人们，坑儒，“欲盖先王之能事”，乃是导致灭亡的原因。唐朝末年，司空图《铭秦坑》一诗道：

> 秦术戾儒，厥民斯酷。秦儒既坑，厥祀随覆。天复儒雠，儒祀而家。秦坑儒耶，儒坑秦耶？

其中“秦坑儒耶，儒坑秦耶”一句，常常为后世儒者所称道。

古代对焚书坑儒导致秦朝灭亡的分析，在现代学者中得到了广泛的支持。许多学者认为，秦在维持新政权的工作中，其思想武器相当贫乏，也是相当无力。焚书坑儒，是文化专制的重要措施，也是导致思想武器贫乏无力的原因。这种主张认为，法家的专制主义和唯暴力论等主张是焚书坑儒的思想根源。所以，秦始皇焚书坑儒不仅仅是手段愚蠢残暴，就其动机目的而论，也是以法家为指导思想所带来的必然结果。① 这实际上是把秦朝灭亡的原因归咎于“定法家于一尊”，因为这是秦朝“焚书坑儒”和“仁义不施”的思想根源，也是导致秦王朝迅速灭亡的直接原因。这样的主张以萧箑父和李锦全主编的《中国哲学史纲要》为代表。该书认为：

> 秦皇、李斯迷信法家思想，把君主的意志及其所掌握的权势夸大到决定一切的高度，坚持“以法为教，以吏为师”，忽视对新的上层建筑的营造和对前代文化思想遗产及政治统治经验的批判继承，陷入盲目的

---

① 许凌云：《古今之争与焚书坑儒》，《孔子研究》1999 年第 1 期。

主观专断，结果导致了秦王朝在农民起义的风暴中迅速覆亡。①

类似的论断，可以在许多有关中国文化和历史的著作中找到。

近几年来，有关焚书坑儒的讨论似乎又出现了转向。

四、近年来对坑儒事件的重新讨论

1992 年，[英]崔瑞德、[英]鲁惟一的《剑桥中国秦汉史》译为中文出版。该书认为，"坑儒"不过是一个"虚构的传说"：

> 长期以来对这个传说毫不怀疑的接受，在很大程度上助长了传统上对秦始皇的恐惧。可是客观的考察表明，有充分的根据把它看作虚构（颇为耸人听闻的虚构）的资料，而不是历史。②

国外的学者，如日本学者粟原朋信的著作《秦汉史研究》、德国学者乌尔里希·内因格尔的论文《坑儒·论儒生殉难之说的起源》等都持与《剑桥中国秦汉史》类似的观点。

近几年来，国内有关的讨论，认为坑儒仅仅是坑杀了一些方士，并不是要坑尽儒者的议论又开始出现，然而响应者不多。

由上海文化广播影视集团主管主办的《天天新报》于 2009 年 4 月 20 日发表记者朱渊《王立群为焚书坑儒翻案，魏明伦"坑谁都是暴行"》的文章，称河南大学教授王立群在中央电视台《百家讲坛》发表议论称"秦始皇活埋的是术士而非儒生，坑儒之说带有放大和夸张的成分"，并呼吁中学教科书还原真相。王话音未落，便遭质疑。著名剧作家、"巴蜀鬼才"魏明伦立即表示异议："儒生是当时读书人的统称，术士是儒生的一部分，秦始皇活埋 460 个读书人是血的历史，其中许多人是无辜的。'坑儒'再确切不过，何来夸张之说？"王立群于当月 28 日

---

① 萧箑父、李锦全：《中国哲学史纲要》，外文出版社，2000 年，第 187 页。

② [英]崔瑞德、[英]鲁惟一：《剑桥中国秦汉史》，中国社会科学出版社，1992 年，第 87—88 页。

在博客上发文:"我认为:秦始皇活埋的是术士并非儒生,坑儒之说带有放大和夸张的成分。试问《天天新报》,这就叫为秦始皇"焚书坑儒"翻案吗?"

《天天日报》立即刊登特约评论员吴为忠《不要以一家之言推翻学界定论》的文章作为回应,该文援引"一篇评论"的话说:"要推翻学术界的定论,一般情况下,都应该有新的材料支撑。推翻'焚书坑儒'的定论,王先生是否发现了新的材料?从新闻报道中来看,王先生似乎没有发现新的材料,仍然是'据《史记》记载'。"这篇评论说:"任何学术上的观点都可以质疑,但应当靠证据说话。其实,怀疑'焚书坑儒'真实性的观点,也并非王立群先生所首创,自古有之。但认同'焚书坑儒'的观点占了主流,无非就是因为证据更为充足一些。这就是历史。"

的确,质疑坑儒说的文字自古就有,然而直到今天,仍然是语焉不详。时至今日,关于焚书坑儒的认识,确实已经形成了一种定论,这种定论不仅已经成为学术界的主流,而且已经成为整个中国社会妇孺皆知的定论。对王立群教授关于重新认识焚书坑儒的意见反应如此强烈,就是这种主流的一种反映。

然而,本文觉得,对于这个历史事实,以及有关的种种情况,有必要尽可能地弄个清楚。所以笔者不揣浅陋,敢将考察的结果以及有关的史料,奉献于读者面前。

第四章　坑儒本事检讨

在这一章里，我们将对坑儒的本来事实，作出评论。

一、卫宏说不可信

卫宏说不可信，其理由可以总结如下：

第一，卫宏“种瓜伏机”之说，唐代以前从未见人提起。卫宏生活于两汉之际，正是独尊儒术的时代，儒者们对秦始皇的谴责，可说是不遗余力。班固、赵岐等儒者都曾经诉诸文字，不见提起卫宏说。王充《论衡》，以“疾虚妄”为宗旨，且不只一次批评秦始皇，也未见提起卫宏说。东汉以后，魏晋南北朝数百年，也无一人提起卫宏说。唐初的儒者突然提起了卫宏。唐初儒者如何得知？可见，说法的来源不可信。

第二，卫宏“种瓜伏机”说的根据，一说出于《古文尚书序》，一说出于《古文奇字序》，对于这样一件大事，连出处都互相矛盾，这是出处的不可信。

第三，坑儒的原因，一说是“患苦天下不从所改更法”，另一说是“秦改古文以为篆隶，国人多诽谤”，自相矛盾，不足信。况且既是患苦“天下”不从，“国人多诽谤”，为何只坑儒者？也自相矛盾，不可相信。

第四，宋儒程大昌说，“议瓜之说似太诡巧。始皇刚暴自是，其有违己非今者，直自坑之，不待设诡”。程大昌的分析，是有道理的。这是情节的不可信。

第五，情节不可信之二，是所谓诱入山谷，上设伏机。“皆压，无声。”世界上的山谷，存在至今的到处都有。有心者可以考察一下，即使现代的技术，在口大底小、呈倒竖梯形的山谷之上,能否设置用于填土、一下压死七百人的伏机?而且在压死的当口,行刑者位于何处?如果位于谷上,如何能保证这七百人不会逃跑?如果有人在谷底监视,如何保证行刑者的安全?这个情节,可以说是最不可信的情节。

第六,所谓"诏博士诸生说之","诸生贤儒皆至",就是说,当时的博士们也都到场了,共七百人。依卫宏说,这就是当时秦朝儒者的总数。然而,秦二世时,还有博士三十余人。这些博士从何而来?秦二世的博士中,叔孙通仅仅是个"待诏博士",就有学生百余人。秦始皇时,博士七十人,即使每人五十个学生,也有三千五百人,不可能仅仅七百人。被坑的人数,到场者的身份,也是不可信的。

综上所述,卫宏的每一句话,几乎都是不可信的。

据称是卫宏所作的《古文尚书序》中,存留到唐朝的,只有两段话。另一段就是说《今文尚书》文字不准确。原因是:

> 伏生征之,老不能行。遣太常掌故晁错往读之。年九十余,不能正言。言不可晓。使其女传言教错。齐人语多与颍川异,错所不知者凡十二三,略以其意属读而已也。(《史记正义》引)

然而据《史记·儒林列传》:"汉定,伏生求其书,亡数十篇,独得二十九篇。即以教于齐鲁之间,学者由是颇能言《尚书》。诸山东大师,无不涉《尚书》以教矣。"这就是说,早在晁错"往读"之前,伏生的《尚书》在山东一带已经广泛流传,而且有二十九篇书在,不是单靠口传的。关于卫宏这一段话,古人辨析者很多。也就是说,卫宏这一段话,也是不可信的。

因此,可以得出结论说,或者是卫宏根本没有说过这些话,后人把自己的话强加于卫宏身上。或者是卫宏说过,然而都不可信。

如果卫宏说过,则这两段文字都可以视作卫宏的故意编造。卫宏是古文经学家,编造"伏生使女传言"的故事,是为了抨击《今文尚书》文字的可靠性。而编造秦始皇"伏机种瓜"的故事,则显然是出于儒者的护道立场。护道本不必使用谎言。但两汉之际,正是谶纬盛行、谎言辈出的时代,能够编造出"伏生使女传言"的人,编造秦始皇"种瓜伏机",也就可以理解了。

二、被坑的仅是部分犯禁“诸生”

在坑儒的事实认定方面,卫宏说不可信;可信的,是《史记》的记载。而相信《史记》记载、不相信卫宏说的,也是从古至今的多数意见。现在的各种通俗读物,包括教科书,也都以《史记》所载为据。因此,《史记》的记载,一向可称之为“定说”。

然而关于这文字不长的定说,需要弄清的问题仍然存在。

首先,被坑的仅是诸生,而与博士无关。《史记》的原文是:“于是使御史悉案问诸生,诸生传相告引,乃自除。犯禁者四百六十余人,皆坑之咸阳。”诸生,仅仅是博士的学生。清《钦定历代职官表》载:

> 谨案:班固称六国时往往有博士,则其官不始于秦。而秦时令博士预朝廷大议,备左右顾问,则所职尤重。虽经始皇焚书坑儒之祸,而二世时叔孙通犹待诏博士。山东兵起,二世尚召博士诸儒生而问之,是其官仍旧不废。观李斯所奏,称非博士官所职,天下敢有藏诗书百家语者,悉诣守尉杂烧之。可知博士官所职者尚存,盖犹令其典司经籍也。且既以博士为官,必有生徒转相传授。《秦本纪》载,卢生言博士七十人备员弗用,而诸生在咸阳者使御史案问,至杀四百六十余人。……盖七十人乃博士员额,而所谓数百人者皆诸生之隶于博士官,如汉世博士弟子之类耳。(清《钦定历代职官表》卷三四)

就是说,这四百六十人,是博士的弟子。而据该书考察,“既以博士为官,必有生徒转相传授”。不仅汉代仍然如此,当时也有叔孙通的百余弟子可以作为旁证。

这是一条极其重要的区别。因为当时真正的儒者,乃是这些博士。所谓卫宏说,深知这一点,所以在那段“种瓜伏机”的文字中,特意要强调“诏博士诸生说之”,“诸生贤儒皆至”。因为如果被坑者没有博士,是不足以说明所坑的是儒者。然而根据《史记》记载,所坑仅仅是博士弟子,淳于越等七十博士,则一个也没有被坑。

博士,是古代的一种官职,初创于战国时代。《史记·循吏列传》记载说:

“公仪休，鲁博士也。”沈约《宋书·百官志上》：“博士，班固云‘秦官’。史臣案，六国时往往有博士，掌通古今。”因此，班固说博士是“秦官”，是不对的。后代有人说是班固称“六国时往往有博士”，是把沈约反驳班固的话当成了班固的话。晚于班固的应劭《汉官仪》，也认为博士是秦官：“应劭《汉官仪》曰：博士，秦官也。博者，通博古今。士者，辩于然否。”（《太平御览》卷二百三十六）这些考证说明，博士在战国时已经存在，而大规模的设置，则是秦朝。

博士通常由儒者充当。《史记正义·儒林列传》引姚承云：“儒谓博士，为儒雅之林，综理古文，宣明旧艺，咸劝儒者，以成王化者也。”实际上，博士不仅是儒者，但儒者居多，这也是从古到今的定论。

所坑诸生中，没有一个博士，因此，把这次事件说成是“坑儒”，难以成立。

其次，说这些诸生是儒者，完全是由于扶苏“诸生皆诵法孔子”这一句话。扶苏在为诸生求情的时候讲的话，是否真实，值得怀疑。宋代萧参说：“若卢生者，何尝诵法孔子！”的确，史书所载那些方士，也未见有一个是所谓“诵法孔子”者。那么，这些因为卢生诽谤而被查出也有诽谤行为的诸生，又有什么根据说他们诵法孔子呢？因此，扶苏的话，只能理解为欲救人性命的情急之词。而以“诵法孔子”为词欲救这些人，倒是说明秦始皇尽管尊崇法术，但对于诵法孔子者，还是尊重的。这与秦初大设博士，是一致的。这倒不是说秦始皇喜欢孔子的学说，而是作为一个君主，要统治这个国家，需要各方面的知识，即要“通古今”。而当时能通古今的人物，主要是儒者。所以秦始皇封禅，要问儒者博士。陈胜起义，秦二世要找博士来问。这是他们尊重儒者的原因。这些知识，是厚今薄古的法家、主张愚民的道家人物所不屑的，更是方士所不能的。因此，不能说被坑的诸生中没有诵法孔子的学生，但他们主要是“方伎之流”，是和卢生、侯生一类的“生”，当也是事实。从这个意义上说，就更不能把这次事件说成是坑儒。

其三，被坑的仅是部分犯禁的诸生。《史记·叔孙通传》说：“叔孙通之降汉，从儒生弟子百余人。”秦始皇坑儒之时，介于七十博士和三十博士之间。上文说过，每个博士即使只有五十弟子，博士弟子之数可想而知，而且《史记》明确记载，命令御史查问后，坑的是这些犯禁者，不是全部诸生。从这个意义上，更不能说是坑儒。因为说是坑儒，就是把部分“犯禁”的诸生等同于全部诸生，又再进一步等同于全部诸生加博士，犯了以偏概全的错误。

其四，被坑的仅是“在咸阳”的部分犯禁的诸生。秦始皇的命令说：“诸生在咸阳者，吾使人廉问，或为妖言以乱黔首。”这就是说，不在咸阳的诸生，不再“廉问”之列。而事实也确是如此。这次所谓“坑儒”事件，所及仅仅在咸阳城内，并没有在全国进行追查和搜捕。也就是说，除咸阳城以外的全国各地的儒者，不论是老师还是学生，并没有受到这次事件的影响。从这点上来看，把这次事件说成是坑儒，也是不能成立的。

从古到今，任何一个有关一类人的全称判断的概念，无一不是在全国范围开展的。把仅限于一时一地的一个具体案件，加上一个全称判断的概念，作为当事人，有他们的理由，但是作为历史的考察，则不能认定其为事实。

综上所述，我们可以认定的事实是，所谓“坑儒”，坑的仅仅是在咸阳城内犯禁的诸生，即犯有诽谤罪的诸生。不是咸阳内的全部诸生，更不是全国范围内的诸生，更不包括真正能够代表儒者的博士们。因此，把这次事件称为坑儒，是不恰当的。

在这里还要指出的是：所谓卫宏说的“诏博士诸生说之”，“诸生贤儒皆至”，是没有根据的，说成是召“天下博士诸生说之”，更没有根据。而近代学者所说的，被坑者都是“最有学问”的人，和卫宏说一样，也是不能成立的。

为说明这个结论，我们还必须考察坑儒事件之后儒者的生存状况。这一点，古人已多次提及，在他们的基础上，我们再做些补充。

三、秦汉之际儒生的生存状况

所谓“坑儒”事件，仅仅涉及咸阳城内部分犯禁的诸生，可以从秦汉之际儒者的生活状况得到证明。

秦代博士有姓名存世者，根据王国维的考证，有“博士仆射周青臣，博士淳于越、伏生、叔孙通、羊子、黄疵、正先、鲍白令之等七人”。[①] 马非百考证，又多了李克、卢敖、桂贞、沈遂、茅焦、“四皓”等人。[②] 这些人有籍贯可考者，伏生为济南人；淳于越、茅焦为齐人；叔孙通为薛人；羊子为泰山人；卢敖，马非百考证为燕人；鲍伯令之，据蒙文通等前辈学者的考证，此人就是《汉书・儒林传》中传《诗》

① 王国维：《汉魏博士考》，载《观堂集林》第1册，中华书局，1959年，第174—175页。

② 马非百：《秦集史・博士表》，中华书局，2006年，第898—900页。

的浮邱伯,是齐人。[1] 这些博士,在所谓坑儒事件中,都没有受到影响。他们许多人,都活到了汉代。

秦朝末年,在激烈的反秦战争和后来的刘项之争中,追随刘邦的儒者,著名的有陆贾,有郦食其,当然还有叔孙通和他那一百多名弟子。《史记·郦生陆贾列传》载:

> 沛公不好儒。诸客冠儒冠来者,沛公辄解其冠,溲溺其中。

这段话说明,当时投奔刘邦的儒者,一定不少。不然,不会用"诸客"、"辄"等字眼描述刘邦对待儒者的态度。

此外,还有一个曾经做过代王的陈余。《史记·陈余传》载:"陈余者,亦大梁人也。好儒术,数游赵苦陉。"这是一个曾经建立了大功业的儒者。

这些人,都是生在秦朝而没有受坑儒影响的儒者。

据司马迁所说,"自孔子卒后,七十子之徒散游诸侯,大者为师傅卿相,小者友教士大夫,或隐而不见"。战国时代,"独魏文侯好学。后陵迟以至于始皇,天下并争于战国。儒术既绌焉,然齐鲁之间,学者独不废也"(《史记·儒林列传》)。这就是说,儒术的衰落,战国时代就开始了,当时只有魏文侯喜欢儒术,其他诸侯,也都和秦始皇一样,不喜欢儒术。然而尽管如此,直到秦始皇时代,齐鲁之间的儒者,还是继续着他们的学业。也就是说,秦始皇虽然不喜欢儒术,却没有干扰"齐鲁之间"儒者们的事业。以致陈胜起义时,鲁国的儒者能够抱着礼器投奔陈胜,包括孔子的嫡孙孔甲(鲋):

> 陈涉之王也,而鲁诸儒持孔氏之礼器往归陈王。于是孔甲为陈涉博士,卒与涉俱死。(《史记·儒林列传》)

孔甲,名鲋,字甲,孔子八世孙。这里特别提到孔甲,说明孔甲乃是当时儒者的领袖,至少是儒者的代表。他们不仅生命没有受到威胁,而且礼器也保存完好。他们和陈胜"俱死",是因为战争的失败,而与坑儒无关。

直到项羽灭亡,鲁国的儒者还为项羽守节:

---

① 余英时:《士与中国文化》,上海人民出版社,1987 年,第 67 页注③。

> 及高皇帝诛项籍，举兵围鲁，鲁中诸儒尚讲诵习礼乐，弦歌之音不绝。岂非圣人之遗化，好礼乐之国哉？（《史记·儒林列传》）

这时候，鲁国的儒者还在讲习礼乐，他们的事业，的确没有受到干扰。

鲁国是儒者集中的地区。所以秦始皇封禅，“征从齐鲁之儒生博士七十人至乎泰山下”（《史记·封禅书》），汉朝初年，叔孙通要为汉代制订礼仪，也“使征鲁诸生三十余人”（《史记·叔孙通传》）。这些人，都是所谓生活于秦朝，又进入汉朝的儒者。

与鲁国相近的齐国，是儒者的另一个集中地区。汉朝初年，曹参到齐国做丞相：

> 参之相齐，齐七十城。天下初定，悼惠王富于春秋。参尽召长老诸生，问所以安集百姓。如齐故俗，诸儒以百数，言人人殊。参未知所定。（《史记·曹相国世家》）

曹参相齐时，距离秦亡，才十年光景。据此可以说，这“以百数”的儒者，也未曾受到坑儒事件的影响。

这些记载足以说明，所谓的坑儒事件，坑的仅仅是咸阳城内一部分犯有诽谤罪的诸生。咸阳以外的儒生不仅没有被坑，说他们“逃难，窜伏山林”（《隋书·经籍志》），也不符合事实。

第五章　平议：秦政与坑儒

这一章，笔者将对秦朝的政治和坑儒事件作出评说。

一、秦朝与儒生

秦朝的治国思想，长期和儒家思想格格不入，这是事实。商鞅奠定了秦以法治国的基础。秦始皇欣赏韩非的理论，也见于历史记载。统一天下以后，又“以吏为师”，排斥一切“文学”之士，甚至烧掉各国历史和百家书籍，这都是事实。这些事实，成为后来分析坑儒原因的资料。从杜牧把坑儒的思想根源追溯到荀子开始，儒法之争、古今之争，甚至所谓齐鲁与秦地的东西文化之争，包括秦始皇的性格等等，都曾经被学者视为坑儒的基本原因或深层原因。然而，思想或者文化上的分歧是不是一定导致杀人？或曰是不是一定要把持不同政见的，或者不同学派的学者杀掉？当学者们在对坑儒事件的原因作出结论的时候，似乎很少考虑到，这里的因果关系是否成立。

这里有一个明显的例子，就是后来的刘邦。刘邦也不喜欢儒生，甚至用各种方式侮辱儒生。然而他不仅没杀掉他们，反而还接纳他们。

或者说，刘邦和秦始皇不同。刘邦在取得全国政权以前，都处于用人之际，况且，刘邦也不是像秦始皇那样残暴的君主。那么，根据史料考察秦始皇对待儒生的态度就很有必要。至于秦始皇和其他君主相比，是否就是生性残暴或者特别残暴，残暴到什么程度，不是这里讨论的问题。

秦始皇在下令追查诽谤者的命令中说：“吾前收天下书不中用者尽去之。

悉召文学、方术士甚众，欲以兴太平……”在这里，秦始皇承认自己烧了书籍，但认为烧的是不中用的。又说自己“悉召文学、方术士甚众，欲以兴太平”，也是事实。秦朝设置七十博士，可说是空前的。汉朝独尊儒术之后，起初只有五经博士五人，后来逐渐增加，也不过十几人。汉初的博士和秦朝一样，仅仅是备顾问而已。博士的数量，似乎也不及秦朝之多。这些博士之中，儒者即或不是全部，也是绝大多数。

秦设这些博士目的何在？秦始皇说：“欲以兴太平。”打仗需要战士，但是兴太平，就需要文化。这一点，秦始皇不仅是懂得，而且实际上也在做这件事。

公元前221年，秦始皇统一了天下。治理这个天下，需要一整套措施。秦始皇在这一年，讨论了当时认为需要讨论的问题。这些问题包括：

“天子自称曰朕”，“号曰皇帝”，“命为制，令为诏”；“除谥法”；“推终始五德之传”等等（《史记·秦始皇本纪》）

这些措施，都是建立新政权时最重要的事情。这些事情，都是“丞相绾、御史大夫劫、廷尉斯等”“谨与博士议”的成果。这些事情，是需要“通古今”的博士们参与的。至于后来的“一法度衡石丈尺，车同轨，书同文字”（《史记·秦始皇本纪》），特别是“书同文字”，没有博士们的参与恐怕是完不成的任务。历史上说李斯创造了小篆，然而这样的事，李斯凭一人之力，是无法完成的。

二十八年，即秦始皇统一全国、称皇帝的第三年：“始皇东行郡县，上邹峄山，立石，与鲁诸儒生议刻石颂秦德，议封禅望祭山川之事。”（《史记·秦始皇本纪》）

《左传》载：“国之大事，在祀与戎。”祭祀，是古代国家的头等大事，也是兴太平的重要措施。“望祭山川之事”，最早记载于《尚书》。讲舜即帝位以后：“肆类于上帝，禋于六宗，望于山川，遍于群神。”后来又到东方视察，望祭山川：“岁二月东巡守，至于岱宗。柴，望秩于山川。”（《尚书·舜典》）这类事务，只有儒者最熟悉，所以必须找儒者商量。至于所谓刻石颂德，撰写碑文，也必须有儒者参与才好。

由于儒经上没有封禅的记载，所以儒者们对于封禅事，就说不清楚了。因而始皇要封禅，就没有采纳儒者们的意见，因为他们的意见也莫衷一是。秦始皇就依照自己原来在秦地祭祀上帝的仪式，进行了封禅活动。当他上山时，半路上遇到下雨：

> 始皇之上泰山，中阪遇暴风雨，休于大树下。诸儒生既绌，不得与用于封事之礼。闻始皇遇风雨，则讥之。于是始皇遂东游海上，行礼祠名山大川及八神……

讥，就是诽谤。然而秦始皇却没有因此而处死儒者，甚至也没有处罚他们，而是到海边祭神去了。这件事，是耐人寻味的。然而无论怎么评价，都至少可以说明，秦始皇不是听不得任何逆耳之言的人，更不是动辄就发怒杀人的。

这次祭神到了琅琊山上，并刻石颂德：

> 维二十六年，皇帝作始，端平法度，万物之纪，以明人事。合同父子，圣智仁义。显白道理，东抚东土……(《史记·秦始皇本纪》)

秦朝的刻石，流传至今的，大约只有泰山上的那几个残字。其他刻石，只有依靠文献加以保存。这个刻石上的“合同父子，圣智仁义”，绝对是儒家的思想，而且是孟子一派的儒者的思想。当然，这些口头上讲的仁义，和现实中真正的施仁义，并不一样。但起码可以说明，秦始皇在口头上，并不排斥仁义。而仁义，乃是儒家最为核心的思想。

此事以后的第六年，即三十四年，秦始皇在咸阳宫置酒，大会群臣。“博士七十人前为寿”，也就是儒者们向秦始皇祝贺。博士的首领，仆射周青臣代表博士们上前，颂扬秦始皇的功德。秦始皇非常高兴。然而博士淳于越立即反驳，说秦始皇不分封诸侯，不效法古代，是不对的。

这样的当面批评，秦始皇也没有暴怒，而是“下其议”，即让大家讨论。于是引出了李斯关于师古、师今的一篇发言，决定焚书，并要对那些“以古非今者族”(《史记·秦始皇本纪》)。族，这里的意思就是“灭族”。这样的处罚，在今天看来，确实太严厉，也太残暴。至于用历史的观点如何评价，可以留给历史学家们讨论。我们要注意的是，淳于越就是当面“以古非今”者，但秦始皇对他，并没有什么处罚。

第二年，就发生了所谓坑儒事件。历史学家们喜欢把这两件事联系起来，然而这种联系，只是分析、推测的结果，并没有事实的根据。假如坑儒是要杀以古非今者，那么淳于越就应该首当其冲，其他博士，也一定会有类似的议论。然而博士们却一个也没有受到处罚。因而，把所谓坑儒事件说成是古今之争、儒法之争，甚至由李斯连累到荀子，实在是一种牵强的推论。在这里，我们不得不说一句：被视为极端残暴的秦始皇，虽然有“是古非今者族”的法令，在处罚犯禁诸生时，却没有牵连到他们的父母亲属，更没有牵连到他们的老师。

发生此事两年以后，秦始皇就去世了。

统观秦始皇和儒生的关系，就可以明白扶苏为什么用“诸生皆诵法孔子”来向秦始皇求情了。倘若秦始皇对儒者排斥，甚至是痛恨，一定要除灭才甘心，扶苏这样求情，岂不就是陷害！而扶苏求情时说的一句“诸生皆诵法孔子”，也就特别值得玩味。

马端临说：“秦以儒者为博士，每国家有大事，则下博士议之。”清代，《钦定历代职官表》说：“秦时令博士预朝廷大议，备左右顾问，则所职尤重。”通过我们上面的考察，这个判断都是正确的。

秦朝对博士的重视，也就是对儒者的重视。因此，不仅坑儒一事有重新认识的必要，秦朝与儒者的关系，进而与被压迫民族思想的关系，都有重新认识的必要。

这里至少应该重新思考这样的问题：如果所谓坑儒事件是由于儒法斗争、文化冲突，秦始皇压根儿就是要除灭所有的儒者，为什么他不在统一之初就坑儒，而是在统一十年之后？而且在这十年之中，他和儒者的关系，可以是说良好的，至少没有证据说明有什么压制儒者的事件发生。即使在所谓坑儒事件期间及其以后，除了犯禁的四百六十余诸生，秦始皇也没有对其他儒者采取压制行动。这个时间表，也说明对于秦朝和儒者的关系，有重新认识的必要。

二、方士的罪过

在所谓坑儒事件中，谴责的对象，几乎都是指向秦始皇，而很少指向方士们。几乎只有宋代萧参一人，历数了方士们的罪恶。

萧参对方士的谴责，第一条是取民间童男女：

> 方其求药海上也，则挟童男童女以行，皆取于民间，夺其无告之孤，肆厥不轨之状。如今所谓妖教，其中死无辜者多矣。此一罪也。

童男童女，用今天的话说，就是青少年男女。“挟童男童女以行”，指的是徐市。据《史记·秦始皇本纪》载，就在秦始皇封禅后又到琅琊刻石颂德那年，徐市说海外有三神山，上面有神仙。于是“遣徐市发童男女数千人，入海求仙人”。

数千人，就算三千人吧。中国古代的人口，汉代最多时也不过五千万左右。秦朝刚刚统一，承数百年战争之后，人口最多不过三千万。这就是说，每一万人中，就有一个青少年被征去进行求仙活动。就在今天，抽调民间数千人的集体行动，也是大行动。今天如果依这个比例，则全国就要有十三万人集体入海。这是全国震动的事。所以萧参批评说是“皆取于民间，夺其无告之孤”，并且把这次行动视为妖教，即邪教，说“其中死无辜者多矣”，也当是事实。在古代，用那样的小木船，入茫茫大海，究竟会死伤多少，难以数计。

徐市的结局，似乎并不是什么在海外“止王不来”。据《史记·秦始皇本纪》，三十七年十一月，秦始皇在视察云梦后，经过浙江，北上到了琅琊：

> 北至琅邪。方士徐市等入海求神药，数岁不得。费多，恐谴。乃诈曰：蓬莱药可得，然常为大鲛鱼所苦，故不得至。愿请善射与俱，见则以连弩射之。……

于是秦始皇亲自射杀大鱼。几个月后，在归途中，死于今平原县境内。

根据这段记载，则徐市于二十八年率数千童男女出海，三十七年又回到了秦始皇身边。坑儒事件，他也没有受到牵连。至于汉代的伍被说徐市“得平原广泽止王不来”（《史记·淮南衡山列传》），不过是劝淮南王不要造反的说辞，不是史实。

萧参说的第二件，是制造“亡秦者胡”，导致伐匈奴，筑长城：

> 因亡胡之谶，兴北伐之师，筑长城，断地脉，南北生灵因是役而死者，不可胜算。骸积如山，血流成川。调发频仍，剥及闾左。原始要终，谁生厉阶，此二罪也。

伐匈奴，筑长城，未必全是由于方士的建议。但是方士的建议，对此无疑是推波助澜的。而秦始皇对方士的信任和言听计从，则无可怀疑。萧参描述这个事件“骸积如山，血流成川”，固然有夸大之嫌，然死伤之众，当也是惊人的。而且“调发频仍”，使农田荒芜、妻离子散，则还在其次。

第三项，是献避鬼之术，导致无辜被杀：

> 献避鬼之术，觊真人之来。咸阳宫观二百七十，复道相连，有言其所幸之处者罪死。梁山之上，其语一泄，时在旁者尽杀之，自是莫知上之所在。此三罪也。

用复道把二百七十座宫观连接起来，也是一项大工程。其间动用了多少民力，又有多少征调、死伤，则无法统计。正是这个“避鬼之术”还导致了一批泄密“中人”被杀。

萧参认为，三项罪过，有一项，就应该杀头，何况三项具备：

> 此三罪也。有一于此，罪不容于死，况兼有之。以四百六十余人之坑，偿万民之命，良不为过。

“以四百六十余人之命，偿万民之命，良不为过”，这是萧参的结论。这个结论有多少合理性，可以讨论。但是指斥方士们的罪过，则合情合理。安徒生童话中皇帝新衣的故事，由于编入课本，几乎是人人皆知。然而那两个骗子，不过只是骗了钱财，和卢生、侯生之流相比，确实是小巫、大巫之别。无论对秦始皇做何评价，卢生、侯生之流都是十恶不赦之辈。

或者说，卢生、侯生祸国殃民，与四百六十人何干？然而当时给这四百六十人定的罪名是“妖言以乱黔首”，而且是诸生们互相揭发出来的。有什么证据可以推翻这个结论吗？而且，秦始皇说“卢生等吾尊赐之甚厚”，卢生也说“臣等求芝奇药”。他和侯生求药，难道只有两个人，与别人无关？

从孟子开始，儒者们有言道：“杀一不辜而得天下，君子不为。”今天也有人认为，无论坑的是谁，都是暴行。问题在于，这四百六十余人，是不是“无辜”？他们和卢生、侯生等是否相关？当时认为，他们和卢生、侯生一样，犯了诽谤罪，又有谁能证明他们并没有诽谤，而是强加之罪？

依常理而论，这种互相揭发出来的罪名，其中往往有无辜者。这是任何时代都难以避免的。然而在这里我们要说的是，这些诸生们，为什么要揭发自己身边无辜的人呢！

单单拿出坑杀四百六十余人事件,在今天看来,无论如何都是残酷。然而要知道,这是在古代。在这里,我们不妨把这次事件和东汉的党锢事件比较一下。

三、坑儒与党锢

我们之所以要把坑儒和党锢事件进行比较,因为古人常常用这两件事进行比较。评论者常常引用东汉时期申屠蟠的一番话。《后汉书·申屠蟠传》载:

> 先是京师游士汝南范滂等非讦朝政,自公卿以下皆折节下之。太学生争慕其风,以为文学将兴,处士复用。蟠独叹曰:"昔战国之世,处士横议,列国之王,至为拥彗先驱,卒有坑儒烧书之祸。今之谓矣。"
>
> 乃绝迹于梁砀之间,因树为屋,自同佣人。居二年,滂等果罹党锢,或死或刑者数百人。

申屠蟠的话,被后世视为"见几而作"的典型。司马光评论说:

> 臣光曰:天下有道,君子扬于王庭,以正小人之罪,而莫敢不服。天下无道,君子囊括不言,以避小人之祸,而犹或不免。党人生昏乱之世,不在其位。四海横流,而欲以口舌救之,臧否人物,激浊扬清,撩虺蛇之头,践虎狼之尾,以至身被淫刑,祸及朋友。士类歼灭,而国随以亡,不亦悲乎!夫唯郭泰既明且哲以保其身,申屠蟠见几而作不俟终日,卓乎其不可及已。(《资治通鉴》卷五十六)

申屠蟠的态度正确与否,是可以讨论的问题。我们关心的是,所谓党锢事件中,儒者的遭遇如何。

据《后汉书·党锢列传》:

> 凡党事,始自甘陵、汝南,成于李膺、张俭。海内涂炭二十余年,诸所蔓衍,皆天下善士。"三君"、"八俊"等三十五人,其名迹存者,并载乎篇。陈蕃、窦武、王畅、刘表、度尚、郭林宗,别有传。荀昱附祖淑传,

张邈附吕布传，胡母班附袁绍传，王考，字文祖，东平寿张人，冀州刺史。秦周，字平王，陈留平丘人，北海相。蕃向，字嘉景，鲁国人，郎中。王璋，字伯仪，东莱曲城人，少府卿，位行并不显。翟超，山阳太守，事在《陈蕃传》，字及郡县未详。朱宇，沛人，与杜密等俱死狱中，唯赵典名见而已。

《申屠蟠传》说，党锢事件，"或死或刑者数百人"，在数字上，和所谓坑儒事件大体相当。然而这次涉及的，不仅是"诸生"。上面的名单可以使我们明白，这些人，都是当时最著名的学者。至于那个刘表，就是《三国演义》中的那个刘表。

然而或死或刑的，不仅是这数百人自身。比如上面提到的张俭，他为了免于死亡，就流亡逃难。然而因此也给收留他的朋友、弟子们造成了巨大的灾难："其所经历伏重诛者以十数。宗亲并殄灭，郡县为之残破。"这里的"十数"，是"十数起"的意思。每一起，都是"宗亲并殄灭"，甚至"郡县为之残破"。这里究竟有多少人被杀，恐怕永远弄不清了。

张俭的做法，引起了同案夏馥的警惕。据《党锢传·夏馥传》载：

及俭等亡命经历之处，皆被收考。辞所连引，布遍天下。馥乃顿足而叹曰："孽自己作，空污良善。一人逃死，祸及万家。何以生为！"

于是夏馥不再逃跑，而是"自剪须变形，入林虑山中"。并且改名换姓，二三年后，甚至他的亲弟弟也不认识他。这才是真正的"窜伏山林"。

而且这次党锢，并不仅仅限于京城。各地也都闻风而动：

又州郡承旨，或有未尝交关，亦离祸毒。其死徙废禁者，六七百人。熹平五年，永昌太守曹鸾上书，大讼党人，言甚方切。帝省奏，大怒，即诏司隶益州槛车，收鸾送槐里狱，掠杀之。于是又诏州郡，更考党人门生故吏、父子兄弟。其在位者，免官禁锢。爰及五属。

光和二年，上禄长和海上言，礼，从祖兄弟别居异财，恩义已轻，服属疏末。而今党人锢及五族，既乖典训之文，有谬经常之法。帝览而悟之。党锢自从祖以下，皆得解释。（《党锢传·夏馥传》）

州郡"其死徙废禁者,六七百人",而这些人,许多确实是"未尝交关"者。并且祸及"门生故吏、父子兄弟","锢及五族"。后来省悟,也仅仅是"从祖以下,皆得解释"。

相比之下,哪个更像是"坑儒"?至于后来,魏晋之际,"天下多故,名士少有全者"。还有更后的文字狱,就不必说了。而这些事件,和坑那四百六十人相比,又该如何评价!

四、儒者与坑儒

东汉申屠蟠说:"昔战国之世,处士横议。列国之王,至为拥彗先驱,卒有坑儒烧书之祸。"所谓"拥彗先驱",是指阴阳家的创立者邹衍:

> 驺子(按:即邹衍)重于齐。适梁,梁惠王郊迎,执宾主之礼。适赵,平原君侧行襒席。如燕,昭王拥彗先驱,请列弟子之座而受业。筑碣石宫,身亲往师之。(《史记·孟子荀卿列传》)

其他学者,虽然没有邹衍这般的荣耀,然而也常常以导师自居。孟轲不接受诸侯召见,弟子问他为什么。他的回答是:"天子不召师,而况诸侯?"(《孟子·万章》)《孟子·梁惠王》引《尚书·太誓》:"天降下民,作之君,作之师。惟曰其助上帝,宠之四方。"这段话,后来也见于被认为是伪书的《古文尚书》。意思是说,上天降生了百姓,为他们树立了君主和导师,来治理和教导他们。君主和导师的任务,就是协助上帝,把上帝的恩惠送到四面八方。这段话的意思非常明确,也不难理解。所说的君主,就是后来的皇帝。"师",应当就是儒者。孔子被称为"至圣先师",就是这个意思。孔子是"先师",其他儒者就应该是当时的师。而做帝王师,也一直是儒者的目标。然而从秦汉统一开始,君主和儒者的君臣双方的力量对比,逐渐发生了根本变化。孔子说:"君使臣以礼,臣事君以忠。"(《论语·八佾》)然而后世的君主,可以对臣无礼,臣却少敢对君主不忠。至于孟子说什么"君之视臣如犬马,则臣视君如国人。君之视臣如土芥,则臣视君如寇仇"(《孟子·离娄》)的调子,更是无人敢唱了。以致唐代孔颖达为《尚书传》作疏,关于"作之师",孔颖达说道:

师，谓君与民为师，非谓别置师也。

和秦朝不同的是，秦朝以吏为师，吏，都可以做师。孔颖达则只认可君主为师。儒者们在君主面前的勇气，是越来越小了。以致韩愈作《羑里操》，也就是代周文王表达被监禁在羑里的心情，其中说道："天王圣明兮，臣罪当诛。"也就是说，即使像纣王那样的独夫，如果处罚自己，也应该是逆来顺受，还要颂扬君主的圣明。这段话，受到程颐、朱熹的高度称赞，认为这是"道得文王心出来"（《程氏遗书》卷十八）。

在这样的情况下，夸大、甚至虚构自己的苦难以博取同情，塑造、甚至虚构一个迫害者加以抨击以求自保，就是儒者们的集体意识或集体下意识。在力量对比不均的博弈中，强者的手段是"杀一儆百"、"杀鸡给猴看"；弱者的手段，文雅的话是"借古讽今"，不太文雅的话是"指桑骂槐"、"诅咒骡子给马听"。

儒者如此，其他群体也是如此。儒者常常抨击坑儒，佛教则常常抨击"灭佛"。其实所谓"灭佛"，准确地讲应是整顿佛教，限制佛教的发展，并不是要"消灭"。比较严厉的"会昌灭佛"，规定"其上州望各留寺一所。……敕曰，上州合留寺，工作精妙者留之。……其上都下都，每街留寺两所，寺留僧三十人。"（《旧唐书·武宗纪》）至于基督教，则喜欢夸大罗马帝国的迫害。据威利斯顿的《教会史》，"公元250年以前，没有发生过对基督教的普遍迫害"。从总体上评价，从180年到260年，"这一时期国家对教会发展的态度是帮助而不是阻挠"。[①] 公元260年以后，发生了两次迫害基督教事件，原因不单是信仰基督教，而且也只是一段时间内的事情，不久即告停止。也就是说，事情并不像基督教徒自己说的那么严重。

这样的抨击是有效的。唐代有所谓"灭佛"，但没有针对儒教士大夫群体的案件。宋代有所谓"党争"，特别是南宋的"庆元党案"，有人指责朱熹等人夜聚晓散，如同方腊的"吃菜事魔"，但朝廷也是一个不杀，大部不抓，只是禁止他们做官而已。秦始皇"坑儒"（坑杀犯禁者），其用意是"以惩后"。儒者们夸大"坑儒"的灾难，其意也在"惩后"，以训后世帝王。

然而对坑儒的抨击，作用似乎也有限。明清两代的文字狱，受迫害者多是儒

---

① ［美］威利斯顿·沃尔克（Williston Walker）：《基督教会史》（*A History of The Christian Church*），中国社会科学出版社，1992年，第98页。

者。朱棣兵临南京,方孝孺不为他起草登极诏。于是将方“磔于市”、“夷其族”,“坐党死者数百人”。清朝的文字狱,几乎每一案都有数百人受牵连致死。

但是对坑儒的抨击毕竟起了作用。文字狱也仅是一个个案,针对儒者士大夫的群体性案件,毕竟是没有了。

因此,所谓坑儒事件,真正的名称,依秦朝所定罪名,应该是“妖言惑众案”。中性一点,可称为“卢生侯生案”或简称“卢生案”。而儒者对所谓坑儒的抨击,其心情可以理解,但不能说是历史事实。

资料部分

史书记事

汉·司马迁《史记·秦始皇本纪》

二十七年，始皇巡陇西、正义：陇西，今陇右。北地，正义：今宁州也。出鸡头山，正义：《括地志》云，鸡头山在成州上禄县东北二十里，在京西南九百六十里。郦元云，盖大陇山异名也。《后汉书·隗嚣传》云，王孟塞鸡头，即此也。按：原州平高县西百里亦有笄头山，在京西北八百里，黄帝鸡山之所。过回中焉。集解：应劭曰，回中在安定高平。孟康曰，回中在北地。正义：《括地志》云，回中宫在雍州西四十里。言始皇欲西巡陇西之北，从咸阳向西北出宁州，西南行至成州，出鸡头山，东还，过岐州回中宫。作信宫渭南，已更命信宫为极庙，象天极。索隐：为宫庙象天极，故曰极庙。《天官书》曰，中宫曰天极是也。自极庙道通郦山，作甘泉前殿。筑甬道，集解：应劭曰，筑垣墙如街巷。正义：筑，音竹。甬，音勇。应劭曰，谓于驰道外筑墙，天子于中行，外人不见。自咸阳属之。是岁，赐爵一级。治驰道。集解：应劭曰，驰道，天子道也，道若今之中道然。《汉书·贾山传》曰，秦为驰道于天下，东穷燕齐，南极吴楚，江湖之上，滨海之观毕至。道广五十步，三丈而树，厚筑其外，隐以金椎，树以青松。

二十八年，始皇东行郡县，上邹峄山。集解：韦昭曰，邹，鲁县，山在其北。正义：上，时掌反。邹，侧留反。峄，音亦。《国系》云，邾峄山，亦名邹山，在兖州邹县南三十二里。鲁穆公改邾作邹，其山遂从邑变。山北去黄河三百余里。立石，与鲁诸儒生议，刻石颂秦德，议封禅望祭山川之事。正义：《晋太康地记》云，为坛于泰山以祭天，示增高也。为墠于梁父以祭地，示增广也。祭尚玄酒而俎鱼。墠皆广长十二丈。坛高三尺，阶三等，而树石太山之上，高三丈一尺，广三尺，秦之刻石云。乃遂上泰山，正义：泰山一曰岱宗，东岳也，在兖州博城县西北三十里。《山海经》云，泰山，其上多玉，其下多石。郭璞云，从泰山下至山头，百四十八里三百步。道书《福地记》云，泰山高四千九百丈二尺，周回二千里。多芝草玉石，长津甘泉，仙人室。又有地狱六，曰鬼神之府，从西上，下有洞天，周回三千里，鬼神考谪之府。立石，封，祠祀。集解：服虔曰，增天之高，归功于天。张晏曰，天高不可及，于泰山上立封禅而祭之，冀近神灵也。瓒曰，积土为封。谓负土于泰山上，为坛而祭之。下，风雨暴至，休于树下，因封其树为五大夫。正义：封，一作复，音福。禅梁父。集解：服虔曰，禅，阐广土地也。瓒曰，古者圣王封泰山，禅亭亭或梁父，皆泰山下小山。除地为墠，祭于梁父。后改墠曰禅。正义：父，音甫。在兖州泗水县北八十里。刻所立石，其辞曰：

皇帝临位，作制明法，臣下修饬。索隐：此泰山刻石铭。其词每三句为韵，凡十二韵。下之罘、碣石、会稽三铭皆然。正义：饬，音勅。二十有六年，初并天下，罔不宾服。亲巡远方黎民，登兹泰山，周览东极。从臣思迹，正义：从，音才用反。本原事业，祗诵功德。治道运行，诸产得宜，皆有法式。大义休明，垂于后世，顺承勿革。皇帝躬圣，既平天下，不懈于治。夙兴夜寐，建设长利，正义：长，直良反。专隆教诲。训经宣达，远近毕理，咸承圣志。贵贱分明，男女礼顺，慎遵职事。昭隔内外，集解：徐广曰，隔，一作融。靡不清净，施于后嗣。化及无穷，遵奉遗诏，永承重戒。于是乃并勃海以东，正义：并，白浪反。勃作渤，蒲忽反。过黄、腄，集解：骃案《地理志》，东莱有黄县、腄县。正义：腄，逐瑞反，字或作陲。《括地志》云，黄县故城在莱州城以东南二十五里，古莱子国也。牟平县城在黄县南百三十里。《十三州志》云，牟平县，古腄县也。穷成山，登之罘，集解：骃案《地理志》，之罘山，山在腄县。正义：罘，音浮。《括地志》云，在莱州文登县东北百八十里。成山在文登县西北百九十里。穷，犹登极也。《封禅书》云，八神，五曰阳主，祠之罘，七曰日主，祠成山，成山斗入海。又云，之罘山在海中。文登县，古腄县也。立石颂秦德焉而去。

南登琅邪，正义：今兖州东沂州、密州，即古琅邪也。大乐之，留三月。乃徙黔首三万户琅邪台下，集解：骃案《地理志》，越王勾践尝治琅邪县，起台馆。索隐：《山海经》，琅邪台在渤海间。盖海畔有山，形如台，在琅邪，故曰琅邪台。正义：《括地志》云，密州诸城县东南百七十里有琅邪台，越王勾践观台也。台西北十里有琅邪。《吴越春秋》云，越王勾践二十五年，徙都琅邪，立观台以望东海，遂号令秦、晋、齐、楚，以尊辅周室，歃血盟。即勾践起台处。《括地志》云，琅邪山在密州诸城县东南百四十里。始皇立层台于山上，谓之琅邪台，孤立众山之上。秦王乐之，留三月，立石山上，颂秦德。复十二岁。正义：复，音福。复三万户徙台下者。作琅邪台，立石刻，颂秦德，明德意。曰：索隐：二句为韵。

维二十六年，皇帝作始。端平法度，万物之纪。以明人事，合同父子。圣智仁义，显白道理。东抚东土，以省卒士。正义：省，山井反。卒，子忽反。事已大毕，乃临于海。皇帝之功，勤劳本事。上农除末，黔首是富。普天之下，抟心揖志。索隐：抟，古专字。《左传》云，如琴瑟之抟一。揖，音集。器械一量，正义：内成曰器，甲胄兜鍪之属。外成曰械，戈矛弓戟之属。一量者，同度量也。同书文字。日月所照，舟舆所载。皆终其命，莫不得意。应时动事，是维皇帝。匡饬异俗，陵水经地。正义：陵作凌，犹历也。经，界也。忧恤黔首，朝夕不懈。除疑定法，咸知所辟。正义：音避。方伯分职，诸治经易。正义：易，音以豉反。言方伯分职治，所理常在平易。举错必当，莫不如画。正义：画，音户卦反。谓政理齐整。分明若画，无邪恶。皇帝之明，临察四方。尊卑贵贱，不逾次行。正义：音胡郎反。奸邪不容，皆务贞良。细大尽力，莫敢怠荒。远迩辟隐，正义：辟，匹亦反。专务肃庄。端直敦忠，事业有常。皇帝之德，存定四极。诛乱除害，兴利致福。节事以时，诸产繁殖。黔首安宁，不用兵革。正义：协韵音棘。六亲相保，终无寇贼。欢欣奉教，尽知法式。六合之内，皇帝之土。西涉流沙，正义：解见《夏纪》。南尽北户。东有东海，北过大夏。索隐：协韵音户。下无不臣者音堵。泽及牛马音姥。正义：杜预云，大夏，太原晋阳县。按：在今并州，迁实沉于大夏，主参，即此也。人迹所至，无不臣者。功盖五帝，泽及牛马。莫不受德，各安其宇。

维秦王兼有天下，立名为皇帝，乃抚东土，至于琅邪。列侯集解：张晏曰，列侯，解见《序例》。武城侯王离、列侯通武侯王贲、伦侯索隐：爵卑于列侯，无封邑者。伦，类也，亦列侯之类。建成侯赵亥、伦侯昌武侯成、伦侯武信侯冯毋择、丞相隗状、索隐：隗，姓。状，名。有本作林者，非。颜之推云，隋开皇初，京师穿地得铸秤权，有铭，云始皇时量器，丞相隗状、王绾二人列名，其作状貌之字，时令校写，亲所按验。王劭亦云然。斯远古之证也。正义：隗，音五罪反。丞相王绾、卿李斯、卿王戊、五大夫赵婴、五大夫杨樛从，与议于海上。正义：樛，音居虬反。从，才用反，与音预。言王离以下十人从始皇，咸与始皇议功德于海上，立石于琅邪台下，十人名字并刻颂。此颂前后序两句为韵，此三句为韵。曰，古之帝者，地不过千里，正义：过，音戈。千里谓王畿。诸侯各守其封域，或朝或否，相侵暴乱，残伐不止，犹刻金石，以自为纪。古之五帝三王，知教不同，法度不明，假威鬼神，正义：言五帝、三王假借鬼神之威，以欺服远方之民,若苌弘之比也。以欺远方,实不称名,正义:称,尺证反。故不久长。其身未殁,诸侯倍叛,法令不行。今皇帝并一海内,以为郡县,天下和平。昭明宗庙,体道行德,尊号大成。群臣相与诵皇帝功德,刻于金石,以为表经。

既已,齐人徐市等上书,言海中有三神山,名曰蓬莱、方丈、瀛洲,正义:《汉书·郊祀志》云,此三神山者,其传在勃海中,去人不远,盖曾有至者,诸仙人及不死之药皆在焉。其物禽兽尽白,而黄金白银为宫阙。未至,望之如云。及至,三神山乃居水下。临之,患且至,风辄引船而去,终莫能至云。世主莫不甘心焉。仙人居之。请得斋戒,与童男女求之。于是遣徐市发童男女数千人,入海求仙人。正义:《括地志》云,亶洲在东海中,秦始皇使徐福将童男女入海求仙人,止住此洲,共数万家。至今洲上人有至会稽市易者。吴人《外国图》云,亶洲去琅邪万里。

始皇还,过彭城,正义:彭城,徐州所理县也。州东外城,古之彭国也。《搜神记》云,陆终第三子曰钱铿,封于彭,为商伯。《外传》云,殷末灭彭祖氏。斋戒祷祠,欲出周鼎泗水。使千人没水求之,弗得。乃西南渡淮水,之衡山、正义:《括地志》云,衡山,一名岣嵝山,在衡州湘潭县西四十一里。岣,音苟。嵝,音楼。南郡。正义:今荆州也。言欲向衡山,即西北过南郡,入武关至咸阳。浮江,至湘山祠。正义:《括地志》云,黄陵庙在岳州湘阴县北五十七里,舜二妃之神。二妃冢在湘阴北一百六十里青草山上。盛弘之《荆州记》云,青草,湖南有青草山,湖因山名焉。《列女传》云,舜陟方,死于苍梧。二妃死于江湘之间,因葬焉。按:湘山者,乃青草山。山近湘水,庙在山南,故言湘山祠。逢大风,几不得渡。上问博士曰,湘君何神。博士对曰,闻之,尧女,舜之妻,而葬此。索隐:《列女传》亦以湘君为尧女。按:《楚词九歌》有湘君、湘夫人。夫人是尧女,则湘君当是舜。今此文以湘君为尧女,是总而言之。于是始皇大怒,使刑徒三千人皆伐湘山树,赭其山。上自南郡由武关归。集解:应劭曰,武关,秦南关,通南阳。文颖曰,武关在析西百七十里弘农界。正义:《括地志》云,故武关在商州商洛县东九十里,春秋时少习也。杜预云,少习,商县武关也。

[略]

三十二年,始皇之碣石,使燕人卢生求羡门、集解:韦昭曰,古仙人。高誓。正义:亦古仙人。刻碣石门。集解:徐广曰,一作盟。坏城郭,决通隄防。其辞曰:正义:此一颂三句为韵。

遂兴师旅,诛戮无道,为逆灭息。武殄暴逆,文复无罪,集解:徐广曰，复，一作优。正义：复，音福。言秦以武力能殄息暴逆，以文训道令无罪失，故复除之。庶心咸服。惠论功劳，赏及牛马，恩肥土域。皇帝奋威，德并诸侯，初一泰平。堕坏城郭，正义：堕，音许规反。坏，音怪。堕，毁也。坏，拆也。言始皇毁拆关东诸侯旧城郭也。夫自颓曰坏，音户怪反。决通川防，夷去险阻。地势既定，黎庶无由，正义：音遥。天下咸抚。男乐其畴，女修其业，事各有序。惠被诸产，久并来田，集解：徐广曰，久，一作分。莫不安所。群臣诵烈，请刻此石，垂著仪矩。

因使韩终、侯公、石生求仙人不死之药。始皇巡北边，从上郡入。燕人卢生使正义：音所吏反。入海还，以鬼神事，因奏录图书，曰："亡秦者胡也。"集解：郑玄曰，胡，胡亥，秦二世名也。秦见图书，不知此为人名，反备北胡。始皇乃使将军蒙恬发兵三十万人北击胡，略取河南地。正义：今灵、夏、胜等州，秦略取之。

［略］

三十四年，适治狱吏不直者，筑长城及南越地。正义：谓戍①五岭，是南方越地。始皇置酒咸阳宫，博士七十人前为寿。仆射周青臣集解：骃案《汉书·百官表》曰，仆射，秦官。古者重武，官有主射以督课之。应劭曰，仆，主也。射，音夜。进颂曰："他时秦地不过千里，赖陛下神灵明圣，平定海内，放逐蛮夷，日月所照，莫不宾服。以诸侯为郡县，人人自安乐，无战争之患，传之万世。自上古不及陛下威德。"始皇悦。博士齐人淳于越进曰："臣闻殷周之王千余岁，封子弟功臣，自为枝辅。今陛下有海内，而子弟为匹夫，卒有田常、六卿之臣，无辅拂，正义：蒲笔反。何以相救哉？事不师古而能长久者，非所闻也。今青臣又面谀以重陛下之过，非忠臣。"始皇下其议。丞相李斯曰："五帝不相复，三代不相袭，各以治，非其相反，时变异也。今陛下创大业，建万世之功，固非愚儒所知。且越言乃三代之事，何足法也。异时诸侯并争，厚招游学。今天下已定，法令出一，百姓当家则力农工，士则学习法令辟禁。正义：力，令性反。辟，音避。今诸生不师今而学古，以非当世，惑乱黔首。丞相臣斯昧死言，古者天下散乱，莫之能一，是以诸侯并作，语皆道古以害今，饰虚言以乱实，人善其所私学，集解：徐广曰，私，一作知。以非上之所建立。今皇帝并有天下，别黑白而定一尊。私学而相与非法教，人闻令下，则各以其学议之，入则心非，出则巷议，夸主正义：音口瓜反。以为名，异取以为高，率群下以造谤。如此

---

① 疑"戍"之讹。

弗禁,则主势降乎上,党与成乎下。禁之便。臣请史官非秦纪皆烧之。非博士官所职,天下敢有藏诗书百家语者,悉诣守尉杂烧之。有敢偶语诗书,弃市。集解:应劭曰,禁民聚语,畏其谤己。正义:偶,对也。以古非今者族。吏见知不举者与同罪。令下三十日不烧,黥为城旦。集解:如淳曰,律说论决为髡钳,输边筑长城,昼日伺寇虏,夜暮筑长城。城旦,四岁也。所不去者,医药卜筮种树之书。若欲有学法令,集解:徐广曰,一无法令二字。以吏为师。"制曰:"可。"

三十五年,除道,道九原,集解:骃案《地理志》,五原郡有九原县。抵云阳,集解:徐广曰,表云道九原,通甘泉。堑山堙谷,直通之。于是始皇以为咸阳人多,先王之宫廷小,吾闻周文王都丰,武王都镐,丰镐之闲,帝王之都也。乃营作朝宫渭南上林苑中。先作前殿阿房,正义:房,白郎反。《括地志》云,秦阿房宫亦曰阿城,在雍州长安县西北一十四里。按:宫在上林苑中,雍州郭城西南面,即阿房宫城东面也。颜师古云,阿,近也。以其去咸阳近,且号阿房。东西五百步,南北五十丈,上可以坐万人,下可以建五丈旗。索隐:此以其形名宫也,言其宫四阿旁广也,故云下可建五丈之旗也。阿房,后为宫名。正义:《三辅旧事》云,阿房宫,东西三里,南北五百步,庭中可受万人。又铸铜人十二于宫前。阿房宫以慈石为门,阿房宫之北阙门也。周驰为阁道,自殿下直抵南山。表南山之颠以为阙。为复道,自阿房渡渭,属之咸阳,以象天极阁道绝汉抵营室也。索隐:谓为复道,渡渭属咸阳,象天文阁道绝汉抵营室也。《天官书》曰,天极紫宫后十七星绝汉抵营室,曰阁道。阿房宫未成,成,欲更择令名名之。作宫阿房,故天下谓之阿房宫。隐宫徒刑者七十余万人,正义:余刑见于市朝。宫刑,一百日隐于荫室养之乃可,故曰隐宫,下蚕室是。乃分作阿房宫,或作丽山。发北山石椁,乃写蜀、荆地材皆至。关中计宫三百,关外四百余。于是立石东海上朐界中,以为秦东门。因徙三万家丽邑,正义:丽,音离。五万家云阳,皆复不事十岁。

卢生说始皇曰:"臣等求芝奇药仙者常弗遇,类物有害之者。方中,人主时为微行以辟恶鬼,恶鬼辟,真人至。人主所居而人臣知之,则害于神。真人者,入水不濡,入火不爇,正义:而说反。陵云气,与天地久长。今上治天下,未能恬惔。愿上所居宫毋令人知,然后不死之药殆可得也。"于是始皇曰:"吾慕真人。"自谓真人,不称朕。乃令咸阳之旁二百里内宫观二百七十复道甬道相连,帷帐钟鼓美人充之,各案署不移徙。行所幸,有言其处者,罪死。始皇帝幸梁山宫,集解:徐广曰,在好畤。正义:《括地志》云,俗名望宫山,在雍州好畤县西十二里,北去梁山九里。秦始皇起从山上见丞相车骑众,弗善,即此山也。从山上见丞相车骑众,弗善也。中人或告丞相,丞相后损车骑。始皇怒曰:"此中人泄吾语。"案问莫服。当是时,诏捕诸时在旁者，皆杀之。自是后莫知行之所在。听事，群臣受决事，悉于咸阳宫。

侯生、集解：骃案《说苑》曰，韩客，侯生也。卢生相与谋曰："始皇为人，天性刚戾自用，起诸侯，并天下，意得欲从，以为自古莫及己。专任狱吏，狱吏得亲幸。博士虽七十人，特备员弗用。丞相诸大臣皆受成事，倚办于上。上乐以刑杀为威，天下畏罪持禄，莫敢尽忠。上不闻过而日骄，下慑伏谩欺以取容。秦法，不得兼方，集解：徐广曰，一云并力。正义：言秦施法不得兼方者，令民之有方伎不得兼两齐，试不验，辄赐死。言法酷。不验，辄死。然候星气者至三百人，皆良士，畏忌讳谀，不敢端言其过。天下之事无大小皆决于上，上至以衡石量书，集解：骃案，石，百二十斤。正义：衡，秤衡也。言表笺奏请，秤取一石，日夜有程，期不满不休息。日夜有呈，不中呈正义：中，竹仲反。不得休息。贪于权势至如此，未可为求仙药。"于是乃亡去。始皇闻亡，乃大怒曰："吾前收天下书不中用者尽去之。悉召文学方术士甚众，欲以兴太平，方士欲练以求奇药。集解：徐广曰，一云欲以练求。今闻韩众正义：音终。去不报，徐市等费以巨万计，终不得药，徒奸利相告日闻。集解：徐广曰，一作问。卢生等吾尊赐之甚厚，今乃诽谤我，以重吾不德也。诸生在咸阳者，吾使人廉问，或为妖言以乱黔首。"于是使御史悉案问诸生，诸生传相告引，乃自除。犯禁者四百六十余人，皆坑之咸阳，使天下知之，以惩后。益发谪徙边。集解：徐广曰，表云徙于北河、榆中、耐徒三处。拜爵一级。

始皇长子扶苏谏曰："天下初定，远方黔首未集，诸生皆诵法孔子，今上皆重法绳之，臣恐天下不安。唯上察之。"始皇怒，使扶苏北监蒙恬于上郡。正义：《括地志》云，上郡故城在绥州上县东南五十里，秦之上郡城也。

汉·司马迁《史记·封禅书》

秦始皇既并天下而帝，或曰，黄帝得土德，黄龙地螾见。集解：应劭曰，螾，丘蚓也。黄帝土位，故地见其神。蚓大五六围，长十余丈。韦昭曰，黄者地色，螾亦地物，故以为瑞。索隐：此史所记出《吕氏春秋》也。螾音引。夏得木德，青龙止于郊，草木畅茂。殷得金德，银自山溢。集解：苏林曰，流出也。周得火德，有赤乌之符。索隐：《尚书中候》及《吕氏春秋》皆云，有火自天止于王屋，流为赤乌，五至，以谷俱来。今秦变周，水德之时。昔秦文公出猎，获黑龙，此其水德之瑞。于是秦更命河曰德水，以冬十月为年首，色上黑，度以六为名，正义：张晏云，水，北方，黑。水终数六，故以方六寸为符，六尺为步。

音上大吕，事统上法。集解：服虔曰，政上法令也。瓒曰，水阴，阴主刑杀，故上法。

即帝位三年，东巡郡县，祠驺峄山，颂秦功业。索隐：驺县之峄山。驺县本邾国，鲁穆公改作邹。《从征记》：北岩有秦始皇所勒之铭。于是征从齐鲁之儒生传士七十人，至乎泰山下。诸儒生或议曰："古者封禅为蒲车，恶伤山之土石草木，索隐：蒲车，谓蒲裹车轮也。扫地而祭，席用苴秸，集解：应劭曰，秸，禾稿也。去其皮以为席。如淳曰，苴读曰祖。秸读曰戛。晋灼曰，苴，藉也。索隐：《周礼》，祭祀供茅苴。《说文》云，苴，茅藉也。言其易遵也。"始皇闻此议各乖异，难施用，由此绌儒生。而遂除车道，上自泰山阳至巅，立石颂秦始皇帝德，明其得封也。从阴道下，禅于梁父。其礼颇采太祝之祀雍上帝所用，而封藏皆秘之，世不得而记也。

始皇之上泰山，中阪遇暴风雨，休于大树下。诸儒生既绌，不得与用于封事之礼，闻始皇遇风雨，则讥之。

于是始皇遂东游海上，行礼祠名山大川及八神，求仙人羡门之属。八神将自古而有之，或曰太公以来作之。齐所以为齐，以天齐也。集解：苏林曰，当天中央齐。其祀绝莫知起时。八神：一曰天主，祠天齐。天齐渊水，居临菑南郊山下者。索隐：顾氏案，解道彪《齐记》云，临菑城南有天齐泉，五泉并出，有异于常，言如天之腹脐也。《小颜》云，下者谓最下也。二曰地主，祠太山梁父。盖天好阴，祠之必于高山之下，小山之上，命曰畤。集解：徐广曰，一云之下上畤命曰畤。索隐：此之一云，与《汉书·郊祀志》文同也。地贵阳，祭之必于泽中圆丘云。三曰兵主，祠蚩尤。蚩尤在东平陆监乡，齐之西境也。集解：徐广曰，属东平郡。索隐：监音阚。《皇览》云，蚩尤冢在东平郡寿张县阚乡城中也。四曰阴主，祠三山。索隐：小颜以为下所谓三神山。顾氏案《地理志》，东莱曲成有参山，即此三山，非海中之三神山也。五曰阳主，祠之罘。正义：《括地志》云，之罘山在莱州文登县西北九十里。六曰月主，祠之莱山。集解：韦昭曰，在东莱长广县。皆在齐北，并勃海。七曰日主，祠成山。成山斗入海，集解：韦昭曰，成山在东莱不夜，斗入海。不夜，古县名。索隐：案解道彪《齐记》云，不夜城古有日夜出见于东境，故莱子立城以不夜为名也。斗入海，谓斗绝曲入海也。最居齐东北隅，以迎日出云。八曰四时，主祠琅邪。琅邪在齐东方，索隐：《山海经》云，琅邪台在勃海间。案，是山形如台。《地理志》琅邪县有四时祠也。盖岁之所始。皆各用一牢具祠，而巫祝所损益，珪币杂异焉。

自齐威、宣之时，索隐：谓威王、宣王也。驺子之徒集解：韦昭曰，名衍。论著终始五德之运，集解：如淳曰，今其书有五德终始。五德各以所胜为行。秦谓周为火德，灭火者水，故自谓之水德。及秦帝而齐人奏之，故始皇采用之。而宋毋忌、正伯侨、充尚、羡门子高集解：韦昭曰，皆慕古人名，效神仙者。索隐：乐彦引《老子·道经》云，月中仙人宋毋忌。《白泽图》云,火之精曰宋毋忌。盖其人火仙也。司马相如云,正伯侨,古仙人。顾氏案,裴秀《冀州记》云,缑氏仙人庙者,昔有王乔,犍为武阳人,为栢人令,于此得仙,非王子乔也。充尚,无所见。羡门高者,秦始皇使卢生求羡门子高是也。最后皆燕人,索隐:最后犹言甚后也。服虔说止有四人,是也。小颜云,自宋毋忌至最后凡五人,刘伯庄亦同此说,恐未详。为方仙道,形解销化,集解:服虔曰,尸解也。张晏曰,人老如解去,故骨则变化也。今山中有龙骨,世人谓之龙解骨化去也。依于鬼神之事。驺衍以阴阳《主运》集解:如淳曰,今其书有主运。五行相次转用事,随方面为服。索隐:《主运》是邹子之书篇名。显于诸侯,而燕齐海上之方士传其术不能通,然则怪迂阿谀苟合之徒自此兴,不可胜数也。

自威、宣、燕昭使人入海求蓬莱、方丈、瀛州。此三神山者,其傅在勃海中,集解:服虔曰,傅音附。或曰其传书云尔。瓒云,世人相传之。去人不远,患且至,则船风引而去。盖尝有至者,诸仙人及不死之药皆在焉。其物禽兽尽白,而黄金银为宫阙。未至,望之如云。及到,三神山反居水下。临之,风辄引去,终莫能至云。世主莫不甘心焉。索隐:谓心甘羡也。及至秦始皇并天下,至海上,则方士言之不可胜数。始皇自以为至海上而恐不及矣,使人乃赍童男女入海求之。船交海中,皆以风为解,索隐:顾野王云,皆自解说,遇风不至也。曰未能至,望见之焉。其明年,始皇复游海上,至琅邪,过恒山,从上党归。后三年,游碣石,考入海方士,集解:服虔曰,疑诈,故考之。瓒曰,考校其虚实也。从上郡归。后五年,始皇南至湘山,遂登会稽,并海上,冀遇海中三神山之奇药。不得,还至沙丘崩。正义:《括地志》云,沙丘台在邢州平乡东北三十里。

二世元年,东巡碣石,并海南,历泰山,至会稽,皆礼祠之,而刻勒始皇所立石书旁,以章始皇之功德。索隐:小颜云,今此诸山皆有始皇所刻石及胡亥重刻,其文并具存也。其秋,诸侯畔秦。三年而二世弑死。

始皇封禅之后十三岁,秦亡。诸儒生疾秦焚诗书,诛僇文学,百姓怨其法,天下畔之,皆讹曰:“始皇上泰山,为暴风雨所击,不得封禅。”此岂所谓无其德而用事者邪?索隐:即《封禅书序》云,盖有无其应而用事者矣。此当有所本,太史公再引以为说也。

汉·司马迁《史记·淮南衡山列传》

王坐东宫,召伍被与谋,曰:“将军上。”被怅然曰:“上宽赦大王,王复安得此亡国之语乎?臣闻子胥谏吴王,吴王不用,乃曰,臣今见麋鹿游姑苏之台也。今臣亦见宫中生荆棘，露沾衣也。”王怒，系伍被父母，囚之三月。复召曰：“将军许寡人乎？”被曰：“不。直来为大王画耳。臣闻聪者听于无声，明者见于未形，故圣人万举万全。昔文王一动而功显于千世，列为三代，此所谓因天心以动作者也，故海内不期而随。此千岁之可见者。夫百年之秦，近世之吴楚，亦足以喻国家之存亡矣。臣不敢避子胥之诛，愿大王毋为吴王之听。昔秦绝先王之道，杀术士，燔诗书，弃礼义，尚诈力，任刑罚，转负海之粟致之西河。当是之时，男子疾耕不足于糟糠，女子纺绩不足于盖形。遣蒙恬筑长城，东西数千里，暴兵露师常数十万，死者不可胜数，僵尸千里，流血顷亩，百姓力竭，欲为乱者十家而五。又使徐福入海求神异物，还为伪辞曰：‘臣见海中大神，言曰，汝西皇之使邪？臣答曰，然，汝何求？曰，愿请延年益寿药。神曰，汝秦王之礼薄，得观而不得取。即从臣东南至蓬莱山，见芝成宫阙，有使者铜色而龙形，光上照天。于是臣再拜问曰，宜何资以献？海神曰，以令名男子若振女集解：徐广曰，《西京赋》曰，振子万童。骃案：薛综曰，振子，童男女。与百工之事，即得之矣。’秦皇帝大说，遣振男女三千人，资之五谷种种百工而行。徐福得平原广泽，止王不来。正义：《括地志》云，亶州在东海中，秦始皇遣徐福将童男女，遂止此州。其后复有数洲万家，其上人有至会稽市易者。阙文。于是百姓悲痛相思，欲为乱者十家而六。又使尉佗逾五岭攻百越。尉佗知中国劳极，止王不来，使人上书，求女无夫家者三万人，以为士卒衣补。秦皇帝可其万五千人。于是百姓离心瓦解，欲为乱者十家而七。客谓高皇帝曰，时可矣。高皇帝曰，待之，圣人当起东南间。不一年，陈胜、吴广发矣。高皇始于丰沛，一倡天下不期而响应者不可胜数也。此所谓蹈瑕候间，因秦之亡而动者也。百姓愿之，若旱之望雨，故起于行陈之中而立为天子，功高三王，德传无穷。今大王见高皇帝得天下之易也，独不观近世之吴楚乎？夫吴王赐号为刘氏祭酒，集解：应劭曰，礼，饮酒必祭，示有先也，故称祭酒。尊也。复不朝，王四郡之众，地方数千里，内铸消铜以为钱，东煮海水以为盐，上取江陵木以为船，一船之载当中国数十两车，国富民众。行珠玉金帛赂诸侯宗室大臣，独窦氏不与。计定谋成，举兵而西。破于大梁，败于狐父，集解：徐广曰，在梁砀之间。奔走而东，至于丹徒，越人禽之，身死绝祀，为天下笑。夫以吴越之众不能成功者何？诚逆天道而不知时也。方今大王之兵众不能十分吴楚之一，天下安宁有万倍于吴楚之时，愿大王从臣之计。大王不从臣之计，今见大王事必不成而语先泄也。臣闻微子过故国而悲，于是作麦秀之歌，是痛纣之不用王子比干也。故孟子曰，纣贵为天子，死曾不若匹夫。是纣先自绝于天下久矣，非死之日而天下去之。今臣亦窃悲大王弃千乘之君,必且赐绝命之书,为群臣先,死于东宫也。”集解:如淳曰,王时所居也。于是王气怨结而不扬,涕满匡而横流,即起,历阶而去。

汉·刘向《说苑》卷二〇《反质》

秦始皇既兼天下,大侈靡。即位三十五年犹不息。治大驰道,从九原抵云阳堑山堙谷,直通之。厌先王宫室之小,乃于丰镐之间,文武之处,营作朝宫。渭南山林苑中作前殿阿房,东西五百步,南北五十丈。上可以坐万人,下可建五丈旗。周为阁道,自殿直抵南山之岭以为阙,为复道。自阿房度渭水,属咸阳,以象天极。阁道绝汉抵营室也,又兴骊山之役锢三泉之底。关中离宫三百所,关外四百所,皆有钟磬帷帐妇女倡优。立石阙东海上朐山界中,以为秦东门。

于是有方士韩客侯生,齐客卢生相与谋曰:“当今时,不可以居。上乐以刑杀为威,天下畏罪持禄,莫敢尽忠。上不闻过而日骄,下慑伏以慢欺而取容。谏者不用,而失道滋甚。吾党久居,且为所害。”乃相与亡去。

始皇闻之,大怒曰:“吾异日厚卢生,尊爵而事之,今乃诽谤我。吾闻诸生多为妖言以乱黔首。”乃使御史悉上,诸生传相告,犯法者四百六十余人,皆坑之。

卢生不得,而侯生后得。始皇闻之,召而见之。升阿东之台,临四通之街,将数而车裂之。始皇望见侯生,大怒曰:“老虏不良,诽谤而主,乃敢复见我?”侯生至,仰台而言曰:“臣闻知死必勇,陛下肯听臣一言乎?”始皇曰:“若欲何言,言之。”侯生曰:“臣闻禹立诽谤之木,欲以知过也。今陛下奢侈失本,淫佚趋末。宫室台阁连属增累,珠玉重宝积袭成山,锦绣文彩满府有余,妇女倡优数巨万人,钟鼓之乐流漫无穷,酒食珍味盘错无前,衣服轻暖舆马文饰。所以自奉丽靡烂漫,不可胜极。黔首匮竭,民力单尽,尚不自知。又急诽谤,严威克下,下喑上聋,臣等故去。臣等不惜臣之身,惜陛下国之亡耳。闻古之明王,食足以饱,衣足以暖,宫室足以处,舆马足以行。故上不见弃于天,下不见弃于黔首。尧茅茨不剪,采椽不斲,土阶三等而乐终身者,以其文采之少而质素之多也。丹朱傲虐,好慢淫,不修理化,遂以不升。今陛下之淫,万丹朱而千昆吾桀纣,臣恐陛下之十亡也而曾不一存。”

始皇默然久之,曰:“汝何不早言?”侯生曰:“陛下之意,方乘青云,飘摇于文章之观,自贤自健,上侮五帝,下凌三王。弃素朴,就末技,陛下亡征见久矣。臣等恐言之无益也，而自取死，故逃而不敢言。今臣必死，故为陛下陈之。虽不能使陛下不亡，欲使陛下自知也。”始皇曰：“吾可以变乎？”侯生曰：“形已成矣，陛下坐而待亡耳。若陛下欲更之，能若尧与禹乎？不然，无异也。陛下之佐又非也，臣恐变之不能存也。”始皇喟然而叹，遂释不诛。

后三年，始皇崩，二世即位。三年而秦亡。

汉·王充《论衡》卷七《语增篇》

传语曰：“秦始皇帝燔烧诗书，坑杀儒士。”言燔烧诗书，灭去五经文书也；坑杀儒士者，言其皆挟经传文书之人也。烧其书，坑其人，诗书绝矣。言燔烧诗书、坑杀儒士，实也。言其欲灭诗书，故坑杀其人，非其诚，又增之也。

秦始皇帝三十四年，置酒咸阳台，儒士七十人前为寿。仆射周青臣进颂始皇之德。齐淳于越进谏始皇不封子弟功臣自为夹辅，刺周青臣以为面谀。始皇下其议于丞相李斯。李斯非淳于越曰：“诸生不师今而学古，以非当世，惑乱黔首。臣请敕史官，非秦记皆烧之。非博士官所职，天下有敢藏诗书、百家语、诸刑书者，悉诣守尉集烧之。有敢偶语诗书，弃市。以古非今者，族灭。吏见知弗举，与同罪。”始皇许之。明年，三十五年，诸生在咸阳者，多为妖言。始皇使御史案问诸生，诸生传相告引者，自除犯禁者四百六十七人，皆坑之。燔诗书，起淳于越之谏。坑儒士，起自诸生为妖言，见坑者四百六十七人。传增言坑杀儒士，欲绝诗书，又言尽坑之。此非其实，而又增之。

传语曰：“町町若荆轲之闾。”言荆轲为燕太子丹刺秦王，后诛轲九族，其后恚恨不已，复夷轲之一里，一里皆灭，故曰町町。此言增之也。

夫秦虽无道，无为尽诛荆轲之里。始皇幸梁山之宫，从山上望见丞相李斯车骑甚盛，恚，出言非之。其后左右以告李斯，李斯立损车骑。始皇知左右泄其言，莫知为谁，尽捕诸在旁者皆杀之。其后坠星下东郡，至地为石，民或刻其石曰：“始皇帝死，地分。”皇帝闻之，令御史逐问，莫服，尽取石旁人诛之。夫诛从行于梁山宫及诛石旁人，欲得泄言、刻石者，不能审知，故尽诛之。荆轲之闾，何罪于秦而尽诛之？如刺秦王在闾中，不知为谁，尽诛之，可也。荆轲已死，刺者有人，一里之民，何为坐之？始皇二十年，燕使荆轲刺秦王，秦王觉之，体解轲以徇，不言尽诛其闾。彼或时诛轲九族，九族众多，同里而处，诛其九族，一里且尽，好增事者,则言町町也。

唐·孔颖达《古文尚书正义》

汉孔安国序:及秦始皇灭先代典籍,焚书坑儒,学士逃难解散,我先人用藏其家书于屋壁。

正义:言孔子既定此书,后虽曰明白,反遭秦始皇灭除之。依《秦本纪》云,秦王政二十六年平定天下,尊为皇帝,不复立谥。以为初并天下,故号始皇。为灭先代典籍,故云坑儒焚书。以即位三十四年,因置酒于咸阳宫。丞相李斯奏请,天下敢有藏诗书百家语者,悉诣守尉杂烧之。有敢偶语诗书者,弃市。令下三十日不烧,黥为城旦。制曰:“可。”是焚书也。

三十五年,始皇以方士卢生求仙药不得,以为诽谤。诸生连相告引,四百六十余人皆坑之咸阳。是坑儒也。

唐·杜佑《通典》卷一六三《刑制上》

燕人卢生窃言“始皇乐以刑杀为威”,因亡去。始皇闻之怒,诸生在咸阳者四百六十余人,皆坑之。

又卷一七〇《峻酷》

始皇专任狱吏。燕人卢生窃叹曰:“帝亲幸狱吏,乐以行杀为威。天下畏罪持禄,莫敢尽忠。上不闻过而日骄,下摄伏谩欺以取容。”始皇闻之,怒曰:“诸生在咸阳者,吾使廉问,或为妖言以乱黔首。”于是使御史悉按问诸生,诸生传相告引,乃自诬。犯禁者四百六十余人,皆坑之。

宋·李昉等《太平御览》卷八六

三十二年，始皇之碣石，使燕人卢生求羡门、高誓。刻碣石门。卢生使入海还，以鬼神事，因奏录图书，曰："亡秦者胡也。"始皇乃使将军蒙恬发兵三十万人，北击胡，略取河南地。

三十五年，卢生说曰："上所居毋令人知，不死之药可得。"于是始皇乃令咸阳之旁二百里内，宫观二百七十复道甬道相连，帷帐钟鼓美人充之，各案署不移徙。所幸，有言其处者，罪死。始皇帝幸梁山宫，从山上见丞相车骑众，弗善也。中人或告丞相，丞相后损车骑。始皇怒曰："此中人泄吾语。"案问莫服。当是时，诏捕诸时在旁者，皆杀之。自是后莫知行之所在。听事，群臣受决事，悉于咸阳宫。侯生、卢生相谋亡去。始皇怒，案问诸生，犯禁者四百六十人，皆坑之。长子扶苏谏曰："天下初定，远方黔首未集，诸生皆诵法孔子，今皆重法绳之，臣恐天下不安。唯上察之。"始皇怒，使扶苏北监蒙恬于上郡。

宋·司马光《资治通鉴》卷七

三十二年，始皇之碣石，使燕人卢生求羡门。刻碣石门。坏城郭，决通隄坊。始皇巡北边，从上郡入。卢生使入海还，因奏录图书，曰："亡秦者胡也。"始皇乃遣将军蒙恬发兵三十万人北伐匈奴。

三十五年，卢生说始皇曰："方中，人主时为微行以辟恶鬼，恶鬼辟，真人至。愿上所居宫毋令人知，然后不死之药殆可得也。"始皇曰："吾慕真人。"自谓真人，不称朕。乃令咸阳之旁二百里内宫观二百七十复道甬道相连，帷帐钟鼓美人充之，各案署不移徙。所行幸，有言其处者，罪死。始皇幸梁山宫，从山上见丞相车骑众，弗善也。中人或告丞相，丞相后损车骑。始皇怒曰："此中人泄吾语。"案问莫服。捕时在旁者，尽杀之。自是后莫知行之所在。群臣受决事者，悉于咸阳宫。

侯生、卢生相与讥议始皇，因亡去。始皇闻之，大怒曰："卢生等吾尊赐之甚厚，今乃诽谤我。诸生在咸阳者，吾使人廉问，或为妖言以乱黔首。"于是使御史悉案问诸生，诸生传相告引，乃自除。犯禁者四百六十余人，皆坑之咸阳，使天下知之，以惩后。益发谪徙边。始皇长子扶苏谏曰："诸生皆诵法孔子，今上皆重法绳之，臣恐天下不安。"始皇怒，使扶苏北监蒙恬军于上郡。

宋・袁枢《通鉴纪事本末》卷一下

三十二年，始皇之碣石，使燕人卢生求羡门。刻碣石门。坏城郭，决通隄坊。始皇巡北边，从上郡入。卢生使入海还，因奏录图书，曰："亡秦者胡也"。始皇乃遣将军蒙恬发兵三十万人北伐匈奴。

三十五年，卢生说始皇曰："方中，人主时为微行以辟恶鬼，恶鬼辟，真人至。愿上所居宫毋令人知，然后不死之药殆可得也。"始皇曰："吾慕真人。"自谓真人，不称朕。乃令咸阳之旁二百里内宫观二百七十复道甬道相连，帷帐钟鼓美人充之，各案署不移徙。行所幸，有言其处者，罪死。始皇幸梁山宫，从山上见丞相车骑众，弗善也。中人以告丞相，丞相后损车骑。始皇怒曰："此中人泄吾语。"案问莫服。捕时在旁者，尽杀之。自是后莫知行之所在。群臣受决事者，悉于咸阳宫。

侯生、卢生相与讥议始皇，因亡去。始皇闻之，大怒曰："卢生等吾尊赐之甚厚，今乃诽谤我。诸生在咸阳者，吾使人廉问，或为妖言以乱黔首。"于是使御史悉案问诸生，诸生传相告引，乃自除。犯禁者四百六十余人，皆坑之咸阳，使天下知之，以惩后。益发谪徙边。始皇长子扶苏谏曰："诸生皆诵法孔子，今上皆重法绳之，臣恐天下不安。"始皇怒，使扶苏北监蒙恬军于上郡。

宋・苏辙《古史》卷七《秦始皇本纪》

三十二年，始皇之碣石，使燕人卢生求羡门。刻碣石门。[略]因使韩终、侯公、石生求仙人不死之药。巡北边，从上郡入。卢生使入海还，言鬼神事，因奏录图书，曰"亡秦者胡也"。始皇乃使蒙恬发兵三十万人北击胡，略取河南地。[略]

三十五年，卢生说始皇曰："臣等求芝奇药仙者常弗遇，类物有害之者。人主宜时为微行以辟恶鬼,恶鬼辟,真人至。人主所居而人臣知之,则害于神。真人者,入水不濡,入火不爇,陵云气,与天地长久。今上治天下,未能恬淡。愿上所居宫毋令人知之,然后不死之药殆可得也。"于是始皇曰:"吾慕真人。"自谓真人,不称朕。令咸阳旁二百里内宫观二百七十复道甬道相连,帷帐钟鼓美人不移而具。行所幸,有言其处者,罪死。尝幸梁山宫,从山上见丞相车马众,弗善也。中人或言丞相,丞相后损车骑。始皇怒曰:"此中人泄吾语。"案问莫服。诏捕时在侧者,皆杀之。自是莫知行之所在。凡听事,及群臣受决事,悉于咸阳宫。

卢生、侯生相与谋曰:"始皇为人,天性刚戾自用,起诸侯,并天下,意得欲从,以为自古莫及己。专任狱吏,狱吏得亲幸。博士虽七十人,特备员弗用。丞相诸大臣皆受成事,倚办于上。上乐以刑杀为威,天下畏罪持禄,莫敢尽忠。上不闻过而日骄,下慑伏谩欺以取容。秦法,不得兼方,不验,辄死。然候星气者至三百人,皆良士,畏忌讳谀,不敢尽言其过。天下事无大小皆决于上,上至以衡石量书,日夜有程,不中程不息。贪于权势至如此,未可为求仙药。"于是亡去。

始皇闻之,大怒曰:"吾前收天下书不中用者去之。悉召文学士欲以兴太平,方士欲练以求奇药。今闻韩众去不报,徐市等费以巨万计,终不得药,徒奸利相告日闻。卢生等吾尊赐之甚厚,今乃诽谤我,以重吾不德。诸生在咸阳者,吾使人廉问,或为妖言以乱黔首。"于是使御史悉按问诸生,诸生传相告引,乃自除。犯禁者四百六十余人,皆坑之咸阳,使天下知之,以惩后。益发谪徙边。

长子扶苏谏曰:"天下初定,远方黔首未集,诸生皆诵法孔子,今重法绳之,恐天下不安。"始皇怒,使扶苏北监蒙恬于上郡。

宋·郑樵《通志》卷四《秦纪》

三十二年,始皇之碣石,使燕人卢生求羡门古仙人也、高誓。[略] 又使韩终、侯公、石生求仙人不死之药。始皇巡北边,从上郡入。燕人卢生使入海还,以鬼神事,因奏录图书,曰"亡秦者胡也谓胡亥。"始皇乃使将军蒙恬发兵三十万北击胡,略取河南地。[略]

三十五年,卢生说始皇曰:"臣等求芝奇药仙者常弗遇,类物有害之者。方中,人主时为微行以辟恶鬼,恶鬼辟,真人至。人主所居而人臣知之,则害于神。真人者,入水不濡,入火不爇,陵云气,与天地久长。今上治天下,未能恬淡。愿止所居宫毋令人知，然后不死之药殆可得也。”始皇曰：“吾慕真人。”自谓真人，不称朕。乃令咸阳之旁二百里内宫观二百七十复道甬道相连，帷帐钟鼓美人充之，各案署不移徙。行所幸，有言其处者，罪死。

始皇幸梁山宫，从山上见丞相车骑众，弗善也。中人或告丞相，丞相后损车骑。始皇怒曰：“此中人泄吾语。”案问莫服。诏捕诸时在旁者，皆杀之。是后莫知行之所在。听事，群臣受决事，悉于咸阳宫。

侯生韩客也、卢生相与谋曰：“始皇为人，天性刚戾自用，起诸侯，并天下，意得欲从，以为自古莫己及。专任狱吏。博士虽七十人，特备员弗用。丞相诸大臣皆受成事，倚办于上。乐以刑杀为威，天下畏罪持禄，莫敢尽忠。上不闻过而日骄，下慑伏谩欺以取容。秦法，不得兼方，不验者辄死。然候星气者三百人，皆良士，畏忌讳谀，不敢端言其过。天下之事无大小皆决于上，上至以衡石石，百二十斤。量书，日夜有程，不得休息。贪于权势至如此，未可为求仙药。”乃亡去。

始皇闻亡，乃大怒曰：“吾前收天下书不中用者尽去之，悉召文学方术士甚众，文学欲以兴太平，方士欲以练求奇药。今闻韩众去不报，徐市等费以巨万计，终不得药，徒奸利相告日闻。卢生等吾待之甚厚，今乃诽谤，以重吾不德也。诸生在咸阳者，吾使人廉问，或为妖言以乱黔首。”于是使御史悉案问诸生，诸生传相告引，乃自除。犯禁者四百六十余人，皆坑之咸阳，使天下知之，以惩后。益发谪徙边。

始皇长子扶苏谏曰：“天下初定，远方黔首未集，诸生皆诵法孔子，今上皆重法绳之，臣恐天下不安。”始皇怒，使扶苏北监蒙恬于上郡。

宋·吕祖谦《大事记》卷七

秦始皇帝三十五年[略]

自谓真人不称朕。《本纪》

坑诸生四百六十余人于咸阳。以《本纪》修

使长子扶苏监蒙恬军于上郡。以《本纪》修

元·马端临《文献通考》卷四〇《学校考》

按《西汉公卿百官表》:"博士,秦官,掌通古今。"秦焚诗书,独存博士官所职者,则犹令其司经籍。然既曰通古今,则上必有所师承,下必有所传授,故其徒实繁。秦虽存其官而甚恶其徒,常设法诛灭之。始皇使御史案问诸生,传相告引,至杀四百六十余人。

又卷一六二《刑考》

三十五年,始皇以卢生等诽谤,使御史悉按问,诸生传相告引,乃自除。犯禁者四百六十余人,皆坑之咸阳,使天下知之,以惩后。

元·董鼎《书传辑录纂注》卷首上

唐孔氏曰:"《秦纪》始皇三十四年,因置酒于咸阳宫。丞相李斯奏,请天下敢有藏诗书百家语者,悉诣守尉杂烧之。有敢偶语诗书者,弃市。令下三十日不烧,黥为城旦。制曰:'可。'三十五年,以方士卢生求仙药不得,以为诽谤。诸生连相告引,四百六十余人坑之咸阳。"

元·方回《古今考》卷六

秦始皇三十四年,焚书,偶语诗书者弃市,是古非今者族。三十五年,七十余万人作阿房宫,坑诸生四百六十余人于咸阳。三十七年七月,崩于沙丘。

明·胡广等《书经大全原序》

唐孔氏曰:"《秦纪》始皇三十四年,因置酒于咸阳宫。丞相李斯奏,请天下敢有藏诗书百家语者,悉诣守尉杂烧之。有敢偶语诗书者弃市。令下三十日不烧,黥为城旦。制曰:'可。'三十五年,以方士卢生求仙药不得,以为诽谤。诸生连相告引,四百六十余人坑之咸阳。"

明·贺复征《文章辨体汇选》卷四七八《秦始皇本纪(汉·司马迁)》

三十二年,始皇之碣石,使燕人卢生求羡门、高誓,刻碣石门。坏城郭,决通隄防。[略]因使韩终、侯公、石生求仙人不死之药。始皇巡北边,从上郡入。燕人卢生使入海还,以鬼神事,因奏录图书曰"亡秦者胡也"。始皇乃使将军蒙恬发兵三十万人北击胡,略取河南地。

三十五年,卢生说始皇曰:"臣等求芝奇药仙者常弗遇,类物有害之者。方中,人主时为微行以辟恶鬼,恶鬼辟,真人至。人主所居而人臣知之,则害于神。真人者,入水不濡,入火不爇。陵云气,与天地久长。今上治天下,未能恬淡。愿上所居宫毋令人知,然后不死之药殆可得也。"于是始皇曰:"吾慕真人。"自谓真人,不称朕。乃令咸阳之旁二百里内宫观二百七十复道甬道相连,帷帐钟鼓美人充之,各案署不移徙。行所幸,有言其处者,罪死。

始皇帝幸梁山宫,从山上见丞相车骑众,弗善也。中人或告丞相,丞相后损车骑。始皇怒曰:"此中人泄吾语。"案问莫服。当是时,诏捕诸时在旁者,皆杀之。自是后莫知行之所在。听事,群臣受决事,悉于咸阳宫。

侯生、卢生相与谋曰:"始皇为人,天性刚戾自用,起诸侯,并天下,意得欲从,以为自古莫及己。专任狱吏,狱吏得亲幸。博士虽七十人,特备员弗用。丞相诸大臣皆受成事,倚办于上。上乐以刑杀为威,天下畏罪持禄,莫敢尽忠。上不闻过而日骄,下慑伏谩欺以取容。秦法,不得兼方,不验,辄死。然候星气者至三百人,皆良士,畏忌讳谀,不敢端言其过。天下之事无小大皆决于上,上至以衡石量书，日夜有呈，不中呈不得休息。贪于权势至如此，未可为求仙药。”于是乃亡去。

始皇闻亡，乃大怒曰：“吾前收天下书不中用者尽去之。悉召文学方术士甚众，欲以兴太平，方士欲练以求奇药。今闻韩众去不报，徐市等费以巨万计，终不得药，徒奸利相告日闻。卢生等吾尊赐之甚厚，今乃诽谤我，以重吾不德也。诸生在咸阳者，吾使人廉问，或为妖言以乱黔首。”于是使御史悉案问诸生，诸生传相告引，乃自除。犯禁者四百六十余人，皆坑之咸阳，使天下知之，以惩后。益发谪徙边。

始皇长子扶苏谏曰：“天下初定，远方黔首未集，诸生皆诵法孔子，今上皆重法绳之，臣恐天下不安。唯上察之。”始皇怒，使扶苏北监蒙恬于上郡。

明·周琦《东溪日谈录》卷一二

李斯学荀卿之道相秦，以烧诗书诸子百家语，坑儒生四百六十余人。非秦之罪也，李斯之相非其道也。李斯以此相秦，非斯罪也，学荀卿之道非其道也。学之不正，其祸如此，可不畏哉。

清《御批资治通鉴纲目》卷二上

阬诸生四百六十余人，使长子扶苏监蒙恬军。

侯生、卢生相与讥议始皇，因亡去。始皇闻之，大怒曰：“诸生或为妖言以乱黔首。”使御史按问之，诸生传相告引，乃自除。犯禁者四百六十余人，皆坑之咸阳。长子扶苏谏曰：“诸生皆诵法孔子，今以重法绳之，臣恐天下不安。”始皇怒，使北监蒙恬军于上郡。

清《御定渊鉴类函》卷四〇

秦《帝王世纪》曰，秦，嬴姓也。昔伯翳为舜主畜多故，赐姓嬴氏。孝襄公始修霸业，坏井田，开阡陌，天子命为伯。至昭襄王，自称西帝，攻周，废赧王，取九鼎。至庄襄王，灭东西周，庄襄王崩，政立为始皇帝。并天下，置三十六郡。自以水德，故以十月为正，色尚黑。使蒙恬筑长城，焚诗书百家之言，坑儒士四百六十人。三十七年崩于沙丘平台，年五十。皇甫谧云，自昭襄王灭周至子婴，凡四王二帝，合四十九年。昭襄王一，孝文王二，庄襄王三，始皇帝四，胡亥五，子婴六。又《帝王世纪》曰，秦改镐曰咸阳，都焉。为汉驱除，不求五运，别以水德王。秦自始封至灭，三十六世，合六百五十年。秦，颛顼之后也。先世造父之为穆王御，有功，封之于赵城，国为赵氏也。与简子同祖，嬴姓也。秦亦在水火之间。

清·顾炎武《日知录》卷一六《拟题》

明代科场之病，莫甚乎拟题。且以经文言之，初场试所习本经义四道。而本经之中，场屋可出之题不过数十。富家巨族延请名士，馆于家塾，将此数十题各撰一篇，计篇酬价，令其子弟及僮奴之俊慧者，记诵熟习。入场命题，十符八九，即以所记之文抄誊上卷。较之风檐结构，难易迥殊。四书亦然。发榜之后，此曹便为贵人。年少貌美者，多得馆选。天下之士，靡然从风，而本经亦可以不读矣。[略]昔人所须十年而成者，以一年毕之。昔人所待一年而习者，以一月毕之。成于剿袭，得于假倩。卒而问其所未读之经，有茫然不知为何书者。故愚以为八股之害，等于焚书。而败坏人材，有甚于咸阳之郊，所坑者但四百六十余人也。

清《陕西通志》卷七六

坑诸生于咸阳，使长子扶苏监军上郡。

侯生、卢生相谋曰："始皇为人，天性刚戾自用，贪于权势，未可为求仙药。"乃亡去。始皇闻之，大怒曰："卢生等吾尊赐之甚厚，今乃诽谤我，以重吾不德也。诸生在咸阳者，或为妖言以乱黔首。"于是使御史悉案问诸生，诸生传相告引，乃自除。犯禁者四百六十余人，皆坑之咸阳。长子扶苏谏曰："诸生诵法孔子，今上皆重法绳之，臣恐天下不安。"始皇怒，使扶苏北监蒙恬军于上郡。《史记·始皇本纪》

又卷九九

秦所坑儒四百六十余人，则以侯生、卢生、韩众、徐市株连故也。四子，为秦炼药求仙者耳。窃以为诸生横议之流，自以为儒而受坑。秦亦以为儒而坑之，而莫觉其非也。《大泌山房集》

清·马骕《绎史》卷一四九《秦始皇无道》

《史记》：卢生说始皇曰："臣等求芝奇药仙者常弗遇，类物有害之者。方中，人主时为微行以辟恶鬼，恶鬼辟，真人至。人主所居而人臣知之，则害于神。真人者，入水不濡，入火不爇，陵云气，与天地久长。今上治天下，未能恬淡。愿上所居宫毋令人知，然后不死之药殆可得也。"于是始皇曰："吾慕真人。"自谓真人，不称朕。乃令咸阳之旁二百里内宫观二百七十复道甬道相连，帷帐钟鼓美人充之，各案署不移徙。行所幸，有言其处者，罪死。

始皇帝幸梁山宫，从山上见丞相车骑众，弗善也。中人或告丞相，丞相后损车骑。始皇怒曰："此中人泄吾语。"案问莫服。当是时，诏捕诸时在旁者，皆杀之。自是后莫知行之所在。听事，群臣受决事，悉于咸阳宫。侯生、卢生相与谋曰："始皇为人，天性刚戾自用，起诸侯，并天下，意得欲从，以为自古莫及己。专任狱吏，狱吏得亲幸。博士虽七十人，特备员弗用。丞相诸大臣皆受成事，倚办于上。上乐以刑杀为威，天下畏罪持禄，莫敢尽忠。上不闻过而日骄，下慑伏谩欺以取容。秦法，不得兼方，不验，辄死。然候星气者至三百人，皆良士，畏忌讳谀，不敢端言其过。天下之事无小大皆决于上，上至以衡石量书，日夜有呈，不中呈不得休息。贪于权势至如此，未可为求仙药。"于是乃亡去。

始皇闻亡，乃大怒曰："吾前收天下书不中用者尽去之。悉召文学方术士甚众，欲以兴太平，方士欲练以求奇药。今闻韩众去不报，徐市等费以巨万计，终不得药，徒奸吏相告日闻。卢生等吾尊赐之甚厚，今乃诽谤我，以重吾不德也。诸生在咸阳者，吾使人廉问，或为妖言以乱黔首。"于是使御史悉案问诸生，诸生传相告引，乃自除。犯禁者四百六十余人，皆坑之咸阳，使天下知之，以惩后。益发谪徙边。

始皇长子扶苏谏曰："天下初定，远方黔首未集，诸生皆诵法孔子，今上皆重法绳之，臣恐天下不安。唯上察之。"始皇怒，使扶苏北监蒙恬于上郡。

《说苑》，方士韩客、侯生，齐客卢生，相与谋曰："当今时，不可以居。上乐以刑杀为威，天下畏罪持禄，莫敢尽忠。上不闻过而日骄，下慑伏以慢欺而取容。谏者不用，而失道滋甚。吾党久居，且为所害。"乃相与亡去。

始皇闻之，大怒曰："吾异日厚卢生，尊爵而事之，今乃诽谤我。吾闻诸生多为妖言以乱黔首。"乃使御史悉上诸生，诸生传相告，犯法者四百六十余人，皆坑之。

卢生不得，而侯生后得。始皇闻之，召而见之。升阿东之台，临四通之街，将数而车裂之。始皇望见侯生，大怒曰："老虏不良，诽谤而主，乃敢复见我？"侯生至，仰台而言曰："臣闻知死必勇，陛下肯听臣一言乎？"始皇曰："若欲何言，言之。"侯生曰："臣闻禹立诽谤之木，欲以知过也。今陛下奢侈失本，淫泆趋末。宫室台阁连属增累，珠玉重宝积袭成山。锦绣文采满府有余，妇女倡优数巨万人。钟鼓之乐流漫无穷，酒食珍味盘错于前，衣服轻暖舆马文饰。所以自奉丽靡烂漫，不可胜极。黔首匮竭，民力单尽，尚不自知。又急诽谤，严威克下，下喑上聋，臣等故去。臣等不惜臣之身，惜陛下国之亡耳。闻古之明王，食足以饱，衣足以暖，宫室足以处，舆马足以行。故上不见弃于天，下不见弃于黔首。尧茅茨不翦，采椽不斲，土阶三等而乐终身者，以其文采之少而质素之多也。丹朱傲虐，好慢淫，不修理化，遂以不升。今陛下之淫，万丹朱而千昆吾桀纣，臣恐陛下之十亡也而会不一存。"

始皇默然久之，曰："汝何不早言？"侯生曰："陛下之意，方乘青云，飘摇于文章之观。自贤自健，上侮五帝，下陵三王。弃素朴，就末技。陛下亡征，见久矣。臣等恐言之无益也，而自取死，故逃而不敢言。今臣必死，故为陛下陈之。虽不能使陛下不亡，欲使陛下自知也。"始皇曰："吾可以变乎？"侯生曰："形已成矣，陛下坐而待已耳。若陛下欲更之，能若尧与禹乎。不然，无异也。陛下之佐又非也。臣恐变之不能存也。"始皇喟然而叹，遂释不诛。

清·李锴《尚史》卷七《秦本纪·始皇帝》

卢生说始皇曰:“臣等求芝奇药仙者常弗遇,类物有害之者。方中,人主时为微行以辟恶鬼,恶鬼辟,真人至。人主所居而人臣知之,则害于神。真人者,入水不濡,入火不爇,陵云气,与天地久长。今上治天下,未能恬淡。愿上所居宫毋令人知,然后不死之药殆可得也。”于是始皇曰:“吾慕真人。”自谓真人,不称朕。乃令咸阳之旁二百里内宫观二百七十复道甬道相连,帷帐钟鼓美人充之。各案署不移徙。行所幸,有言其处者,罪死。

始皇帝幸梁山宫,从山上见丞相车骑众,弗善也。中人或告丞相,丞相损车骑。始皇怒曰:“此中人泄吾语。”案问莫服。当是时,诏捕诸时在旁者,皆杀之。自是后莫知行之所在。听事,群臣受决事,悉于咸阳宫。

侯生、卢生相与谋曰:“始皇为人,天性刚戾自用,起诸侯,并天下,意得欲从,以为自古莫及己。专任狱吏,狱吏得亲幸。博士虽七十人,特备员弗用。丞相诸大臣皆受成事,倚办于上。上乐以刑杀为威,天下畏罪持禄,莫敢尽忠。上不闻过而日骄,下慑伏谩欺以取容。秦法,不得兼方,不验,辄死。然候星气者至三百人,皆良士。畏忌讳谀,不敢端言其过。天下之事无小大皆决于上,上至以衡石量书,日夜有呈,不中呈不得休息。贪于权势至如此,未可为求仙药。”于是乃亡去。

始皇闻亡,乃大怒曰:“吾前收天下书不中用者尽去之。悉召文学方术士甚众,欲以兴太平,方士欲练以求奇药。今闻韩众去不报,徐市等费以巨万计,终不得药,徒奸利相告日闻。卢生等吾尊赐之甚厚,今乃诽谤我,以重吾不德也。诸生在咸阳者,吾使人廉问,或为妖言以乱黔首。”于是使御史悉案问诸生,诸生传相引告,乃自除。犯禁者四百六十余人,皆坑之咸阳,使天下知之,以惩后。益发谪徙边。

始皇长子扶苏谏,始皇怒,使扶苏北监蒙恬于上郡。

卫宏新说

唐·欧阳询《艺文类聚》卷八七

《古文奇字》曰:“秦始皇密令人种瓜于骊山硎谷中温处。瓜实成,使人上书曰‘瓜冬有实’,有诏下博士诸生说之,人人各异。则皆使往视之,而为伏机。诸儒生皆至。方相难不决,因发机,从上填之以土,皆压死。”

唐·孔颖达《古文尚书正义》

汉孔安国序:及秦始皇灭先代典籍,焚书坑儒,学士逃难解散,我先人用藏其家书于屋壁。

正义:[略]李斯奏请,天下敢有藏诗书百家语者,悉诣守尉杂烧之。有敢偶语诗书者,弃市。令下三十日不烧,黥为城旦。制曰:“可。”是焚书也。

三十五年,始皇以方士卢生求仙药不得,以为诽谤。诸生连相告引,四百六十余人皆坑之咸阳。是坑儒也。

又卫宏《古文奇字序》云:“秦改古文以为篆隶,国人多诽谤。秦患天下不从,而召诸生至者皆拜为郎,凡七百人。又密令冬月种瓜于骊山硎谷之中温处。瓜实,乃使人上书曰‘瓜冬有实’,有诏天下博士诸生说之,人人各异。则皆使往视之,而为伏机。诸生方相论难,因发机,从上填之以土,皆终命也。”

唐·颜师古《汉书注·儒林传》

及至秦始皇兼天下,燔诗书,杀术士。

师古曰,燔,焚也。今新丰县温汤之处号愍儒乡。温汤西南三里有马谷,谷之西岸有坑,古老相传以为秦坑儒处也。卫宏《诏定古文尚书序》云:"秦既焚书,患苦天下不从所改更法,而诸生到者拜为郎,前后七百人。乃密令冬种瓜于骊山坑谷中温处。瓜实成,诏博士诸生说之,人人不同。乃命就视之,为伏机。诸生贤儒皆至焉。方相难不决,因发机,从上填之以土。皆压,终乃无声。"此则闵儒之地,其不谬矣。

唐·张守节《史记正义·儒林列传》

及至秦之季世,焚诗书,坑术士,六艺从此缺焉。

正义:颜云,今新丰县温汤之处号愍儒乡。温汤西南三里有马谷,谷之西岸有坑,古相传以为秦坑儒处也。卫宏《诏定古文尚书序》云:"秦既焚书,恐天下不从所改更法,而诸生到者拜为郎,前后七百人。乃密种瓜于骊山陵谷中温处。瓜实成,诏博士诸生说之,人言不同。乃令就视,为伏机。诸生贤儒皆至焉。方相难不决,因发机,从上填之以土。皆压,终乃无声也。"

五代·刘昫《旧唐书·玄宗本纪》

天宝元年[略]冬十月丁酉,幸温泉宫。辛丑,改骊山为会昌山,仍于秦坑儒之所立祠宇,以祀遭难诸儒。新成长生殿名曰集灵台,以祀天神。十一月己巳,至自温泉宫。[略]

五代·刘昫《旧唐书·礼仪志》

开元二十年[略]十月,改新丰骊山为会昌山,仍于秦坑儒之所立祠宇。新作长生殿改为集灵台。

宋·乐史《太平寰宇记》卷二七

坑儒谷在县东南五里。始皇以骊山温处令人冬月种瓜,招天下儒者议之,各说不同。因发机,陷害之。玄宗改为旌儒乡,立旌儒庙,贾至为碑文。

宋·李昉等《太平御览》卷八六

《古文奇字》曰,秦改古文以为大篆及隶字,国人多诽谤怨恨。秦苦天下不从,而召诸生到者拜为郎,凡七百人。又密令冬月种瓜于骊山硎谷之中温处。瓜实成,乃使人上书曰"瓜冬有实",有诏天下博士诸生说之,人人各异说。则皆使往视之,而为伏机。诸生贤儒皆至焉。方相难不能决,因发机,从上填之以土。

又卷六一四

《史记》曰,周道既废,焚烧诗书,故明堂、石室、金匮、玉版图籍散乱也。又曰,始皇时,诸生到者拜为郎,七百人。密种瓜于骊山温处。实成,令诸生就视说之,人人不同。乃为伏机,方难未定,机发,从上填之以土。其坑在咸阳西南三望里,今为闵儒乡也。又曰,秦始皇令天下有藏诗书百家语者,悉诣守尉杂烧之。敢偶诗书者,弃市。以古非今者族之。

又卷九七八

《古文奇字》曰，秦改古文为大篆及隶字，周人多诽谤怨恨。秦苦天下不从，而诸生到者拜为郎，凡七百人。密种瓜于骊山硎谷中温处。瓜实成，使上书曰“瓜冬有实”，有诏曰博士诸生说之，人人各异说。则皆使往视之，而为伏机。诸生贤儒皆致焉。方相难不决，因发机，从上填之以土，皆压死。

宋·宋敏求《长安志》卷一五

鸿门坂，在县东十七里，汉旧大道北下坂口名也。《关中记》曰，鸿门在始皇陵北十里新丰县。《汉书》，沛公会项羽处。又文帝登霸陵，指新丰路示慎夫人曰，此是北走邯郸道也。又亭尉呵李广处。《续汉书·郡国志》：新丰县东有鸿门亭。

坑儒谷在县西南五里。秦始皇坑儒于骊山下，故名坑儒乡。《汉书注》师古曰，今新丰县温汤之处号愍儒乡。温汤西南三里有马谷，谷之西岸有坑，古老相传以为秦坑儒处也。卫宏《诏定古文官书序》云，秦既焚书，患苦天下不从所改更法，而诸生到者拜为郎，前后七百人。乃密令冬种瓜于骊山坑谷中温处。瓜实成，诏博士诸生说之，人人不同。乃命就视之，为伏机。诸生贤儒皆至焉。方相难决，因发机，从上填之以土。皆压，终乃无声。此则闵儒之地，其不谬矣。唐天宝中改为旌儒乡，立旌儒庙。贾至作碑硙千谷在县西南七里。

宋《锦绣万花谷前集》卷三六《馔食》

铏谷瓜

秦始皇改古文为篆隶，国人多谤。秦患天下不从，召诸生至者皆拜为郎，凡七百人。密令冬月种瓜于骊山铏谷中温处。瓜实，乃使人上书曰“冬瓜有实”，有诏博士诸生说之，人人各异。皆使往视之，先为伏机。诸生方相论难，发机，从

上填之以土，皆终命。卫宏《古今奇字序》

宋·祝穆《古今事文类聚后集》卷二六《果实部》

视瓜坑儒

秦始皇密令人种瓜于骊山硎谷中温处。瓜实成，使人上书曰"瓜冬实"，有诏下博士诸生说之，人人各异。则皆使往视之，而为伏机。诸儒生皆至。方相难不决，因发机，从上填之以土，皆压死。卫宏《古文奇字序》

宋·陈景沂《全芳备祖后集》卷八

始皇密令种瓜于骊山硎谷中温处。瓜实成，使人上言曰"瓜冬实"，有诏下博士诸生说之，人人各异。使往视之，儒生皆至。方相难不决，因发机，从上填之以土，皆压死。史

元·陈师凯《书蔡氏传旁通》卷一上

焚书在三十四年

疏云：始皇三十四年，因置酒咸阳宫，丞相李斯奏，请天下敢有藏诗书百家语者，悉诣守尉杂烧之。有敢偶语诗书者，弃市。令下三十日不烧，黥为城旦。

坑儒在三十五年

疏云：三十五年，始皇以方士卢生求仙药不得，以为诽谤，诸生连相告引，四百六十余人皆坑之咸阳。又卫宏《古文奇字序》云："秦改古文以为篆隶，国人多诽谤。秦患天下不从，而召诸生至者皆拜为郎，凡七百人。又密令冬月种瓜于骊山硎谷之中温处。瓜实，乃使人上书曰'瓜冬有实'，有诏天下博士诸生说之，人人各异。则皆使往视之，而为伏机，诸生方相论难，因伏机，从上填之以土，皆终命也。"

元・董鼎《书传辑录纂注》卷首上

又卫宏《古文奇字序》云，秦改古文以为篆隶，多诽谤者。秦患天下不从而召诸生，至者皆拜为郎，凡七百人。又密令冬月种瓜骊山硎谷中温处。瓜实，乃使人上书曰"冬瓜有实"，诏天下博士诸生说之，人人各异。则皆使往视之，而为伏机。诸生方相论难，因发机，填以土。

元・马端临《文献通考》卷四〇《学校考》

又令冬种瓜骊山。实生，命博士诸生就视，为伏机，杀七百余人。二世时，又以陈胜起，召博士诸生议，坐以非所宜言者，又数十人。然则秦之于博士弟子，非惟不能考察试用之，盖惟恐其不澌尽泯没矣。叔孙通面谀，脱虎口而逃亡。孔甲持礼器，发愤而事陈涉，有以也哉。

明・胡广等《书经大全・原序》

又卫宏《古文奇字序》云，秦改古文以为篆隶，多诽谤者。秦患天下不从，而召诸生至者皆拜为郎，凡七百人。又密令冬月种瓜骊山硎谷中温处。瓜实，乃使人上书曰"冬瓜有实"。诏天下博士诸生说之，人人各异。则皆使往视之，而为伏机。诸生方向论难，因发机，填以土。

明・李贤等《明一统志》卷三二

坑儒谷

在临潼县西南五里。汉卫宏《古文奇字序》，秦既改古文为篆隶，患天下不从,而召诸生至者皆拜为郎,凡七百人。又密令冬月种瓜于骊山刑谷中温处。瓜实,乃诏博士诸生说之,人人各异。则皆使往视,为伏机。诸生方相论难,因发机陷之。后人号其处曰愍儒乡,唐立旌儒庙。

明・梅鼎祚《东汉文纪》卷七

卫宏字敬仲,东海人。光武时为议郎,尝作《汉旧仪》及《赋颂诔》七首。《古文尚书序》:宏从大司空杜林授《古文尚书》,作《训旨》。秦既焚书,恐天下不从所改更法,而诸生到者拜为郎,前后七百人。乃密种瓜于骊山陵谷中温处。瓜实成,诏博士诸生说之,人言不同。乃令就视。为伏机。诸生贤儒皆至焉。方相难不决,因发机,从上填之以土。皆压,终乃无声也。

明・陈耀文《天中记》卷五三

铏谷瓜

秦始皇改古文为篆隶,患苦天下不从所改更,召诸生至者皆拜为郎,凡七百人。密令冬月种瓜于骊山铏坑谷中温处。瓜实,乃使人上书曰,冬瓜有实,诏下博士诸生说之,人人各异。乃令就视之。先为伏机。诸生贤儒皆至焉,方发机,从上填之以土,为压之,终乃无声。卫宏《古今奇字序》

明・彭大翼《山堂肆考》卷二六《地理》

坑儒

坑儒谷在西安府临潼县西南。汉卫宏云,秦既改古文为篆隶,患天下不从,而召诸生至者皆拜为郎。又密令冬月种瓜于骊山硎谷中温处。瓜已实,乃诏诸生往观。先为伏机于瓜处。诸生方相论难,因发机,陷之。后人号曰愍儒乡,唐立旌儒庙。

又卷二〇八《果品》

视瓜坑儒

史云，秦始皇密令人种瓜于骊山硎谷中温处。瓜实成子，使人上书曰"瓜冬实"，有诏下博士诸生说之，人人各异。使往视之，而先为伏机于彼。诸生皆至，方相难不决，因发机，从上填之以土，皆压死。

明·董斯张《广博物志》卷四三《草木》

秦始皇密令人种瓜于骊山硎谷中温处。瓜实成，使人上书曰"瓜冬有实"，有诏下博士诸生说之，人人各异。则皆使往视之，而为伏机。诸儒生皆至。方相难不决，因发机，从上填之以土，皆压死。《古文奇字》

清《御定骈字类编》卷一七七

瓜实

《尚书序》焚书坑儒疏，卫宏《古文奇字序》云，秦改古文以为篆隶，国人多诽谤。秦患天下不从，而召诸生。至者皆拜为郎，凡七百人。又密令冬月种瓜于骊山硎谷之中温处。瓜实，乃使人上书曰"瓜冬有实"，有诏天下博士诸生说之，人人各异。则皆使往视之，而为伏机。诸生方相论难，因发机，从上填之以土，皆终命也。

清《御定渊鉴类函》卷二六

坑一

增许慎《说文》曰,坑堑也。司空图铭曰:“秦坑儒耶,儒坑秦耶?”

坑二

增《史记》曰,秦将白起坑赵降卒四十万人于长平。《汉书》曰,项羽至新安,坑秦军二十余万人。《古今奇字》云,秦改文字,周人怨恨,患天下不从,大召诸生择郎。秦密令种瓜于坑谷温处。乃使人上书,瓜冬有实,诏下诸生说之,人人各异。相难不决,先为伏机,机发,从上填之以土,皆压死。《书序》曰,焚书坑儒。《东方朔别传》曰,汉武帝忽见一坑,深不知几丈。以朔多智使往视之,朔对曰:“坑深一百二十丈。”“何以知之?”朔曰:“臣到以大石投之坑中,倾耳而听,久久乃到,傪傪有声,九九八十一,六六三十六,臣以此知之。”

又卷三四《地部》

临潼有坑儒谷

[略]

增卫宏《古文奇字序》曰,秦既改古文为篆隶,恐天下不从,乃密令冬月种瓜于骊山谷中温处,皆熟,诏博士诸生说之,前后七百人,人人各异,则皆使往视,因伏机,陷之。后人号之曰坑儒谷。

[略]

坑儒宗少文《卧游录》云,庐山之阳有栖贤谷,多大石,水声如雷。下坑儒,详前谷二。

又卷四〇四《果部》

《古文奇字》曰，秦始皇密令人种瓜于骊山硎谷中温处。瓜实成，使人上书曰"瓜冬有实"，有诏下博士诸生说之，人人各异。则皆使往视之，而为伏机。诸儒生皆至，方相难不决，因发机，从上填之以土，皆压死。

清《大清一统志》卷一七八

坑儒谷在临潼县西南。《史记》：秦始皇三十五年，诸生四百六十余人皆坑之咸阳。颜师古《汉书注》：今新丰县温汤之处号愍儒乡。温汤西南三里有马谷，谷之西岸有坑，古老相传以为秦坑儒处也。卫宏《诏定古今官书序》云，秦既焚书，患苦天下不从所改更法，而诸生到者拜为郎，前后七百人。乃密令冬种瓜于骊山谷中温处。瓜实成，诏博士诸生说之，各说不同。乃命就视之，为伏机。诸生方相难不决，因发机，从上填之以土。皆压，终乃无声。此则闵儒之地，其不谬矣。《唐书地理志》：昭应县有旌儒乡，有庙，故坑儒，明皇更名。《寰宇记》：坑儒谷在昭应县东南五里，唐明皇改为旌儒乡，立旌儒庙，贾至为碑文。《长安志》：在县西南五里。

清《陕西通志》卷八

坑儒谷在县西南五里。或曰，县西二十里有活坑，即坑儒处。《县册》始皇以骊山温处令人冬月种瓜，招天下儒者议之，各说不同。因发机，陷之。唐明皇改为旌儒乡，立旌儒庙。《寰宇记》温汤西南三里有马谷，谷之西岸有坑，相传为坑儒处。颜师古《汉书注》

又卷七三

坑儒谷在临潼县西南五里。《长安志》师古曰，今新丰县温汤之处号愍儒乡。

温汤西南三里有马谷,谷之西岸有坑,古相传以为秦坑儒处也。《汉书·儒林传注》秦既焚书,苦患天下不从,而诸生到者拜为郎,前后七百人。乃密令种瓜于丽山坑谷中温处。瓜实成,诏诸博士诸生说,人人不同。乃命就视之,为伏机。诸生方相难不决,因发机,从上填之以土,皆压,终乃无声。卫宏《古文尚书序》

[略]

灰堆在渭南县西南五里,崇三十尺,周一百步,俗传秦始皇焚书处。《马志》

又卷七六

坑诸生于咸阳,使长子扶苏监军上郡。

卫宏《诏定古文尚书序》云,秦既焚书,恐天下不从所改更法,而诸生到者拜为郎,前后七百人。乃密种瓜于骊山陵谷中温处。瓜实成,诏博士诸生说之,人言不同。乃令就视,为伏机。诸生贤儒皆至焉。方相难不决,因发机,从上填之以土。皆压,终乃无声也。《儒林传注》

秦汉儒生状况资料

汉・司马迁《史记・秦始皇本纪》

二十八年，始皇东行郡县，上邹峄山。集解：韦昭曰，邹，鲁县，山在其北。正义：上，时掌反。邹，侧留反。峄，音亦。《国系》云，邾峄山，亦名邹山，在兖州邹县南三十二里。鲁穆公改邾作邹，其山遂从邑变。山北去黄河三百余里。立石，与鲁诸儒生议，刻石颂秦德，议封禅望祭山川之事。正义：《晋太康地记》云，为坛于泰山以祭天，示增高也。为墠于梁父以祭地，示增广也。祭尚玄酒而俎鱼。墠皆广长十二丈。坛高三尺，阶三等，而树石太山之上，高三丈一尺，广三尺，秦之刻石云。乃遂上泰山，正义：泰山一曰岱宗，东岳也，在兖州博城县西北三十里。《山海经》云，泰山，其上多玉，其下多石。郭璞云，从泰山下至山头，百四十八里三百步。道书《福地记》云，泰山高四千九百丈二尺，周回二千里。多芝草玉石，长津甘泉，仙人室。又有地狱六，曰鬼神之府，从西上，下有洞天，周回三千里，鬼神考谪之府。立石，封，祠祀。集解：服虔曰，增天之高，归功于天。张晏曰，天高不可及，于泰山上立封禅而祭之，冀近神灵也。瓒曰，积土为封。谓负土于泰山上，为坛而祭之。下，风雨暴至，休于树下，因封其树为五大夫。正义：封，一作复，音福。禅梁父。集解：服虔曰，禅，阐广土地也。瓒曰，古者圣王封泰山，禅亭亭或梁父，皆泰山下小山。除地为墠，祭于梁父。后改墠曰禅。正义：父，音甫。在兖州泗水县北八十里。

［略］

三十四年，适治狱吏不直者，筑长城及南越地。正义：谓戍①五岭，是南方越地。始皇置酒咸阳宫，博士七十人前为寿。仆射周青臣集解：骃案《汉书・百官表》曰，仆射，秦官。古者重武，官有主射以督课之。应劭曰，仆，主也。射，音夜。进颂曰："他时秦地

---

① 疑"戍"之讹。

不过千里,赖陛下神灵明圣,平定海内,放逐蛮夷,日月所照,莫不宾服。以诸侯为郡县,人人自安乐,无战争之患,传之万世。自上古不及陛下威德。"始皇悦。博士齐人淳于越进曰:"臣闻殷周之王千余岁,封子弟功臣,自为枝辅。今陛下有海内,而子弟为匹夫,卒有田常、六卿之臣,无辅拂,正义:蒲笔反。何以相救哉?事不师古而能长久者,非所闻也。今青臣又面谀以重陛下之过,非忠臣。"

汉·司马迁《史记·封禅书》

即帝位三年,东巡郡县,祠驺峄山,颂秦功业。于是征从齐鲁之儒生博士七十人,至乎泰山下。诸儒生或议曰,古者封禅为蒲车,恶伤山之土石草木,扫地而祭,席用苴秸,言其易遵也。始皇闻此议各乖异,难施用,由此绌儒生。而遂除车道,上自泰山阳至巅,立石颂秦始皇帝德,明其得封也。从阴道下,禅于梁父。其礼颇采太祝之祀雍上帝所用,而封藏皆秘之,世不得而记也。

始皇之上泰山,中阪遇暴风雨,休于大树下。诸儒生既绌,不得与用于封事之礼,闻始皇遇风雨,则讥之。

汉·司马迁《史记·曹相国世家》

项籍已死,天下定,汉王为皇帝。韩信徙为楚王。齐为郡,参归汉相印。高帝以长子肥为齐王,而以参为齐相国。[略]孝惠帝元年,除诸侯相国法,更以参为齐丞相。

参之相齐,齐七十城。天下初定,悼惠王富于春秋。参尽召长老诸生,问所以安集百姓。如齐故俗,诸儒以百数,言人人殊。参未知所定。

闻胶西有盖公,善治黄老言,使人厚币请之。既见盖公,盖公为言,治道贵清净,而民自定。推此类具言之,参于是避正堂,舍盖公焉。其治要用黄老术,故相齐九年,齐国安集,大称贤相。

汉·司马迁《史记·刘敬叔孙通列传》

叔孙通者，薛人也。集解：晋灼曰，楚汉春秋名何。索隐：薛，县名，属鲁国。秦时以文学征，待诏博士。数岁，陈胜起山东，使者以闻，二世召博士诸儒生问曰："楚戍卒攻蕲入陈，于公如何？"博士诸生三十余人前曰："人臣无将，将即反，罪死无赦。集解：瓒曰，将谓逆乱也。《公羊传》曰，君亲无将，将而必诛。愿陛下急发兵击之。"二世怒，作色。叔孙通前曰："诸生言皆非也。夫天下合为一家，毁郡县城，铄其兵，示天下不复用。且明主在其上，法令具于下，使人人奉职，四方辐辏，安敢有反者？此特群盗鼠窃狗盗耳，何足置之齿牙间？郡守尉今捕论，何足忧？"二世喜曰："善。"尽问诸生，诸生或言反，或言盗。于是二世令御史案诸生言反者下吏，非所宜言。诸言盗者皆罢之，乃赐叔孙通帛二十匹，衣一袭，索隐：案，《国语》谓之一称，贾逵案《礼记》，袍必有表不单，衣必有裳，谓之一称。杜预云，衣单复具云称也。拜为博士。叔孙通已出宫，反舍，诸生曰："先生何言之谀也？"通曰："公不知也，我几不脱于虎口。"正义：几，音祈。乃亡去，之薛，薛已降楚矣。及项梁之薛，叔孙通从之。败于定陶，从怀王。怀王为义帝，徙长沙，叔孙通留事项王。汉二年，汉王从五诸侯入彭城，叔孙通降汉王。汉王败而西，因竟从汉。

叔孙通儒服，汉王憎之，乃变其服，服短衣，楚制，索隐：案孔文祥云，短衣便事，非儒者衣服。高祖楚人，故从其俗裁制。汉王喜。

叔孙通之降汉，从儒生弟子百余人，然通无所言进，专言诸故群盗壮士进之。弟子皆窃骂曰："事先生数岁，幸得从降汉，今不能进臣等，专言大猾，何也？"索隐：案《类集》云，大猾，狡猾也，音滑。叔孙通闻之，乃谓曰："汉王方蒙矢石争天下，集解：骃案《汉书音义》曰，谓发石以投人。诸生宁能斗乎？故先言斩将搴旗之士。集解：张晏曰，搴，卷也。瓒曰，拔取曰搴。《楚辞》曰，朝搴阰之木兰。索隐：搴，音起焉反，又已勉反。案《方言》曰，南方取物云搴。许慎云，搴，取也。王逸云，阰，山名。又案《埤苍》云，山在楚，音毗。诸生且待我，我不忘矣。"汉王拜叔孙通为博士，号稷嗣君。集解：徐广曰，盖言其德业足以继踪齐稷下之风流也。骃案《汉书音义》曰，稷嗣，邑名。

汉·司马迁《史记·儒林列传》

正义：姚承云，儒谓博士，为儒雅之林，综理古文，宣明旧艺，咸劝儒者，以成王化者也。

太史公曰，余读功令，索隐：案，谓学者课功著之于令，即今之学令是也。至于广厉学官之路，未尝不废书而叹也。曰：嗟乎，夫周室衰而《关雎》作，幽厉微而礼乐坏，诸侯恣行，政由强国。故孔子闵王路废而邪道兴，于是论次诗书，修起礼乐。适齐闻韶，三月不知肉味。自卫返鲁，然后乐正，雅颂各得其所。正义：郑玄云，鲁哀公十一年。是时道衰乐废，孔子还，修正之，故雅颂各得其所也。世以混浊莫能用，是以仲尼干七十余君无所遇，索隐：后之记者失辞也。案《家语》等说，则孔子历聘诸国，莫能用，谓周、郑、齐、宋、曹、卫、陈、楚、杞、莒、匡等尔。纵历小国，亦无七十余君也。曰："苟有用我者，期月而已矣。"西狩获麟，曰："吾道穷矣。"故因史记作《春秋》，以寓王法，其辞微而指博，后世学者多录焉。集解：徐广曰，录，一作缪。

自孔子卒后，七十子之徒散游诸侯，大者为师傅卿相，索隐：案，子夏为魏文侯师。子贡为齐、鲁聘吴、越，盖亦卿也。而宰予亦仕齐为卿。余则未闻。小者友教士大夫，或隐而不见。故子路居卫，集解：骃案《仲尼弟子列传》，子路死于卫，时孔子尚存也。子张居陈，正义：今陈州。澹台子羽居楚，正义：今苏州城南五里有澹台湖，湖北有澹台。子夏居西河，正义：今汾州。子贡终于齐。正义：今青州。如田子方、段干木、吴起、禽滑厘之属，皆受业于子夏之伦，为王者师。是时独魏文侯好学。后陵迟以至于始皇，天下并争于战国，儒术既绌焉，然齐鲁之间，学者独不废也。于威、宣之际，孟子、荀卿之列，咸遵夫子之业而润色之，以学显于当世。

及至秦之季世，焚诗书，坑术士，正义：颜云，今新丰县温汤之处号愍儒乡。温汤西南三里有马谷，谷之西岸有坑，古相传以为秦坑儒处也。卫宏《诏定古文尚书序》云，秦既焚书，恐天下不从所改更法，而诸生到者拜为郎，前后七百人。乃密种瓜于骊山陵谷中温处。瓜实成，诏博士诸生说之，人言不同。乃令就视，为伏机。诸生贤儒皆至焉。方相难不决，因发机，从上填之以土。皆压，终乃无声也。六艺从此缺焉。陈涉之王也，而鲁诸儒持孔氏之礼器往归陈王。于是孔甲为陈涉博士，集解：徐广曰，孔子八世孙，名鲋字甲也。卒与涉俱死。陈涉起匹夫，驱瓦合适戍，索隐：适，音丁革反。旬月以王楚，不满半岁竟灭亡，其事至微浅，然而缙绅先生之徒负孔子礼器往委质为臣者，何也？以秦焚其业，积怨而发愤于陈王也。

及高皇帝诛项籍，举兵围鲁，鲁中诸儒尚讲诵习礼乐，弦歌之音不绝，岂非圣人之遗化，好礼乐之国哉？故孔子在陈，曰："归与归与。吾党之小子狂简，斐然成章，不知所以裁之。"夫齐鲁之间于文学，自古以来，其天性也。故汉兴，然后诸儒始得修其经艺，讲习大射乡饮之礼。叔孙通作汉礼仪，因为太常，诸生弟子共定者，咸为选首，于是喟然叹兴于学。然尚有干戈，平定四海，正义：颜云，陈豨、卢绾、韩信、黥布之徒相次反叛，征讨也。亦未暇遑庠序之事也。孝惠、吕后时，公卿皆武力有功之臣。孝文时颇征用，正义：言孝文稍用文学之士居位。然孝文帝本好刑名之言。及至孝景，不任儒者，而窦太后又好黄老之术，故诸博士具官待问，未有进者。

及今上即位，赵绾、王臧之属明儒学，而上亦乡之，于是招方正贤良文学之士。自是之后，言《诗》于鲁则申培公，集解：徐广曰，一作陪。韦昭曰，培，申公名，音扶尤反。索隐：邹氏音普来反。于齐则辕固生，正义：申、辕，姓。培、固，名。公、生，其处号也。于燕则韩太傅。索隐：韩婴也，为常山王太傅。言《尚书》自济南伏生。索隐：按，张华云名胜，纪年云字子贱。言礼自鲁高堂生。索隐：谢承云，秦氏季代有鲁人高堂伯，则伯是其字。云生者，自汉以来儒者皆号生，亦先生者省字呼之耳。言《易》自菑川田生。言《春秋》于齐鲁自胡母生，索隐：母音无。胡母，姓也，字子都。于赵自董仲舒。及窦太后崩，武安侯田蚡为丞相，绌黄老、刑名、百家之言，延文学儒者数百人，而公孙弘以《春秋》白衣为天子三公，集解：徐广曰，一云自齐为天子三公。封以平津侯。天下之学士靡然乡风矣。

公孙弘为学官，悼道之郁滞，乃请曰："丞相御史言，正义：自此以下，皆弘奏请之辞。制曰：'盖闻导民以礼，风之以乐。婚姻者，居室之大伦也。今礼废乐崩，朕甚愍焉。'故详延天下方正博闻之士，咸登诸朝。其令礼官劝学，讲议洽闻兴礼，以为天下先。太常议，与博士弟子，崇乡里之化，以广贤材焉。谨与太常臧、集解：骃案《汉书·百官表》，孔臧也。博士平等议曰，闻三代之道，乡里有教，夏曰校，正义：校，教也。可教道艺也。殷曰序，正义：序，舒也。言舒礼教。周曰庠。正义：庠，详也。言详审经典。其劝善也，显之朝廷，其惩恶也，加之刑罚。故教化之行也，建首善自京师始，由内及外。今陛下昭至德，开大明，配天地，本人伦，劝学修礼，崇化厉贤，以风四方，太平之原也。古者政教未洽，不备其礼，请因旧官而兴焉。为博士官置弟子五十人，复其身。太常择民年十八以上，仪状端正者，补博士弟子。郡国县道邑有好文学，敬长上，肃政教，顺乡里，出入不悖所闻者，令相长丞上属所二千石，索隐：上，音时两反。属，音烛。属，委也。所二千石，谓于所部之郡守相也。二千石谨察可者,当与计偕,索隐:计,计吏也。偕,俱也。谓令与计吏俱诣太常也。诣太常,得受业如弟子。一岁皆辄试,能通一艺以上,补文学掌故缺。其高第可以为郎中者,太常籍奏。即有秀才异等,辄以名闻。其不事学若下材及不能通一艺,辄罢之,而请诸不称者罚。臣谨案,诏书律令下者,明天人分际,通古今之义,文章尔雅,训辞深厚,索隐:谓诏书文章雅正,训辞深厚也。恩施甚美。小史浅闻,不能究宣,无以明布谕下。治礼次治掌故,集解:徐广曰,一云次治礼乐掌故。以文学礼义为官,迁留滞。请选择其秩比二百石以上,及吏百石通一艺以上,补左右内史、正义:案,左右内史后改为左冯翊、右扶风。大行卒史。比百石以下,补郡太守卒史,皆各二人,边郡一人。先用诵多者,若不足,乃择掌故补中二千石属,文学掌故补郡属,索隐:如淳云,汉仪弟子射策,甲科百人补郎中,乙科二百人补太子舍人,皆秩比二百石。次郡国文学,秩百石也。备员。请著功令。佗如律令。"制曰:"可。"自此以来,则公卿大夫士吏斌斌多文学之士矣。

申公者,鲁人也。高祖过鲁,申公以弟子从师入见高祖于鲁南宫。索隐:案《汉书》云,申公少与楚元王俱事齐人浮丘伯,受《诗》。正义:《括地志》,泮宫在兖州曲阜县西南二百里鲁城内宫之内。郑云泮之言半也,其制半于天子之璧雍。吕太后时,申公游学长安,与刘郢同师。索隐:案《汉书》云,吕太后时,浮丘伯在长安申公与元王子郢俱卒学也。郢即郢客。已而郢为楚王,令申公傅其太子戊。集解:徐广曰,楚元王刘交以文帝元年薨,子夷王郢立,四岁薨,子戊立。郢以吕后二年封上邽侯,文帝元年立为楚王。戊不好学,疾申公。及王郢卒。戊立为楚王,胥靡申公。集解:徐广曰,腐刑。申公耻之,归鲁,退居家教,终身不出门,复谢绝宾客,独王命召之乃往。集解:徐广曰,鲁恭王也。弟子自远方至受业者百余人。申公独以《诗经》为训以教,无传疑,疑者则阙不传。索隐:谓申公不作诗传,但教授,有疑则阙耳。

兰陵王臧既受《诗》,以事孝景帝为太子少傅,免去。今上初即位,臧乃上书宿卫上,累迁,一岁中为郎中令。及代赵绾亦尝受《诗》申公,绾为御史大夫。绾、臧请天子,欲立明堂以朝诸侯,不能就其事,乃言师申公。于是天子使使束帛加璧安车驷马迎申公,弟子二人乘轺传从。集解:徐广曰,马车。至,见天子。天子问治乱之事,申公时已八十余,老,对曰:"为治者不在多言,顾力行何如耳?"是时天子方好文词,见申公对,默然。然已招致,则以为太中大夫,舍鲁邸,议明堂事。太皇窦太后好老子言,不说儒术,得赵绾、王臧之过以让上,上因废明堂事,尽下赵绾、王臧吏,后皆自杀。申公亦疾免以归,数年卒。

弟子为博士者十余人:孔安国至临淮太守,集解:徐广曰,孔鲋之弟子襄为惠帝博士，迁为长沙大傅，生忠，忠生武及安国。安国为博士，临淮太守。周霸至胶西内史，夏宽至城阳内史，砀鲁赐至东海太守，兰陵缪生至长沙内史，索隐：缪，音亡救反。缪氏出兰陵。一音穆。所谓穆生，为楚元王所礼也。徐偃为胶西中尉，邹人阙门庆忌集解：骃案《汉书音义》曰，姓阙门，名庆忌。为胶东内史。其治官民皆有廉节，称其好学。学官弟子行虽不备，而至于大夫、郎中、掌故以百数。言《诗》虽殊，多本于申公。

清河王太傅辕固生者，齐人也。以治《诗》，孝景时为博士。与黄生争论景帝前。黄生曰："汤武非受命，乃弑也。"辕固生曰："不然。夫桀纣虐乱，天下之心皆归汤武，汤武与天下之心而诛桀纣，桀纣之民不为之使而归汤武，汤武不得已而立，非受命为何？"黄生曰："冠虽敝，必加于首。履虽新，必关于足。何者？上下之分也。今桀纣虽失道，然君上也。汤武虽圣，臣下也。夫主有失行，臣下不能正言匡过以尊天子，反因过而诛之，代立践南面，非弑而何也？"辕固生曰："必若所云，是高帝代秦即天子之位，非邪？"于是景帝曰："食肉不食马肝，正义：《论衡》云，气热而毒盛，故食马肝杀人。又盛夏马行多渴死，杀气为毒也。不为不知味。言学者无言汤武受命，不为愚。"遂罢。是后学者莫敢明受命放杀者。

窦太后好老子书，召辕固生问老子书。固曰："此是家人言耳。"索隐：服虔云，如家人言也。案《老子·道德篇》，虽微妙难通然近而观之，理国理身而已，故言此家人之言也。太后怒曰："安得司空城旦书乎？"集解：徐广曰，司空，主刑徒之官也。骃案《汉书音义》曰，道家以儒法为急，比之于律令。乃使固入圈刺豕。景帝知太后怒而固直言无罪，乃假固利兵，下圈刺豕，正中其心，一刺，豕应手而倒。太后默然，无以复罪，罢之。居顷之，景帝以固为廉直，拜为清河王太傅。集解：徐广曰，哀王乘也。久之，病免。

今上初即位，复以贤良征固。诸谀儒多疾毁固，曰固老，罢归之。时固已九十余矣。固之征也，薛人公孙弘亦征，侧目而视固。固曰："公孙子，务正学以言，无曲学以阿世。"自是之后，齐言《诗》皆本辕固生也。诸齐人以《诗》显贵，皆固之弟子也。集解：徐广曰，薛县在菑川。

韩生者，集解：骃案《汉书》曰，名婴。燕人也。孝文帝时为博士，景帝时为常山王太傅。集解：徐广曰，宪王舜也。韩生推《诗》之意而为《内外传》数万言，其语颇与齐鲁间殊，然其归一也。淮南贲生受之。索隐：贲，音肥。自是之后，而燕赵间言《诗》者由韩生。韩生孙商为今上博士。

伏生者，集解：张晏曰，伏生名胜，伏氏碑云。济南人也，故为秦博士。孝文帝时，欲求能治《尚书》者，天下无有，乃闻伏生能治，欲召之。是时伏生年九十余，老，不能行，于是乃诏太常使掌故朝错往受之。秦时焚书，伏生壁藏之。其后兵大起，流亡。汉定，伏生求其书，亡数十篇，独得二十九篇，即以教于齐鲁之间。学者由是颇能言《尚书》，诸山东大师无不涉《尚书》以教矣。

伏生教济南张生及欧阳生，集解：骃案《汉书》曰，字和伯，千乘人。欧阳生教千乘儿宽。儿宽既通《尚书》，以文学应郡举，诣博士受业，受业孔安国。儿宽贫无资用，常为弟子都养，索隐：谓儿宽家贫，为弟子造食也。何休注《公羊》，炊烹为养。案：有厮养卒，厮掌马，养造食也。及时时间行佣赁，以给衣食。行常带经，止息则诵习之。以试第次，补廷尉史。是时张汤方乡学，以为奏谳掾，以古法议决疑大狱，而爱幸宽。宽为人温良，有廉智，自持，而善著书，书奏，敏于文，口不能发明也。汤以为长者，数称誉之。及汤为御史大夫，以儿宽为掾，荐之天子。天子见问，说之。张汤死后六年，儿宽位至御史大夫。集解：徐广曰，元狩元年。九年而以官卒。宽在三公位，以和良承意从容得久，然无有所匡谏，于官，官属易之，不为尽力。张生亦为博士。而伏生孙以治《尚书》征，不能明也。

自此之后，鲁周霸、孔安国、洛阳贾嘉，颇能言《尚书》事。孔氏有《古文尚书》，而安国以今文读之，因以起其家。逸书得十余篇，盖《尚书》滋多于是矣。索隐：案孔臧与安国书云，旧书潜于壁室，欻尔复出，古训复申。臧惟闻《尚书》二十八篇取象二十八宿，何图乃有百篇耶。知以今文雠古，篆隶推科斗，以定五十余篇，并为之传也。《艺文志》曰，安国悉得其书以考二十九篇，得多十六篇。起者，谓起发以出也。

诸学者多言礼，而鲁高堂生最本。礼固自孔子时而其经不具，及至秦焚书，书散亡益多，于今独有士礼，高堂生能言之。而鲁徐生善为容。索隐：《汉书》作颂，亦音容。孝文帝时，徐生以容为礼官大夫，传子至孙徐延、徐襄。襄，其天姿善为容，不能通礼经。延颇能，未善也。襄以容为汉礼官大夫，至广陵内史。延及徐氏弟子公户满意、索隐：公户，姓。满意，名也。案：邓展云，二人姓氏，非也。桓生、单次，索隐：单，音善。单，姓，次名。皆常为汉礼官大夫。而瑕丘萧奋集解：徐广曰，属山阳。以礼为淮阳太守。是后能言礼为容者，由徐氏焉。

自鲁商瞿受《易》孔子，索隐：案，商，姓。瞿，名。字子木。瞿，音劬。孔子卒，商瞿传《易》，六世至齐人田何，字子庄。索隐：案《汉书》云，商瞿授鲁桥庇子庸，子庸授江东馯臂子弓，子弓授燕周丑子家，子家授东武孙虞子乘，子乘授何六传也。仲尼弟子传作，瞿传馯臂子弘，弘传江东人矫子庸疵，疵传燕人周子家坚，坚传淳于人光子乘羽，羽传齐人田子庄何与。《汉书》不同。馯，音寒。庇，音必利反。疵，音自移反。而汉兴，田何传东武人王同子仲，子仲传菑川人杨何。索隐：案，田何传东武王，同传菑川杨何。何以《易》元光元年征，官至中大夫。齐人即墨成以《易》至城阳相。广川人孟但以《易》为太子门大夫。鲁人周霸，莒人衡胡，集解：徐广曰，莒一作吕。临菑人主父偃，皆以《易》至二千石。然要言《易》者本于杨何之家。

索隐：迷赞曰，孔氏之衰，经书绪乱。言诸六学，始自炎汉。著令立官，四方扼腕。曲台坏壁，书礼之冠。传《易》言《诗》，云蒸雾散。兴化致理，鸿猷克赞。

汉·班固《汉书·楚元王传》

楚元王交，字游，高祖同父少弟也。师古曰，言同父，知其异母。宋祁曰，母字下有也字。好书，多材艺。少时尝与鲁穆生、白生、申公俱受《诗》于浮丘伯。服虔曰，白生，鲁国奄里人。浮丘伯，秦时儒生。伯者，孙卿门人也。师古曰，孙卿，姓荀，名况，为楚兰陵令，汉以避宣帝讳改之曰孙。及秦焚书，各别去。

高祖兄弟四人，长兄伯，次仲，伯蚤卒。师古曰，蚤，古早字也。宋祁曰，也字当删。高祖既为沛公，景驹自立为楚王。高祖使仲与审食其留侍太上皇，师古曰，食音异，其音基。交与萧、曹等俱从高祖见景驹，遇项梁，共立楚怀王。因西攻南阳，入武关，与秦战于蓝田。至霸上，封交为文信君，从入蜀汉，还定三秦，诛项籍。即帝位，交与卢绾常侍上，出入卧内，传言语诸内事隐谋。而上从父兄刘贾数别将。

汉六年，既废楚王信，分其地为二国，立贾为荆王，交为楚王，王薛郡、东海、彭城三十六县，先有功也。后封次兄仲为代王，长子肥为齐王。

初，高祖微时，常避事，时时与宾客过其丘嫂食。应劭曰，丘，姓也。孟康曰，西方谓亡女婿为丘婿。丘，空也。兄亡，空有嫂也。张晏曰，丘，大也，长嫂称也。晋灼曰，礼谓大妇为冢妇。师古曰，《史记》丘字作巨。丘、巨，皆大也。张晋二说，其义得之。嫂厌叔与客来，阳为羹尽，轑釜，服虔曰，音劳。轑，轹也。师古曰，以勺轹釜，令为声也。轹，音洛，又音历。客以故去。已而视釜中有羹，由是怨嫂。师古曰，由与由同。及立齐、代王，而伯子独不得侯。太上皇以为言，高祖曰，某非敢忘封之也，为其母不长者。七年十月，封其子信为羹颉侯。师古曰，颉，音戛，言其母戛。羹，釜也。宋祁曰，当作颉羹。

元王既至楚，以穆生、白生、申公为中大夫。高后时，浮丘伯在长安，元王遣子郢客与申公俱卒业。师古曰，卒，终也。文帝时，闻申公为《诗》最精，以为博士。元王好《诗》，诸子皆读《诗》，申公始为《诗》传，号《鲁诗》师古曰，凡言传者，谓为之解说。若今《诗毛氏传》也。元王亦次之《诗》传，号曰《元王诗》，师古曰，次谓缀集之。

刘攽曰,次之,之字衍。世或有之。

高后时,以元王子郢客为宗正,封上邳侯。宋祁曰,当作下邳。元王立二十三年薨,太子辟非先卒,师古曰,辟非者犹辟邪辟兵之类也。先卒者元王未薨之时已卒也。辟,音壁。文帝乃以宗正上邳侯郢客嗣,是为夷王。申公为博士,失官,随郢客归,复以为中大夫。立四年薨,子戊嗣。文帝尊宠元王,子生,爵比皇子。师古曰,元王生子,封爵皆与皇子同,所以尊宠元王也。刘奉世曰,文帝时,元王子未尝封爵。至景帝,乃侯尔。本传下文云,景帝即位,以亲亲封元王宠子五人为侯。疑,爵字衍。云,生比皇子者,凡禄赐礼秩皆与皇子同也。景帝即位,以亲亲封元王宠子五人:子礼为平陆侯,富为休侯,岁为沈犹侯,晋灼曰,沈音审。王子侯表属千乘高宛。埶为宛朐侯,师古曰,埶,古艺字。调为棘乐侯。

初,元王敬礼申公等,穆生不耆酒,师古曰,耆读曰嗜。元王每置酒,常为穆生设醴。师古曰,醴,甘酒也。少曲多米,一宿而孰,不齐之。及王戊即位,常设,后忘设焉。穆生退曰:"可以逝矣。醴酒不设,王之意怠,不去,楚人将钳我于市。"师古曰,钳,以铁束颈也,音其炎反。称疾卧。申公、白生强起之曰:"独不念先王之德与。师古曰,与读曰欤。今王一旦失小礼,何足至此!"穆生曰:"《易》称知几其神乎?师古曰,下系之辞也。宋祁云,浙本几,作机。几者动之微,吉凶之先见者也。君子见几而作,不俟终日。先王之所以礼吾三人者,为道之存故也。今而忽之,是忘道也。师古曰,忽,怠也。忘道之人,胡可与久处。岂为区区之礼哉?"师古曰,区区,谓小也。遂谢病去。申公、白生独留。

南北朝·范晔《后汉书·申屠蟠传》

申屠蟠,字子龙,陈留外黄人也。九岁丧父,哀毁过礼。服除,不进酒肉十余年。每忌日,辄三日不食。《海内先贤传》曰,蟠在冢侧致甘露、白雉,以孝称。

同郡缑氏女玉为父报仇,缑,姓也。杀夫氏之党,吏执玉以告外黄令梁配,《续汉书》曰,同县大女缑玉为从父报仇,杀夫之从母兄李士,姑执玉以告吏也。配欲论杀玉。蟠时年十五,为诸生,进谏曰:"玉之节义,足以感无耻之孙,激忍辱之子。不遭明时,尚当表旌庐墓,况在清听,而不加哀矜。"配善其言,乃为谳得减死论。谳,请也。乡人称美之。

家贫,佣为漆工。郭林宗见而奇之。同郡蔡邕深重蟠,及被州辟,乃辞让之曰:“申屠蟠禀气玄妙,性敏心通,丧亲尽礼,几于毁灭。至行美义,人所鲜能。安贫乐潜,味道守真,不为燥湿轻重,《律历志》曰,铜为物至精,不为燥湿寒暑变其节,不为风雨暴露改其形,介然有常,似于士君子之行。不为穷达易节。《易》曰,穷则独善其身,达则兼善天下。方之于邕,以齿则长,以德则贤。”

后郡召为主簿,不行。谢承书曰,蟠前后征辟,文书悉挂于树初不顾眄也。遂隐居精学,博贯五经,兼明图纬。始与济阴王子居同在太学,子居临殁,以身托蟠,蟠乃躬推辇车,送丧归乡里。遇司隶从事于河、巩之间,《百官志》曰,司隶从事史十二人,秩百石也。从事义之,为封传护送,传谓符牒。使人监送之。蟠不肯受,投传于地而去。事毕还学。

太尉黄琼辟,不就。及琼卒,归葬江夏,四方名豪会帐下者六七千人,帐下,葬处。互相谈论,莫有及蟠者。唯南郡一生与相酬对,既别,执蟠手曰:“君非聘则征,如是相见于上京矣?”蟠勃然作色曰:“始吾以子为可与言也,何意乃相拘教乐贵之徒邪?”乐,音五孝反。因振手而去,不复与言。再举有道,不就。谢承书曰,诏书令郡以礼发遣蟠到河南万岁亭,折辕而旋也。

先是京师游士汝南范滂等非讦朝政,自公卿以下皆折节下之。讦,谓横议是非也。讦,或作评也。太学生争慕其风,以为文学将兴,处士复用。蟠独叹曰:“昔战国之世,处士横议,孟子曰,圣王不作,诸侯恣行,处士横议。《前书》曰,秦既称帝,患周之败,以为起于处士横议,诸侯力争。《音义》曰,言由横议而败之。列国之王,至为拥彗先驱,史记邹衍如燕,昭王拥彗先驱,请列弟子之坐而受业。筑碣石宫,身亲往师之。卒有坑儒烧书之祸。今之谓矣。”乃绝迹于梁砀之间,梁国有砀县。因树为屋,自同佣人。谢承书曰,居蓬莱之室,依桑树以为栋也。居二年,滂等果罹党锢,或死或刑者数百人,蟠確然免于疑论。后蟠友人陈郡冯雍坐事系狱,豫州牧黄琬欲杀之。或劝蟠救雍,蟠不肯行,曰:“黄子琰为吾故邪,未必合罪。如不用吾言,虽往何益。”琬闻之,遂免雍罪。

大将军何进连征不诣,进必欲致之,使蟠同郡黄忠书劝曰:“前莫府初开,至如先生,特加殊礼,优而不名,申以手笔,设几杖之坐。经过二载,而先生抗志弥高,所尚益固。窃论先生高节有余,于时则未也。今颍川荀爽载病在道,北海郑玄北面受署。彼岂乐羁牵哉,知时不可逸豫也。昔人之隐,遭时则放声灭迹,巢栖茹薇。放,弃也,谓弃声名也。巢栖,谓巢父也。《说文》,薇似藿也。其不遇也,则裸身大笑,被发狂歌。《楚词》曰,桑扈裸行。《史记》曰,箕子被发佯狂歌。谓楚狂接舆歌而过孔子也。今先生处平壤,壤,地也。游人间,吟典籍,袭衣裳,事异昔人,而欲远蹈其迹,不亦难乎?孔氏可师,何必首阳?"孔子使子路语隐者云,不仕无义。长幼之节不可废也,君臣之义如之何其可废也。欲洁其身而乱大伦。首阳,夷、齐所隐山也。蟠不答。

中平五年,复与爽、玄及颍川韩融、融,字元长,韶之子也。见《韶传》。陈纪等十四人并博士征,不至。明年,董卓废立,蟠及爽、融、纪等复俱公车征,《读汉志》曰,征爽为司空,融为尚书,纪为侍中。唯蟠不到。众人咸劝之,蟠笑而不应。居无几,爽等为卓所胁迫,西都长安,京师扰乱。及大驾西迁,公卿多遇兵饥,室家流散,融等仅以身脱。唯蟠处乱末,终全高志。年七十四,终于家。

赞曰:"琛宝可怀,贞期难对。琛宝,喻道德也。贞期谓明时也。对,偶也。道苟违运,理用同废。与其遐栖,岂若蒙秽。蒙秽,谓仕乱朝。凄凄硕人,陵阿穷退。硕人,谓贤者。凄凄,饥病貌也。言贤者退而穷处。《诗·国风》曰,考槃在阿,硕人之薖。曲陵曰阿。陵,升也。薖,饥也。薖,音苦戈反。韬伏明姿,甘是堙暖。"堙,沉也。暖犹医也。

附一:宋·司马光《资治通鉴》卷五六

初,范滂等非讦朝政,贤曰,讦,谓横议是非也。讦,居谒翻。朝,直遥翻。自公卿以下皆折节下之。折,而设翻。下,遐稼翻。太学生争慕其风,以为文学将兴,处士复用。申屠蟠独叹曰:"昔战国之世,处士横议,列国之王至为拥彗先驱,史记邹衍如燕,昭王拥彗先驱,请列弟子之座而受业。筑碣石宫,身亲往师之。处,昌吕翻。复,扶又翻。横,户孟翻。为,于伪翻。彗,祥岁翻。卒有坑儒烧书之祸。事见七卷秦始皇三十四年、三十五年。卒,子恤翻。今之谓矣。"乃绝迹于梁砀之间,砀,音唐。因树为屋,自同佣人。居二年,滂等果罹党锢之祸,唯蟠超然免于评论。

臣光曰:天下有道,君子扬于王庭,以正小人之罪,而莫敢不服。天下无道,君子囊括不言,以避小人之祸,而犹或不免。党人生昏乱之世,不在其位。四海横流,而欲以口舌救之,臧否人物,激浊扬清,撩虺蛇之头,践虎狼之尾,以至身被淫刑,祸及朋友,士类歼灭,而国随以亡,不亦悲乎!夫唯郭泰既明且哲以保其身,申屠蟠见几而作不俟终日,卓乎其不可及已。

附二：明·王祎《大事记续编》卷一八

范滂等非讦朝政，自公卿以下皆折节下之。太学生争慕其风，以为文学将兴，处士复用。申屠蟠独叹曰："昔战国之世，处士横议，列国之主至为拥彗先驱，卒有坑儒烧书之祸。今之谓矣。"乃绝迹于梁砀之间，因树为屋，自同佣人。居二年，滂等果罹党锢，或死或刑者数百人，蟠确然免于疑论。吕祖谦曰，蟠固知微矣，然亦未尽也。盖君子思不出其位，而务量他人之得失利害，则于己必有不及致察者，心无二用故也。君子思不出其位，非固不敢出位，乃不暇也。蟠虽能终免疑论，然其所以绝迹者，亦由其始不能磨砻圭角，故强制力拘方免于疑耳。若本无迹，何用绝迹山林。若本不高，何用自同佣保。盖蟠始初不知己之所为无非常之事，故见其异而制之也。

汉·荀悦《前汉纪》卷二五

三年春正月，楚王嚣来朝，诏曰："嚣孝弟仁慈，在国二十余年，纤介之过未尝闻。《书》不云乎，用德彰厥善。其封嚣子勋为广戚侯。"二月丙戌，犍为地震，山崩，拥江水逆流。秋八月乙卯晦，日蚀。光禄大夫刘向校中秘书，谒者陈农，使使求遗书于天下，故典籍益博矣。

刘向典校经传，考集异同，云《易》始自鲁商瞿子木，受于孔子，以授鲁桥庇子庸，子庸授江东馯臂子弓，子弓授燕人周丑子家，子家授东武孙虞子乘，子乘授齐国田何子装。及秦焚诗书，以《易》为卜筮之书，独不焚。汉兴，田何以《易》授人，故言《易》者，本之田何焉。淄川杨叔元传其学。武帝时为大中大夫，由是有杨氏学。梁人丁宽受《易》田何，为梁孝王将军距吴楚，著《易说》三万言。宽授槐里田王孙，王孙授沛人施雠、东海孟喜、琅邪梁丘贺。雠为博士，喜为丞相掾，由是有施孟梁丘之学。此三家者，宣帝之时立之。京房受《易》于梁人焦延寿，独得隐士之说，托之孟氏。刘向校《易说》，皆祖之田何。唯京房为异党，不与孟氏同，由是有京氏学，元帝时立之。东莱人费直，治《易》长于筮，无章句，徒以《彖》、《象》、《系辞》十篇文言解说上下经。沛人高相，略与费氏同，专说阴阳灾异。此二家，未立于学官，唯费氏经与鲁古文同。

《尚书》本自济南伏生,为秦博士。及秦焚书,乃壁藏其书。汉兴,伏生求其书,亡数十篇,得二十九篇。文帝欲征伏生,时年九十余,不能行,遣晁错往受之。千乘人欧阳伯和传其学,而济南张生传《尚书》,递传夏侯始昌,始昌传族子胜,胜传从兄子建,建又事欧阳氏,颇与胜异,由是为大小夏侯之学,宣帝时立之。

鲁恭王坏孔子宅,以广其宫,得《古文尚书》,多十六篇及《论语》、《孝经》。武帝时,孔安国家献之,会巫蛊事,未列于学官。《诗》始自鲁申公作《古训》。燕人韩婴,为文帝博士,作《诗外传》。齐人辕固生,为景帝博士,亦作《诗外内传》,由是有鲁韩齐之学。赵人有毛公,为河间献王博士,作《诗传》,自谓得子夏所传,由是为《毛诗》,列于学官。礼始于鲁高堂生,传《士礼》十七篇,多不备。鲁人徐生,善为礼容,文帝时为礼官大夫,宣帝时为少府。后仓最为明礼,而沛人戴圣、戴德传其业,由是有后仓、大小戴之学。其礼古经五十六篇,出于鲁壁中,犹未能备。歆以《周官》经六篇为《周礼》。王莽时歆奏,以为礼经,置博士。乐,自汉兴。制氏以知雅乐声律,世在乐官,但纪铿锵鼓舞而已,不能言其义。河间献王与毛公等共采《周官》与诸子言乐事者,乃为《乐记》。及刘向校秘书,得古《乐记》二十三篇,与献王记不同。《春秋》,鲁人穀梁赤、齐人公羊高,各为《春秋》作传。景帝时,胡母子都与董仲舒治《春秋公羊》,皆为博士。瑕丘人江公治穀梁,与仲舒议《春秋》,不及仲舒。武帝时,遂崇立公羊,而东平嬴公受其业。昭帝时,为谏议大夫,授鲁国眭孟,孟授东海严彭祖及鲁国颜安乐,由是有颜严之学。沛人蔡千秋治穀梁,与公羊家并议帝前。帝善穀梁说,擢千秋为谏议大夫,遂立穀梁。始鲁人左丘明又为《春秋》作传。汉兴,张苍、贾谊皆为左氏训。刘歆尤善左氏。平帝时立《左氏春秋》、《毛诗》、《逸礼》、《古文尚书》,后复皆废。及《论语》有齐鲁之说,又有古文。

凡经皆古文,凡书有六本,谓象形、象事、象意、象声、转注、假借也。有六体,谓古文、奇字、篆书、隶书、缪篆、虫书也。秦时狱官多事省文从易,施之于徒隶,故谓之隶书。

昔周之末,孔子既没,后世诸子各著篇章,欲崇广道艺,成一家之说,旨趣不同,故分为九家,有儒家、道家、阴阳家、法家、名家、墨家、纵横家、杂家、农家。儒家者流,盖出于司徒之官,明教化者也。道家者流,盖出于史官,明成败兴废,然后知秉要持权,故尚无为也。阴阳家者流,盖出于羲和之官,敬顺昊天,以授民时者也。法家者流,盖出于理官也。名家者流,盖出于礼官,名位不同,礼亦异数,故正名也。墨家者流,盖出于清庙之守,茅屋采椽,是以尚俭,宗祀严父,是以右鬼神。养三老五更，是以兼爱，选士大射，是以尚贤，顺四时而行，是以非命，以孝示天下，是以尚同。纵横家者流，盖出于行人之官，遭变用权，受命而不受辞。杂家者流，盖出于议官。农家者流，盖出于农稷之官，各引一端，高尚其事，其言虽殊，譬犹水火，相灭亦相生也，舍所短，取所长，足以通万方之略矣。又有小说家者流，盖出于街谈巷议，所造及赋诵兵书术数方伎，皆典籍苑囿，有关于异同者也。刘向卒，上复使向子歆继卒父业。而歆遂撰群书而奏《七略》，有辑略、有诗赋略、有六艺略、有诸子略、有兵书略、有术数略、有方伎略，凡万三千二百六十九卷。自是以来，稍稍复增集。

(孔安国)《尚书序》

古者伏牺氏之王天下也，始画八卦，造书契，以代结绳之政，由是文籍生焉。伏牺、神农、黄帝之书，谓之三坟，言大道也。少昊、颛顼、高辛、唐、虞之书，谓之五典，言常道也。至于夏、商、周之书，虽设教不伦，雅诰奥义，其归一揆。是故历代宝之，以为大训。八卦之说，谓之八索，求其义也。九州之志，谓之九邱。邱，聚也。言九州所有，土地所生，风气所宜，皆聚此书也。《春秋左氏传》曰"楚左史倚相能读三坟、五典、八索、九邱"，即谓上世帝王遗书也。先君孔子，生于周末，睹史籍之烦文，惧览之者不一，遂乃定礼乐，明旧章，删《诗》为三百篇，约史记而修《春秋》，赞易道以黜八索，述职方以除九邱。讨论坟典，断自唐虞以下，讫于周，芟夷烦乱，翦截浮辞，举其宏纲，撮其机要，足以垂世立教。典谟训诰誓命之文，凡百篇，所以恢宏至道，示人主以轨范也。帝王之制，坦然明白，可举而行，三千之徒并受其义。

及秦始皇灭先代典籍，焚书坑儒，天下学士，逃难解散，我先人用藏其家书于屋壁。汉室龙兴，开设学校，旁求儒雅，以阐大猷。济南伏生，年过九十，失其本经，口以传授，裁二十余篇。以其上古之书，谓之《尚书》。百篇之义，世莫得闻。至鲁共王好治宫室，坏孔子旧宅，以广其居，于壁中得先人所藏古文虞夏商周之书及传《论语》、《孝经》，皆科斗文字。王又升孔子堂，闻金石丝竹之音，乃不坏宅，悉以书还孔氏。科斗书废已久，时人无能知者，以所闻伏生之书考论文义，定其可知者，为隶古定，更以竹简写之，增多伏生二十五篇。伏生又以《舜典》合于《尧典》，《益稷》合于《皋陶谟》，《盘庚》三篇合为一，《康王之诰》合于《顾命》，复出此篇，并序，凡五十九篇，为四十六卷。其余错乱摩灭，弗可复知，悉上送官，藏之书府，以待能者。

承诏为五十九篇作传，于是遂研精覃思，博考经籍，采摭群言，以立训传。约文申义，敷畅厥旨，庶几有补于将来。

书序，序所以为作者之意，昭然意见，宜相附近，故引之各冠其篇首，定五十八篇。既毕，会国有巫蛊事，经籍道息，用不复以闻，传之子孙，以贻后代。若好古博雅君子，与我同志，亦所不隐也。

唐·刘知几《史通》卷一二

尧、舜相承，已见坟、典，周监二代，各有书籍。至孔子讨论其义，删为《尚书》。始自唐尧，下终秦缪，其言百篇，而各为之序。属秦为不道，坑儒禁学。孔子之末孙曰，孔惠壁藏其书。

汉室龙兴，旁求儒雅，闻故秦博士伏胜能传其业，诏太常使掌故晁错受焉。时伏生年且百岁，言不可晓。口授其书，才二十九篇。自是传其学者，有欧阳氏、大小夏侯。宣帝时，复有河内女子，得《泰誓》一篇，献之，与伏生所诵合三十篇，行之于世。其篇所载年月，不与序相符会，又与《左传》、《国语》、《孟子》所引《泰誓》不同，故汉、魏诸儒谓马融、郑玄、王肃也。咸疑其缪。

《古文尚书》者，即孔惠之所藏，科斗之文字也。鲁恭坏孔子旧宅，始得之于壁中。博士孔安国以校伏生所诵，增多二十五篇。更以隶古字写之，编为四十六卷。司马迁采其事，故迁多有古说。安国又受诏为之训传。值武帝末，巫蛊事起，经籍道息，不获奏上，藏诸私家。刘向取校欧阳、大小夏侯三家经文，脱误甚众。至于后汉，孔氏之本遂绝。其有见于经典者，诸儒皆谓之逸书。马融、郑玄、杜预也。王肃亦注《今文尚书》，而大与《古文孔传》相类，或肃私见其本而独秘之乎。

晋元帝时，豫章内史梅赜始以孔传奏上，而缺《舜典》一篇，乃取肃之《尧典》，从慎徽以下，分为《舜典》以续之。自是欧阳、大小夏侯家等学，马融、郑玄、王肃诸注废，而《古文孔传》独行，列于学官，永为世范。

齐建武中，吴兴人姚方兴采马，王之义以造孔传《舜典》，云于大航购得，诣阙以献。举朝集议，咸以为非。梁武帝时，为博士议曰，孔叙称伏生误合五篇，盖文句相连，所以或令《舜典》必有曰若稽古，伏生虽云昏耄，何容。由是遂不见用也。及江陵版荡，其文入北，中原学者，得而异之。隋学士刘炫遂取此一篇，列诸本第。故今人所习《尚书·舜典》，元出于姚氏者焉。

宋·金君卿《金氏文集》卷下

传易之家

鲁商瞿受易于仲尼。仲尼卒，商瞿授楚馯臂子弓，一云子弘子弓授江东桥庇子庸，一云鲁桥庇子庸子庸授燕周竖子家，一云周丑子家子家授淳于光羽子乘，一云东武孙虞子乘。子乘授齐田何子庄。及秦焚书，以《易》为卜筮之书，独得不焚，故传授不绝。

汉兴，田何授东武王同子中读曰仲、洛阳周王孙、丁宽、子襄、齐服光四人焉。皆著《易传》丁宽作《易说》八篇，三万言，训诂、举大义而已。王、周、服皆作《易传》二篇。周王孙授魏蔡公，蔡公《易传》二篇王同授齐即墨成、广川孟但、鲁周霸、莒衡胡、临淄主父偃、菑川杨何叔元，叔元《易传》二篇叔元传燕韩婴、河内司马谈、大中大夫京房非焦延寿弟子京房也。后丁宽复从周王孙受古义，号《周氏传》。然周王孙即宽师田何之学也，宽授同郡田王孙，王孙授沛施雠子卿一云长卿、兰陵孟喜长卿、琅琊①梁丘贺长翁，由是，有施孟、梁丘之学焉施孟、梁丘氏《章句》各二篇。

宋·王观国《学林》卷一

书篇

《扬子法言》曰，昔之说《书》者，序以百，而《酒诰》之篇俄空焉。今亡矣。

观国案，古书百篇，秦焚书，至汉济南伏生口，传裁二十余篇。鲁共王坏孔子宅，于壁中得所藏书，皆科斗古文。至孔安国始以隶古定之，增多伏生二十五篇，

---

① 疑“琊”之讹。

凡五十九篇，盖《酒诰》之篇不在伏生口传之数，而在科斗之文则有之。扬雄见伏生口传之书，而未尝见科斗书，故曰《酒诰》之篇俄空焉。孔安国《尚书序》曰，科斗书废已久，时人无能知者。又曰并传，凡五十九篇，悉上送官藏之书府，则科斗古书当在秘府也。鲁共王者，景帝之子，坏孔子宅，而得科斗书。雄生西汉末，科斗书出已久矣。雄又尝校书天禄阁，而于科斗书初未之见耶。雄号为识奇字。夫识奇字者，必能读古文，苟不识科斗古文，恶在其为识奇字也。春秋庄公八年，《左氏传》引《夏书》，曰皋陶迈种德。成公十六年传引《夏书》曰，怨岂在明不见是图。襄公十四年传引《夏书》曰，遒人以木铎徇于路。又二十一年传引《夏书》曰，念兹在兹，释兹在兹，名言兹在兹，允出兹在兹。又引《书》曰，圣有谟勋，明证定保。又二十六年传引《夏书》曰，与其杀不辜，宁失不经。昭公元年传引《太誓》曰，民之所欲，天必从之。又十七年传引《夏书》曰，辰不集于房，瞽奏鼓，啬夫驰，庶人走。哀公十八年传引《夏书》曰，官占唯能蔽志，昆命于元龟。

以上《左氏传》所引书，杜预解皆曰，逸书也。观国按，杜预所谓逸书者，今《书》皆有之。当是伏生口传之书所无，而在科斗古文则有之。杜预亦未尝见科斗书尔。《礼记·坊记》篇引《君陈》曰，尔有嘉谋嘉猷，入告尔后于内，尔乃顺之于外。曰，此谋，此猷，惟我君之德。郑康成注曰，君陈，盖周公之子，伯禽弟也。名篇在《尚书》，今亡。观国按，今书《君陈》篇不亡，是亦伏生书所无，而科斗书有之。郑康成亦未见科斗书尔。孟子引《书》曰，洚水警予。又引《书》曰，汤一征自葛始。又曰，葛伯仇饷。又引《书》曰，后来其苏。又引《书》曰，后来其无罚。又引《书》曰，丕显哉，文王谟，丕承哉，武王烈。又引《书》曰，天降下民，作之君，作之师。又引《书》曰，祗载见瞽瞍。又引《伊训》曰，天诛造攻自牧宫，朕载自亳。又引《太誓》曰，我武惟扬，侵于之疆。以上孟子所引书，赵岐注皆曰，《尚书》逸篇也。

观国按，孟子所引书，今书皆有之，是亦伏生书所无，而科斗书有之，赵岐亦未见科斗书尔。当西汉时，周之遗风未远，以扬雄之博学名儒，于科斗书，且不能究，况于后世，屡历兵火，识古文者愈少，古文道几熄矣。

［略］

容颂

《史记·儒林传》曰，学者多言礼，而鲁高堂生最本。礼自孔子时其经不具，至秦焚书，于今独有士礼，高堂生能言之。而鲁徐生善为容。孝文时，徐生以容为礼官大夫，传子至孙徐延、徐襄。襄，善为容，不能通经，皆为礼官大夫。及徐氏弟子公户满意、威生、单次、萧奋，皆为礼官。是后能言礼为容者，由徐氏。

《前汉·儒林传》曰，汉兴，鲁高堂生传《士礼》十七篇，而鲁徐生善为颂，以颂为礼官。诸言礼为颂者，由徐氏。苏林注曰，《汉旧仪》有二郎为此颂貌威仪事。有徐氏，后有张氏，不知经，但能盘辟为礼容。天下郡国有容史，皆诣鲁学之。

颜师古注曰，颂读与容同。观国按，字书颂字，亦音容，而颂亦作额，有形容之义。故《诗序》曰，颂者，美盛德之形容。《史记》用容字，《汉书》用颂字，其义一也。《汉书·惠帝纪》曰，有罪当盗械者，皆颂击之。颜师古注曰，颂与容同。又《刑法》曰，当鞠系者，颂系之。颜师古注曰，颂读曰容，宽容之也。又扬雄传《河东赋》曰，丽钩芒与骖蓐收兮，服玄冥及祝融。敦众神使式道兮，奋六经以穗颂。隃于穆之缉熙兮，过清庙之雍雍。赋以融字、颂字、雍字为韵，则读颂为容也。容颂通用，可知矣。所谓《士礼》十七篇者，今《仪礼》是也。《仪礼》所载，皆高下俯仰，疾徐疏数之节。故《汉书·艺文志》曰，礼经三百，威仪三千。颜师古注曰，礼经，《周礼》是也，威仪，《仪礼》是也。仪礼虽载高下、俯仰、疾徐、疏数之节，而其名实皆道德性命之理。及措诸事业，然后见于容貌威仪之际。孔子曰，礼云，礼云，玉帛云乎哉。言以道德性命为本，而容貌威仪乃其末也。汉之学者，乃专以礼容为事，至有不能通经，而唯以容为礼官者，乃祝史之能也，亦何贵于礼官耶。呜呼，礼学之敝，久矣。

宋·王益之《西汉年纪》卷一

高祖

高祖，刘氏讳邦，字季沛，丰邑中阳里人也。亡，避吏，与樊哙俱隐于芒砀山泽间。此语见《哙传》。吕后常知其处，云季所在，上常有赤色云气。占气者曰，东南有天子气。秦始皇乃东游以厌之。《史记》、《汉书》高祖纪、荀纪。《考异》曰，《史记·本纪》载，秦始皇帝尝曰，东南有天子气，于是因东游以厌之。高祖即自疑，亡匿隐于芒砀山泽岩石之间，恐非事实。班氏削去即自疑三字，而荀悦《汉纪》独书曰，高祖亡，避吏于山泽中,盖得之矣。《东游事纪》于其后,亦是。今从之。按:秦二世元年至三年,楚汉起兵始末,原本未载,似属脱漏。

元年冬十月,沛公先诸侯至霸上,使人约降子婴。子婴素车白马,系颈以组,封皇帝玺符节,降轵道旁。诸将或言诛秦王。沛公曰,始怀王遣我,固以能宽容,且人已服降,杀之不祥。乃以属吏。遂西入咸阳。《高纪》先是秦昭王时,荀卿入。秦昭王从之问儒术,荀卿以孔子之语,及诸国事七十二子之言,凡百余篇与之,由是秦悉有焉。始皇之世,李斯焚书,而《孔子家语》与诸子同列,故不见灭。沛公克秦,悉敛得之,皆载于尺二寸简,多有古文字。《家语序》按:高纪沛公入咸阳,萧何尽收秦丞相府图籍、文书,得《孔子家语》。疑因此附入今本,不书萧何事,似属脱落。沛公入秦宫室,意欲留居之。樊哙谏曰,今臣从入秦宫,所观宫室、帷帐、珠玉、重宝、钟鼓之饰奇物,不可胜数,入其后宫,美人妇女以千数,此皆秦所以亡天下也。愿沛公急还霸上,无留宫中。《史记·张良传》徐广注沛公不听。张良曰,愿沛公听哙言。沛公乃封秦重宝财物府库,此语见《纪》还军霸上。《张良世家》项羽将诸侯兵四十余万行,略地西至河南。《史记·月表》阳武陈平往归之。平少时家贫,好读书,治黄帝、老子之术。里中社,平为宰,分肉甚均。里父老曰:"善,陈孺子之为宰。"平曰:"嗟乎,使平得宰天下,亦如是肉矣。"往事魏王咎为太仆,说魏王不听。人或谗之,平亡去,至是归羽。《陈平传》

[略]

六年冬十月,令天下县邑城。《本纪》十二月诏曰,天下既安,豪杰有功者封侯新立,未能尽图其功。身居军九年,或未习法令,或以其故犯法。大者死刑,吾甚怜之。其赦天下,《汉书纪》遂会诸侯于陈。《平世家》,按《史记》,人有告楚王韩信反。上用陈平计,伪游云梦执之,遂会诸侯于陈。还至洛阳,赦信为淮阴侯。此本但纪会陈事,疑有脱漏。淮南王布、梁王越来朝,《布越传考异》曰,是时,诸侯来朝者,止二人,余无所考,岂以其远耶。春正月丙戌,封吕后兄泽为周吕侯,释之建成侯。《史记·功臣表》[略]

将军刘贾数有大功,及择子弟可以为王者,王齐、荆地。丙午,韩王信等奏请,以故东阳郡、鄣郡、吴郡五十三县立,从父兄贾为荆王,《汉纪》都吴。《史记年表》以砀郡、薛郡、郯郡三十六县立,少弟文信君交为楚王,《汉纪》都彭城。《史记年表》交好书,多材艺。少时,尝与鲁穆生、白生、申公俱受诗于浮邱伯。伯者,孙卿门人也。及秦焚书,各别去。交王楚,乃以穆生、白生、申公为中大夫。《元王传》以云中、雁门、代郡五十三县立次兄宜信侯喜为代王,以胶东、胶西、临淄、济北、博阳、城阳郡七十三县立微时外妇子肥为齐王,《汉纪》都临淄。《史记年表》诸民能

齐言者皆与齐。《高纪》

太史公曰，悼惠之王齐，最为大国。以海内初定，子弟少，激秦孤立，亡藩辅，故大封同姓以填天下。时诸侯得自除御史大夫群卿以下，如汉朝，汉独为置丞相。自吴楚诛后，稍夺诸侯权，左官附益之法设。其后诸侯唯得衣食租税，贫者或乘牛车。以曹参为齐相国。参之相齐，齐七十城。天下初定，王富于春秋，参尽召长老诸先生，问所以安集百姓，如齐故俗。诸儒以百数，言人人殊，参未知所定。闻胶西有盖公，善治黄老言，使人厚币请之。既见盖公，盖公为言治道贵清静而民自定，推此类具言之。参于是避正堂，舍盖公焉。其治要用黄老术，故相齐九年，齐国安集，大称贤相。《参世家列传》封张良为留侯，萧何酂侯，郦商曲周侯，周勃绛侯，樊哙舞阳侯，灌婴颍阴侯，周昌汾阴侯，武虎梁邹侯，董渫成侯，孔藂蓼侯，陈贺费侯，陈豨阳夏侯。丁未，封周灶为隆虑侯。戊申，封丁复为阳都侯。《功臣表》壬子，封吕青新阳侯。戊午，封郭蒙为东武侯。《功臣表》时论功行封，群臣争功，岁余不决。

上以萧何功最盛，先封食邑八千户。功臣皆曰："臣等被坚执锐，多者百余战，少者数十合，攻城略地大小各有差。今萧何未有汗马之劳，徒持文墨议论，不战，顾居臣等上，何也?"上曰："诸君知猎乎?"曰："知之。""知猎狗乎?"曰："知之。"上曰："夫猎追杀兽者，狗也。而发纵指示兽处者人也。今诸君徒能走得兽耳，功狗也。至如萧何发纵指示，功人也。且诸君独以身从我，多者两三人。萧何举宗数十人皆随我，功不可忘也。"群臣后皆莫敢言。《何世家》张良亦无战斗功，帝使自择齐三万户。良曰："臣始起下邳，与上会留此。天以臣授陛下，陛下用臣计，幸而时中。臣愿封留足矣，不敢当三万户。"《良世家》上已封大功臣二十余人。《考异》曰，此据《张良传》，而《高纪》作三十余人。按年表，止二十八人，今从《良传》。

又卷七

"且秦以任刀笔之吏，争以亟疾苛察相高，其敝徒文具，无恻隐之实。以故不闻其过，陵迟至于二世，天下土崩。今陛下以啬夫口辩而超迁之，臣恐天下随风靡靡，争为口辩而无其实。且下之化上疾于影响，举措不可不审也。"帝曰："善。"乃止不拜啬夫。上就车，召释之参乘，徐行问释之秦之敝。具以质言。至宫，上拜释之为公车令。《释之传》帝欲求能治《尚书》者，天下无有，闻故秦博士济南伏生张晏曰，伏生名胜。能治，欲召之。时伏生年九十余，老，不能行，于是乃诏太常使掌故颍川晁错音厝往受之。秦时焚书，伏生壁藏之。其后兵大起，流亡，汉定，伏生求其书，亡数十篇，独得二十九篇，即以教于齐鲁之间。学者由是颇能言《尚书》，诸山东大师无不涉《尚书》以教矣。《史记·儒林传》错受《尚书》伏生所，还，因上书称说，诏以为太子舍人，门大夫，迁博士。

错为人陗直刻深，尝学申商刑名于轵张恢先所，与洛阳宋孟及刘带同师。《晁错传考异》曰，史失其年。按《错传》，错受《尚书》伏生所，还，因上便宜事，以书称说，诏以为太子舍人，门大夫，家令。今载于拜家令之前一年。燕人韩婴为博士。《韩婴传》汉兴，诸学者多言礼，而鲁高堂生最本礼。礼固自孔子时而其经不具，及至秦焚书，书散亡益多，于今独有士礼，高堂生能言之。而鲁徐生善为颂。颂读与容同。《旧仪》有二郎为此颂貌威仪事。有徐氏，后有张氏，不知经，但能盘辟为礼容。天下郡国有容史，皆诣鲁学之。帝时，徐生以颂为礼官大夫。是后能言礼为颂者，由徐氏焉。《儒林传》

六国之君，魏文侯最为好古，至是得其乐人窦公献其书，乃《周官·大宗伯》之大司乐章也。《艺文志》时窦公年百八十岁，两目皆瞽，帝奇之。《桓谭新论》帝广游学之路，《论语》、《尔雅》、《孟子》皆置博士。赵岐《孟子序》：后汉翟酺曰，文帝始置一经博士。《考异》曰，韩婴、徐生事见《儒林传》。窦公事见《艺文志》。《论语》、《尔雅》、《孟子》置博士，见赵岐《孟子序》。皆不得年月，今附于晁错受《尚书》之后。

又卷一三

太史公曰，余读功令，至于广厉学官之路，未尝不废书而叹也。曰，嗟乎，夫周室衰而《关雎》作，幽厉微而礼乐坏，诸侯恣行，政由强国。故孔子闵王路废而邪道兴，于是论次诗书，修起礼乐。适齐闻韶，三月不知肉味。自卫反鲁，然后乐正，雅颂各得其所。世以混浊莫能用，是以仲尼干七十余君无所遇，曰："苟有用我者，朞月而已矣。"西狩获麟，曰："吾道穷矣。"故因史记作《春秋》，以当王法，其辞微而指博，后世学者多录焉。

自孔子卒，七十子之徒散游诸侯，大者为师傅卿相，小者友教士大夫，或隐而不见。故子路居卫，子张居陈，澹台子羽居楚，子夏居西河，子贡终于齐。如田子方、段干木、吴起、禽滑厘之属，皆受业于子夏之伦，为王者师。是时独魏文侯好学。后陵迟至于始皇，天下并争于战国，儒术既绌焉，然齐鲁之间，学者独不废也。于威、宣之际，孟子、荀卿之列，咸遵夫子之业而润色之，以学显于当世。

及至秦之季世，焚诗书，坑术士，六艺从此缺焉。陈涉之王也，鲁诸儒持孔氏之礼器往归陈王。于是孔甲为陈涉博士，卒与涉俱死。陈涉起匹夫，驱瓦合适戍，旬月以王楚，不满半岁竟灭亡，其事至微浅，然而搢绅先生之徒负孔子礼器往委质为臣者，何也？以秦焚其业，积怨而发愤于陈王也。

高皇帝诛项籍，举兵围鲁，鲁中诸儒尚讲诵习礼乐，弦歌之声不绝，岂非圣人之遗化，好礼乐之国哉。故孔子在陈，曰："归与归与。吾党之小子狂简，斐然成章，不知所以裁之。"夫齐鲁之间于文学，自古以来，其天性也。故汉兴，然后诸儒始得修其经艺，讲习大射乡饮之礼。叔孙通作汉礼仪，因为太常，诸生弟子共定者，咸为选首，于是喟然叹兴于学。然尚有干戈，平定四海，亦未暇遑庠序之事也。孝惠、吕后时，公卿皆武力有功之臣。孝文时颇登用，然孝文帝本好刑名之言。及至孝景，不任儒者，而窦太后又好黄老之术，故诸博士具官待问，未有进者。

及今上即位，赵绾、王臧之属明儒学，而上亦乡之，于是招方正贤良文学之士。自是之后，言《诗》于鲁则申培扶尤反 公，于齐则辕固生，于燕则韩太傅。言《尚书》自济南伏生。言礼自鲁高堂生。言《易》自菑川田生。言《春秋》于齐鲁自胡毋生，于赵自董仲舒。及窦太后崩，而公孙宏以《春秋》白衣为天子三公，封以平津侯。天下学士靡然乡风。公孙宏为学官，悼道之郁滞，请置弟子员。自此以来，则公卿大夫士吏彬彬多文学之士矣。

宋·郑樵《通志》卷六三

秦人焚书，《孝经》为河间人颜芝所藏。汉初，芝子贞出之，凡十八章，而长孙氏、博士江翁、少府后苍、谏议大夫翼奉、安昌侯张禹，皆名其学。又有《古文孝经》，与《古文尚书》同出，而长孙有《闺门》一章，其余经文，大较相似，篇简缺解，又有衍出三章，并前合为二十二章，孔安国为之传。至刘向典校经籍，以颜本比古文，除其繁惑，以十八章为定。郑众、马融并为之注。又有郑氏注，或云郑玄，非也，其义与郑玄所注余书不同。梁代，安国及郑氏二家，并立国学，而安国之本亡于梁乱。陈及周、齐，惟传郑氏。至隋，秘书监王劭于京师访得《孔传》，送至河间刘炫。炫因序其得丧，述其义疏，讲于人间，渐闻之朝廷。后遂著令，与郑氏并立。儒生喧喧，皆云炫自作之，非孔氏旧本也。

又卷七一

秦不绝儒学论二篇

陆贾，秦之巨儒也；郦食其，秦之儒生也；叔孙通，秦时以文学召待诏博士。数岁，陈胜起，二世召博士、诸儒生三十余而问其故，皆引《春秋》之义以对。是则秦时未尝不用儒生与经学也。况叔孙通降汉时，自有弟子百余人，齐鲁之风亦未尝替。故项羽既亡之后，而鲁为守节礼义之国，则知秦时未尝废儒，而始皇所坑者，盖一时议论不合者耳。

萧何入咸阳，收秦律令图书，则秦亦未尝无书籍也。其所焚者，一时间事耳。后世不明经者皆归之秦火使学者不睹全书，未免乎疑以传疑。然则《易》固为全书矣，何尝见后世有明全《易》之人哉！臣向谓“秦人焚书而书存，诸儒穷经而经绝”，盖为此发也。《诗》有六亡篇，乃六笙诗，本无辞。《书》有逸篇，仲尼之时已无矣。皆不因秦火。自汉已来，书籍至于今日，百不存一二。非秦人亡之也，学者自亡之耳。

又卷七八上

楚元王交字游，高祖同父少弟也。好书，多材艺。少时尝与鲁穆生、白生、申公俱受《诗》于浮邱伯。伯者，孙卿门人也。及秦焚书，各别去。

高祖兄弟四人，长兄伯，次仲，伯蚤卒。高祖既为沛公，景驹自立为楚王。高祖使仲与审食其留侍太上皇，交与萧、曹等俱从高祖见景驹，遇项梁，共立楚怀王。因西攻南阳，入武关，与秦战于蓝田。至霸上，封交为文信君，从入蜀汉，还定三秦，诛项籍。即帝位，交与卢绾常侍上，出入卧内，传言语诸内事隐谋。而上从父兄刘贾数别将。

汉六年，既废楚王信，分其地为二国，立贾为荆王，交为楚王，王薛郡、东海、彭城三十六县，先有功也。后封次兄仲为代王，长子肥为齐王。

初，高祖微时，常避事，时时与宾客过其邱嫂食。嫂厌叔与客来，阳为羹尽，轑釜，客以故去。已而视釜中有羹，由是怨嫂。及立齐、代王，而伯子独不得侯。太上皇以为言，高祖曰："某非敢忘封之也，为其母不长者。"七年十月，封其子信为羹颉音戛侯。

元王既至楚，以穆生、白生、申公为中大夫。高后时，浮邱伯在长安，元王遣子郢客与申公俱卒业。文帝时，闻申公为《诗》最精，以为博士。元王好《诗》，诸子皆读《诗》，申公始为《诗》传，号《鲁诗》，元王亦次之《诗》传，号曰《元王诗》，世或有之。

高后时，以元王子郢客为宗正，封上邳侯。元王立二十三年薨，太子辟非先卒，文帝乃以宗正上邳侯郢客嗣，是为夷王。申公为博士官，随郢客归，复以为中大夫。立四年薨，子戊嗣。文帝尊宠元王，子生，爵比皇子。景帝即位，以亲亲封元王宠子五人；子礼为平陆侯，富为休侯，岁为沈音审犹侯，执为宛朐侯，执，古艺字。调为棘乐侯。

初，元王敬礼申公等，穆生不耆酒，元王每置酒，常为穆生设醴。及王戊即位，常设，后亡设焉。穆生退曰："可以逝矣。醴酒不设，王之意怠，不去，楚人将钳我于市。"称疾卧。申公、白生强起之曰："独不念先王之德与。今王一旦失小礼，何足至此？"穆生曰："《易》称知几其神乎。几者动之微，吉凶之先见也。君子见几而作，不俟终日。先王之所以礼吾三人者，为道之存故也。今而忽之，是忘道也。忘道之人，胡可与久处。岂为区区之礼哉？"遂谢病去。申公、白生独留。

又卷一七二

太史公曰，余读功令，至于广厉学官之路，未尝不废书而叹也。曰，嗟乎，夫周室衰而《关雎》作，幽厉微而礼乐坏，诸侯恣行，政由强国。故孔子闵王路废而邪道兴，于是论次诗书，修起礼乐。适齐闻韶，三月不知肉味。自卫反鲁，然后乐正，雅颂各得其所。世以混浊莫能用，是以仲尼干七十余君无所遇，曰："苟有用我者，期月而已矣。"西狩获麟，曰："吾道穷矣。"故因史记作《春秋》，以当王法，其辞微而指博，后世学者多录焉。

自孔子卒后，七十子之徒散游诸侯，大者为师傅卿相，小者友教士大夫，或隐而不见。故子路居卫，子张居陈，澹台子羽居楚，子夏居西河，子贡终于齐。如田子方、段干木、吴起、禽滑厘之属，皆受业于子夏之伦，为王者师。是时独魏文侯好学。陵迟以至于始皇，天下并争于战国，儒术既绌焉，然齐鲁之间，学者独不废也。至于威、宣之际，孟子、荀卿之列，咸遵夫子之业而润色之，以学显于当世。

及至秦之季世，焚诗书，坑术士，六艺从此缺焉。陈涉之王也，而鲁诸儒持孔氏之礼器往归陈王。于是孔甲为陈涉博士，卒与涉俱死。陈涉起匹夫，驱瓦合适戍，旬月以王楚，不满半岁竟灭亡，其事至微浅，然而缙绅先生之徒负孔子礼器往委质为臣者，何也？以秦焚其业，积怨而发愤于陈王也。

及高皇帝诛项籍，举兵围鲁，鲁中诸儒尚讲诵习礼乐，弦歌之音不绝，岂非圣人之遗化，好礼乐之国哉。故孔子在陈，曰："归与归与。吾党之小子狂简，斐然成章，不知所以裁之。"夫齐鲁之间于文学，自古以来，其天性也。故汉兴，然后诸儒始得修其经艺，讲习大射乡饮之礼。叔孙通作汉礼仪，因为太常，诸生弟子共定者，咸为选首，于是喟然叹兴于学。然尚有干戈，平定四海，亦未暇遑庠序之事也。孝惠、吕后时，公卿皆武力有功之臣。孝文时颇征用，然孝文帝本好刑名之言。及至孝景，不任儒者，而窦太后又好黄老之术，故诸博士具官待问，未有进者。

及武帝即位，赵绾、王臧之属明儒学，而上亦乡之，于是招方正贤良文学之士。自是之后，言《诗》于鲁则申培公，于齐则辕固生，于燕则韩太傅。言《尚书》自济南伏生。言礼自鲁高堂生。言《易》自菑川田生。言《春秋》于齐鲁国胡母生，于赵自董仲舒。及窦太后崩，武安侯田蚡为丞相，绌黄老、刑名、百家之言，延文学儒者数百人，而公孙弘以《春秋》白衣为天子三公，封以平津侯。天下之学士靡然乡风矣。

公孙弘为学官，悼道之郁滞，乃请白丞相御史言，制曰："盖闻导民以礼，风之以乐。婚姻者，居室之大伦也。今礼废乐崩，朕甚愍焉。"故详延天下方正博闻之士，咸登诸朝。其令礼官劝学，讲议洽闻举遗兴礼，以为天下先。太常议，与博士弟子，崇乡里之化，以广贤才焉。谨与太常臧、博士平等议曰："闻三代之道，乡里有教，夏曰校，殷曰序，周曰庠。其劝善也，显之朝廷，其惩恶也，加之刑罚。故教化之行也，建首善自京师始，由内及外。今陛下昭至德，开大明，配天地，本人伦，劝学修礼，崇化厉贤，以风四方，太平之原也。古者政教未洽，不备其礼，请因旧官而兴焉。为博士官置弟子五十人，复其身。太常择民年十八已上，仪状端正者，补博士弟子。郡国县道邑有好文学，敬长上，肃政教，顺乡里，出入不悖所闻者，令相长丞上属所二千石，二千石谨察可者，当与计偕，诣太常,补受业如弟子。一岁皆辄试,能通一艺以上,补文学掌故缺。其高第可以为郎中者,大常籍奏。即有秀才异等,辄以名闻。其不事学若下材及不能通一艺,辄罢之,而请诸不称者罚。臣谨按诏书律令下者,明天人分际,通古今之义,文义尔雅,训辞深厚,恩施甚美。小吏浅闻,不能究宣,无以明布谕下。治礼次治掌故,以文学礼义为官,迁留滞。请选择其秩比二百石以上,及吏百石通一艺以上,补左右内史、大行卒史。比百石以下,补郡太守卒史,皆各二人,边郡一人。先用诵多者,若不足,乃择掌故补中二千石属,文学掌故补郡属,备员。请著功令。佗如律令。"制曰:"可。"自此以来,则公卿大夫士吏斌斌多文学之士矣。

班固曰:"昭帝时举贤良文学,增博士弟子员满百人,宣帝末增倍之。元帝好儒,能通一经者皆复。数年,以用度不足,更为设员千人,郡国置五经百石卒史。成帝末,或言孔子布衣养徒三千人,今天子太学弟子少,于是增弟子员三千人。岁余,复如故。平帝时王莽秉政,增元士之子得受业如弟子,勿以为员,岁课甲科四十人为郎中,乙科二十人为太子舍人,丙科四十人补文学掌故云。"

自鲁商瞿子木受《易》孔子,以授鲁桥庇子庸,子庸授江东馯臂子弓,子弓授燕周丑子家,子家授东武孙虞子乘,子乘授齐田何子装。及秦禁学,《易》为筮卜之书,独不禁,故传受者不绝也。汉兴,田何以齐田徙杜陵,号杜田生,受东武王同子仲、洛阳周王孙、丁宽、齐服生,皆著易传数篇。同授淄川杨何,字叔元,元光中征为太子中大夫。齐即墨成,至城阳相。广川孟但,为太子门大夫。鲁周霸、莒衡胡、临淄主父偃,皆以《易》至大官。要言,《易》者本之田何。

[略]

伏生,济南人也,张晏曰,名胜。伏生,碑云也。故为秦博士。孝文时,求能治《尚书》者,天下亡有,闻伏生治之,欲召。伏生时年九十余,老,不能行,乃诏太常,使掌故晁错往受之。秦时焚书,伏生壁藏之。其后大兵起,流亡。及汉定,伏生求其书,亡数十篇,独得二十九篇,即以教于齐鲁之间。齐学者由此颇能言《尚书》,山东大师亡不涉《尚书》以教。伏生教济南张生及欧阳生。张生为博士。而伏生孙以治《尚书》征,弗能明定。是后,鲁周霸、洛阳贾嘉颇能言《尚书》云。

宋·洪迈《容斋五笔》卷四

汉武帝田蚡公孙弘

尚论古人者，如汉史所书，于武帝则讥其好大喜功，穷奢极侈，置生民于涂炭。于田蚡则诋其负贵骄溢，以肺腑为相，杀窦婴、灌夫。于公孙弘则云，性意忌，外宽内深，饰诈钓名，不为贤大夫所称述。然以予考之，三君臣者，实有大功于名教。自秦始皇焚书坑儒，六学散缺。高帝初兴，未遑庠序之事。孝惠、高后时，公卿皆武力功臣。孝文好刑名，孝景不任儒。至于武帝，田蚡为丞相，黜黄老、刑名、百家之言，延文学儒者以百数。帝详延天下多闻之士，咸登诸朝，令礼官劝学，讲议洽闻，举遗兴礼，以为天下先。而公孙弘以治《春秋》为丞相，天下学士靡然乡风。弘为学官，悼道之郁滞，始请为博士官置弟子，郡国有秀才异等，辄以名闻。请著为令。而诗书易礼之学，彬彬并兴，使唐虞三代以来稽古礼文之士，得以不废。今之所以识圣人至道之要者，实本于此。史称其罢黜百家，表章六经，号令文章，焕焉可述。盖已不能尽其美。然则武帝奢暴，固贻患于一时。蚡、弘之为人，得罪于公论，而所以扶持圣教者，乃万世之功也。平帝元始诏书，尚能称弘之率下笃俗，但不及此云。

宋·黎靖德《朱子语类》卷一三七《战国汉唐诸子》

问荀、扬、王、韩四子。曰，凡人著书，须自有箇规模，自有箇作用处。或流于申韩，或归于黄老，或有体而无用，或有用而无体，不可一律观。且如王通这人，于世务变故、人情物态，施为作用处，极见得分晓，只是于这作用晓得处却有病。韩退之则于大体处见得，而于作用施为处却不晓。如《原道》一篇，自孟子后无人似它见得。郊焉而天神格，庙焉而人鬼享。以之为人，则爱而公，以之为心，则和而平，以之为天下国家，无所处而不当，说得极无疵。只是空见得箇本原如此，下面工夫都空疏，更无物事撑住衬簟，所以于用处不甚可人意。缘它费工夫去作文，所以读书者，只为作文用。自朝至暮，自少至老，只是火急去弄文章，而于经纶实务不曾究心，所以作用不得。每日只是招引得几箇诗酒秀才和尚度日。有些工夫，只了得去磨炼文章，所以无工夫来做这边事业。他说："我这箇便是圣贤事业了"，自不知其非。如论文章云，自屈原、荀卿、孟轲、司马迁、相如、扬雄之徒，却把孟轲与数子同论，可见无见识，都不成议论。荀卿则全是申韩，观《成相》一篇可见。他见当时庸君暗主战斗不息，愤闷恻怛，深欲提耳而诲之，故作此篇。然其要，卒归于明法制，执赏罚而已。他那做处麄，如何望得王通。扬雄则全是黄老。某尝说，扬雄最无用，真是一腐儒。他到急处，只是投黄老。如《反离骚》并老子《道德》之言，可见这人更无足说，自身命也奈何不下，如何理会得别事。如《法言》一卷，议论不明快，不了决，如其为人。他见识全低，语言极呆，甚好笑。荀、扬二人，自不可与王、韩二人同日语。

问："王通病处如何？"曰："这人于作用处晓得，急欲见之于用，故便要做周公底事业，便去上书要兴太平。及知时势之不可为，做周公事业不得，则急退而续诗书，续《元经》，又要做孔子底事业。殊不知孔子之时接乎三代，有许多典谟训诰之文，有许多礼乐法度，名物度数，数圣人之典章皆在于是，取而缵述，方做得这箇家具成。王通之时，有甚么典谟训诰，有甚么礼乐法度，乃欲取汉魏以下者为之书，则欲以七制命议之属为续书，七制之说亦起于通。有高文武宣光武明章制，盖以比二典也。诗则欲取曹、刘、沈、谢者为续诗。续得这般诗书，发明得箇甚么道理。自汉以来，诏令之稍可观者，不过数箇。如高帝求贤，诏虽好，又自不纯。文帝劝农，武帝荐贤、制策、轮台之悔，只有此数诏略好，此外尽无那一篇比得典谟训诰。便求一篇如《君牙》、《冏命》、《秦誓》也无。曹、刘、沈、谢之诗，又那得一篇如《鹿鸣》、《四牡》、《大明》、《文王》、《关雎》、《鹊巢》。亦有学为四句古诗者，但多称颂之词，言皆过实，不足取信。乐如何有云英咸韶濩武之乐，礼又如何有伯夷周公制作之礼？它只是急要做箇孔子，又无佐证，故装点几箇人来做尧舜汤武，皆经我删述，便显得我是圣人。如《中说》一书，都是要学孔子。《论语》说泰伯三以天下让，它便说陈思王善让。《论语》说殷有三仁，它便说荀氏有二仁。又捉几箇公卿大夫来相答问，便比当时门人弟子。正如梅圣俞说，欧阳永叔它自要做韩退之，却将我来比孟郊。王通便是如此。它自要做孔夫子，便胡乱捉别人来为圣为贤。殊不知秦汉以下君臣人物，斤两已定，你如何能加重？《中说》一书，固是后人假托，非王通自著。然毕竟是王通平生好自夸大，《续诗》、《续书》，纷纷述作，所以起后人假托之过。后世子孙见他学周公、孔子学不成，都冷淡了。故又取一时公卿大夫之显者，缵缉附会以成之。毕竟是王通有这样意思在。虽非它之过,亦它有以启之也。"

如世人说坑焚之祸起于荀卿。荀卿著书立说,何尝教人焚书坑儒。只是观它无所顾藉,敢为异论,则其末流便有坑焚之理。然王通比荀扬又夐别。王通极开爽,说得广阔。缘它于事上讲究得精,故于世变兴亡,人情物态,更革沿袭,施为作用,先后次第,都晓得,识得箇仁义礼乐都有用处。若用于世,必有可观。只可惜不曾向上透一著,于大体处有所欠阙,所以如此。若更晓得高处一著,那里得来。只细看它书,便见他极有好处,非特荀、扬道不到,虽韩退之也道不到。韩退之只晓得箇大纲,下面工夫都空虚,要做更无下手处,其作用处全疏,如何敢望王通。然王通所以如此者,其病亦只在于不曾子细读书。他只见圣人有箇六经,便欲别做一本六经,将圣人腔子填满里面。若是子细读书,知圣人所说义理之无穷,自然无工夫闲做。他死时极后生,只得三十余岁。它却火急要做许多事。或云,若少假之年,必有可观。曰,不然,它气象局促,只如此了。他做许多书时,方只二十余岁。孔子七十岁方系《易》,作《春秋》,而王通未三十皆做了,圣人许多事业气象去不得了,宜其死也。又曰,《中说》一书,如子弟记它言行,也煞有好处。虽云其书是后人假托,不会假得许多,须真有箇人坯模如此,方装点得成。假使悬空白撰得一人如此,则能撰之人亦自大有见识,非凡人矣。

宋·吕祖谦《大事记解题》卷九

楚王遣子郢客入都,受业齐王,遣弟章入宿卫。夏五月丙申,封郢客为上邳侯,章为朱虚侯,以郢客为宗正,又以吕禄女妻章。

解题曰,诸侯子入京师受业,及宿卫,皆三代之制也。《国语》载,宣王欲得国子之能导训诸侯者,贾侍中云,国子,诸侯之嗣子。樊穆仲曰,鲁侯孝。王曰,然则能训治其民矣。乃命鲁孝公于夷宫。自国子而命为诸侯也。时鲁人杀懿公,而立伯御。宣王伐鲁,立孝公。孝公之为公子也,尝入京师为国子,人称其孝,故赐之命,使导训诸侯。以此考之,虽群公子亦多入成均也。《史记·楚世家》载,楚子熊绎与鲁公伯禽周公子、卫康叔子牟、晋侯燮唐叔子、齐太公子吕伋,俱事成王,皆诸侯嗣子,当继世者。即其事也。

按《列传年表》,楚元王交时,尝与鲁穆生、白生、申公俱受《诗》于浮邱伯。伯者,荀卿门人也。及秦焚书,各别去。高后时,浮邱伯在长安,元王遣子郢客与申公俱卒业。高后二年,封上邳侯为宗正,盖以其宗室之贤而用之也。汉制,非刘氏,不为宗正。齐哀王二年,弟章入宿卫于汉,高后封为朱虚侯,妻以吕禄女。章有才武,故厚结之。高后欲王吕氏,故诸刘之望皆见厚。则天欲帝武氏,故诸李之望皆见屠。

又卷一〇

遣太常掌故晁错往济南伏生所受《尚书》。

解题曰,《史记本传》曰,伏生者,张晏曰,伏生名胜,伏氏碑云。济南人也,故为秦博士。孝文帝时,欲求能治《尚书》者,天下无有,乃闻伏生能治,欲召之。是时伏生年九十余,老,不能行,于是乃召太常使掌故晁错往受之。秦时焚书,伏生壁藏之。其后兵大起,流亡。汉定,伏生求其书,亡数十篇,独得二十九篇,即以教于齐鲁之间。学者由是颇能言《尚书》,诸山东太师无不涉《尚书》以教矣。史失其年。按《晁错传》,错受《尚书》伏生所。还,因上便宜事,以《书》称说。诏以为太子舍人门大夫家令。载于拜家令之前年。

又卷一二

夏六月,置博士弟子员。

解题曰,前此博士虽各阙授徒,而无考察试用之法,至是官始为置弟子。阙武帝赞,所谓兴大学也。太史公曰,余读功令,至于广厉学官之路,未尝不废书而叹也。曰,嗟乎,夫周室衰而《关雎》作,幽厉微而礼乐坏,诸侯恣行,政由强国。故孔子闵王路废而邪道兴,于是论次诗书,修起礼乐。适齐闻韶,三月不知肉味。自卫反鲁,然后乐正,雅颂各得其所。世以混浊莫能用,是以仲尼于七十余君无所遇,曰:“苟有用我者,期月而已矣。”西狩获麟,曰:“吾道穷矣。”故因史记作《春秋》,以寓王法,其辞微而指博,后世学者多录焉。

自孔子卒后,七十子之徒散游诸侯,大者为师傅卿相,小者友教士大夫,或隐而不见。故子路居卫,子张居陈,澹台子羽居楚,子夏居西河,子贡终于齐。如田子方、段干木、吴起、禽滑厘之属,皆受业于子夏之伦,为王者师。是时独魏文侯好学。后陵迟以至于始皇，天下并争于战国，儒术既绌焉，然齐鲁之间，学者独不废也。于威、宣之际，孟子、荀卿之列，咸遵夫子之业而润色之，以学显于当世。

及至秦季世，焚诗书，坑儒士，六艺从此缺。陈涉之王也，而鲁诸儒持孔氏之礼器往归陈王。于是孔甲为陈涉博士，卒与涉俱死。陈涉起匹夫，驱瓦合适戍，旬月以王楚，不满半岁竟灭亡，其事至微浅，然而缙绅先生之徒负孔子礼器往委质为臣者，何也？以秦焚其业，积怨而发愤于陈王也。

及高皇帝诛项籍，举兵围鲁，鲁中诸儒尚讲诵习礼乐，弦歌之音不绝，岂非圣人之遗化，好礼乐之国哉。故孔子在陈，曰："归与归与。吾党之小子狂简，斐然成章，不知所以裁之。"夫齐鲁之间于文学，自古以来，其天性也。故汉兴，然后诸儒始得修其经艺，讲习大射乡饮之礼。叔孙通作汉礼仪，因为太常，诸生弟子共定者，咸为选首，于是喟然叹兴于学。然尚有干戈，平定四海，亦未暇遑庠序之事也。孝惠、吕后时，公卿皆武力有功之臣。孝文时颇征用，然孝文帝本好刑名之言。及至孝景，不任儒者，而窦太后又好黄老之术，故诸博士具官待问，未有进者。

及今上即位，公孙弘以《春秋》白衣为天子三公，自孔子后，公孙弘始以儒者得政。弘封以平津侯。天下之学士靡然乡风矣。

公孙弘为学官，悼道之郁滞，乃请曰，丞相御史言："制曰：'盖闻导民以礼，风之以乐。婚姻者，居室之大伦。是时论学者尚知本此。今礼废乐崩，朕甚愍焉。故详延天下方正博闻之士。太常议，与博士弟子，崇乡里之化，以广贤材焉。'谨与太常臧孔臧也、博士平平，博士之长也。博士，太常之属而复著其名者。盖博士议论不系于官长也。等议曰，闻三代之道，乡里有教，夏曰校，殷曰序，周曰庠。其劝善也，显之朝廷，其惩恶也，加之刑罚。故教化行也，建首善自京师始，由内。今陛下开大明，配天地，本人伦，劝学修礼，崇乡里之化，以广贤材开，太平之原也。古者政教未洽，不备其礼，请因旧官而兴焉。旧官谓博士，旧授徒之黉舍也。至是官置弟子员，来者既众，故因旧黉舍而兴修之也。为博士官置弟子五十人，复其身。太常择民年十八已上，仪状端正者，补博士弟子。此太常所补也。诏书既曰崇乡里之化，则太常所补，弟子不过取诸关中而已。郡国县道邑有好文学，敬长上，肃政教，顺乡里，出入不悖所闻者，令相长丞上属所二千石，二千石谨察可者，当与计偕，诣太常，得受业如弟子。此郡国所择也。自好文学已下条目甚详，而太常弟子止取仪状端正者。盖太常天子近臣常以儒生为之任，其选择不必立法也。一岁皆辄试，太常所补，郡国所择，虽有两涂，至于受业一年，而后试则考察无二法也。能通一艺以上，补文学掌故缺。晁错以文学为太常掌故。应劭曰,掌故六百石吏主故事。按:博士秩比六百,不应掌故秩反过之。盖应劭之误也。其高第可以为郎中者,太常籍奏。郎中,宿卫之臣,故其名籍以待上选也。即有秀才异等,辄以名闻。非常选也。其不事学若不材及不能通艺,辄罢之,而请诸不称者罚。诸不称者谓太常之谬,选博士之失教,及郡国之滥以充赋也。臣谨按诏书律令下者,明天人分际,通古今之义,文章尔雅,训辞深厚,恩施甚美。小吏浅闻,不能究宣,无以明布谕下。欲为学者,开入仕之路,故以宣布诏书为名,与三代宾兴之意异矣,此俗儒之所喜而高士之所不屑也。治礼掌故,以文章礼义为官,迁留滞。请选择其秩比二百石以上,及比百石通一艺以上,补左右内史、大行卒史。左内史后为左冯翊,右内史后为京兆尹,右扶风大行后为大鸿胪。比百石以下,补郡太守卒史,皆各二人,边郡一人。先用诵多者,若不足,乃择掌故补中二千石属,掌故尊于文学。掌故即前所谓秩比二百石以上者也。中二千石属即左右内史大行卒史也。大行中二千石左右内史,虽二千石亦通言之也。文学掌故补郡属,文学掌故即博士弟子,通一艺所补也。郡属即郡太守卒史也。备员。既无诵多者,故选掌故彼善于此者,以充数也。请著功令。颜师古曰,新立此条请以著于功令。功令,篇名。若选举令。他如律令。”颜师古曰,此外并如旧律令。制曰,可。自此以来,则公卿大夫士吏斌斌多文学之士矣。公卿多文学之士,而治效反少于前日。此太史公所叹也。

宋·王应麟《汉艺文志考证》卷一

秦燔灭文章

《大事记》:始皇三十四年,焚书。非博士官所职,天下敢有藏诗书百家语者,悉诣守尉杂烧之。东莱吕氏曰,所烧者天下之书。博士官所职,固自若也。萧何独收图籍而遗此,惜哉。韩非《五蠹篇》云,名主之国,无书简之文,以法为教,无先王之语,以吏为事,即李斯之说也。

宋·魏了翁《尚书要义序》

四辩诸儒以文籍不始于伏牺难孔

《尚书纬》及《孝经谶》皆云，三皇无文字。又班固、马融、郑玄、王肃诸儒皆以为文籍初自五帝，亦云三皇未有文字。与此说不同，何也？又苍颉造书出于《世本》，苍颉岂伏牺时乎？且《系辞》云，黄帝、尧、舜为九事之目。末乃云，上古结绳而治，后世圣人易之以书契。是后世圣人即黄帝、尧、舜，何得为伏牺哉。孔何所据而更与《系辞》相反，如此不同者。《艺文志》曰，仲尼没而微言绝，七十子丧而大义乖。况遭秦焚书之后，群言竞出，其纬文鄙近，不出圣人，前贤共疑，有所不取。通人考正，伪起哀、平，则孔君之时，未有此纬，何可引以为难乎？其马、郑诸儒，以据文立说，见后世圣人在九事之科，便谓《书》起五帝，自所见有异，亦不可难孔也。而《系辞》云后世圣人在九事之下者，有以而然。

案彼文先历说伏牺、神农盖取，下乃云，黄帝、尧、舜垂衣裳而天下治，盖取诸乾坤。是黄帝、尧、舜之事也。又舟楫取涣，服牛取随，重门取豫，臼杵取小过，弧矢取睽，此五者时无所系，在黄帝、尧、舜时以否，皆可以通也。至于宫室，葬与书契，皆先言上古、古者，乃言后世圣人易之，则别起事之端，不指黄帝、尧、舜时。以此葬事云古者不云上古，而云易之以棺椁。棺椁自殷汤而然，非是彼时之验，则上古结绳何废伏牺前也。

其苍颉，则说者不同，故《世本》云，苍颉作书。司马迁、班固、韦诞、宋忠、傅玄皆云，苍颉，黄帝之史官也。崔瑗、曹植、蔡邕、索靖皆直云，古之王也。徐整云，在神农、黄帝之间。谯周云，在炎帝之世。卫氏云，当在庖牺、苍帝之世。慎到云，在庖牺之前。张揖云，苍颉为帝王，生于禅通之纪。是说苍颉其年代莫能有定，亦不可以难孔也。

［略］

十四伏生壁传而云口授

案《史记》，秦时焚书，伏生壁藏之。其后兵火起。刘汉定天下，伏生求其书，亡数十篇，独得二十九篇，以教于齐鲁之间。则伏生壁内得二十九篇，而云失其本经，口以传授者，盖伏生初实壁内得之，以教齐鲁，传教既久，诵文则熟。至其末年，因其习诵，或亦目暗，至年九十晁错往受之时，不执经而口授之故也。又言裁二十余篇者，意在伤亡为少之文势。何者，以数法随所近而言之，若欲多之，当云得三十篇，今裁二十余篇，言裁，亦意以为少之辞。又二十九篇自是计卷，若计篇则三十四，去《泰誓》犹有三十一。

宋·夏僎《尚书详解·尚书孔氏序》

及秦始皇灭先代典籍，焚书坑儒，天下学士，逃难解散，我先人用藏其家书于屋壁。

按《秦本纪》，秦王名政，二十六年平定天下，尊为皇帝，不复立谥，以初并天下，故号始皇。始皇欲愚黔首，故灭除先代典籍，焚古书，坑儒士，天下儒者率皆隐身避世，分散于四方，而书无复存者。时孔子七世孙子襄者，知秦法峻酷，又虑其家书不传，乃于壁中藏其家书，故安国谓之先人藏于壁中者，以子襄为己之先祖，故称为先人也。

汉室龙兴，开设学校，旁求儒雅，以阐大猷。济南伏生，年过九十，失其本经，口以传授。裁二十余篇。以其上古之书，谓之《尚书》。百篇之义，世莫得闻。

前既言秦焚书意故，至此又言汉求书之意焉。龙兴者，易乾之九五，以龙飞在天喻圣人居尊位而子兆民。故安国云，汉世龙兴，盖谓汉家继秦而兴也。汉家既继秦而兴，于是惩秦之弊，开设学校，旁求儒雅，以阐明先王之大道猷道也。大道即先王六经是也。盖自焚书之后，学校废之已久；自坑儒之后，儒雅逃散于四方。至汉兴，乃开设学校，而旁求之，谓之旁，则求之非一方也。伏生，名胜，为秦二世博士。《儒林传》云，汉文时，求能治《尚书》者，天下无有，闻伏生治之，欲召。时年已九十余，老，不能行，于是诏太常使掌故臣晁错往受之。得二十九篇，即以教于齐鲁之间。是书经秦火，至汉文帝访伏生，乃始仅得二十九篇也。得二十九篇而谓之二十余篇者，盖伤之为少也。

然《史记》载，秦时焚书，子襄壁藏之。汉定天下，伏生求其书，亡数十篇，独得二十九篇以教齐鲁之间。是伏生于壁内得二十九篇。今安国乃云失其本经，口以传授者，盖伏生初实壁内得之，以教齐鲁，传教既久，诵文则熟。至其末年，晁错往受之时，乃不执经，而口授之也。以书传考之，伏生所得之书，盖《尧典》、《舜典》、《皋陶谟》、《益稷》、《禹贡》、《甘誓》、《汤誓》、《盘庚》三篇，《高宗肜日》、《西伯戡黎》、《微子》、《牧誓》、《洪范》、《金縢》、《大诰》、《康诰》、《酒诰》、《梓材》、《召诰》、《洛诰》、《多士》、《无逸》、《君奭》、《多方》、《立政》、《顾命》、《康王之诰》、《吕刑》、《文侯之命》、《秦誓》、《费誓》，凡二十三篇。除以《尧典》、《舜典》合为一，《皋陶谟》、《益稷》合为一，《盘庚》三篇合为一，《顾命》、《康王之诰》合为一，则伏生之所传凡二十八篇也明矣。

今《史记·儒林传》并云得二十九篇者，果何所见而言耶。按马融云，《泰誓》后得。郑玄《书论》亦云民间得《泰誓》而书。《别录》亦曰，武帝末得《泰誓》于壁内者，献之与博士，使读说之，数月皆起，传以教人。则《泰誓》非伏生所传。而言二十九篇者，以司马迁在武帝世，见《泰誓》出而得行，入于伏生所传内，故为史总之，并云伏生所出，不复曲别分析。云民间所得，其实得时不与伏生所传同故也。但伏生虽无此篇，而《书》传有八百诸侯俱至孟津，白鱼入舟之事，与《泰誓》同。不知伏生先为此语，抑是《泰誓》出后。后人加此语，是未可知也。

彼王充《论衡》及《后汉书》：献帝建安十四年黄门侍郎房宏等云，宣帝太和元年，河内女子有坏老子屋，得古文《泰誓》三篇。《论衡》又云，掘地所得者。但马迁时《泰誓》已得，或者至宣帝时河内女子再得，亦未可知也。《书》之本名惟曰《书》而已，未有尚字。伏生自秦火之后，裁得二十余篇，以其上古之书，谓之《尚书》。彼郑玄依《书纬》，谓《尚书》为孔子所加，故《书赞》曰，孔子尊而命之曰《尚书》，殊不知安国亲见伏生。既言伏生以其上古之书，谓之《尚书》，何云孔子所加。是知《书》是本名，尚是伏生所加。故朱子引《书直》云，《书》曰，若配代而言，则曰《夏书》，无言《尚书》者也。《书》本百篇，遭秦火散失。至伏生口传，仅得二十余篇，余则名存而义已不闻。故曰，百篇之义，世莫得闻，今之书诸序皆附见诸篇之末，则百篇之书名存，而义亡也审矣。

至鲁共王好治宫室，坏孔子旧宅，以广其居，于壁中得先人所藏古文、虞夏商周之书及传、《论语》、《孝经》，皆科斗文字。王又升孔子堂，闻金石丝竹之音，乃不坏宅。

经秦火散失之后，至汉文帝，伏生口传仅得二十余篇。景帝时，鲁共王坏孔子旧宅，得其七世孙子襄所藏屋壁古文书，乃增多伏生二十五篇为五十八篇。故安国作序，既先言伏生口传之事，至此则又言鲁共王坏宅得书之意。共王，景帝之子，名余，封为鲁王，死谥曰恭。安国生武帝时，共王已死，故有谥可书。共王存日居鲁，近孔子宅，好治宫室，故坏孔子宅，以广其所居。所坏壁内得安国先人子襄所藏古文、虞夏商周之书及传、《论语》、《孝经》，皆科斗文字。王虽得书，尤坏不止。又升孔子庙堂，乃闻金钟石磬丝琴竹管之音，以其神异，乃不敢坏宅。上言坏孔子旧宅，此又言不坏宅者，盖前总坏其屋壁得书之后，又闻八音乃止，余者不坏耳。

科斗，虾蟆子也，言字形多头粗尾细状，腹团圆似科斗，故谓之科斗书，其字乃苍颉本体，周犹为之，故屋壁书所以皆科斗文字也。科斗文字，古人所为，今人不用，故谓之古文。安国作序，不言得《古文尚书》，而云得古文虞夏商周之书，盖屋壁所得上直题为虞夏商周之书，本无尚字，故不言《尚书》，而云虞夏商周之书，是安国欲以此知尚字非孔子之旧，乃伏生所增也。及传《论语》、《孝经》，陆德明谓传为《春秋》，又谓《周易》十翼非经，谓之传。惟正义谓安国之意，谓古文书，于书之外又得传，即《论语》、《孝经》是也。《论语》、《孝经》非先王旧典，乃孔子传说，故谓之传。又引汉武帝谓东方朔曰，传言，时然后言，人不厌其言。又汉东平王刘云与其太师策书曰，传曰，陈力就列，不能者止。又成帝赐翟方进策书云，传曰，高而不危，所以长守贵也。是汉世通谓《论语》、《孝经》为传，明矣。

宋・黄震《黄氏日抄》卷三二

九代鲋，字子鱼，该览六艺。秦并天下，召为鲁国文通君，拜少傅。秦焚书，乃归藏书屋壁，自隐嵩山。陈涉起，聘为博士，迁太傅。仕六旬，言不用，退。卒于陈，年五十七。著《孔丛子》。腾，字子襄，长九尺六寸。汉高帝祠孔子，封为奉嗣君，亦尝为惠帝博士，迁长沙太傅，年五十七。树，字子文，鲋幼弟。

元·董鼎《书传辑录纂注》卷首上

及秦始皇火先代典籍，焚书坑儒，天下学士，逃难解散，我先人用藏其家书于屋壁。

秦，国名。始皇，名政，并六国，为天子，自号始皇帝。焚诗书在三十四年，坑儒在三十五年。颜师古曰，《家语》云，孔腾，字子襄，畏秦法峻，急藏《尚书》、《孝经》、《论语》于夫子旧堂壁中。而《汉记·尹敏传》云孔鲋所藏。二说不同，未知孰是。

纂注：

唐孔氏曰，《秦纪》始皇三十四年，因置酒于咸阳宫。丞相李斯奏，请天下敢有藏诗书百家语者，悉诣守尉杂烧之。有敢偶语诗书者，弃市。令下三十日不烧，黥为城旦。制曰，可。三十五年，以方士卢生求仙药不得，以为诽谤。诸生连相告引，四百六十余人坑之咸阳。又卫宏《古文奇字序》云，秦改古文以为篆隶，多诽谤者。秦患天下不从，而召诸生至者皆拜为郎，凡七百人。又密令冬月种瓜骊山硎谷中温处。瓜实，乃使人上书曰"冬瓜有实"，诏天下博士诸生说之，人人各异。则皆使往视之，而为伏机。诸生方相论难，因发机，填以土。《史记·孔子世家》云，孔子生鲤伯鱼，鲤生伋子思，伋生白子上，白生求子家，求生箕子京，箕生穿子高，穿生慎子顺，为魏相，慎生鲋，为陈涉博士，鲋弟腾子襄为惠帝博士，长沙太守腾生中，中生武，武生延陵及安国，安国为武帝博士。临淮太守新安陈氏曰，案：鲋、腾，兄弟尔，藏书必同谋，谓鲋藏可也，谓腾藏亦可也。

汉室龙兴，开设学校，旁求儒雅，以阐大猷。济南伏生，年过九十，失其本经，口以传授。裁二十余篇。以其上古之书，谓之《尚书》。百篇之义，世莫得闻。

《汉艺文志》云，《尚书经》二十九卷注，云伏生所授者。《儒林传》云，伏生，名胜，为秦博士。以秦时禁书，伏生壁藏之。其后大兵起，流亡。汉定，伏生求其书，云数十篇，独得二十九篇，即以教于齐鲁之间。孝文时求能治《尚书》者，天下无有。闻伏生治之，欲召。时伏生年九十余，老，不能行，于是诏太常使掌故晁错往受之。颜师古曰，卫宏定《古文尚书序》云，伏生老，不能正言，言不可晓，使其女传言教错。齐人语多与颍川异，错所不知凡十二三，略以其意属读而已。陆氏曰，二十余篇即马郑所注二十九篇是也。孔颖达曰，《泰誓》本非伏生所传，武帝之世始出而得行，史因以入于伏生所传之内，故云二十九篇也。

今案，此序言伏生失其本经，口以传授。《汉书》乃言初亦壁藏，而后亡数十篇。其说与此序不同，盖传闻异辞尔。至于篇数亦复不同者，伏生本但有《尧典》、《皋陶谟》、《禹贡》、《甘誓》、《汤誓》、《盘庚》、《高宗肜日》、《西伯戡黎》、《微子》、《牧誓》、《洪范》、《金縢》、《大诰》、《康诰》、《酒诰》、《梓材》、《召诰》、《洛诰》、《多方》、《多士》、《立政》、《无逸》、《君奭》、《顾命》、《吕刑》、《文侯之命》、《费誓》、《秦誓》，凡二十八篇，今加《泰誓》一篇，故为二十九篇耳。其《泰誓》真伪之说，详见本篇，此未暇论也。

元·吴澄《书纂言·书今文目录序》

《泰誓》

右书二十八篇。汉伏生所口授者，所谓今文书也。伏生故为秦博士，焚书时，生壁藏之。其后兵起，流亡。汉定，生求其书，亡数十篇，独得二十八篇，以教授于齐鲁之间。孝文时，求能治《尚书》者，天下无有，欲召生。时年九十余矣，不能行，诏太常遣掌故晁错往受之。生老，言不可晓，使其女传言教错。齐人语多与颍川异，错所不知凡十二三，略以其意属读而已。夫此二十八篇，伏生口授，而晁错以意属读者也，其间阙误颠倒固多，然不害其为古书也。汉、魏四百年间，诸儒所治，不过此耳。当时以应二十八宿，盖不知二十八篇之外犹有书也。

至晋梅赜始增多伏生书二十五篇，称为孔子壁中古文，郑冲授之苏愉，愉授梁柳，柳之内兄皇甫谧从柳得之，而柳又以授臧曹，曹授赜。赜遂奏上其书。今考传记所引古书，见于二十五篇之内者，如郑玄、赵岐、韦昭、王肃、杜预，皆指为逸书，则是此二十五篇。汉、魏、晋初诸儒曾未之见也。故今特出伏氏二十八篇如旧，为汉儒所传，确然可信，而晋世晚出之书，则别见于后，以俟后之君子择焉。

元·马端临《文献通考》卷四〇

太史公曰，余读功令名见后，至于广厉学官之路，未尝不废书而叹也。曰，嗟乎，周室衰而《关雎》作《韩诗》说也，幽厉微而礼乐坏，诸侯恣行，政由强国。故孔子悯王路废而邪道兴，于是论次诗书，修起礼乐。世以浑浊莫能用，是以仲尼干七十君无所遇，西狩获麟，曰“吾道穷矣”。故因史记作《春秋》，以当王法，其辞微而指博，后世学者多录焉。

自孔子卒后，七十子之徒散游诸侯，大者为师傅卿相，小者友教士大夫，或隐而不见。故子路居卫，子张居陈，澹台子羽居楚，子夏居西河，子贡终于齐。如田子方、段干木、吴起、禽滑厘之属，皆受业于子夏之伦，为王者师。是时独文侯好学。陵迟以至于始皇，天下并争于战国，儒术既绌焉，然齐鲁之间，学者独不废也。于威、宣之际，孟子、荀卿之列，咸遵夫子之业而润色之，以学显于当世。

及至秦季世，焚诗书，坑儒士，六艺从此缺矣。陈涉起匹夫，不满半岁竟灭亡，其事至微浅，然而搢绅先生之徒负孔子礼器往委质为臣孔甲为涉博士。者，何也？以秦焚其业，积怨而发愤于陈王也。

及高皇帝诛项籍，举兵围鲁，鲁中诸儒尚讲诵习礼乐，弦歌之声不绝，岂非圣人之遗化，好礼乐之国哉？夫齐鲁之间于文学，自古以来，其天性也。故汉兴，然后诸儒始得修其经艺，讲习大射乡饮之礼。叔孙通作汉礼仪，因为太常，诸生弟子共定者，咸为选首，于是喟然叹兴于学。然尚有干戈，平定四海，亦未遑暇庠序之事也。孝惠、吕后时，公卿皆武力有功之臣。孝文时颇征用，然本好刑名之言。及至孝景，不任儒者，而窦太后又好黄老之术，故诸博士具官待问，未有进者。

及今上即位，公孙弘以《春秋》白衣为天子三公，自孔子后，公孙弘始以儒者得政。天下学士靡然向风矣。公孙弘为学官，悼道之郁滞，乃请曰："丞相御史言：制曰'盖闻导民以礼，风之以乐。婚姻者，居室之大伦，是时论学者尚知本如此。今礼废乐崩，朕甚悯焉'。故详延天下方正博闻之士。太常议，与博士弟子，崇乡里之化，以广贤材焉。"

此武帝制也。而其建请之议，条画之目，则公孙丞相实发之。[略]

先公曰，按《汉书》，此条有博士弟子通一艺以上者补文学掌故缺，又有吏百石通一艺以上者补卒史，恐是两样人。温公《通鉴》析为二端，东莱《大事记》殊未明。武帝崇儒兴学只是好名，当时文学布在州郡，极留滞，故弘请选用之为学官，而复补卒史及郡国、备员，意轻可知。

窃详此段，自太常择民年十八以下至请诸不称，是指白身受业而通一艺者。自择其秩比二百石至补郡属备员，是指已仕受业而通一艺者。然白身通艺者可以为郎中，则其官反高，郎中秩比三百石。已仕通艺者只可为左右内史、太守卒史，则其位反卑，佐史秩百石以下。殊不可晓。考订精详者必能知之。

按西汉《公卿百官表》，博士，秦官，掌通古今。秦焚诗书，独存博士官所职者，则犹令其司经籍。然既曰通古今，则上必有所师承，下必有所传授，故其徒实繁。秦虽存其官而甚恶其徒，常设法诛灭之。始皇使御史案问诸生，传相告引，至杀四百六十余人。又令冬种瓜骊山，实生，命博士诸生就视，为伏机，杀七百余人。二世时，又以陈胜起，召博士诸生议，坐以非所宜言者又数十人。然则秦之于博士弟子，非惟不能考察试用之，盖惟恐其不澌尽泯没矣。叔孙通面谀，脱虎口而逃亡，孔甲持礼器发愤而事陈涉，有以也哉。

又卷一七四

《庄子·天下篇》：古之人其备乎！配神明，醇天地，育万物，和天下，泽及百姓，明于本数，系于末度，六通四辟，小大精粗，其运无乎不在。其明而在数度者，旧法世传之史尚多有之。其在于《诗》、《书》、《礼》、《乐》者，邹鲁之士、搢绅先生多能明之。《诗》以道志，《书》以道事，礼以道行，《乐》以道和，《易》以道阴阳，《春秋》以道名分。其数散于天下而设于中国者，百家之学时或称而道之。天下大乱，贤圣不明，道德不一，天下多得一察焉以自好。譬如耳目鼻口，皆有所明，不能相通。犹百家众技也，皆有所长，时有所用。虽然，不该不徧，一曲之士也。判天地之美，析万物之理，察古人之全，寡能备于天地之美，称神明之容。是故内圣外王之道，暗而不明，郁而不发，天下之人各为其所欲焉以自为方。悲夫，百家往而不反，必不合矣。后世之学者，不幸不见天地之纯、古人之大体，道术将为天下裂。

按：庄生之时，六籍未经秦火，其书具在也，而诸子百家，各以其说舛驰而淆乱之，是以有暗而不明，郁而不发之忧。周以荒唐谬悠之言著书，盖亦百家之一也，而此段议论诚醇正，无异圣贤之格言。东坡谓庄子盖助孔子者，于此见之。所谓后之学者，不幸不见天地之纯、古人之大体，道术将为天下裂。似逆知将有坑焚之祸，而深悲之矣。呜呼。

秦始皇三十四年，丞相李斯上书曰："异时诸侯并争，厚招游学。今天下巳[1]定，法令出一，百姓当家则力农工，士则学习法令。今诸生不师今而学古，以非当世，惑乱黔首，相与非法教，人闻令下，则各以其学议之，入则心非，出则巷议，夸主以为名，异趣以为高，率群臣以造谤。如此弗禁，则主势降乎上，党与成乎下。禁之便。臣请史官非秦记者烧之。非博士官所职，天下有藏诗书百家语者，皆诣守尉杂烧之。有敢偶语诗书，弃市。以古非今者族。吏见知而不举，与同罪。令下三十日不烧，黥为城旦。所不去者，医药、卜筮、种树之书。若欲学法令，则以

① 疑"已"之讹。

吏为师。”制曰:“可。”

魏人陈余谓孔鲋曰:“秦将灭先王之籍,而子为书籍之主,其危哉。”子鱼曰:“吾为无用之学,知吾者惟友。秦非吾友,吾何危哉。吾将藏之以待其求,求至,无患矣。”

夹漈郑氏曰,陆贾,秦之巨儒也。郦食其,秦之儒生也。叔孙通,秦时以文学召,待诏博士。数岁,陈胜起,二世召博士、诸儒生三十余人而问其故,皆引《春秋》之义以对。是则秦时未尝不用儒生与经学也。况叔孙通降汉时,自有弟子百余人,齐鲁之风亦未尝替。故项羽既亡之后,而鲁为守节礼义之国。则知秦时未尝废儒,而始皇所坑者,盖一时议论不合者耳。

又曰,萧何入咸阳,收秦律令图书,则秦亦未尝无书籍也。其所焚者,一时间事耳。后世不明经者,皆归之秦火,使学者不睹全书,未免乎疑以传疑。然则《易》固为全书矣,何尝见后世有明《易》之人哉。臣向谓秦人焚书而书存,诸儒穷经而经绝。盖为此发也。《诗》有六亡篇,乃《六笙诗》,本无辞。《书》有逸篇,仲尼之时已无矣。皆不因秦火。自汉以来,书籍至于今日,百不存一二。非秦人亡之也,学者自亡之耳。

按:秦虽出自于西戎,然自非子、秦仲以来,有国于丰岐者数百年。春秋之时,盟会聘享,接于诸侯,《秦誓》纪于《书》,《车邻》、《小戎》之属列于《诗》,其声名文物盖蔼然先王之遗风矣。今下令焚诗书,而曰史官非秦记皆烧之,则《秦誓》、《秦风》亦秦记也,独非诗书乎。李斯者,袭流血刻骨之故智,而佐之以人头畜鸣之伪辩,固世所羞称者。然斯学于荀卿,卿之道,盖祖述六经,宪章仲尼者也,是其初亦自儒者法门中来。

然则始皇既非声教不通之编夷而骤有中华,李斯亦非椎朴少文之俗物而盲处高位,今乃以焚灭经籍、坑戮儒生为经国之远猷者,其说有二:曰愧,曰畏。愧则愧其议已[①]也,畏则畏其害已[②]也。自载籍以来,诗书所称,桀有暴德而天下归殷,纣有暴德而天下归周,幽厉有暴德而周室东迁,寖微寖灭,五霸迭兴,七雄分据。始皇既已习闻其说矣,今虽诿曰,德兼三皇,功过五帝,而其所行,则袭桀、纣、幽、厉之迹耳,夫岂不自知之。而儒者记纂,明以语人曰,如是而兴,如是而亡,不啻烛照数计龟卜而示后来以轨范。盖始皇之所愧而畏者此也。

---

① 疑“己”之讹。
② 疑“己”之讹。

自夫子历聘列国，孟氏以儒术游于诸侯，思济天下之溺而引时君于当道者，至拳拳也。虽不肯枉道以求售，然思济天下之溺，至拳拳也。继而苏、张之徒，专以口舌干时君，虽其所持者诡遇之术，妾妇之道，与孔孟之学如黑白薰莸之相反，然其汲汲皇皇，求以用世之意则类也。而范雎之于魏冉，蔡泽之于范雎，皆逞其辩口，扼其吭而夺之位。于是士生斯时，皆以读书游说为可以得志而取高位。李斯亦以说客进身者也，故韩非入秦，以策干始皇，则忌而诛之。天下岂无尚如非者欲睨其后乎。盖李斯之所愧而畏者此也。诗书百家语之在人间者焚之，其在博士官者存之，盖亦知其本不可废也。罢侯置守者，私其土地于己也。焚书而独存博士官者，又欲私其经术于己也。主相之心，务欲灭经籍以愚天下，峻法律以威天下，而使之莫予毒，以为巩固不拔之计。然陈胜、项梁、项籍、刘季之徒，本非有祖述汤武、弘济苍生之夙志，俱以罹于禁网，遁迹亡命，出万死不顾一生之计，奋梃而起，以成土崩瓦解之势。赵高，熏腐小丑，亦非有文墨词辩，足以倾动上听，徒以少习深文依于忮忍，故陷扶苏、蒙恬，戮诸公子，夷李斯，如出一律。盖犯法而作乱者，陈、吴、刘、项也，倚法而作奸者，赵高也。然则隳秦七庙而具斯五刑者，非诗书也，乃秦之法律也。

秦以儒者为博士，每国家有大事，则下博士议之。然因淳于越进议封建而下焚书之令，因卢生辈窃议时事而下坑儒之令。盖此二事者，皆激于博士之正论。然则其所进用者，必皆得面谀顺指如周青臣、叔孙通辈，然后能持禄苟免耳。稍引古义，持正论，则批逆鳞、触奇祸。是书虽存而实亡，博士官虽设而实废矣。又按《史记》言，始皇闻卢生窃议亡去，大怒，曰："吾前收天下书不中用者尽去之。悉召文学方术士甚众，欲以兴太平，求奇药。今闻韩众去不报，徐市等费以巨万计，终不得药，徒奸利相告日闻。"然则始皇所谓不中用者，所焚之六籍是也。所谓召文学、方术士求奇药者，所存之医药、卜筮等书是也。然六籍虽厄于煨烬，而得之口耳所传，屋壁所藏者，犹足以垂世立教千载如一日也。医药、卜筮、种树之书，当时虽未尝废锢，而并未尝有一卷流传于后世者。以此见圣经贤传，终古不朽，而小道异端，虽存必亡，初不以世主之好恶而为之兴废也。

《西汉书·儒林传序》曰，秦始皇兼天下，燔诗书，杀术士，六学从此阙矣。陈涉之王也，鲁诸儒持孔子礼器往归之。于是孔甲为涉博士，卒与俱死。师古曰，《孔光传》云，鲋为陈涉博士，死陈下。今此云孔甲，将名鲋而字甲也。陈涉起匹夫，驱适戍以立号，师古曰，殴，与驱同。适，读曰谪。不满岁而灭亡，其事至微浅，然而搢绅先生负礼器往委质为臣者，何也？以秦禁其业，积怨而发愤于陈王也。及高皇帝诛项籍，引兵围鲁，鲁中诸儒尚讲诵习礼，弦歌之音不绝，岂非圣人遗化，好学之国哉？于是诸儒始得修其经学，讲习大射、乡饮之礼。叔孙通作汉礼仪，因为奉常诸弟子共定者，咸为选首，然后喟然兴于学。然尚有干戈，平定四海，师古曰，言陈豨、卢绾、韩信、黥布之徒相次反叛征伐也。亦未遑庠序之事也。孝惠、高后时，公卿皆武力功臣。孝文时颇登用，师古曰，言少用文学之士。然孝文本好刑名之言。及至孝景，不任儒，窦太后又好黄老术，故诸博士具官待问，未有进者。师古曰，具官，谓备员而已。汉兴，言《易》自淄川田生。言《书》自济南伏生。言《诗》于鲁则申培公，于齐则辕固生，师古曰，培、固者，其人名。生者，其号也。他皆类此。培，音陪。燕则韩太傅，师古曰，名婴也。言礼则鲁高堂生。言《春秋》于齐则胡母生，于赵则董仲舒。及窦太后崩，武安君田蚡为丞相，黜黄老、刑名、百家之言，延文学儒者以百数，而公孙弘以治《春秋》为丞相，封侯，天下学士靡然乡风矣。

《西汉书·艺文志序》曰，昔仲尼没而微言绝，李奇曰，微不显之言也。师古曰，精微要妙之言耳。七十子丧而大义乖。师古曰，七十子，谓弟子达者七十二人。举其成数，故言七十。故《春秋》分为五，韦昭曰，谓左氏、公羊、谷梁、邹氏、夹氏也。《诗》分为四，韦昭曰，谓毛氏、齐、鲁、韩。《易》有数家之传。战国从衡，真伪分争，从，音子容反。诸子之言，纷然殽乱。至秦患之，乃燔灭文章，以愚黔首。

汉兴，改秦之败，大收篇籍，广开献书之路。迄孝武世，书缺简脱，礼坏乐崩，师古曰，编绝散落，故简脱。脱，音吐活反。圣上喟然而称曰："朕甚闵焉。"于是建藏书之策如淳曰，刘歆《七略》曰，外则有太常太史、博士之藏，内则有延阁、广内、秘室之府。置写书之官，下及诸子传说，皆充秘府。至成帝时，以书颇散亡，使谒者陈农求遗书于天下，诏光禄大夫刘向校经、传、诸子、诗赋，步兵校尉任宏校兵书，太史令尹咸校数术，师古曰，占卜之书。侍医李柱国校方技。师古曰，医药之书也。每一书已，师古曰，已，毕也。向辄条其篇目，撮其指意，录而奏之。师古曰，撮，总取也，音于括反。会向卒，哀帝复使向子侍中奉车都尉歆卒父业。师古曰，卒，终也。歆于是总群书而奏其《七略》，故有《辑略》，师古曰，辑，与集同，谓诸书之总要，有《六艺略》，六艺，六经也。有《诸子略》，有《诗赋略》，有《兵书略》，有《数术略》，有《方技略》。今删其要，以备篇籍。师古曰，删去浮冗，取其指要也。其每所条家及篇数，有与总凡不同者，转写脱误，年代久远，无以详知。

夹漈郑氏曰，班固《艺文志》出于《七略》者也。《七略》虽疎而不滥，若班氏步步趋趋，不离于《七略》，未见其失也。间有《七略》所无，而班氏杂出者，则蹶矣。扬雄所作之书，刘氏盖未收，而班氏始出，若之何以《太玄》、《法言》、《乐箴》,三书合为一,总谓之扬雄所序三十八篇,入于儒家类。按儒者旧有五十二种,固新出一种,则扬雄之三书也。且《太玄》,《易》类也,《法言》、诸子、《乐箴》,杂家也,奈何合而为一家?是知班固胸中元无伦类。

刘歆为侍中,迁光禄大夫,领五经,卒父前业,欲建立《左氏春秋》及《毛诗》、《逸礼》、《古文尚书》,皆列于学官。哀帝令歆与五经博士讲论其义,诸博士或不肯置对。师古云,并不与歆意同,故不肯立其学也。置对,置辞以对也。歆因移书太常博士,责让之曰:

昔唐虞既衰,而三代迭兴,师古曰,迭,互也。音大结反。圣帝明王,累起相袭,其道甚著。周室既微,而礼乐不正,道之难全也如此。是故孔子忧道之不行,历国应聘,自卫反鲁,然后乐正,雅颂乃得其所。修《易》,序《书》,制作《春秋》,以纪帝王之道。及夫子没而微言绝,七十子终而大义乖,重遭战国,弃笾豆之礼,理军旅之陈,孔氏之道抑,而孙、吴之术兴。陵夷至于暴秦,燔经书,杀儒士,设挟书之法,行是古之罪,师古曰,以古事为是者,即罪之。道术由是遂灭。汉兴,去圣帝明王遐远,仲尼之道又绝,法度无所因袭。时独有一叔孙通,略定礼仪,天下唯有《易》卜,未有他书。至孝惠之世,乃除挟书之律,然公卿大臣绛、灌之属,咸介胄武夫,莫以为意。至孝文皇帝,始使掌故晁错从伏生受《尚书》。《尚书》初出于屋壁,朽折散绝,今其书见在,时师传读而已。《诗》始萌芽。天下众书,往往颇出,皆诸子传说,犹广立于学官,为置博士。在汉朝之儒,唯贾生而已。至孝武皇帝,然后邹、鲁、梁、赵颇有《诗》、《礼》、《春秋》先师,师古曰,前学之师也。皆起于建元之间。当此之时,一人不能独尽其经,或为雅,或为颂,相合而成。《泰誓》后得,博士集而读之。故诏书称曰:"礼坏乐崩,书缺简脱,朕甚闵焉。"时汉兴已七八十年,离于全经,固已远矣。师古曰,言废绝已久,不可得其遗也。及鲁恭王坏孔子宅,欲以为宫,而得古文于坏壁之中,《逸礼》有三十九,《书》十六篇。天汉之后,孔安国献之,遭巫蛊仓卒之难,未及施行。及《春秋》左氏丘明所修,皆古文旧书,多者二十余通,藏于秘府,伏而未发。孝成皇帝闵学残文缺,稍离其真,乃陈发秘藏,校理旧文,得此三事,以考学官所传,经或脱简,传或间编,师古曰,脱简,遗失也。间编,谓旧编烂绝,就更次之,前后错乱也。间,音古苋反。传问民间,则有鲁国桓公、赵国贯公、胶东庸生之遗学,与此同抑而未施。此乃有识者之所惜闵,士君子之所嗟痛也。往者缀学之士,不思废绝之阙,苟因陋就寡,分文析字,烦言碎辞,学者罢老且不能究其一艺。师古曰,罢,读曰疲。究,竟也。信口说而背传记,是末师而非往古。至于国家将有大事,若立辟雍、封禅、巡狩之仪,则幽冥而莫知其原。

师古曰，幽冥，犹暗昧也。犹欲保残守缺，挟恐见破之私意，而无从善服义之公心。或怀妒嫉，不考情实，雷同相从，随声是非，抑此三学，以《尚书》为备，苏林曰，备之而已。臣瓒曰，当时学者谓《尚书》唯有二十八篇，不知本有百篇也。师古曰，瓒说是也。谓左氏为不传《春秋》，岂不哀哉！

今圣上德通神明，继统扬业，亦闵文学错乱，学士若兹，虽昭其情，犹依违谦让，师古曰，依违，言不专决也。乐与士君子同之。故下明诏，试左氏可立不，遣近臣奉指衔命，将以辅弱扶微，与二三君子比意同力，冀得废遗。师古曰，比，合也。经艺有废遗者，冀得兴立之也。比，音频寐反。今则不然，深闭固拒而不肯试，猥以不诵绝之，师古曰，猥，苟也。苟不诵习之，而欲绝去此学。欲以杜塞余道，绝灭微学。夫可与乐成，难与虑始，此乃众庶之所为耳，非所望于士君子也。且此数家之事，皆先帝所亲论，今上所考视，其古文旧书，皆有征验，外内相应，岂苟而已哉。夫礼失求之于野，古文不犹愈于野乎。往者博士，《书》有欧阳，《春秋》公羊，《易》则施、孟。然孝宣皇帝犹广立谷梁《春秋》，梁邱《易》，大小夏侯《尚书》，义虽相反，犹并置之。何则。与其过而废之也，宁过而立之。传曰，文、武之道未坠于地，在人。贤者志其大者，不贤者志其小者。今此数家之言，所以兼包大小之义，岂可偏绝哉。若必专己守残，师古曰，专执己所偏见，苟守残缺之文也。党同门，妒道真，师古曰，党同师之学，妒道艺之真也。违明诏，失圣意，以陷于文吏之议，甚为二三君子不取也。

刘歆总群书，著《七略》，大凡三万三千九十卷，王莽之乱，焚烧无遗。

程氏《演繁露》曰，汉世藏书，旧知有禁中、外台之别。今读刘向叙载所定《列子》之书，而知中书之外，又有太常太史，与中秘而三也。向言所校三藏本篇章，大率中书多，外书少，知汉留意中秘，故比他本特备也。史迁细金匮石室以成《史记》，岂尝许其稽阅中秘邪。或太史所藏，于汉家事实则金匮石室以加严邪。然不知正在何地也。

光武中兴，笃好文雅，明章继轨，尤重经术。四方鸿生巨儒，负帙自远至者，不可胜算，石室兰台，弥以充积。又于东观及仁寿阁集新书，校书郎班固、傅毅等典掌焉，并依《七略》而为书部。明帝幸三雍，尊养三老五更。飨射礼毕，帝正坐自讲，诸儒执经问难于前，冠带搢绅之人，圜桥门而观听者，盖亿万计。

建初中，大会诸儒于白虎观，考详同异，连月乃罢。肃宗亲临称制临决，如石渠故事，前书甘露二年，诏诸儒讲五经同异，萧望之等平奏其议，上亲制临决焉。又曰，施雠，甘露中论五经于石渠阁。《三辅故事》曰，石渠阁在未央殿北，藏秘书之所。顾命史臣，著为

《通议》。即《白虎通议》是孝和亦数幸东观，览阅书林。灵帝熹平时，诏诸儒正定五经，刊于石碑，为古文、篆、隶三体书法，以相参检，树之学门，古文，谓孔子壁中书。篆，秦始皇使程邈所作也。隶书，亦程邈所献也。主于徒隶，从简易，谢承书曰，碑立太学门外，瓦屋覆之，四面栏障，开门于南。河南郡设吏卒视之。扬龙骧《洛阳记》载《朱超石与兄书》云，石经文都似碑，高一文许，广四尺，骈罗相接。使天下咸取则焉。初，光武迁还洛阳，其经牒秘书，载之二千余两。自此以后，参陪于前。及董卓移都之际，吏民扰乱，自辟雍、东观、兰台、石室、宣明、鸿都诸藏典策文章，竞共剖散。其缣帛图书，大则连为帷盖，小乃制为縢囊。縢，亦幐也，音徒恒反。《说文》曰，幐，囊也。及王允所收而西者，裁七十余乘，道路艰远，复弃其半矣。后长安之乱，一时焚荡，莫不泯尽焉。

魏氏代汉，采掇遗亡，藏在秘书中外三阁。魏秘书郎郑默，始制《中经》。秘书监荀勖，又因《中经》更著《新簿》，分为四部，总括群书。一曰甲部，纪六艺及小学等书。二曰乙部，有古诸子家、近世子家、兵书、兵家、术数。三曰丙部，有史记、旧事、皇览簿、杂事。四曰丁部，有诗赋、图赞、汲冢书。大凡四部，合二万九千九百四十五卷。但录题及言，盛以缥囊，书用缃素。至于作者之意，无所论辩。晋惠、怀之乱，京华荡覆，石渠阁文籍，靡有孑遗。

东晋之初，渐更鸠聚。著作郎李充以勖旧簿校之，其见存者，但为三千一十四卷。充遂总没众篇之名，但以甲乙为次。自尔因循，无所变革。其后中朝遗书，稍流江左。宋武帝入关，收其图籍，府藏所有，才四千卷，赤轴青纸，文字古拙。

文帝元嘉八年，秘书监谢灵运造《四部目录》，大凡六万四千五百八十二卷。元徽元年，秘书丞王俭又造目录，大凡万五千七百四卷。俭又别撰七志：一曰《经典志》，纪六艺、小学、史记、杂传；二曰《诸子志》，纪今古诸子；三曰《文翰志》，纪诗赋；四曰《军书志》，纪兵书；五曰《阴阳志》，纪阴阳图纬；六曰《术艺志》，纪方技；七曰《图谱志》，纪地域及图书。其道、佛附见，合九条。然亦不述作者之意，但于书名之下，每立一传，而又作九篇条例，编乎首卷之中，文义浅近，未为典则。

齐永明中，秘书丞王亮、监谢朏又造《四部书目》，大凡一万八千一十卷。齐末兵火，延烧秘阁，经籍遗散。

梁初，秘书监任昉躬加部集，又于文德殿内列藏众书，华林园中总集释典，大凡二万三千一百六卷，而释氏不与焉。梁有秘书监任昉、殷钧《四部目录》，又

《文德殿目录》。其术数之书,更为一部,使奉朝请祖暅撰其名,故梁有《五部目录》。普通中,有处士阮孝绪,沉静寡欲,笃好坟史,博采宋、齐已来王公之家凡有书记,参校官簿,更为《七录》: 一曰《经典录》,纪六艺;二曰《记传录》,纪史传;三曰《子兵录》,纪子书、兵书;四曰《文集录》,纪诗赋;五曰《技术录》,纪数术;六曰《佛录》;七曰《道录》。其分部题目,颇有次序,割析辞义,浅薄不经。梁武敦说诗书,下化其上,四境之内,家有文史。

又卷一七七

孔安国《尚书序》曰,先君孔子,讨论坟、典,断自唐虞以下,讫于周,芟夷烦乱,剪截浮辞,举其宏纲,撮其机要,足以垂世立教。典、谟、训、诰、誓、命之文凡百篇,所以恢弘至道,示人主以轨范也。帝王之制,坦然明白,可举而行,三千之徒,并受其义。及秦始皇灭先代典籍,焚书坑儒,天下学士,逃难解散,我先人用藏其家书于屋壁。颜师古曰,《家语》云,孔腾,字襄,畏秦法峻急,藏《尚书》、《孝经》、《论语》于夫子旧堂中。而《汉记·尹敏传》云,孔鲋所藏。二说不同,未知孰是。汉室龙兴,开设学校,旁求儒雅,以阐大猷。济南伏生,年过九十,失其本经,口以传授。裁二十余篇。以其上古之书,谓之《尚书》。百篇之义,世莫得闻。《汉·艺文志》云,《尚书经》二十九卷。注云,伏生所授者。《儒林传》云,伏生名胜,为秦博士,以秦时禁书,伏生壁藏之。其后大兵起,流亡。汉定,伏生求其书,亡数十篇,独得二十九篇,即以教于齐鲁之间。孝文时,求能治《尚书》者,天下无有。闻伏生治之,欲召。时伏生年九十余,老,不能行,于是诏太常使掌故晁错往受之。颜师古曰,卫宏《定古文尚书序》云,伏生老,不能正言。言不可晓,使其女传言教错。齐人语多与颍川异,错所不知凡十二三,略以其意属读而已。陆氏曰,二十余篇即马、郑所注二十九篇是也。

又卷一八四

《孔子家语》十卷

王肃注后序曰,《孔子家语》者,皆当时公卿士大夫及七十二弟子之所咨访交相对问言语也。既而诸弟子各自记其所问焉，与《论语》、《孝经》并。时弟子取其正实而切事者，别出为《论语》，其余则都集录之，名之曰《孔子家语》。凡所论辩，疏判较归，实自夫子本旨也。属文下辞，往往颇有浮说，烦而不要者，亦由七十二子各共叙述，首尾加之润色，其材或有优劣，故使之然也。孔子既没而微言绝，七十二弟子终而大义乖。六国之世，儒道分散，游说之士各以巧意而为枝叶，唯孟轲、荀卿守其所习。当秦昭王时，荀卿入秦，昭王从之问儒术，荀卿以孔子之语及诸国事、七十二弟子之言，凡百余篇与之，由此秦悉有焉。始皇之世，李斯焚书，而《孔子家语》与诸子同列，故不见灭。高祖克秦，悉敛得之，皆载于二尺竹简，多有古文字。及吕氏专汉，取归藏之，其后被诛亡，而《孔子家语》乃散在人间。好事者或各以意增损其言，故使同是一事而辄异辞。孝景皇帝末年，募求天下遗书，于时京师士大夫皆送官，得吕氏之所传《孔子家语》，而与诸国事及七十子辞妄相错杂，不可得知，以付掌书，与《曲礼》众篇乱简合而藏之秘府。元封之时，吾仕京师，窃惧先人之典辞将遂泯，没于是因诸公卿大夫，私以人事募求其副，悉得之，乃以事类相次，撰集为四十四篇。又有曾子《问礼》一篇，自别属《曾子问》，故不复录。其诸弟子书所称引孔子之言者，本不存乎《家语》，亦以其已自有所传也，是以皆不取也，将来君子不可不鉴。

［略］

晁氏曰，岐，字台卿，后汉人。为章指，析为十四篇。其序云，轲，战国时以儒术干诸侯，不用，退与公孙丑、万章之徒难疑答问，著书七篇，三万四千六百八十五字。秦焚书，以其书号诸子，故得不泯绝。又为《外书》四篇，其书不能宏深，似非孟子本真也。

按：韩愈以此书为弟子所会集，与岐之言不同。今考其书，载孟子所见诸侯皆称谥，如齐宣王、梁惠王、梁襄王、滕定公、滕文公、鲁平公是也。夫死然后有谥，轲无恙时所见诸侯，不应皆前死。且惠王元年至平公之卒，凡七十七年，轲始见惠王，目之曰叟，必已老矣。决不见平公之卒也，后人追为之明矣，则岐之言非也。《荀子》载，孟子三见齐王而不言。弟子问之，曰："我先攻其邪心。"《扬子》载，孟子曰："夫有意而不至者有矣，未有无意而至者也。"今书皆无之，则知散轶也多矣。岐谓秦焚书，得不泯绝，亦非也。或曰，岂见于《外书》邪。若尔，则岐又不当谓其不能宏深也。

又卷一八五

《隋经籍志》曰，孔子既叙六经，题目不同，指意差别，恐斯道离散，故作《孝经》以总会之。明其枝流虽分，本萌于孝者也，遭秦焚书，为河间人颜芝所藏。汉初，芝子贞出之，凡十八章，而长孙氏、博士江翁、少府后仓、谏议大夫翼奉、安昌侯张禹，皆名其学。又有《古文孝经》，与《古文尚书》同出，而长孙有《闺门》一章，其余经文，大较相似，篇简阙解，又有衍出三章，并前合为二十二章，孔安国为之传。至刘向典校经籍，以颜本比古文，除其繁惑，以十八章为定。郑众、马融并为之注。又有郑氏注，相传或云郑玄，其立义与玄所注余书不同，故疑之。梁代，安国及郑氏二家，并立国学，安国之本亡于梁乱。陈及周、齐，唯传郑氏。至隋，秘书监王劭于京师访得《孔传》，送至河间刘炫。炫因序其得丧，述其议疏，讲于人间，渐闻朝廷。后遂著令，与郑氏并立。儒者喧喧，皆云炫自作之，非孔旧本，而秘府又先无其书。又云魏氏迁洛，未达华语，孝文帝命侯伏侯可悉陵以夷言译《孝经》之旨，教于国人，谓之《国语孝经》，今取以附此篇之末。

［略］

司马君实《古文孝经》指解一卷

自序，先儒皆以为孔氏避秦禁而藏书，愚窃疑其不然。何则？秦世科斗之书废绝已久，又始皇三十四年始下焚书之令，距汉兴才七年耳，孔氏子孙岂容悉无知者，必待恭王然后乃出？盖始藏之时，去圣未远，其书最真，与夫他国之人，转相传授，历世疏远者，诚不侔矣。且《孝经》与《尚书》俱出壁中，今人皆知《尚书》之真而疑《孝经》之伪，是何异信脍之可啗，而疑炙之不可食也。

元·黄镇成《尚书通考》卷一

伏生《今文尚书》

《史记·儒林传》：孝文帝时，欲求能治《尚书》者，天下无有，乃闻伏生能治，欲召之。是时伏生年九十余，老，不能行。于是乃诏太常使掌故晁错往受之。

秦时焚书，伏生壁藏之。其后兵大起，流亡。汉定，伏生求其书，亡数十篇，独得二十九篇，即以教于齐鲁之间。学者由是能言《尚书》，诸山东大师无不涉《尚书》以教矣。

伏生教济南张生及欧阳生，《汉书》曰，字和伯，千乘人。欧阳教千乘儿宽。儿宽既通《尚书》，以文学应郡举，诣博士受业，受业孔安国。儿宽贫无资用，常为弟子都养，及时时间行佣赁，以给衣食。行常带经，止息则诵习之。以试第次，补廷尉史。是时张汤方乡学，以为奏谳掾，以古法议决疑大狱，而爱幸宽。宽为人温良，有廉智，自持，而善著书，书奏，敏于文，口不能发明也。汤以为长者，数称誉之。及汤为御史大夫，以宽为掾，荐之天子，后位至御史大夫。张生亦为博士。而伏生孙以治《尚书》征，莫能明也。

自此之后，鲁周霸、孔安国、洛阳贾嘉，颇能言《尚书》事。孔氏有《古文尚书》，而安国以今文读之，因以起其家。逸书得十余篇，盖《尚书》滋多于是矣。起，谓起，发以出也。

明·冯琦、冯瑗《经济类编》卷四九

司马迁《儒林传序》

余读功令，至于广厉学官之路，未尝不废书而叹也。曰，嗟乎，夫周室衰而《关雎》作，幽厉微而礼乐坏，诸侯恣行，政由强国。故孔子闵王路废而邪道兴，于是论次诗书，修起礼乐。适齐闻韶，三月不知肉味。自卫返鲁，然后乐正，雅颂各得其所。世以混浊莫能用，是以仲尼干七十余君无所遇，曰："苟有用我者，期月而已矣。"西狩获麟，曰："吾道穷矣。"故因史记作《春秋》，以当王法，其辞微而指博，后世学者多录焉。

自孔子卒后，七十子之徒散游诸侯，大者为师傅卿相，小者友教士大夫，或隐而不见。故子路居卫，子张居陈，澹台子羽居楚，子夏居西河，子贡终于齐。如田子方、段干木、吴起、禽滑厘之属，皆受业于子夏之伦，为王者师。是时独魏文侯好学。后陵迟以至于始皇，天下并争于战国，儒术既绌焉，然齐鲁之门，学者独不废也。于威、宣之际，孟子、荀卿之列，咸遵夫子之业而润色之，以学显于当世。

及至秦之季世，焚诗书，坑术士，六艺从此缺焉。陈涉之王也，而鲁诸儒持孔氏之礼器往归陈王。于是孔甲为陈涉博士,卒与涉俱死。陈涉起匹夫,驱瓦合适戍,旬月以王楚,不满半岁竟灭亡,其事至微浅,然而缙绅先生之徒负孔子礼器往委质为臣者,何也。以秦焚其业,积怨而发愤于陈王也。

及高皇帝诛项籍,举兵围鲁,鲁中诸儒尚讲诵习礼乐,弦歌之音不绝,岂非圣人之遗化,好礼乐之国哉。故孔子在陈,曰:"归与归与。吾党之小子狂简,斐然成章,不知所以裁之。"夫齐鲁之间于文学,自古以来,其天性也。故汉兴,然后诸儒始得修其经艺,讲习大射乡饮之礼。叔孙通作汉礼仪,因为太常,诸生弟子共定者,咸为选首,于是喟然叹兴于学。然尚有干戈,平定四海,亦未暇遑庠序之事也。孝惠、吕后时,公卿皆武力有功之臣。孝文时颇征用,然文帝本好刑名之言。及至孝景,不任儒者,而窦太后又好黄老之术,故诸博士具官待问,未有进者。

及今上即位,赵绾、王臧之属明儒学,而上亦乡之,于是招方正贤良文学之士。自是之后,言《诗》于鲁则申培公,于齐则辕固生,于燕则韩太傅。言《尚书》自济南伏生。言礼自鲁高堂生。言《易》自菑川田生。言《春秋》于齐鲁自胡母生,于赵自董仲舒。及窦太后崩,武安侯田蚡为丞相,绌黄老、刑名、百家之言,延文学儒者数百人,而公孙弘以《春秋》白衣为天子三公,封以平津侯。天下之学士靡然乡风矣。

明·唐顺之编《文编》卷三四

太史公曰,余读功令,至于广厉学官之路,未尝不废书而叹也。曰,嗟乎,夫周室衰而《关雎》作,幽厉微而礼乐坏,诸侯恣行,政由强国。故孔子闵王路废而邪道兴,于是论次诗书,修起礼乐。适齐闻韶,三月不知肉味。自卫返鲁,然后乐正,雅颂各得其所。世以混浊莫能用,是以仲尼干七十余君无所遇,曰:"苟有用我者,期月而已矣。"西狩获麟,曰:"吾道穷矣。"故因史记作《春秋》,以当王法,其辞微而指博,后世学者多录焉。

自孔子卒后,七十子之徒散游诸侯,大者为师傅卿相,小者友教士大夫,或隐而不见。故子路居卫,子张居陈,澹台子羽居楚,子夏居西河,子贡终于齐。如田子方、段干木、吴起、禽滑厘之属,皆受业于子夏之伦,为王者师。是时独魏文侯好学。后陵迟以至于始皇,天下并争于战国,儒术既绌焉,然齐鲁之门,学者独不废也。于威、宣之际，孟子、荀卿之列，咸遵夫子之业而润色之，以学显于当世。

及至秦之季世，焚诗书，坑术士，六艺从此缺焉。陈涉之王也，而鲁诸儒抱孔氏之礼器往归陈王。于是孔甲为陈涉博士，卒与涉俱死。陈涉起匹夫，驱瓦合适戍，旬月以王楚，不满半岁竟灭亡，其事至微浅，然而搢绅先生之徒负孔子礼器往委质为臣者，何也？以秦焚其业，积怨而发愤于陈王也。

及高皇帝诛项籍，举兵围鲁，鲁中诸儒尚讲诵习礼乐，弦歌之音不绝，岂非圣人之遗化，好礼乐之国哉。故孔子在陈，曰："归与归与。吾党小子狂简，斐然成章，不知所以裁之。"夫齐鲁之闲于文学，自古以来，其天性也。故汉兴，然后诸儒始得修其经艺，讲习大射乡饮之礼。叔孙通作汉礼仪，因为太常，诸生弟子共定者，咸为选首，于是喟然叹兴于学。然尚有干戈，平定四海，亦未暇遑庠序之事也。孝惠、吕后时，公卿皆武力有功之臣。孝文时颇征用，然孝文帝本好刑名之言。及至孝景，不任儒者，而窦太后又好黄老之术，故诸博士具官待问，未有进者。

及今上即位，赵绾、王臧之属明儒学，而上亦乡之，于是招方正贤良文学之士。自是之后，言《诗》于鲁则申培公，于齐则辕固生，于燕则韩太傅。言《尚书》自济南伏生。言礼自鲁高堂生。言《易》自菑川田生。言《春秋》于齐鲁自胡母生，于赵自董仲舒。及窦太后崩，武安侯田蚡为丞相，绌黄老、刑名、百家之言，延文学儒者数百人，而公孙弘以《春秋》白衣为天子三公，封以平津侯。天下之学士靡然乡风矣。

公孙弘为学官，悼道之郁滞，乃请曰："丞相御史言：制曰'盖闻导民以礼，风之以乐。婚姻者，居室之大伦也。今礼废乐崩，朕甚愍焉。'故详延天下方正博闻之士，咸登诸朝。其令礼官劝学，讲议洽闻兴礼，以为天下先。太常议，与博士弟子，崇乡里之化，以广贤才焉。谨与太常臧、博士平等议曰，闻三代之道，乡里有教，夏曰校，殷曰序，周曰庠。其劝善也，显之朝廷，其惩恶也，加之刑罚。故教化之行也，建首善自京师始，由内及外。今陛下昭至德，开大明，配天地，本人伦，劝学修礼，崇化厉贤，以风四方，太平之原也。古者政教未洽，不备其礼，请因旧官而兴焉。为博士官置弟子五十人，复其身。太常择民年十八已上，仪状端正者，补博士弟子。郡国县道邑有好文学，敬长上，肃政教，顺乡里，出入不悖所闻者，令相长丞上属所二千石，二千石谨察可者，当与计偕，诣太常，得受业如弟子。一岁皆辄试，能通一艺以上，补文学掌故缺。其高第可以为郎中者，太常籍奏。即有秀才异等，辄以名闻。其不事学若下材及不能通一艺，辄罢之，而请诸不称者罚。臣谨按诏书律令下者,明天人分际,通古今之义,文章尔雅,训辞深厚,恩施甚美。小吏浅闻,不能究宣,无以明布谕下。治礼掌故,以文学礼义为官,迁流滞。请选择其秩比二百石以上,及吏百石通一艺以上,补左右内史、大守卒史。比百石已下,补郡大守卒史,皆各二人,边郡一人。先用诵多者,若不足,乃择掌故补中二千石属,文学掌故补郡属,备员。请著功令。他如律令。"制曰:"可。"自此以来,则公卿大夫士吏斌斌多文学之士矣。

明·贺复徵《文章辨体汇选》卷二八三

《儒林列传序》(司马迁)

太史公曰,余读功令,至于广厉学官之路,未尝不废书而叹也。曰,嗟乎,夫周室衰而《关雎》作,幽厉微而礼乐坏,诸侯恣行,政由强国。故孔子闵王路废而邪道兴,于是论次诗书,修起礼乐。适齐闻韶,三月不知肉味。自卫返鲁,然后乐正,雅颂各得其所。世以混浊莫能用,是以仲尼干七十余君无所遇,曰:"苟有用我者,期月而已矣。"西狩获麟,曰:"吾道穷矣。"故因史记作《春秋》,以当王法,其辞微而指博,后世学者多录焉。

自孔子卒后,七十子之徒散游诸侯,大者为师傅卿相,小者友教士大夫,或隐而不见。故子路居卫,子张居陈,澹台子羽居楚,子夏居西河,子贡终于齐。如田子方、段干木、吴起、禽滑厘之属,皆受业于子夏之伦,为王者师。是时独魏文侯好学。后陵迟以至于始皇,天下并争于战国,儒术既绌焉,然齐鲁之门,学者独不废也。于威、宣之际,孟子、荀卿之列,咸遵夫子之业而润色之,以学显于当世。

及至秦之季世,焚诗书,坑术士,六艺从此缺焉。陈涉之王也,而鲁诸儒持孔子之礼器往归陈王。于是孔甲为陈涉博士,卒与涉俱死。陈涉起匹夫,驱瓦合适戍,旬月以王楚,不满半岁竟灭亡,其事至微浅,然而缙绅先生之徒负孔子礼器往委质为臣者,何也?以秦焚其业,积怨而发愤于陈王也。

及高皇帝诛项籍,举兵围鲁,鲁中诸儒尚讲诵习礼乐,弦歌之音不绝,岂非圣人之遗化,好礼乐之国哉。故孔子在陈,曰:"归与归与。吾党之小子狂简,斐然成章,不知所以裁之。"夫齐鲁之间于文学,自古以来,其天性也。故汉兴,然后诸儒始得修其经艺,讲习大射乡饮之礼。叔孙通作汉礼仪,因为太常,诸生弟子共定者，咸为选首，于是喟然叹兴于学。然尚有干戈，平定四海，亦未暇遑庠序之事也。孝惠、吕后时，公卿皆武力有功之臣。孝文时颇征用，然孝文帝本好刑名之言。及至孝景，不任儒者，而窦太后又好黄老之术，故诸博士具官待问，未有进者。

及今上即位，赵绾、王臧之属明儒学，而上亦乡之，于是招方正贤良文学之士。自是之后，言《诗》于鲁则申培公，于齐则辕固生，于燕则韩太傅。言《尚书》自济南伏生。言礼则鲁高堂生。言《易》自菑川田生。言《春秋》于齐鲁自胡母生，于赵自董仲舒。及窦太后崩，武安侯田蚡为丞相，绌黄老、刑名、百家之言，延文学儒者数百人，而公孙弘以《春秋》白衣为天子三公，封以平津侯。天下之学士靡然乡风矣。

公孙弘为学官，悼道之郁滞，乃请曰："丞相御史言：制曰'盖闻道民以礼，风之以乐。婚姻者，居室之大伦也。今礼废乐崩，朕甚愍焉'。故详延天下方正博闻之士，咸登诸朝。其令礼官劝学，讲议洽闻兴礼，以为天下先。太常议，与博士弟子，崇乡里之化，以广贤才焉。谨与太常臧、博士平等议曰，闻三代之道，乡里有教，夏曰校，殷曰序，周曰庠。其劝善也，显之朝廷，其惩恶也，加之刑罚。故教化之行也，建首善自京师始，由内及外。今陛下昭至德，开大明，配天地，本人伦，劝学修礼，崇化厉贤，以风四方，太平之原也。古者政教未洽，不备其礼，请因旧官而兴焉。为博士官置弟子五十人，复其身。太常择民年十八已上，仪状端正者，补博士弟子。郡国县道邑有好文学，敬长上，肃政教，顺乡里，出入不悖所闻者，令相长丞上属所二千石，二千石谨察可者，当与计偕，诣太常，得受业如弟子。一岁皆辄试，能通一艺以上，补文学掌故缺。其高第可以为郎中者，太常籍奏。即有秀才异等，辄以名闻。其不事学若下材及不能通一艺，辄罢之，而请诸不称者罚。臣谨按诏书律令下者，明天人分际，通古今之义，文章尔雅，训辞深厚，恩施甚美。小吏浅闻，不能究宣，无以明布谕下。治礼次治掌故，以文学礼义为官，迁留滞。请选择其秩比二百石以上，及吏百石通一艺以上，补左右内史、大行卒史。比百石已下，补郡太守卒史，皆各二人，边郡一人。先用诵多者，若不足，乃择掌故补中二千石属，文学掌故补郡属，备员。请著功令。佗如律令。"制曰："可。"自此以来，则公卿大夫士吏斌斌多文学之士矣。

明·朱睦㮮《授经图义例》卷一一

浮丘伯，齐人，受业荀卿，秦时为儒士。楚元王交，少与鲁申公、穆生、白生俱受《诗》于浮丘伯。及秦焚书，各别去。高后时，浮丘伯在长安，元王遣子郢客与申公俱卒业焉。后言鲁诗者，皆宗浮丘伯。

明·唐顺之《稗编》卷一

《史记·儒林传序》司马迁

司马迁太史公曰，余读功令，至于广厉学官之路，未尝不废书而叹也。曰，嗟乎，夫周室衰而《关雎》作，幽厉微而礼乐坏，诸侯恣行，政由强国。故孔子闵王路废而邪道兴，于是论次诗书，修起礼乐。适齐闻韶，三月不知肉味。自卫返鲁，然后乐正，雅颂各得其所。世以混浊莫能用，是以仲尼干七十余君无所遇，曰："苟有用我者，期月而已矣。"西狩获麟，曰："吾道穷矣。"故因史记作《春秋》，以当王法，其辞微而指博，后世学者多录焉。

自孔子卒后，七十子之徒散游诸侯，大者为师傅卿相，小者友教士大夫，或隐而不见。故子路居卫，子张居陈，澹台子羽居楚，子夏居西河，子贡终于齐。如田子方、段干木、吴起、禽滑厘之属，皆受业于子夏之伦，为王者师。是时独魏文侯好学。后陵迟以至于始皇，天下并争于战国，儒术既绌焉，然齐鲁之间，学者独不废也。于威、宣之际，孟子、荀卿之列，咸尊夫子之业而润色之，以学显于当世。

及至秦之季世，焚诗书，坑术士，六艺从此缺焉。陈涉之王也，而鲁诸儒持孔氏之礼器往归陈王。于是孔甲为陈涉博士，卒与涉俱死。陈涉起匹夫，驱瓦合适戍，旬月以王楚，不满半岁竟灭亡，其事至微浅，然而缙绅先生之徒负孔子礼器往委质为臣者，何也？以秦焚其业，积怨而发愤于陈王也。

及高皇帝诛项籍，举兵围鲁，鲁中诸儒尚讲诵习礼乐，弦歌之音不绝，岂非圣人之遗化，好礼乐之国哉。故孔子在陈，曰："归与归与。吾党之小子狂简，斐然成章，不知所以裁之。"夫齐鲁之间于文学，自古以来，其天性也。故汉兴，然后诸儒始得修其经艺，讲习大射乡饮之礼。叔孙通作汉礼仪，因为太常，诸生弟子共定者，咸为选首，于是喟然叹兴于学。然尚有干戈，平定四海，亦未暇遑庠序之事也。孝惠、吕后时，公卿皆武力有功之臣。孝文时颇征用，然孝文帝本好刑名之言。及至孝景，不任儒者，而窦太后又好黄老之术，故诸博士具官待问，未有进者。

及今上即位，赵绾、王臧之属明儒学，而上亦乡之，于是招方正贤良文学之士。自是之后，言《诗》于鲁则申培公，于齐则辕固生，于燕则韩太傅。言《尚书》自济南伏生。言礼自鲁高堂生。言《易》自菑川田生。言《春秋》于齐鲁自胡母生，于赵自董仲舒。及窦太后崩，武安侯田蚡为丞相，绌黄老、刑名、百家之言，延文学儒者数百人，而公孙弘以《春秋》白衣为天子三公，封以平津侯。天下之学士靡然向风矣。

公孙弘为学官，悼道之郁滞，乃请曰："丞相御史言：制曰'盖闻导民以礼，风之以乐。婚姻者，居室之大伦也。今礼废乐崩，朕甚愍焉'。故详延天下方正博闻之士，咸登诸朝。其令礼官劝学，讲议洽闻兴礼，以为天下先。太常议，与博士弟子，崇乡里之化，以广贤才焉。谨与太常臧、《汉书·百官表》，孔臧也。博士平等议曰，闻三代之道，乡里有教，夏曰校，殷曰序，周曰庠。其劝善也，显之朝廷，其惩恶也，加之刑罚。故教化之行也，建首善自京师始，由内及外。今陛下昭至德，开大明，配天地，本人伦，劝学修礼，崇化厉贤，以风四方，太平之原也。古者政教未洽，不备其礼，请因旧官而兴焉。为博士官置弟子五十人，复其身。太常择民年十八已上，仪状端正者，补博士弟子。郡国县道邑有好文学，敬长上，肃政教，顺乡里，出入不悖所闻者，令相长丞上属所二千石，二千石谨察可者，当与计偕，诣太常，得受业如弟子。一岁皆辄试，能通一艺以上，补文学掌故缺。其高第可以为郎中者，太常籍奏。即有秀才异等，辄以名闻。其不事学若下材及不能通一艺，辄罢之，而请诸不称者罚。臣谨按诏书律令下者，明天人分际，通古今之义，文章尔雅，训辞深厚，恩施甚美。小吏浅闻，不能究宣，无以明布谕下。治礼次治掌，故以文学礼义为官，迁留滞。请迁择其秩比二百石以上，及吏百石通一艺以上，补左右内史、大行卒史。比百石以上，补郡太守卒史，皆各二人，边郡一人。先用诵多者，若不足，乃择掌故补中二千石属，文学掌故补郡属，汉仪弟子射策，甲科百人补郎中，乙科二百人补太子舍人，皆秩比二百石。次郡国文学，秩百石也。备员。请著功令。他如律令。"制曰，可。自此以来，则公卿大夫士吏斌斌多文学之士矣。

［略］

《论秦焚书》马端临

按：秦虽出于西戎，然自非子、秦仲以来，有国于丰、岐者数百年。春秋之时，盟会聘享，接于诸侯，《秦誓》纪于《书》，《车邻》、《小戎》之属列于《诗》，其声名文物盖蔼然先王之遗风矣。今下令焚诗书，而曰史官非秦记皆烧之，则《秦誓》、《秦风》亦秦记也，独非诗书乎？李斯者，袭流血刻骨之故智，而佐之以人头畜鸣之伪辩，固世所羞称者。然斯学于荀卿，卿之道，盖祖述六经宪，章仲尼者也，是其初亦自儒者法门中来。然则始皇既非重译不通之荒裔而骤，接华言，李斯亦非椎朴少文之俗物而盲处高位，今乃以焚灭经籍，坑戮儒生为经国之远猷者，其说有二：曰愧，曰畏。愧则愧其议已[①]也，畏则畏其害巳[②]也。自载籍以来，诗书所称桀有暴德而天下归殷，纣有暴德而天下归周，幽、厉有暴德而周室东迁，寖微寖灭，五伯迭兴，七雄分据。始皇既已习闻其说矣，今虽诿曰"德兼三皇，功过五帝"，而其所行，则袭桀、纣、幽厉之迹耳，夫岂不自知之。而儒者记纂，明以语人曰，如是而兴，如是而亡，不啻烛照、数计、龟卜而示后来以轨范。盖始皇之所愧而畏者此也。自夫子历聘列国，孟氏以儒术游于诸侯，思济天下之溺而引时君于当道者，至拳拳也。继而苏、张之徒，专以口舌干时君，虽其所持者诡遇之术，妾妇之道，与孔孟之学殆黑白薰莸之相反，然其汲汲皇皇、求以用世之意则类也。而范雎之于魏冉，蔡泽之于范雎，皆逞其辩口，扼其吭而夺之位。于是士生斯时，皆以读书游说为可以得志而取高位。李斯亦以说客进身者也，故韩非入秦，以策干始皇，则忌而诛之。天下岂无尚如非者欲睨其后乎。盖李斯之所愧而畏者此也。诗书百家语之在人间者焚之，其在博士官者存之，盖亦知其本不可废也。罢侯置守者，私其土地于己也。焚书而独存博士官者，又欲私其经术于己也。主相之心，务欲灭经籍以愚天下，峻法律以威天下，而使之莫予毒，以为巩固不拔之计。然陈胜、项梁、项籍、刘季之徒，本非有祖述汤武、弘济苍生之夙志，俱以丽于禁网，遁迹亡命，出万死不顾一生之计，奋挺而起，以成土崩瓦解之势。赵高熏腐小丑，亦非有文墨词辩，足以倾动上听，徒以少习深文，依于忮忍，故陷扶苏、蒙恬，戮诸公子，夷李斯，如出一律。盖犯法而作乱者，陈、吴、刘、项也，倚法

① 疑"己"之讹。
② 疑"己"之化。

而作奸者，赵高也。然则隳秦七庙而具斯五刑者，非诗书也，乃秦之法律也。

秦以儒者为博士，每国家有大事，则下博士议之。然因淳于越进议封建而下焚书之令。因卢生辈窃议时事而下坑儒之令。盖此二事者，皆激于博士之正论。然则其所进用者，必皆得面谀顺指如周青臣、叔孙通辈，然后能持禄苟免耳。稍引古义，持正论，则披逆鳞，触奇祸。是书虽存而实亡，博士官虽设而实废矣。又按《史记》言，始皇闻卢生窃议亡去，大怒曰："吾前收天下书不中用者尽去之。悉召文学方术士甚众，欲以兴太平，求奇药。今闻韩众去不报，徐市等费以巨万计，终不得药，徒奸利相告日闻。"然则始皇所谓不中用者，所焚之六籍是也。所谓召文学、方术士求奇药者，所存之医药、卜筮等书是也。然六籍虽厄于煨烬，而得之口耳所传，屋壁所藏者，犹足以垂世立教千载如一日也。医药、卜筮、种树之书，当时虽未尝废锢，而并未尝有一卷流传于后世者。以此见圣经贤传，终古不朽，而小道异端，虽存必亡，初不以世主之好恶而为之兴废也。

明·董斯张《广博物志》卷二六

秦焚书，《周易》独以卜筮得存，唯失说卦三篇。后河内女子得之。汉初传《易》有田何，何授丁宽，宽授田王孙，王孙授沛人施仇、东海孟喜、琅琊梁丘贺。由是有施、孟、梁丘之学。又有东郡京房，自云受《易》于梁国焦延寿，别为京氏学。尝立，后罢。后汉施、孟、梁丘、京，凡四家并立，而传者甚众。汉初又有东莱费直传《易》，其本皆古字，号曰《古文易》，以授琅琊王璜，璜授沛人高相，相以授子康及兰陵母将永。故有费氏之学，行于人间，而未得立。后汉陈元、郑众，皆传费氏之学。马融又为其传，以授郑玄。玄作《易注》，荀爽又作《易传》。魏代王肃、王弼，并为之注。自是费氏大兴，高氏遂衰。梁丘、施氏、高氏，亡于西晋。孟氏、京氏，有书无师。梁、陈郑玄、王弼二注，列于国学。齐代唯传郑义。至隋，王注盛行，郑学浸微，今殆绝矣。《归藏》，汉初已亡。案，晋《中经》有之，唯载卜筮，不似圣人之旨。上秦汉之际《易》亡《说卦》，宣帝时，河内女子发老屋，得《说卦》古文。《老子》至后汉荀爽集解，又得八卦逸象三十有一。

孔子曰，易者，易也，变易也，不易也，管三成德，为道苞籥。易者其德也，光明四通，简易立节。天以烂明，日月星辰布设张列，通精无门藏神无穴。不烦不扰，淡泊不失，此其易也。变易者，其气也，天地不变，不能通气。五行迭终，四时更废，君臣取象，变节相移，能消者息，必专者败，此其变易也。不易者，其位也，天在上，地在下，君南面，臣北面，父坐子伏，此其不易也。故易者，天地人之道也。《乾凿度》孔子曰，阳三阴四位之正也。《易卦》六十四分，而为上下，象阴阳也。阳道纯而奇，故上篇三十以象阳，阴道不纯而偶，故下篇三十四以法阴。上

［略］

孔子既叙六经，题目不同，指意差别，恐斯道离散，故作《孝经》以总会之，明其枝流虽分，本萌于孝者也。遭秦焚书，为河间人颜芝所藏。汉初，芝子贞出之，凡十八章，而长孙氏、博士江翁、少府后苍、谏议大夫翼奉、安昌侯张禹，皆名其学。又有《古文孝经》，与《古文尚书》同出，而长孙有《闺门》一章，其余经文，大较相似，篇简缺解，又有衍出三章，并前合为二十二章，孔安国为之传。至刘向典校经籍，以颜本比古文，除其繁惑，以十八章为定。郑众、马融并为之注。又有郑氏注，相传或云郑玄，其立义与玄所著余书不同，故疑之。梁氏、安国及郑氏二家，并立国学，而安国之本，亡于梁乱。陈及周、齐，唯传郑氏。至隋，秘书监王劭于京师访得，送至河间刘炫。炫因序其得丧，述其义疏，讲于人闲，渐闻朝廷。后遂至令，与郑氏并立。儒者喧喧，皆云炫自作之，非孔旧本，而秘府又先无其书。又云魏氏迁洛，未达华语，孝文帝命侯伏侯可悉令，以夷言译《孝经》之旨，教于国人，谓之《国语孝经》。《隋书》

清·徐乾学等《御选古文渊鉴》卷一三

《儒林列传序》儒林，谓儒雅之林，综理古文，宣明旧艺，以成王法。

太史公曰，余读功令，学者课功，著之于令。至于广厉学官之路，未尝不废书而叹也。曰，嗟乎，夫周室衰而《关雎》作，幽厉微而礼乐坏，诸侯恣行，政由强国。故孔子闵王路废而邪道兴，于是论次诗书，修起礼乐。适齐闻韶，三月不知肉味。自卫返鲁，然后乐正，雅颂各得其所。世以混浊莫能用，是以仲尼干七十余君无所遇，曰："苟有用我者，期月而已矣。"西狩获麟，曰："吾道穷矣。"故因史记作《春秋》，以当王法，其辞微而指博，后世学者多录焉。

自孔子卒后，七十子之徒散游诸侯，大者为师傅卿相，小者友教士大夫，或隐而不见。故子路居卫，子张居陈，澹台子羽居楚，子夏居西河，子贡终于齐。如田子方、段干木、吴起、禽滑厘之属，皆受业于子夏之伦，为王者师。是时独魏文侯

好学。后陵迟以至于始皇,天下并争于战国,儒术既绌焉,然齐鲁之门,学者独不废也。于威、宣之际,孟子、荀卿之列,咸遵夫子之业而润色之,以学显于当世。

及至秦之季世,焚诗书,坑术士,六艺从此缺焉。陈涉之王也,而鲁诸儒持孔氏之礼器往归陈王。于是孔甲为陈涉博士,孔子八世孙名鲋,字甲也。卒与涉俱死。陈涉起匹夫,驱瓦合适戍,旬月以王楚,不满半岁竟灭亡,其事至微贱,然而缙绅先生之徒负孔子礼器往委质为臣者,何也?以秦焚其业,积怨而发愤于陈王也。

及高皇帝诛项籍,举兵围鲁,鲁中诸儒尚讲诵习礼乐,弦歌之音不绝,岂非圣人之遗化,好礼乐之国哉。故孔子在陈,曰:"归与归与。吾党之小子狂简,斐然成章,不知所以裁之。"夫齐鲁之间于文学,自古以来,其天性也。故汉兴,然后诸儒始得修其经艺,讲习大射乡饮之礼。叔孙通作汉礼仪,因为太常,诸生弟子共定者,咸为选首,于是喟然叹兴于学。然尚有干戈,平定四海,亦未暇遑庠序之事也。孝惠、吕后时,公卿皆武力有功之臣。孝文时颇征用,言孝文稍用文学之士居位。然孝文帝本好刑名之言。及至孝景,不任儒者,而窦太后又好黄老之术,故诸博士具官待问,未有进者。

及今上即位,赵绾、王臧之属明儒学,而上亦乡之,于是招方正贤良文学之士。自是之后,言《诗》于鲁则申培公,于齐则辕固生,申、辕,姓。培、固,名。公、生,其号也。于燕则韩太傅。韩婴也,为常山王太俾。言《尚书》自济南伏生字子贱。言礼自鲁高堂生。秦氏季代,有鲁人高堂伯,则伯是其字。云生者,自汉以来,儒者皆号生,即先生之称,省字呼之耳。言《易》自菑川田生。言《春秋》于齐鲁自胡毋生,胡毋,姓也,字子都。于赵自董仲舒。及窦太后崩,武安侯田蚡为丞相,绌黄老、刑名、百家之言,延文学儒者数百人,而公孙弘以《春秋》白衣为天子三公,封以平津侯。天下之学士靡然乡风矣。

公孙弘为学官,悼道之郁滞,乃请曰:"丞相御史言:自此以下皆弘奏请之辞。制曰'盖闻导民以礼,风之以乐。婚姻者,居室之大伦也。今礼废乐崩,朕甚愍焉'。故详延天下方正博闻之士,咸登诸朝。其令礼官劝学,讲议洽闻兴礼,以为天下先。太常议,与博士弟子,崇乡里之化,以广贤材焉。谨与太常臧、《汉书·百官表》,孔臧也。博士平等议曰,闻三代之道,乡里有教,夏曰校,殷曰序,周曰庠。其劝善也,显之朝廷,其惩恶也,加之刑罚。故教化之行也,建首善自京师始,由内及外。今陛下昭至德,开大明,配天地,本人伦,勤学修礼,崇化厉贤,以风四方,太平之原也。古者政教未洽,不备其礼,请因旧官而兴焉。为博士官置弟子五十人,复其身。太常择民年十八已上,仪状端正者,补博士弟子。郡国县道邑有好文学，敬长上，肃政教，顺乡里，出入不悖所闻者，令相长丞上属所二千石，二千石谨察可者，当与计偕，诣太常，计，计吏也。偕，俱也。谓令与计吏俱诣太常也。得受业如弟子。一岁皆辄试，能通一艺以上，补文学掌故缺。其高第可以为郎中者，太常籍奏。即有秀才异等，辄以名闻。其不事学若下材及不能通一艺，辄罢之，而请诸不称者罚。臣谨案，诏书律令下者，明天人分际，通古今之义，文章尔雅，训辞深厚，恩施甚美。小吏浅闻，不能究宣，无以明布谕下。治礼次治掌故，以文学礼义为官，迁留滞。请选择其秩比二百石以上，及吏百石通一艺以上，补左右内史、大行卒史。比百石以下，补郡太守卒史，皆各二人，边郡一人。先用诵多者，若不足，乃择掌故补中二千石属，文学掌故补郡属，汉仪弟子射策，甲科百人补郎中，乙科二百人补太子舍人，皆秩比二百石。次郡国文学，秩百石也。备员。请著功令。佗如律令。”制曰，可。自此以来，则公卿大夫士吏斌斌多文学之士矣。

清·蔡世远编《古文雅正》卷三

《儒林列传序》《史记》

太史公曰，余读功令，至于广厉学官之路，未尝不废书而叹也。曰，嗟乎，夫周室衰而《关雎》作，幽厉微而礼乐坏，诸侯恣行，政由弱国。故孔子闵王路废而邪道兴，于是论次诗书，修起礼乐。适齐闻韶，三月不知肉味。自卫返鲁，然后乐正，雅颂各得其所。世以混浊莫能用，是以仲尼于七十余君无所遇，曰：“苟有用我者，期月而已矣。”西狩获麟，曰：“吾道穷矣。”故因史记作《春秋》，以当王法，其辞微而指博，后世学者多录焉。

自孔子卒后，七十子之徒散游诸侯，大者为师傅卿相，小者友教士大夫，或隐而不见。故子路居卫，子张居陈，澹台子羽居楚，子夏居西河，子贡终于齐。如田子方、段干木、吴起、禽滑厘之属，皆受业于子夏之伦，为王者师。是时独魏文侯好学。后陵迟以至于始皇，天下并争于战国，儒术既绌焉，然齐鲁之间，学者独不废也。于威、宣之际，孟子、荀卿之列，咸遵夫子之业而润色之，以学显于当世。

及至秦之季世，焚诗书，坑术士，六艺从此缺焉。陈涉之王也，而鲁诸儒持孔子之礼器往归陈王。于是孔甲为陈涉博士，卒与涉俱死。陈涉起匹夫，驱瓦合适戍，旬月以王楚，不满半岁竟灭亡，其事至微浅，然而缙绅先生之徒负孔子礼器往委质为臣者，何也。以秦焚其业，积怨而发愤于陈王也。

及高皇帝诛项籍，举兵围鲁，鲁中诸儒尚讲诵习礼乐，弦歌之音不绝，岂非圣人之遗化，好礼乐之国哉。故孔子在陈，曰："归与归与。吾党之小子狂简，斐然成章，不知所以裁之。"夫齐鲁之间于文学，自古以来，其天性也。故汉兴，然后诸儒始得修其经艺，讲习大射乡饮之礼。叔孙通作汉礼仪，因为太常，诸生弟子共定者，咸为选首，于是喟然叹兴于学。然尚有干戈，平定四海，亦未暇遑庠序之事也。孝惠、吕后时，公卿皆武力有功之臣。孝文时颇征用，然孝文帝本好刑名之言。及至孝景，不任儒者，而窦太后又好黄老之术，故诸博士具官待问，未有进者。

及今上即位，赵绾、王臧之属明儒学，而上亦乡之，于是招方正贤良文学之士。自是之后，言《诗》于鲁则申培公，于齐则辕固生，于燕则韩太傅。言《尚书》自济南伏生。言礼自鲁高堂生。言《易》自菑川田生。言《春秋》于齐鲁自胡母生，于赵自董仲舒。及窦太后崩，武安侯田蚡为丞相，绌黄老、刑名、百家之言，延文学儒者数百人，而公孙弘以《春秋》白衣为天子三公，封以平津侯。天下之学士靡然乡风矣。

读此，颇知周、汉间学术兴废之迹，序次顿挫，风神隽绝，逸气湍飞。

清《钦定历代职官表》卷三四

秦

《册府元龟》，秦置博士，掌通古今。

《太平御览》：应劭《汉官仪》曰，博士，秦官，博者，通博古今，士者，辨于然否。

谨案：班固称六国时往往有博士，则其官不始于秦。而秦时令博士预朝廷大议，备左右顾问，则所职尤重。《秦始皇本纪》，二十六年，议帝号，丞相绾等奏，谨与博士议，上尊号为秦皇。又二十八年，始皇浮江至湘山祠，上问博士曰，湘君何神。博士对曰，闻之，尧女，舜之妻，而葬此。虽经始皇焚书坑儒之祸，而二世时叔孙通犹待诏博士。山东兵起，二世尚召博士诸儒生而问之，见《叔孙通传》是其官仍旧不废。观李斯所奏，称非博士官所职，天下敢有藏诗书百家语者，悉诣守尉杂烧之。可知博士官所职者尚存,盖犹令其典司经籍也。且既以博士为官,必有生徒转相传授。《秦本纪》载,卢生言博士七十人备员弗用,而诸生在咸阳者使御史案问,至杀四百六十余人。诸生在骊山为伏机所杀者又七百余人。其数如此之多,盖七十人乃博士员额,而所谓数百人者皆诸生之隶于博士官,如汉世博士弟子之类耳。

清·阎若璩《尚书古文疏证》卷五下

又按上悼古文二十四篇不传,由于汉、魏、后陈第季立,则以古文全经不传。由秦汉间一归诸天,一责诸人,因并录。其辞云曰:“夫书之不全,皆委之秦火矣。”案《秦本纪》,始皇三十四年,令烧天下诗书百家语。越三年,始皇崩。又越三年,二世灭。越五年,汉高即皇帝位。焚书之年,岁戊子,汉高即位,岁己亥,相去十二年耳。张苍,秦柱下史。叔孙通、伏胜、高堂伯,秦之博士。郦食其、陆贾、申公、楚元王辈,皆秦儒生。岂以十二年之间遂至一废扫地。《庄子》云,诗书礼乐,邹鲁之士,搢绅先生多能明之。孟子、荀卿述王道,论诗书,其及门弟子往往散处列国。战国去秦何几,一经焰火,遂尔澌灭,何也?岂秦及战国功利之习,浃人肤髓,而士生其时,惟学从横、长短、攻战之术与?夫尊秦礼仪之制,而《尚书》古经无复有读之者耶。或曰,汉高虽兴,挟书之律未除,咸畏而莫敢出。然伏生教于齐鲁之间,兵初定也。至史称高帝诛项籍,引兵围鲁,鲁中诸儒尚讲诵习礼,弦歌之音不绝,此时去秦愈近,其徒最众,岂所讲诵者,都非《尚书》古文耶?不然何泯泯也,其故不可知也。汉武行幸河东,尝亡书三箧,诏问莫能知,唯张安世识之,具作其事,后购求得书,以相校无所遗失。秦汉之际,遂无若人,可悲也哉。

又按:梅氏鷟信伏生有壁藏书之事,不信孔氏,虽与史传不合,亦颇妙。其辞曰,今夫人情贮物于椟,犹不忘时加展省,矧以土亲圣经,弃置如遗,茫然弗觉,岂理也哉。又曰,孝文时,伏生年九十余,老,不可征诏,使晁错往受书,其所以尊荣之者至矣。假令先圣之裔,有能藏经屋壁,取经以进,吾不知帝宜何如,尊崇之,显荣之,乃孔氏之门,卒无一人焉肯出其藏,以应帝之求者,何哉?且距藏书初才三十五六年,当时妻子奚奴目击其事者尚存,何不聚族而谋曰,爱经之主不世出,顷蒙主上尊荣,伏生至此,吾家经籍道兴之日也。壁经不发,则与暴秦焚书同归,卒就灭亡,奚贵于藏哉。内愧本心,上负圣主,吾不忍为也。今不见有一人,不闻有一言,盖其先实无所藏,故其后亦不知所发,其先实不目击斯事,故其后亦寂无言及斯事者，岂不较然明著也哉。

余谓藏书有二说，《家语》作孔襄，《东观汉记》作孔鲋。鲋为陈涉博士，持孔子礼器以归者，孔鲋近是。鲋卒与陈王俱死，死之后藏书遂无传焉，容事理之所有者。

清《钦定仪礼义疏》卷首上

司马氏迁曰，诸学者多言礼，而鲁高堂生最本。礼固自孔子时而其经不具，及至秦焚书，书散亡益多，于今独有士礼，高堂生能言之。而鲁徐生善为容。文帝时，徐生以容为礼官大夫，传子至孙徐延、徐襄。是后能言礼为容者，由徐氏焉。

明《河南通志》卷六九

秦孔鲋，字子鱼，孔子八代孙，该通六艺，始皇时召为鲁国文通君，拜少傅。及李斯议焚书，鲋惧遗典灭亡，藏书壁间，隐居嵩阳，授弟子常百余人。后陈涉起为楚王，聘鲋为博士，鲋托疾而退，卒于陈，着书二十余篇，曰《孔丛子》。

清《御定渊鉴类函》卷二〇一

儒术一

原《周礼》曰，太宰之职，以九两系邦国之民，四曰儒，以道得民。郑注，儒诸侯保氏有六艺，以教民者。《礼·儒行》曰，哀公问于孔子。曰，夫子之服，其儒服与。对曰，丘少居鲁，衣逢掖之衣，长居宋，冠章甫之冠。丘闻君子之学也博，其服也乡。不知儒服。哀公曰，敢问儒行。对曰，儒有席上之珍以待聘，夙夜强学以待问，怀忠信以待举，力行以待取，其自立有如此者。儒有衣冠中，动作慎，大让如慢，小让如伪，大则如威，小则如愧，其难进而易退也，粥粥若无能也，其容貌有如此者。儒有居处齐难，坐起恭敬，言必先信，行必中正，爱其死以有待也，养其身以有为也，其备豫有如此者。儒有不宝金玉，忠信以为宝。不祈土地，立义以为土地。不祈多积，多文以为富，难得而易禄也，其近人有如此者。儒有忠信以为甲胄，礼义以为干橹，戴仁而行，抱义而处，虽有暴政，不更其所，其自立有如此者。儒有一亩之宫，环堵之室，荜门圭窬，蓬户瓮牖，易衣而出，并日而食，上答之不敢以疑，上不答不敢以谄，其仕有如此者。儒有今人与居，古人与稽，今世行之，后世以为楷，适弗逢世，虽危起居，竟信其志，犹将不忘百姓之病也，其忧思有如此者。儒有博学而不穷，笃行而不倦，幽居而不淫，上通而不困，慕贤而容众，毁方而瓦合，其宽裕有如此者。儒有内称不辟亲，外举不辟怨，程功积事，推贤而进，达之不望其报，其举贤援能有如此者。儒有澡身而浴德，陈言而伏，静而正之，上弗知也。粗而翘之，又不急为也，不临深而为高，不加少而为多，世治不轻，世乱不沮，同弗与，异弗非也，其特立独行有如此者。儒有慎静而尚宽，强毅以与人，博学以知服，近文章，砥砺廉隅，其规为有如此者。儒有合志同方，营道同术，并立则乐，相下不厌，久不相见，闻流言不信，其行本方立义，同而进，不同而退，其交友有如此者。儒有不陨获于贫贱，不充诎于富贵，不慁君王，不累长上，不闵有司，故曰儒。今众人之命儒也妄，常以儒相诟病。哀公闻此言也，不敢以儒为戏。

增《春秋公羊传序》疏曰，能通一经曰儒生，博览群书号曰洪儒。又曰，教授于世谓之儒。

《史记·儒林传序》曰，天下并争于战国，儒术既绌焉，然齐鲁之间，学者独不废也。

原《汉书·艺文志》曰，儒家者流，盖出于司徒之官，助人君顺阴阳，明教化，游文于六经之中，留意于仁义之际，宗师仲尼以重其言，于道最为高也。

又《儒林传序》曰，古之儒者，博学乎六艺之文。六学者，王教之典籍。先圣所以明天道，正人伦，致至治之成法也。

增《后汉书·儒林传论》曰，光武中年以后，专事经学。其服儒衣，称先王，游庠序，聚横塾者，盖布之于邦域矣。若乃经生所处，不远万里之路，精庐暂建，赢粮动有千百，其耆名高义开门受徒者，编牒不下万人，皆专相传祖，至有分争主庭，穿求崖穴，以合一家之说。然所谈者仁义，所传者圣法也。故人识君臣父子之纲，家知违邪归正之路。

《晋书·儒林传序》曰，汉武崇尚文儒，创甲乙之科，擢贤良之举，莫不纡青拖紫，服冕乘轩，或徒步而取公卿，或累旬以膺台鼎。洎当涂草创，深务兵权，而主好斯文，朝多君子，鸿儒硕学，无乏于时。

《梁书·儒林传序》曰，砥身砺行，由乎经术。

《周书·儒林传序》曰，秦承累世之基，任刑法而殄灭。汉无尺土之业，崇经术而长久。雕虫是贵，魏道所以陵夷。元风既兴，晋纲于焉大坏。考九流之殿最，校四代之兴衰，正君臣，明贵贱，美教化，移风俗，莫尚于儒。故皇王以之致刑措而反淳朴，贤达以之镂金石而雕竹素。儒之时义大矣哉。

《隋书·儒林传序》曰，儒之为教大矣，其利物博矣。以笃父子，以正君臣，尚忠节，重仁义，贵廉让，贱贪鄙，开政化之本原，凿生灵之耳目，百王损益，一以贯之。虽世或污隆，而斯文不坠。涉其流者，无禄而富，怀其道者，无位而尊。

又《经籍志》曰，圣人之教，非家至户说，故有儒者宣而明之。大抵本于仁义及五常之道，黄帝、尧、舜、禹、汤、文、武咸由此。其后陵夷衰乱，儒道废阙。仲尼祖述前代，修正六经。子思、孟轲之流，宗而师之，各有着述，发明其指。所谓中庸之教，百王不易者也。俗儒不顾其本，苟欲哗众，多设问难，故曰博而寡要。

《唐书·儒学传序》曰，举天下一之于仁义，莫若儒。儒待其人，乃能光明厥功，宰相大臣是已。

《宋史·道学传序》曰，宋儒之学度越诸子，上接孟氏。其于世代之污隆，气化之荣悴，所关甚大。道学盛于宋，宋弗究其用，后之欲复天德王道之治，必来此取法矣。

又《道学传》：陈淳语学者曰，须明三代法度，通之于当今而无不宜，然后为全儒，可语王佐事业。

《金史文艺传序》曰，世宗、章宗之世，儒风丕变，庠序日盛，士由科第位至宰辅者接踵。

《名山藏儒林记》曰，明兴，高帝因文见道，使天下之士一尊朱氏为功令。士之防闲于道域，优游于德圃者，非朱氏之言不尊。故当时有质行之士，无同异之说，有共学之方，无颛门之教。

《庄子》曰，庄子见鲁哀公，曰："鲁少儒。"哀公曰："举鲁国而儒服，可谓少乎？"庄子曰："儒者冠圆冠者知天时，履方屦者知地形，缓佩玦者事至而断。为其服者，未必知其道也。公何不号于国中。曰'无此道而为此服者，其罪死'"。哀公号之五日，无敢儒服者。独有一丈夫，儒服而立公门。公即召而问以国事，千转万变而不穷。庄子曰："以鲁国而儒者一人，可谓多乎？"

《荀子·儒效篇》曰，儒者法先王，隆礼义，谨乎臣子而致贵其上者也。无置锥之地，而明于持社稷之大计。呜呼而莫之能应，然而通于财万物、养百姓之经纪。势在人上，则王公之材也。在人下，则社稷之臣国君之宝也。

又曰，彼大儒者，虽隐于穷阎陋屋，而王公不能与之争名。用百里之地，而千里之国不能与之争胜。笞捶暴国，齐一天下，而莫能倾也。是大儒之征也。其言有类，其行有礼，其举事无悔，其持险应变曲当。与时迁徙，与世偃仰，千举万变，其道一也，是大儒之稽也。稽，考也，考成也。通则一天下，穷则独立贵名。

又曰，有俗人者，有俗儒者，有雅儒者，有大儒者。法先王，统礼义，一制度。以浅持博，以古持今，以一持万。苟仁义之类也，虽在鸟兽之中，若别白黑，是大儒者也。故人主用俗人，则万乘之国亡。用俗儒，则万乘之国存。用雅儒，则千乘之国安。用大儒，则百里之地久。

又曰，志忍私，然后能公。行忍情性，然后能修。知而好问，然后能才。公修而才，可谓小儒矣。志安公，行安修，知通统类，如是则可谓大儒矣。大儒者，天子之三公也。小儒者，诸侯之大夫也。

《扬子》曰，天之道不在仲尼乎。仲尼，驾说者也，不在兹儒乎。如将复驾其所说，则莫若使诸儒金口而木舌。注：金口木舌，铎也。后世如将复驾仲尼之说，则莫如使诸儒比木铎而宣扬之也。

又曰，通天地人曰儒。

韩愈《进学解》曰，抵排异端，攘斥佛老。补苴罅漏，张皇幽眇。寻坠绪之茫茫，独旁搜而远绍。障百川而东之，回狂澜于既倒。先生之于儒，可谓劳矣。先生曰，孟轲好辩，孔道以明，辙环天下，卒死于行。荀卿守正，大论是弘，逃谗于楚，废死兰陵。是二儒者，吐辞为经，举足为法，绝类离伦，优入圣域，其遇于世何如也？

刘轲《与马植书》曰，言泉百氏，腹笥九经，以是为驾说之儒，曷若为行道之儒耶。贮之于心有经实，施之于事有古道，犹不愈于堆案满架，矻矻于笔砚间耶？

《性理大全》朱子曰，吾儒万理皆实，释氏万理皆空。

又《西铭注》曰，儒者之道，必至于参天地，赞化育，然后为功用之全，而非有所强于外也。

又《真西山》曰，我宋大儒继出，以主张斯文为己任。

儒术二(儒教、理学并载)

增扬子曰,或问,鲁用儒而削,何也?曰,昔在姬公用于周,四海皇皇,奠枕于京。孔子用于鲁,齐人章章,归其侵疆。鲁不用真儒故也。如用真儒,无敌于天下,安得削?

陶潜《群辅录》曰,八儒,夫子殁后,散于天下,设于中国,成百氏之源,为纲纪之儒。居环堵之室,荜门圭窦,瓮牖绳枢,并日而食,以道自居者,有道之儒,子思氏之所行也。衣冠中动作顺,大让如慢,小让如伪者,子张氏之所行也。颜氏传《诗》为道,为讽谏之儒。孟氏传《书》为道,为疏通致远之儒。漆雕氏传《礼》为道,为恭俭庄敬之儒。仲梁氏传《乐》为道,以和阴阳,为移风易俗之儒。乐正氏传《春秋》为道,为属辞比事之儒。公孙氏传《易》为道,为洁净精微之儒。

《春秋穀梁传序》疏曰,左丘明与圣同耻,恐诸弟子各安其意,为经作传。公羊子名高,受经于子夏,《孝经说》云春秋属商是也,为经作传。穀梁子,名赤,受经于子夏,为经作传。郑康成《六艺论》云,《左氏》善于礼,《公羊》善于谶,《穀梁》善于经,是先儒同遵之义也。

原《史记》曰,伏生故为秦博士。文帝时,欲求能治《尚书》者,闻伏生能治。时年九十余,使掌故晁错往受之。秦时焚书,伏生壁藏之。汉定,伏生求其书,亡数十篇,独得二十九篇,即以教于齐鲁之间。学者由是颇能言《尚书》。

增又曰,诸学者多言礼,而鲁高堂生最本礼。固自孔子时而其经不具,及至秦焚书,书散亡益多,于今独有士礼,高堂生能言之。

又曰,孔氏有《古文尚书》,孔安国以今文读之,因以起其家逸书,得十余篇,盖《尚书》滋多于是矣。

《汉书》曰,毛公,赵人也,治《诗》,为河间献王博士。

又曰,董仲舒少治《春秋》,孝景时为博士。仲舒遭汉承秦灭学之后,六经离析,下帷发愤,潜心大业,令后学者有所统一,为群儒首。

《先儒像赞》曰,汉杜子春,通《周官》,教授乡里。时郑众、贾逵往受其业,为发明其说,着《周礼解》。后马融作《周官传》,以授郑康成,康成作《周官注》,皆祖子春焉。查道赞曰,学穷周制,誉蔼儒宗。

原《汉书》曰,后苍说礼数万言,号曰《后氏曲台记》。注,在曲台考书着记,因以为名。

增杜淹撰《文中子世家》曰，子续诗书，正礼乐，修元经，赞易道，门人自远而至。咸称师北面，受王佐之道。隋季，文中子之教兴于河汾，雍雍如也。

《唐书》，唐承五代剖分，文蔽质穷，讨究儒术，以兴典宪。贞元、元和间，韩愈遂以六经之文为诸儒倡。又曰，自晋汔隋，佛老显行，圣道不断如带，诸儒倚天下正议，助为怪神。愈独喟然引圣，争四海之惑，虽蒙讪笑跲而复奋，始若未之信，卒大显于时，学者仰之如泰山北斗。

［略］

儒术五

增碑，唐贾至《旌儒庙碑》曰，观象考历本乎元，辨方正位稽乎极。体元御极，莫先于教，教之大者，莫大于儒。旌儒者祠，我新典也。昔秦灭羲轩之制，废唐虞之则，大搜学徒，竭索儒党，怀书捧檄者，鳞集麇至。然后罪九流之异论，尤百氏之殊术，无辜杀身，有道并命。冤骸积于坑谷，流血淬于泉壤。开元末，天子在骊山之宫，登集云之台，考图验地，周览原湿。见乡名坑儒，颓堑犹在，慨然感亡秦之败德，哀先儒之道丧，乃诏有司，作是新庙，牲币有数，以时飨祀，因祀命乡，号曰旌儒。人神和悦，怨气销散。

于戏，勘乱以武，守成以文。文以正崇，武以权胜。秦皇知权之可以取，不知正之可以守。向使天下既定，守正崇儒，遵六经之谟训，用三代之文质，则黄轩盛美、汤武鸿业不若也。秦之所灭，我之所兴，鲰臣不敏，敢献颂曰：

> 于维先生，设教崇儒。乃作经籍，为代典谟。降及夫子，三千其徒。载扬清风，文在兹乎。天丧斯文，道有通塞。实生暴秦，反道败德。焚书坑儒，万古凄恻。骊山之北，坎窞犹存。草树无声，愁云昼昏。帝在华清，登高访古。下哀群哲，飨祠无主。爰降嘉诏，聿修清祠。馈之牲牢，奠酬以时。鬼无妖灾，人不疠疵。俾尔苍生，富寿无期。

增评，唐陆龟蒙《大儒评》曰，世以孟轲氏、荀卿氏为大儒。观其书，不悖孔氏之道。然李斯尝学于荀卿，位至丞相，是行其道，得其志者也，反焚灭诗书，坑杀儒士，为不仁也甚矣。不知不仁，孰谓况贤知而传之以道，是昧观听也。虽斯具五刑，而况得称大儒乎。吾以为不如孟轲。

增论，宋苏轼《儒者可与守成论》曰，禹治洪水，使沟壑之地，疏为桑麻，鱼鳖之民，化为衣冠。契为司徒，而五教行，弃为后稷，而蒸民粒，世济其德。至于汤武，拯涂炭之民而置之于仁寿之域，故天下相率而朝之。于是益修其政，明其教，因其民不易其俗。以是得之，以是守之，岂有二道哉！

周室既衰，诸侯并起，德既无以相过，智胜而已矣。智既无以相倾，力夺而已矣。至秦之乱，无复知有仁义矣。汉高帝虽稍辅以仁义，然所用之人，常先于智勇，所行之策，常主于权谋。故陆贾讥之曰："陛下以马上得之，岂可以马上治之？"叔孙通亦曰："儒者难以进取，可与守成。"于是酌古今之宜与礼乐之中，简而易，知近而易行者，以为朝觐会同冠昏丧祭之法。然终不若三代取守一道源深而流长也。

夫武夫谋臣，譬之药石，可以伐病，不可以养生。儒者譬之五谷，可以养生，不可以伐病。宋襄公争诸侯，不擒二毛，不鼓不成列，以败于泓，此以五谷伐病者也。秦始皇焚诗书，杀豪杰，东城临洮，北筑辽水，民不得休息，二世芜灭，此以药石养生者也。善夫，贾生之论曰："仁义不施，攻守之势异也。"夫世俗不察，直以攻守为二道。故具论三代以来所以取守之术，使知禹汤文武之威德，亦儒者之极功。而陆贾、叔孙通之流，盖儒术之粗也。

增辨，明宋濂《七儒辨》曰，儒者非一也。威以制之，术以凌之，才以驾之，强以胜之，和以诱之，信以结之，是谓游侠之儒。载籍之繁浩如烟海，莫不撷其元精，嚅其芳腴，搜其阙逸，约其枝蔓，引觚吐辞，顷刻万言而不之止，是谓文史之儒。三才以之混也，万物以之齐也，名理以之假也，涂辙以之寓也。虽有智者，莫测其所存，是谓旷达之儒。沉鸷寡言，逆料事机，千变万化，不可窥度，是谓智数之儒。以言求句，以句求章，以章求意，无高而弗穷，无远而弗即，无微而弗探，无滞而弗宣，是为章句之儒。谋事则乡方略，驭师则审劳逸，使民则谨畜积，治国则严政令，服众则信刑赏，务使泽被当时，烈垂万世，是谓事功之儒。备阴阳之和而不知其纯焉，涵鬼神之秘而不知其深焉，达万物之理而不知其远焉，言足以为世法，行足以为世则，而人莫得而名焉，是为道德之儒。游侠之儒，田仲、王猛是也。文史之儒，司马迁、班固是也。旷达之儒，庄周、列御寇是也。智数之儒，张良、陈平是也。章句之儒，毛苌、郑康成是也。事功之儒，管仲、晏婴是也。道德之儒，孔子是也，千万世之所宗也。其道，则仁、义、礼、智、信也。其伦，则君臣、父子、夫妇、长幼、朋友也。其事易知且易行也。能行之，则身可修也，家可齐也，国可治也，天下可平也。呜呼！上戴天，下履地，中函人，一也。天不足为高，地不足为厚,人不足为小,此儒者之道,所以与天地并立而为三也。司马迁以儒为五家,并列荀卿,谓儒有大小。扬雄谓通天地人曰儒者,要皆不足以知儒也,必学至孔子,然后无愧于儒之名也。然则儒亦有异乎。曰,有之。三皇,儒而皇,五帝,儒而帝,三王,儒而王,皋夔伊傅周召,儒而臣,孔子,儒而师,其道未尝不同也。虽然,未有盛于孔子者也。

清·王懋竑《白田杂著》卷一

《尚书》杂考

《史记·儒林传》:伏生,故为秦博士。孝文帝时,欲求治《尚书》者,天下无有,乃闻伏生能治,欲召之。是时伏生年九十余,老,不能行,乃诏太常,使掌故晁错往受之。秦时焚书,伏生壁藏之,其后兵火起,流亡。汉定,伏生求其书,亡数十篇,独得二十九篇,即以教于齐鲁之间。伏生教济南张生及欧阳生。《汉书·儒林传》同其序次,最为明白。刘歆《移太常书》云,孝文皇帝使掌故晁错受伏生,而《古尚书》初出于屋壁,朽折散绝,今其书见在,时师传读而已。《艺文志》又云,刘向以中古文校欧阳、大小夏侯经文,《酒诰》脱简一,《召诰》脱简二。率二十五字者,脱亦二十五字,简二十二字者,脱亦二十二字,若以此参考之,则伏生书之出于屋壁,断断无疑者也。孔安国《书大序》云,济南伏生,年过九十,失其本经,口以传授,明与史汉所记不合。卫宏《定古文尚书序》云,伏生,老不能正言,使其女传言,教错。齐人语与颍川多异,错所不知者什二三,以意属读而已。是又大序之所未言,而亦不知其所自出也。

以《书》考之,则伏书多艰涩,而孔书皆平易,二书体制绝殊,不可相合。故作大序者,造为口授之说,以伏生口授时多有讹缺,非《书》之本文。而卫序其女传言教错,又因大序而附会之,互相印证,以饰其伪,其与史汉异同,皆所不暇顾也。孔氏正义云,伏生初入壁间得之,以教齐鲁,传教既久,诵文则熟。至于末年,因其习诵,或亦目暗,故晁错往受之时,不执经而口授之也。此曲为大序解,而亦不引卫序,至陆氏《释文》乃略载卫序语。而颜氏注《汉书》,则详着之,亦不辨其异同。自颜注盛行,学者一依颜注,而并史汉本文亦略而弗道矣。朱子始疑书序之伪,而于此偶不及致察,故有暗诵者偏得其所难,而考文者反得其所易之语。临川吴氏《尚书叙录》杂取《儒林传》及卫序语，不为别白，而断以《今文》二十八篇之书，乃伏生口授而晁错所属读者。吴氏力辨古文之伪，而反据大序及卫序以断。伏生可谓目察秋毫，而不见其睫也。余向有疑于此，而未能决。今姑据史《汉儒林传》及《书大序》、卫序而别其同异，考其是非，以待明者之订正焉。

《史记·儒林传》：孔氏有《古文尚书》，安国以今文读之，因以起其家，盖逸书滋多于是矣。《汉书·艺文志》：《古文尚书》者，出孔子壁中。武帝末，鲁共王坏孔子宅，欲以广其宫，而得《古文尚书》及《礼记》、《论语》、《孝经》，凡数十篇，皆古字也。共王往入其宅，闻鼓、琴、瑟、钟、磬之音，于是惧，乃止不坏。孔安国者，孔子后也，悉得其书以考二十九篇，得多十六篇。安国献之，遭巫蛊事，未列于学官，其所载经二十九卷，此伏生所传也。《尚书》古文经四十六卷，此安国所传也。盖以伏生二十九篇合之十六篇，又并《书序》为四十六篇，古以一篇为一卷，故曰四十六卷，注云为五十七篇。或后人所增，或有误字，未可知也。

《书大序》悉本《艺文志》语，而增多二十五篇，与十六篇之数不合，其云凡五十八篇为四十六卷，则以合于志四十六卷之数，而亦莫知卷数之如何也。安国书，王莽时立于学官，东汉初废，不复立。《史记》所载《汤征》、《汤诰》、《泰誓》，《艺文志》所载《伊训》、《武成》、《毕命》、《丰刑》，疑皆出安国书，与今孔传古文绝不同，而安国书与今孔传古文绝不同，而安国注《论语》小子履章，引《墨子》、《汤誓》，则今之《汤诰》必非安国书矣。向尝疑安国十六篇者，杂于二十五篇之中，不可识别，以今考之，则二十五篇乃一手拟作，而为孔书者，并未见安国之书也。盖安国书不传久矣，《后汉书》叙次经学，传授本末，最为参错。其云贾郑王，皆传孔学，而贾郑王所注，止伏生二十九篇而已，其安国十六篇绝未之及也。疑皆就伏书作注，而杂以安国所传之古文，如郑注《仪礼》之比。其安国十六篇，与《逸礼》三十九篇同置而不论矣。其云孔学，亦传闻之辞耳。孔氏正义弥缝大序，以同序者同卷，异序者异卷，以合四十六卷之数，而颜注古经直以孔传五十八篇当之，后人不复致疑。而十六篇、二十五篇之异同，亦无有致辨者矣。蔡传本朱子所命，其分别今文、古文，所以微见其指，而蔡传之成，朱子所不及见，或当更有所厘正，而蔡传所释未必尽得朱子之意也。盖汉魏时，古书多在儗，作者采摭缀缉，无一字无所本，特以词气多不连属，于事体多不对值，知其非古文，而古圣贤之格言大训多在焉，有断断不可废者。朱子晚年编次《仪礼》，载《周书·王会解》而注云，此书近世伪作，以其荟萃经传之文，无悖理者，姑存之。此已自发其例。而吴氏《纂言》并孔书古文遂一决而去之，此又甚不可也。今因论安国书之异同,而并及之,后之君子当有以订其得失焉。

秦始皇帝三十四年焚书,七年而秦亡。汉五年,定天下。又七年,高帝崩。惠帝四年,除挟书律。自焚书至汉定天下,相距仅十二年,即以惠帝除挟书律计之,亦仅二十三年而已。古者简策重大,诸儒多以诵说相传。伏生年方少,不应所得二十九篇之外,绝无所记忆。而是时故学士必犹有在者,岂无所流传,而何以教齐鲁间者,止伏生书也。汉兴,《诗》有齐鲁韩三家,《春秋》有公谷二家,《左传》亦有传者,是皆不出于壁藏,而《书》独无有。即先秦之书,如《老子》、《庄子》、《列子》、《墨子》、《韩子》、《荀子》,既不立学官,又无师授,何以得传于后,而书之朽折散绝乃如此,遂使二帝三王之盛德大业,宏模大训,其得传于后世者,仅十百之一二也。呜呼,惜哉!

明·梅鷟《尚书考异原序》

《尚书》二十八篇,并序一篇,共二十九篇。秦博士伏生所传,乃圣经之本真也。因暴秦焚书,藏于壁中,遭乱遗失,所存者止有此耳。伏生即以教于齐鲁之间,因为大传三篇。汉文时求治《尚书》者,无过于伏生,使太常掌故晁错往受,传之。盖传其文义讲说,以发明正经云尔。景帝时所传者,亦不过如此。至武帝时,孔安国等专治《古文尚书》,滋多于此矣。故孔臧《与孔安国书》曰,《尚书》二十八篇,儒者以为上应二十八宿,不知又有《古文尚书》也。可见武帝以前原无《古文尚书》,明矣。自安国古文未出之先,《尚书》正经单行于世,如日月之丽于天,无一蔽亏。及安国古文既出之后,分《尧典》慎徽以下为《舜典》,分《皋陶谟》帝曰来禹以下为《弃稷》,分《盘庚》为三篇,分《顾命》王若曰以下为《康王之诰》,凡复出者五篇。又于其间离逖改削窜易穿穴之变多,而《尚书》无完经矣。至其所治《古文》一十六篇者,多怪异之说,及经书所引,皆不在其内,以故当时老师宿儒尊信正经,不肯置对苟从,据理辨难,不肯奏立学官。虽以刘歆移书之勤,犹哗攻不已。其间或灭或兴,信之者或一二,不信者恒千百。其书遂不显行于世。然其递递相承,盖可考也。此先汉真孔安国之伪书,其颠末大略如此。至东晋时善为模仿窥窃之士,见其以讹见疑于世,遂搜括群书,掇拾嘉言,装缀编排,日锻月炼,会粹成书,必求无一字之不本于古语,无一言之不当于人心,无一篇之不可垂训诫,凡为书者二十五篇。见诂训之难通,遂改易其字。见意义之丁宁,遂刊落其语。见《弃稷》之不可以名篇,遂更为《益稷》。见《盘庚》之上中下可以便已,《大甲》、《说命》、《泰誓》之上中下,遂仍为三篇。见报告之词不可以离逖也,遂合王出以下为《康王之诰》。又见慎徽、五典不可突起为《舜典》也,遂增曰,若以下二十有八字,则愈巧矣愈近理矣,无可得而渗漏矣,无可得而掎摭矣,虽英材间气亦尊信服膺之不暇矣,然不知自明者视之,则如泥中之斗兽,踪迹显然,卒亦莫之掩也。甚者至于不恰怿哉。采政忽之类直改易之,而无复置疑。曰明都弗肯构弗肯获。厥考翼之经,直刊落之而无复忌惮,顾使圣人之正经,反附丽伪书以行于世。譬如成周东迁之主,气象销苶,惟列国是依,以列国为命者也,不亦颠倒舛错之甚也哉。此东晋假孔安国之伪书,其颠末大略如此。愚每读书至此,未尝不叹息痛恨于先儒也。夫所贵乎儒者之释经,在能除圣经之蔽翳使秕稗不得以杂嘉谷,鱼目不得以混明珠,华丹不得以乱窈窕焉耳。今反崇信伪书以囚奴正经,予畏圣人之言,故不得不是而正之。特作《考异》,使学者涣然知蔽塞之由,然后知余之恢复圣经,盖有不得已焉,而非苟为好辨者也。

明·梅鷟《尚书考异》卷一

《史记·儒林传》

伏生者,济南人,故为秦博士。孝文时,欲求能治《尚书》者,天下无有,乃闻伏生能治,欲召之。是时伏生年九十余,老,不能行,于是乃诏太常使掌故晁错往受之。秦时焚书,伏生壁藏之。其后兵大起,流亡。汉定,伏生求其书,亡数十篇,独得二十九篇,即以教于齐鲁之间。学者由是颇能言《尚书》,诸山东大师无不涉《尚书》以教矣。

伏生教济南张生及欧阳生,欧阳生教千乘儿宽。儿宽既通《尚书》,以文学应郡举,诣博士受业,受业孔安国。儿宽贫无资用,常为弟子都养,以试第次,补廷尉史。张汤以为奏谳掾,后为御史大夫。张生亦为博士。而伏生孙以治《尚书》征,不能明也,言《尚书》事。孔氏有《古文尚书》,而安国以今文读之,因以起其家。逸书得十余篇,盖《尚书》滋多于此矣。

今按:太史公当汉武帝时,伪说未滋,故其言多可信。如云伏生书出于壁藏,独得二十九篇。又云即以教于齐鲁之间,山东大师无不涉《尚书》以教。历历皆可信。然则汉文帝时非无《尚书》也,求能治《尚书》者耳。山东诸大师匪无治《尚书》,皆伏生弟子而推隆于宗师云耳。晋人不知,遂创为失其本经,口以传授,其诞妄不足信,可知矣。今伏生书见在,古今所引者皆如此,昭然日星之明。失其本经者何篇,以意属读者何章何句也邪?又太史公未尝言安国古文出于壁藏,既曰颇能言,又曰盖《尚书》滋多于此矣,其言容有抑扬哉?

[略]

伏生《今文书》二十九篇

《尧典》、《皋陶谟》、《禹贡》、《甘誓》、《汤誓》、《盘庚》、《高宗肜日》、《西伯戡黎》、《微子》、《牧誓》、《洪范》、《金縢》、《大诰》、《康诰》、《酒诰》、《梓材》、《召诰》、《洛诰》、《多方》、《多士》、《立政》、《无逸》、《君奭》、《顾命》、《吕刑》、《文侯之命》、《费誓》、《秦誓》,凡二十八篇,乃晁错所受。伏生书以隶写之,隶者,当时所行之字也,故曰今文。孔颖达曰,《泰誓》本非伏生所传,武帝之世始出而得行,史迁因以入于伏生所传之内,故云二十九篇也。蔡沈曰,伏生本二十八篇,今加《泰誓》一篇,故为二十九篇耳。

鷟曰,孔氏、蔡氏皆瞽说也。《史记·儒林传》言,秦焚书,伏生壁藏之。其后兵大起,流亡。汉定,伏生求其书,亡数十篇,独得二十九篇,即以教于齐鲁之间。则伏生壁藏之时,初不止二十九篇,其后亡数十篇,独得此耳。是二十九篇,皆伏生壁藏者,安得谓今加《泰誓》一篇,故为二十九篇哉。且伏生于汉定兵熄之时,得二十九篇,正高、惠之间,其后至文帝时,始授晁错。然又更景帝至武帝末年,张霸伪《泰誓》始出。故马融云,《泰誓》后出。郑玄《书论》亦云,民间得《泰誓》。《别录》曰,民有得《泰誓》书于壁内者,献之,与博士,使读说之。数月,皆起传以教人。伏生当汉初定之时,即以二十九篇教于齐鲁之间,安得谓太史迁在武帝之世见《泰誓》出,事得行入于伏生所传内,故为史总之并云伏生所出,不复曲别分析云民间所得,其实得时,不与伏生所传同也哉?

《汉艺文志》云,《书》之所起远矣。至孔子纂焉,上断于尧,下讫于秦,凡百篇,而为之序,言其作意。秦燔书禁学,济南伏生独壁藏之。汉兴,亡失,求得二十九篇,以教齐鲁之间。今按《艺文志》所言,所以疏《史记·儒林传》之言也。见百篇之书,共序为百一篇。亡失者七十二篇,止求得二十九篇。二十九篇之内,二十八篇为《尚书》经,而一篇为序,其言明甚。东晋时伪作孔安国《尚书传序》者，亦知此意。故曰今所定者，增多伏生二十五篇。伏生又以《舜典》合于《尧典》，《益稷》合于《皋陶谟》，《盘庚》三篇合为一，《康王之诰》合于《顾命》，复出此篇，并序，凡五十九篇，为四十六卷。可见《书序》正在二十九篇之数内矣。马融等所注二十九篇者，正谓此也。尚何言哉，试以《史记》考之，则百篇之序，散见于夏殷周本纪中，虽不尽完备，然颠末可考，正可以见伏生二十九篇之经，乃并序言之，而非以伪《泰誓》矣。故曰，孔氏、蔡氏，皆瞽说也。

［略］

孔安国《尚书注》十三卷

晁氏曰，安国《古文尚书》至晋、齐间始显，详见总论。唐孝明不喜古文，以今文易之，又颇改其辞。如旧无颇，今改无陂之类是也。按：安国既定古文，会有巫蛊事，不复以闻，藏于私家而已。是以郑康成注《礼记》、韦昭注《国语》、杜预注《左氏》、赵岐注《孟子》，遇引《今尚书》所有之文，皆曰逸书，盖未尝见古文故也。然尝以《礼记》较《说命》，《孟子》较《泰誓》，大义虽不远，而文不尽同，意者安国以隶古定时失之耳。

愚今按晁氏之言，多未详悉，盖考焉而不精，故语焉而不详也。首言安国《古文尚书》至晋齐间始显，是以晋人伪安国之《古文》，即为先汉真安国之《古文》也。其言谬甚，论其义理，则先汉之古文，不如东晋之古文，尤为近理，何者？先汉之伪，纰漏显然，其失易见。东晋之伪，无一书不搜葺，无一字无所本，自非英才间世之大贤，不能以出于一手置其疑，不能以平缓卑弱斥其非。世之陋儒，其智如虱，不出裩裆。敝精神于《尔雅》虫鱼之蹇浅，而略无超然独得于牝牡骊黄之外之玄微，则其奔走服役之不暇，而遂为膏肓沉痼之疾病，不亦宜哉。

论其时岁，则先汉之古文，实为安国之家传。而东晋之古文，乃自皇甫谧而突出。何者，前乎谧而授之者，曰郑冲、曰苏愉、曰梁柳，而他无所征也。冲又受之何人哉，冲愉等有片言只字可考证哉。此可知其书之杜撰于谧，而非异人，一也。后乎谧而上之者，曰梅赜，而赜乃得之梁柳，柳即谧之外兄，此亦可知谧之假手于柳以传，而非异人，二也。至其作《帝王世纪》也，凡《尚书》之言，多创为一纪以实之。此其用心，将以羽翼是书而使之可以传远，则其情状不可掩矣，尚何疑哉。然则贾逵、郑康成所注，正安国的传之古文，于《礼记》、《国语》、《左传》、《孟子》所引《尚书》之文，悉皆不载。故诸儒疑信相半，辨驳纷然。皇甫谧窥见此意,故所杜撰特为用心,然出于一手终不可,盖平缓卑弱,终不可掩。诸贤虽注先汉的传古文,而未见东晋后出之古文,是以凡遇所引,皆曰逸书,盖以此也。晁氏乃曰"会有巫蛊事,不复以闻,藏于私家而已。是以康成等未尝见古文",诚为可笑之至也。当是时,岂犹有秦人焚书之余威,乃以安国与张霸等所作之十六篇者,而递递相承以至于涂恽也耶?天之历数在尔躬,一节离为三段,而伪增其上。予小子履一节,离为二段,而亦伪增其上。心劳日拙,实允蹈之矣。乃曰,以《礼记》较《说命》、《孟子》较《泰誓》,大义虽不远,而文不尽同。是则真所谓不能三年之丧,而缌小功之察,不知务甚矣哉。

[略]

《史记》言,孔氏有《古文尚书》,而安国以今文读之,因以起其家逸书得十余篇,盖《尚书》滋多于此,而未尝言五十九篇也。至《汉书》始言安国献之,遭巫蛊事,未列于学官,而未尝言承诏为五十九篇作传也。至东晋,伪序始云,悉上送官藏之书府。又云,承诏为五十九篇作传,会巫蛊事,经籍道息,用不复以闻,传之子孙,以贻后代。此其言将以取信于我后之人,而不知其不可信者显然也。夫云遭巫蛊事,未列于学官,然已悉上送官,藏之书府,即《汉书》所谓安国献之者是也。故刘歆移书太常,请立学官,谆切不已,但云《古文尚书》十六篇,正与《史记》所载逸书得十余篇者合,既未尝以为二十五篇,亦未尝以为五十九篇也。由是观之,谓安国五十九篇未列于学官,史迁、刘歆所不载者,此妄说也。

既云承诏为五十九篇作传,汉武虽暴,未至有焚书禁学之令颁行天下,安国岂得废阁诏令书传成而不复以闻者哉?武帝雄才大略,表章经术,伪《泰誓》之纰漏显然,犹且立之学官,谓因巫蛊息经籍,诬武帝甚矣。且安国既不以闻矣。其后都尉朝,安国之弟子也。庸生辈,受业于朝之弟子也,亦寂然未尝言有安国之传,何也。由是观之,谓安国承诏作传,不复以闻者,此妄说也。

先儒之说,惟陈氏颇为存疑,陈氏曰,考之《儒林传》,安国以古文授都尉朝,递递相承,以及涂恽、桑钦。至东都则贾逵作训,马融、郑玄作传注解,而逵父徽实受书于涂恽,逵传父业。虽曰远有源流,然而两汉名儒皆未尝实见孔氏古文也。岂惟两汉,魏晋犹然,凡杜征南以前所注经传,有援《大禹谟》、《五子之歌》、《胤征》诸篇,皆曰逸书。其援《泰誓》,则云今《泰誓》无此文,盖伏生书亡《泰誓》,《泰誓》后出。或云武帝末民有献者。或云宣帝时,河内女子得之。所载白鱼火乌之神,实伪书也。然则马郑所解,岂真古文哉?故孔颖达谓贾马辈惟传孔学三十三篇,即伏生书也,亦未得为孔学矣。颖达又云,王肃注书,始似窃见孔传,故于乱其纪纲,以为太康时皇甫谧得《古文尚书》于外弟梁柳,作《帝王世纪》,往往载之。

盖自太保郑冲授苏愉,愉授梁柳,柳授臧曹,曹授梅赜,为豫章内史,奏上其书,时已亡《舜典》一篇。至齐明帝时,有姚方兴者,得于大航头而献之,隋开皇中搜索遗典,始得其篇。夫以孔注,历汉末无传,晋初犹得存者,虽不列学官,而散在民间故耶。然终有可疑者,今按陈氏之说,犹有未明。盖安国子孙递递相承者,实先汉之古文,而非晋人之古文也。由是观之,谓以晋人之古文,以晋人之作传,而传之安国之子孙,以贻后代者,妄说也。

明·陈第《尚书疏衍》卷一《尚书考》

《尚书》有今文、古文。今文二十八篇[略],本自伏生,伏生为秦博士,当秦焚书,伏生壁藏之。及汉定,求其书,亡数十篇,独得二十九篇,即以教于齐鲁之间。古文本自孔安国,鲁共王坏孔子宅,欲以为宫,而得古文于坏壁中。以校今文多二十五篇。安国献之汉武,受诏作传,又于《尧典》分出《舜典》,《皋陶谟》分出《益稷》,《盘庚》分出二篇,《顾命》分出《康王之诰》,合今文、古文,共为五十八篇,传成。值巫蛊之祸,不及上闻,世弗得而见之也。先此有得伪《泰誓》者,谓之《今文泰誓》,与安国《泰誓》不同。儒者闻安国《尚书》有五十八,而未之见。遂有张霸之徒,亦于伏生《书》分出《盘庚》二篇、《康王之诰》一篇,为三十一篇,增入伪《泰誓》三篇,又伪作《舜典》一篇、《汩作》一篇、《九共》九篇、《大禹谟》一篇、《益稷》一篇、《五子之歌》一篇、《胤征》一篇、《汤诰》一篇、《咸有一德》一篇、《典宝》一篇、《伊训》一篇、《肆命》一篇、《原命》一篇、《武成》一篇、《旅獒》一篇、《冏命》一篇,亦为五十八篇。篇目虽与安国同,自《泰誓》而下二十七篇,皆非安国之旧矣。刘向作《别录》,班固作《艺文志》。及《后汉书·儒林传》所称《古文尚书》者,实皆张霸之伪书,非安国之古文。故马融、郑玄、刘歆、赵岐、服虔、韦昭、王肃、杜预之伦皆未见《孔传》。故郑玄注《礼记》,赵岐注《孟子》,韦昭注《国语》,杜预注《左传》,凡有引用二十五篇者,皆曰逸书,曰篇亡,道其实也,安得以目所未见而附会以为知乎。至晋郑冲,始得古文,以授苏愉,愉授梁柳。柳,皇甫谧之外弟也,谧于柳边得《古文尚书》,故作《帝王世纪》。柳授臧曹,曹授梅赜,赜于前晋奏上而施行焉。自是人人知有古文矣,余按孔颖达所考,而详其颠末，如是则见斯文兴废，不偶然也。

［略］

《尚书》评

夫《书》之不全，皆委之秦火矣。按《秦本记》，始皇三十四年，李斯议，谓诸生不师今而学古，以非当世，惑乱黔首，令天下有藏诗书百家语者，悉诣守尉褋烧之。越三年，始皇崩。又越三年，二世灭。又越五年，汉高即皇帝位。焚书之年，岁戊子，汉高即位，岁己亥，相去十二年耳。且张苍，秦之柱史。叔孙通、伏生，秦之博士。陆贾、郦食其、申公辈，皆秦儒生。岂以十二年之间，遂至一废扫地。《庄子》云，诗书礼乐，邹鲁之士，搢绅先生多能明之。孟子、荀卿述王道，论诗书，其及门弟子往往散处列国。战国去秦何几，一经焰火，遂尔澌灭，何也？且汉兴至武帝亦六七十年间耳，伏生出壁藏，谓之今文，孔安国得壁藏，谓之古文，卒莫能有辨其是非，以致或行或不行，而张霸之伦，复得以伪作传信于世。司马迁、董仲舒皆引白鱼入舟之事，实霸书也。岂秦及战国功利之习，浃人肤髓，而士生其时，惟学从横长短攻战之术与？夫尊秦仪礼之制，而《尚书》古经无复有读之者耶？

史称高皇帝诛项籍，引兵围鲁，鲁中诸儒尚称诵习礼法，弦歌之音不绝，此其时去秦愈近，岂谓讲诵者皆非《尚书》古文耶？不然，何泯泯也？其故不可知也。汉武行幸河东，尝亡书三箧，诏问莫能知，惟张安世识之。具作其事，后购求得书，以相校无所遗失。秦汉之际，遂无若人，可悲也哉。

清翰林院检讨毛奇龄《古文尚书冤词》卷一

《今文尚书》

《秦始皇本纪》，三十四年，用李斯议，凡天下诗书百家语，悉诣守尉烧之。秦律，挟书者族，偶语诗书者弃市。《汉帝纪》：孝惠四年，除挟书律。

《史记·儒林传》言，《尚书》自济南伏生。张华云，生，名胜。《纪年》云，字子贱，此以宓子贱，宓、伏，字同致误。

又云，秦时焚书，伏生壁藏之。其后兵大起，流亡。汉定，伏生求其书，亡数十篇，独得二十九篇，即以教于齐鲁之间。学者由是颇能言《尚书》，山东诸大师无不涉《尚书》以教矣。伏生教济南张生及欧阳生。

又卷三

朱又曰，岂有数百年壁中之物不讹损一字者？吴澄云，夫千年古书，最晚乃出，而字画略无脱误，文势略无龃龉，不亦大可疑乎。

又曰，《书》，凡易读者皆古文，伏生所传皆难读，夫伏生口授，如何偏记其所难而易者全不能记也？蔡沈云，伏生背文暗诵，乃偏得其所难，而安国考定于科斗古书，错乱磨灭之余，反专得其所易，则有不可晓者。

孔壁出书，距始皇焚书时虽及百年，而简漆不易损，公然完具，事未可知，此固不足为真伪辨者，但其所讹损之数，在诸书已明言之。其正书所损，则《汉志》明云，《酒诰》脱简一，《召诰》脱简二，简若干字，脱若干字是也。其亡逸者所损，则《书序》明云，其余错乱摩灭弗复可知是也，是讹损脱误，开载甚明。己则不知，而反咎古人，以无隙之隙，古人不受也。

且《论语》、《孝经》与《书》同出，同是百年壁中之物。《论语》不讹损，世未尝疑，何独至《书》而疑之？如谓今文难读，则伏壁所藏曾不止此，散失之余偶得此数，原非择其难者而读之。如曰记其难，而忘其易，则必所读者多篇，而所记者止此数，则可云记此忘彼。今伏生于二十九篇之外，未闻有读之而忘之者也。且《尧典》、《皋谟》并非难读，何以读之而公然不忘？则非易者偏忘，而难者偏记，亦可知矣。

且伏生何必记耶？夫此二十九篇者，非竟亡其书而心记之，口诵之也。据《史记·儒林传》明云，伏壁所藏书，仅求得二十九篇，而其余亡失。伏生即以此二十九篇教授于齐鲁之间，则此二十九篇有壁本矣。既有壁本，则依本教授，何必强记？况伏生无口授事。在史汉传志，并无此说。惟安国大序有云，伏生年九十，口以传授。然后有口授二字，而其后卫宏《定书古文序》则又云，伏生老不能正言，使其女传言教错，而齐人语与颍川各异，错所不知者凡十二三，略以其意属读而已。则又增伏女传言一事，于是作《隋书》者亦载口授二字于《经籍志》中。则是口授二字出自孔序。朱氏既疑孔书是伪书，孔序是伪序，而口授二字偏信伪书、伪序之所言,而以此相难,则窃贼言以诘贼,贼有不掩口而胡卢者乎?

又况所谓口授,所谓传言者,非口念其书而传诵之也,谓说书也。古凡授书,必说书,如儿宽,初见武帝,说《尚书》。帝曰:“吾初以《尚书》为朴学,勿好,及闻宽说,乃从宽问一篇。”此说书之谓也。故伏生之孙以《尚书》征,乃不能明定而罢,谓不能说也。故卫宏记传言事,则明云齐语与颍川殊异,伏女所说,错只得以其意,略为属读。盖说书有数端,必解其篇义,释其字诂,指示其章句属读。而是时,错以言语不明,只得记属读,而不记其他,则是所谓口授,所谓传言,在汉人已明明言之,而世无学人,惟知以记难忘易,动成口实,陋之陋矣。且吾更有说于此,夫伏所授者,今文也。今文者,以所授之书字言也,如曰口授,则焉知其口中之字为科斗,为篆隶,而可指之为今文也乎?何茫昧乃尔?

清·朱彝尊《经义考》卷二二二

《隋书》、《孝经》,遭秦焚书,为河间人颜芝所藏。汉初,芝子贞出之,凡十八章,而长孙氏、江翁、后苍、翼奉、张禹,皆名其学。又有《古文孝经》,与《古文尚书》同出,而长孙有《闺门》一章,其余经文,大较相似,篇简缺解,又有衍出三章,并前合为二十二章。至刘向校经籍,以颜本比古文,除其繁惑,以十八章为定。郑众、马融并为之注。陆德明曰,《孝经》者,孔子为弟子曾参说孝道,因明天子、庶人五等之孝,事亲之法,亦遭焚烬。河间人颜芝为秦禁藏之。汉氏尊学,芝子贞出之,是为今文。长孙氏、博士江翁、少府后苍、谏大夫翼奉、安昌侯张禹传之,各自名家,凡十八章。

清·浦起龙《史通通释》卷一二

尧舜相承,已见坟典,周监二代,各有书籍。至孔子讨论其义,删为《尚书》。始自唐尧,下终秦穆,其言百篇,而各为之序。释,数语提清《尚书》原本属秦为不道,坑儒禁学,孔子之末孙曰一多孔字惠,壁藏其书。

汉室龙兴,旁求儒雅,闻故秦博士伏胜能传其业,诏太常使掌故一本作固,据《汉书》作故。晁错受焉。时伏生年且百岁,言不可晓。口授其书,才二十九篇。

自是传其学者，有欧阳氏、大小夏侯。宣帝时，复有河内女子，得《泰誓》一篇，献之。与伏生所诵合三十篇，行之于世。其篇所载年月，不与序相符会，又与《左传》、《国语》、《孟子》所引《泰誓》不同，故汉魏诸儒原注谓马融、郑玄、王肃也。咸疑其缪。释，一番显晦《古文尚书》者，即孔惠之所藏，科斗之文字也。鲁恭王坏孔子旧宅，始得之于壁中。博士孔安国以校伏生所诵，增多二十五篇，更以隶古字写之，编为四十六卷。司马迁迁字旧讹在故字下。屡访一作采其事，故多有古说。安国又受诏为之训传。值武帝末，巫蛊事起，经籍道息，不获奏上，藏诸私家。刘向取校欧阳、大小夏侯三家经文，脱误甚众。至于后汉，孔氏之本遂绝。其有见于经典者，诸儒皆谓之逸书。原注谓马融、郑玄、杜预也。王肃亦注《今文尚书》，而大与《古文孔传》相类，或肃私见其本，而独秘之乎。释，又一番显晦

晋元帝时，豫章一多王字内史梅赜始以孔传奏上，而缺《舜典》一篇，乃取肃之《尧典》，从慎徽以下，分为《舜典》以续之。自是欧阳、大小夏侯家等学，马融、郑玄、王肃诸注废，而古文孔传独行，列于学官，或作宫，非。永为世范。

齐建武中，吴兴人姚方兴孔颖达作方兴。《隋书》：方字在下。采马、王之义以造孔传《舜典》，云于大航《隋书》作杭购得，诣阙以献。举朝集议，咸以为非。原注：梁武帝时，博士议曰，孔叙称伏生误合五篇，盖文句相连，所以成合。《舜典》必有曰若稽古，伏生虽云昏耄，何容阙。由是遂不见用也。按：误合五篇者，《孔序》云，伏生以《舜典》合于《尧典》，《益稷》合于《皋陶》，《谟盘庚》三篇合为一，《康王之诰》合于《顾命》也。及江陵板荡，其文入北，中原学者，得而异之。隋学当作博士刘玄遂取此一篇，列诸本第。故今人所习《尚书·舜典》，元出于姚氏者焉。释，至此所述，始为定着今本。

明·程敏政编《明文衡》卷二一

周叙《伏生授经图赞》(有序)

伏生，讳胜，济南人也。案《史记》，伏生故为秦博士。孝文时求能治《尚书》者，天下亡有，闻伏生治之，欲召。时年九十余，老，不能行，于是诏太常使掌故晁错往受之。先是秦焚书，伏生壁藏之。兵兴，流亡。伏生求其书，亡数十篇，独得二十九篇，即以教于齐鲁之间。学者由是颇能言《尚书》，诸山东大师无不涉《尚书》以教矣。又按《汉书》颜师古注，当错受书时，伏生老，不能言，言不可晓，使

其女传言教错，齐人语多与颍川异，错所不知者，凡十二三，略以其意属读而已。

是图盖当时授经之象，中坐者伏生，旁侍者其女，前跪而坐者错也。图用缣素仅二尺，而苍山、古栢、灵芝、石床、书几之状，莫不曲尽巧妙，画者之意亦工矣哉。

于戏，圣人之道，寓于六经。而《书》者，二帝、三王治天下之大经、大法所由载，有天下者不可不以之取则也。使非汉文求之，伏生传之，天下后世将贸贸焉。莫知圣帝明王精神心术之所寓，而道晦矣。愚故谓《尚书》一经不幸焚灭于秦，幸而表章于汉，尤幸而传授于伏生也。且是时伏生年已九十余，使汉文求之不早，不几于泯焉矣乎。然则是书之传，岂非天耶！而其所以继往圣开来，学之功又岂居汉之诸儒后哉。户部员外郎高君信以是经登进士，历官朝著有声，家藏斯图，命工装潢成轴，以余家传是经也，求识之久之，未敢执笔，而高君之请益坚，敬用书其故，而为之赞曰：

> 大哉圣道，寓诸六经，煌煌《尚书》，实统厥成。秦亡汉兴，斯道几晦。展也伏生，爰际其会。心惟口诵，以教以传，晁错之受，汉文之贤。斯文千载，既晦而显。展也伏生，其功不浅。咨尔后学，是仰是宗。拜瞻图像，邈焉高风。

杂记与述评

秦《始皇帝坑儒生制》(《文章辨体汇选》卷一二)

吾前收天下书不中用者尽去之。悉召文学方术士甚众,欲以兴太平,方士欲练以求奇药。今闻韩众去不报,徐市等费以巨万计,终不得药,徒奸利相告日闻。卢生等,吾尊赐之甚厚,今乃诽谤我,以重吾不德也。诸生在咸阳者,吾使人廉问,或为妖言以乱黔首。于是使御史悉案问诸生,诸生传相告引,乃自除。犯禁者四百六十余人,皆坑之咸阳,使天下知之,以惩后。

秦・李斯《焚诗书百家议》(《文章辨体汇选》卷一四九)

始皇置酒咸阳宫,博士七十人前为寿。仆射周青臣进颂曰:“他时秦地不过千里,赖陛下神灵明圣,平定海内,放逐蛮夷,日月所照,莫不宾服。以诸侯为郡县,人人自安乐,无战争之患,传之万世。自上古不及陛下威德。”始皇悦。博士齐人淳于越进曰:“臣闻殷周之王千余岁,封子弟功臣,自为枝辅。今陛下有海内,而子弟为匹夫,卒有田常、六卿之臣,无辅拂,何以相救哉。事不师古而能长久者,非所闻也。今青臣又面谀以重陛下之过,非忠臣。”始皇下其议。丞相李斯曰:“五帝不相复,三代不相袭,各以治,非其相反,时变异也。今陛下创大业,建万世之功,固非愚儒所知。且越言乃三代之事,何足法也?异时诸侯并争,厚招游学。今天下已定,法令出一,百姓当家则力农工,士则学习法令辟禁。今诸生不师今而学古,以非当世,惑乱黔首。丞相臣斯昧死言,古者天下散乱,莫之能一,是以诸侯并作,语皆道古以害今,饰虚言以乱实,人善其所私学,以非上之所建立。今皇帝并有天下,别黑白而定一尊。私学而相与非法教,人闻令下,则各以其学议之,入则心非,出则巷议,夸主以为名,异取以为高,率群下以造谤。如此弗禁,则主势降乎上,党与成乎下。禁之便。臣请史官非秦记皆烧之。非博士官所职,天下敢有藏诗书百家语者,悉诣守尉杂烧之。有敢偶语诗书,弃市。以古非今者族。吏见知不举者与同罪。令下三十日不烧,黥为城旦。所不去者,医药卜筮种树之书。若欲有学法令,以吏为师。”制曰:“可。”

汉·刘向《战国策序》

是故始皇因四塞之国,据崤函之阻,跨陇蜀之饶,听众人之策,乘六世之烈,以蚕食六国,兼诸侯,并有天下。仗于诈谋之积,终无信笃之诚,无道德之教、仁义之化,以缀天下之心。任刑罚以为治,信小术以为道。遂燔烧诗书,坑杀儒士。上小尧舜,下邈三王。

(汉·孔安国)《孔子家语序》

《孔子家语》者,皆当时公卿士大夫及七十二弟子之所咨访交相对问言语者。既而诸弟子各自记其所问焉,与《论语》、《孝经》并。时弟子取其正实而切事者,别出为《论语》,其余则都集录,名之曰《孔子家语》。凡所论辨流判较归实,自夫子本旨也。属文下辞,往往颇有浮说烦而不要者,亦犹七十二子各共叙述,首尾加之润色。其材或有优劣,故使之然也。

孔子既没而微言绝,七十二弟子终而大义乖。六国之世,儒道分散。游说之士,各以巧意而为枝叶,唯孟轲、孙卿守其所习。当秦昭王时,孙卿入,秦昭王从之问儒术,孙卿以孔子之语及诸国事,七十二弟子之言,凡百余篇与之。由此,秦悉有焉。始皇之世,李斯焚书,而《孔子家语》与诸子同列,故不见灭。高祖克秦,悉敛得之,皆载于二尺竹简,多有古文字。及吕氏专汉,取归藏之。其后被诛亡,而《孔子家语》乃散在人间,好事亦各以意增损其言,故使同是一事而辄异辞。

孝景皇帝末年,募求天下礼书。于时士大夫皆送官,得吕氏之所传《孔子家语》,而与诸国事及七十二子辞妄相错杂,不可得知。以付掌书,与《曲礼》众篇乱简,合而藏之秘府。元封之时,吾仕京师,窃惧先人之典辞将遂泯灭,于是因诸公卿士大夫,私以人事募求其副,悉得之。乃以事类相次,撰集为四十四篇。又有《曾子问礼》一篇,自别属《曾子问》,故不复录。其诸弟子书所称引孔子之言者,本不存乎《家语》,亦以其已自有所传也,是以皆不取也。将来君子,不可不鉴。

(汉·孔安国)《古文孝经孔氏传》

《孝经》者,何也?孝者,人之高行,经常也。自有天地人民以来,而孝道著矣。上有明王,则大化滂流,充塞六合。若其无也,则斯道灭息。行,下孟反。滂,普光反。塞,先北反。当吾先君孔子之世,周失其柄,诸侯力争,道德既隐,礼谊又废,至乃臣弑其君,子弑其父,乱逆无纪,莫之能正。是以夫子每于闲居,而叹述古之孝道也。弑,施志反,下同。闲,音闲。夫子,敷先王之教于鲁之洙泗。门徒三千,而达者七十有二也。贯首弟子:颜回、闵子骞、冉伯牛、仲弓。性也,至孝之自然,皆不待谕而悟者也。其余则悱悱愤愤,若存若亡。敷,芳无反。洙,音殊。泗,音四。有,音又,下有二同。骞,起虔反。悱,芳匪反。愤,房粉反。唯曾参躬行匹夫之孝,而未达天子诸侯以下,扬名显亲之事。因侍坐,而咨问焉。故夫子告其谊。于是,曾子喟然知孝之为大也。遂集而录之,名曰《孝经》。与五经并行于世。参,所金反。坐,才卧反。喟,苦位反。逮乎六国,学校衰废。及秦始皇焚书坑儒,《孝经》由是绝而不传也。逮,大计反,又音代,下同。校,户孝反。焚,扶云反。坑,苦庚反。

汉·班固《汉书·五行志》

《史记》:秦始皇帝二十六年,有大人长五丈,足履六尺,皆夷狄服,凡十二人,见于临洮。师古曰,陇西之县也。音土高反。天戒若曰:"勿大为夷狄之行,将受其祸。"是岁,始皇初并六国,反喜以为瑞,销天下兵器,作金人十二以象之。遂自贤圣,燔诗书,坑儒士,奢淫暴虐,务欲广地,南戍[1]五岭,北筑长城,以备胡越,

---

① 疑"戍"之讹。

师古曰，五岭解在《张耳陈余传》。堑山填谷，西起临洮，东至辽东，径数千里。故大人见于临洮，明祸乱之起。后十四年而秦亡，亡自戍[1]卒陈胜发。

汉·班固《汉书·地理志》

秦之先曰柏益，出自帝颛顼，尧时助禹治水，为舜朕虞养育草木鸟兽，赐姓嬴氏。师古曰，柏益，一号伯翳。盖翳、益，声相近故也。历夏殷为诸侯，至周有造父，师古曰，造，音千到反。父，读曰甫。善驭习马，得华骝、绿耳之乘，师古曰，华骝，言其色如华之赤也。绿耳，耳绿也。幸于穆王，封于赵城，故更为赵氏。后有非子，为周孝王养马汧、渭之间。孝王曰："昔伯益知禽兽，子孙不绝。"乃封为附庸，邑之于秦，宋祁曰，秦晏本作檕。今陇西秦亭秦谷是也。至元孙，氏为庄公，师古曰，氏与是同，古通用字。破西戎，有其地。子襄公时，幽王为犬戎所败，平王东迁洛邑。襄公将兵救周有功，赐受岐酆之地，列为诸侯。师古曰，岐亦岐字。后八世，穆公称伯，以河为竟。师古曰，伯，读曰霸。竟，读曰境，言其地界东至于河。十余世，孝公用商君，制辕田，张晏曰，周制，三年一易，以同美恶。商鞅始割列田地，开立阡陌，令民各有常制。孟康曰，三年爰土易居，古制也。末世浸废。商鞅相秦，复立爰田，上田不易，中田一易，下田再易，爰自在其田，不复易居也。《食货志》曰，自爰其处而已是也。辕、爰同。开仟佰，师古曰，南北曰仟，东西曰佰，皆谓开田之疆亩也。佰，音莫白反。东雄诸侯。子惠公初称王，得上郡、西河。孙昭王开巴蜀，灭周，取九鼎。昭王曾孙政并六国。称皇帝，负力怙威，燔书坑儒，自任私智。至子胡亥，天下畔之。

汉·王充《论衡》卷一二

儒生犹曰，上古久远，其事暗昧，故经不载而师不说也。夫三王之事虽近矣，经虽不载，义所连及，五经所当共知，儒生所当审说也。夏自禹享国，几载而至于殷。殷自汤几祀而至于周。周自文王几年而至于秦。桀亡夏而纣弃殷，灭周者何王也。周犹为远，秦则汉之所代也。夏始于禹，殷本于汤，周祖后稷，秦初为人

① 疑"戍"之讹。

者谁。秦燔五经，坑杀儒士，五经之家所共闻也。秦何起而燔五经，何感而坑儒生？秦则前代也。汉国自儒生之家也，从高祖至今朝几世。历年讫今几载。初受何命？复获何瑞？得天下难易孰与殷周？家人子弟学问历几岁，人问之曰："居宅几年？祖先何为？"不能知者，愚子弟也。然则儒生不能知汉事，世之愚蔽人也。温故知新，可以为师。古今不知，称师如何。

又卷二一

晋惠公改葬，太子巾生。秋，其仆狐突适下国，遇太子。太子趋登仆车而告之曰："夷吾无礼，余得请于帝矣，将以晋畀秦，秦将祀余。"狐突对曰："臣闻之，神不歆非类，民不祀非族，君祀无乃殄乎？且民何罪，失刑乏祀，君其图之。"太子曰："诺，吾将复请。"七日，新城西偏，将有巫者，而见我焉。许之，遂不见。及期，狐突之新城西偏巫者之舍，复与申生相见。申生告之曰："帝许罚有罪矣，毙之于韩。"其后四年，惠公与秦穆公战于韩地，为穆公所获，竟如其言。非神而何？

曰，此亦杜伯、庄子义之类。何以明之？夫改葬，私怨也。上帝，公神也。以私怨争于公神，何肯听之？帝许以晋畀秦，狐突以为不可，申生从狐突之言，是则上帝许申生非也。神为上帝，不若狐突，必非上帝，明矣。且臣不敢求私于君者，君尊臣卑，不敢以非干也。申生比于上帝，岂徒臣之与君哉？恨惠公之改葬，干上帝之尊命，非所得为也。骊姬谮杀其身，惠公改葬其尸。改葬之恶，微于杀人，惠公之罪，轻于骊姬。请罚惠公，不请杀骊姬，是则申生憎改葬，不怨见杀也。秦始皇用李斯之议，燔烧诗书，后又坑儒。博士之怨，不下申生。坑儒之恶，痛于改葬。然则秦之死儒，不请于帝，见形为鬼，诸生会告以始皇无道，李斯无状。

汉·左雄《上顺帝陈吏事疏》(《东汉文纪》卷一二)

臣闻柔远和迩，莫大宁人，宁人之务，莫重用贤，用贤之道，必存考黜。是以皋陶对禹，贵在知人。安人则惠，黎民怀之。分伯建侯，代位亲民，民用和穆，礼让以与。故《诗》云，有渰凄凄，兴雨祁祁。雨我公田，遂及我私。及幽厉昏乱，不自为政，褒艳用权，七子党进，贤愚错绪，深谷为陵。故其诗云，四国无政，不用其良。又曰,哀今之人,胡为虺蜴。言人畏吏如虺蜴也。

宗周既灭,六国并秦,坑儒泯典,刬革五等,更立郡县,刬,削也。五等谓诸侯。县设令长,郡置守尉,什五相司,封豕其民。《史记》商鞅为秦定变法之令,令人什五而相收司,犯禁相连坐,不告奸者要斩。扬雄《长扬赋》曰,秦窫窳其士,封豕其人也。大汉受命,虽未复古,然克慎庶官,蠲苛救敝,悦以济难,抚而循之。至于文景,天下康乂。诚由玄靖宽柔,克慎官人故也。降及宣帝,兴于仄陋,综核名实,知时所病,刺史守相,辄亲引见,考察言行,信赏必罚。帝乃叹曰:"民所以安而无怨者,政平吏良也。与我共此者,其惟良二千石乎?"以为吏数变易,则下不安业,久于其事,则民服教化。其有政理者,辄以玺书勉励,增秩赐金,或爵至关内侯,公卿缺则以次用之。是以吏称其职,人安其业。汉世良吏,于兹为盛,故能降来仪之瑞,建中兴之功。宣帝时凤凰五至,因以纪年。

汉・王符《潜夫论》卷一《贤难》

世之所以不治者,由贤难也。所谓贤难者,非直体聪明服德义之谓也。此则求贤之难得尔,非贤者之所难也。故所谓贤难者,乃将言乎循善则见妒,行贤则见嫉也,而必遇患难者也。虞舜之所以放殛,子胥之所以被诛,上圣大贤犹不能自免于嫉妒,何况乎中世之人哉!此秀士所以虽有贤材美质,然犹不得直道而行,遂成其志者也。处士不得直其行,朝臣不得直其言,此俗化之所以败,暗君之所以孤也。齐侯之所以夺国,鲁公之所以放逐,皆败绩厌覆于不暇,而用及治乎。故德薄者恶闻美行,政乱者恶闻治言,此亡秦之所以诛偶语而坑术士也。

念世俗之人,自慢其亲而憎人敬之,自简其亲而憎人爱之者不少也。岂独品庶,贤材时有焉?邓通幸于文帝,尽心而不违,吮痈而无吝色。帝病不乐,从容曰:"天下谁最爱朕者乎?"邓通欲称太子之孝,则因对曰:"莫若太子之最爱陛下也。"及太子问疾,帝令吮痈,而色难之,帝不悦而遣太子。既而闻邓通之常吮痈也,乃惭而怨之。及嗣帝位,遂致通罪而使至于饿死。故邓通行所以尽心力而无害人,其言所以誉太子而昭孝慈也。太子自不能尽其称,则反结怨而归咎焉。称人之长,欲彰其孝,且犹为罪,又况明人之短矫世者哉?

且凡士之所以为贤者,且以其言与行也。忠正之言,非徒誉人而已也,必有触焉。孝子之行,非徒吮痈而已也,必有驳焉。然则循行论议之士,得不遇于嫉妒之名，免于刑戮之咎者，盖其幸者也。比干之所以剖心，箕子之所以为奴，伯宗之以死却，宛之以亡。夫国不乏于妒男也，犹家不之于妒女也。近古以来，自外及内，其争功名妒过己者岂希也。予以唯两贤为宜不相害乎，然也范睢绌白公，公孙弘抑董仲舒，此同朝共君宠禄争故耶？唯殊邦异途利害不干者为可以免乎。然也，孙膑修能于楚，庞涓自魏变色，诱以则之。韩非明治于韩，李斯自秦作相，致而杀之。嗟士之相妒岂若此甚乎？此未达于君故受祸邪？唯见知为可以将信乎？然也，京房数与元帝论难，使制考功而选守。晁错雅为景帝所知，使治法而不乱。夫二子之于君也，可谓见知深而宠爱殊矣，然京房冤死而上曾不知，晁错既斩而帝乃悔。此材明未足以卫身故及难邪？唯大圣为能无累乎。然也，帝乙以义故囚，文王以仁故拘。夫体至行仁义，据南面师尹卿士，且犹不能无难，然则夫子削迹，叔向缧绁，屈原放沉，贾谊贬黜，钟离废替，何敞束缚，王章抵罪，平阿斥逐，盖其轻士者也。《诗》云，无罪无辜，谗口敖敖。彼人之心，于何其臻。由此观之，妒媚之攻击也，亦诚工矣。贤圣之居世也，亦诚危矣。故所谓贤难也者，非贤难也，免则难也。

彼大圣群贤，功成名遂，或爵侯伯，或位公卿，尹据天官，简在帝心，宿夜侍宴，名达而犹有若此，则又况乎畎亩佚民、山谷隐士，因人乃达，时论乃信者乎。此智士所以钳口结舌，括囊共默而已者也。且闾阎凡品，何独识哉。苟望尘僄声而已矣。观其论也，非能本闺觎之行迹，察臧否之虚实也，直以面誉我者为智，谄谀已①者为仁，处奸利者为行，窃禄位者为贤尔。岂复知孝悌之原，忠正之直，纲纪之化，本途之归哉。此鲍焦所以立枯于道左，徐衍所以自沉于沧海者也。谚曰，一犬吠形，百犬吠声。世之疾此固久矣哉。

吾伤世之不察贞伪之情也，故设虚义以喻其心曰，今观宰司之取士也，有似于司原之佃也。昔有司原氏者，燎猎中野。鹿斯东奔，司原纵噪之。西方之众有逐狶者，闻司原之噪也，竞举音而和之。司原闻音之众，则反辍己之逐而往伏焉，遇夫俗恶之狶，司原喜，而自以获白瑞珍禽也，尽刍豢单囷仓以养之。豕俛仰嚘咿，为作容声，司原愈益珍之。居无何，烈风兴而泽雨作，灌巨豕而恶涂渝，豕骇惧，真声出，乃知是家之艾猳尔。此随声逐响之过也，众遇之未赴信焉。

今世主之于士也，目见贤则不敢用，耳闻贤则恨不及。虽自有知也，犹不能

① 疑“己”之讹。

取，必更待群司之所举，则亦惧失麟鹿而获艾猳。奈何其不分者也。未遇风之变者故也。俾使一朝奇政雨集，则险隘之徒，阘茸之质，亦将别矣。夫众小朋党而固位，谗妒群吠啮贤，为祸败也岂希。三代之以覆，列国之以灭，后人犹不能革，此万官所以屡失守，而天命数靡常者也。诗云，国既卒斩，何用不监。呜呼，时君俗主不此察也。

汉·崔瑗《东观箴》（宋章樵注《古文苑》卷一六）

洋洋东观，古之史官。三坟五典，靡义不贯。左书君行，右记其言。礼云，动则左史书之，言则右史书之。辛、尹顾访，文武明宣。《周语》，文王访于辛尹。注，辛甲、尹佚，皆周太史。倚相见宝，荆国以安。《左传》楚灵王谓子革曰，左史倚相，是良史也。子善祖之。是能读三坟、五典、八索、九丘。何以季世，咆哮不虔。《荡》之诗曰，女炰烋于中国。在强奋娇，而戮彼逢、干。言桀纣暴虐自恣，杀谏臣龙逢、比干，不畏史官之笔。卫巫监谤，国莫敢言。周厉王使卫巫监谤者，以告则杀之，以钳天下之口。国人莫言，道路以目。狐突见斥，淖齿见残。《说苑》狐突曰，与其久生乱世也，不若死。《战国策》，淖齿数齐闵王之罪而杀之。言人主失道，则忠良疏弃，贼臣必兴。焚文坑儒，嬴反为汉。嬴，秦姓。反，转也。巫蛊之毒，残者数万。《江充传》巫蛊狱死者数万人。嗟嗟后王，曷不斯鉴。是以明哲先识，择木而处。就所安也。《左传》，鸟能择木。夏终殷挚，周聃晋黍，或笑或泣，抱籍遁走。《吕氏春秋》夏太史终古见桀惑乱，载其图法奔商。商太史向挚见纣迷乱，载其图法奔周。晋太史屠黍见晋之乱，亦以其图法归周。聃即老聃，尝为周藏室史。三叶靖公，果丧厥绪，宗庙随夷，远之荆楚。晋自幽公时益衰微，反朝韩赵魏之君。其后三世至靖公，三国尽分其地。晋绝不祀。麦秀之歌，借用箕子过殷墟事。亿载不腐。史臣司艺，敢告侍后。

汉·应劭《风俗通义》卷一

谨按：《战国策》、《太史公记》，秦孝公据殽函之固，拥雍州之地，君臣戮力，以窥周室，有席卷天下，囊括八荒之意。当是之时，商君佐之，内立法度，务耕织，修守战之备，外猛将锐卒，因间伺隙，略定西河之城，南并汉中，西定巴蜀，东割膏腴之壤，收要害之郡。诸侯恐惧，会盟而谋，不爱尊爵重宝，以致天下之士。当此之时，齐有孟尝，赵有平原，楚有春申，魏有信陵。夫四豪者，皆明智而忠信，宽厚而爱人，兼韩、魏、燕、赵、宋、卫中山之众，其后复有宁越、苏秦、杜赫之属为之谋，陈轸、召滑、乐毅之徒通其意，吴起、孙膑、廉颇之属制其兵，尝以十倍之地，百万之军攻秦。秦人开关延敌，六国之师遁逃而不敢进。秦无亡矢遗镞之费，而关东已困，于是从散约败，争割地而赂秦。秦有余力而制其弊。及至始皇，承六世之遗烈，抗长策而御宇，内吞二周而叱诸侯，履至尊而制六合，兼帝皇而威四海。于时议者，恨楚之疏远屈原，魏不用公子无忌，故国削以至于亡。秦因愚弱之极，运震电之声威，混壹海内，为汉驱除。盖乘天之所坏，谁能支之？虽阿衡宰政，贲育驭戎，何益于事。且有强兵良谋，杂袭继踵，每辄挫衄，亦足以祛蔽启蒙矣。始皇自以关中之固，金城千里，子孙帝王万世之业也，遂恣睢旧习，矫任其私知，坑儒燔书，以愚其黔首，穷奢肆欲，力役无厌，毒流诸夏，乱延蛮貊，由是二世绝祀，以成大汉之资。高祖践祚，四海乂安。世宗攘夷境，崇演礼学，制度文章，冠于百王矣。

南北朝・范晔《后汉书・陈王列传》

九年，李膺等以党事下狱考实。蕃因上疏极谏曰：

“臣闻贤明之君，委心辅佐。亡国之主，讳闻直辞。故汤武虽圣，而兴于伊吕。桀纣迷惑，亡在失人。关龙逢，桀臣。王子比干，纣诸父。二人并谏，悉皆诛死。由此言之，君为元首，臣为股肱，同体相须，共成美恶者也。《前书》曰，君为元首，臣为股肱，明其一体相须而成也。伏见前司隶校尉李膺、太仆杜密、太尉掾范滂等，正身无玷，死心社稷，以忠忤旨，横加考案，或禁锢闭隔，或死徙非所。杜塞天下之口，聋盲一世之人，与秦焚书坑儒，何以为异。秦始皇时，丞相李斯上言曰，天下已定，百姓力农。今诸生好古，惑乱黔首，臣请史官非秦记及天下敢有藏诗书百家语者，悉烧之。事见《史记》。卫宏《诏定古文官书序》曰，秦既焚书，患苦天下不从所改更，而诸生到者拜为郎，前后七百人。乃密令种瓜于骊山坑谷中温处。瓜实，诏博士说之，人人不同。乃令就视，为伏机，诸生贤儒皆至焉。方相难不决，因发机，从上填之以土，皆压之，终乃无声。今新丰县温汤处号愍儒乡。汤西有马谷，西岸有坑。古老相传，以为秦坑儒处也。昔武王克殷，表闾封墓，史记武王克殷，命毕公表商容之闾，闳夭封比干之墓也。今陛下临政，先诛忠贤，遇善何薄，待恶何优。夫谗人似实，巧言如簧，《诗·小雅》曰，巧言如簧，颜之厚矣。簧，笙簧也。言谗人之口以喻笙簧也。使听之者惑，视之者昏。夫吉凶之效，存乎识善。成败之机，在于察言。人君者，摄天地之政，秉四海之维，举动不可以违圣法，进退不可以离道规。谬言出口，则乱及八方，何况髡无罪于狱，杀无辜于市乎？昔禹巡狩苍梧，见市杀人，下车而哭之曰，万方有罪，在予一人。故其兴也勃焉。《说苑》曰，禹见罪人，下车泣而问之。左右曰，夫罪人不顺，故使杀焉，君王何为痛之至此也。禹曰："尧舜之人，皆以尧舜之心为心，今寡人为君也，百姓各自以其心，是以痛之。《书》曰，百姓有罪，在予一人。《左传》曰，禹汤罪已①，其兴也勃焉。桀纣罪人，其亡也忽焉。杜预注曰，勃，盛也。又青、徐炎旱，五谷损伤，民物流迁，茹菽不足。《广雅》曰，茹，食也。而宫女积于房掖，国用尽于罗纨，外戚私门，贪财受赂，所谓禄去公室，政在大夫。昔春秋之末，周德衰微，数十年间无复灾眚者，天所弃也。《春秋·感精符》曰，鲁哀公政乱，绝无日食，天不谴告也。天之于汉，悢悢无已，悢悢，犹眷眷也。故殷勤示变，以悟陛下。除妖去孽，实在修德。臣位列台司，忧责深重，不敢尸禄惜生，坐观成败。如蒙采录，使身首分裂，异门而出，所不恨也。"《谷梁传》曰，公会齐侯于颊谷，齐人使优施舞于鲁之幕下。孔子曰，笑君者罪当死。使司马行法焉，首足异门而出也。

晋·陈寿《三国志·魏志》

始，景初中，帝以苏林、秦静等并老，恐无能传业者。乃诏曰："昔先圣既没，而其遗言余教，著于六艺。六艺之文，礼又为急，弗可斯须离者也。末俗背本，所由来久。故闵子讥原伯之不学。荀卿丑秦世之坑儒。儒学既废，则风化曷由兴哉。方今宿生巨儒，并各年高，教训之道，孰为其继。昔伏生将老，汉文帝嗣以晁错。穀梁寡畴，宣帝承以士郎。其科郎吏高才解经义者三十人，从光禄勋隆、散骑常侍林、博士静，分受四经三礼，主者具为设课试之法。"夏侯胜有言："士病不明经术，经术苟明，其取青紫如俯拾地芥耳。今学者有能究极经道，则爵禄荣宠，不期而至，可不勉哉？"数年，隆等皆卒，学者遂废。

① 疑"己"之讹。

三国两晋南北朝·刘徽《九章算术注原序》

昔在庖牺氏始画八卦，以通神明之德，以类万物之情，作九九之数以合六爻之变。及于黄帝神而化之，引而伸之，于是建历纪，协律吕，用稽道原，然后两仪四象精微之气可得而效焉。记称隶首作数，其详未之闻也。按：周公制礼而有九数，九数之流，则九章是矣。

往者暴秦焚书，经术散坏。自时厥后，汉北平侯张苍、大司农中丞耿寿昌皆以善算命世。苍等因旧文之遗残，各称删补。故校其目则与古或异，而所论者多近语也。

徽幼习九章，长再详览。观阴阳之割裂，总算术之根源，探赜之暇，遂悟其意。是以敢竭顽鲁，采其所见，为之作注。事类相推，各有攸归，故枝条虽分而同本干者，知发其一端而已。又所析理以辞，解体用图，庶亦约而能周，通而不黩，览之者思过半矣。且算在六艺，古者以宾兴贤能，教习国子。虽曰九数，其能穷纤入微，探测无方。至于以法相传，亦犹规矩度量可得而共，非特难为也。当今好之者寡，故世虽多通才达学，而未必能综于此耳。

周官大司徒职，夏至日中立八尺之表，其景尺有五寸，谓之日中。说云，南戴日下万五千里。夫云尔者，以术推之。按九章立四表望远及因木望山之术，皆端旁互见，无有超邈若斯之类。然则苍等为术犹未足以博尽群数也。徽寻九数有重差之名，原其指趣乃所以施于此也。凡望极高、测绝深而兼知其远者必用重差，句股则必以重差为率，故曰重差也。立两表于洛阳之城，令高八尺。南北各尽平地，同日度其正中之时。以景差为法，表高乘表间为实，如法而一，所得加表高，即日去地也。以南表之景乘表间为实，实如法而一，即为从南表至南戴日下也。以南戴日下及日去地为句、股，为之求弦，即日去人也。以径寸之筒南望日，日满筒空，则定筒之长短以为股率，以筒径为句率，日去人之数为大股，大股之句即日径也。虽夫圆穹之象犹曰可度，又况泰山之高与江海之广哉？

徽以为今之史籍且略举天地之物，考论厥数，载之于心，以阐世术之美。辄造重差，并为注解，以究古人之意，缀于句股之下。度高者重表，测深者累矩，孤离者三望，离而又旁求者四望。触类而长之，则虽幽遐诡伏，靡所不入。博物君子，详而览焉。

晋·葛洪《抱朴子外篇》卷一

道，治偷、薄之俗。以画一之歌，救鼎沸之乱，非识因革之随时，明损益之变通也。所谓刻舟以摸遗剑，参天而射五步。擐犀兕之甲以涉不测之渊，袗却寒之裘以御郁隆之暑。踵之解结，颐之搔背，其为愦愦，莫此之剧矣。但当先令而后诛，得情而勿喜。使伯氏无怨于失邑，虞芮知耻而无讼耳。若强暴掩容，操绳而不惮。邑于含垢，草蔓而不除。恃藏疾之大言，忘膏肓之近急，何异嗍喉之渴切身而遥指沧海于万里之外，滔天之水已及而方造舟于长洲之林？安得免夸父之祸，脱沦水之害哉？

世人薄申韩之实事，嘉老庄之诞谈。然而为政莫能错刑，杀人者原其死，伤人者赦其罪，所谓土拌瓦胾，无救朝饥者也。道家之言，高则高矣，用之则弊。辽落迂阔，譬犹干将不可以缝线，巨象不可使捕鼠，金舟不能凌阳侯之波，玉马不任骋千里之迹也。若行其言，则当燔桎梏，隳囹圄，罢有司，灭刑书，铸干戈，平城池，散府库，毁符节，撤关梁，掊量衡。胶离朱之目，塞子野之耳，汎然不系，反乎天放。不训不营，相忘江湖。朝廷阒尔若无人，民则至死不往来。可得而论，难得而行也。

俗儒徒闻周以仁兴，秦以严亡，而未觉周所以得之不纯仁，而秦所以失之不独严也。昔周用肉刑，刖足劓鼻。盟津之令，后至者斩。毕力赏罚，誓有孥戮。考其所为，未尽仁也。及其叔世，罔法玩文，人主苛虐，号令不出宇内。礼乐征伐，不复由己。群下力竞，还为长蛇。伐本塞源，毁冠裂冕。或沉之于汉，或流之于彘。失柄之败，由于不严也。

秦之初兴，官人得才，卫鞅、由余之徒，式法于内。白起、王翦之伦，攻取于外。兼弱攻昧，取威定霸，吞噬四邻，咀嚼辟雄。拓地攘戎，龙变虎视。实赖明赏必罚，以塞帝业。降及叔季，骄于得意。穷奢极泰，加之以威虐。筑城万里，离宫千余。钟鼓女乐，不徙而具。骊山之役，大半之赋，闾左之戎，坑儒之酷。北击猃狁，南征百越。暴兵百万，动数十年。天下有生离之哀，家户怀怨旷之叹。白骨成山，虚祭布野。徐福出而重号咷之仇，赵高入而屯豺狼之党。天下欲反，十室九空。其所以亡，岂由严刑？此为秦以严得之，非以严失之也。

晋·袁宏《后汉纪》卷二二

是时,太学生三万余人,皆推先陈蕃、李膺,被服其行。由是学生同声竞为高论,上议执政,下讥卿士。范滂、岑晊之徒,仰其风而扇之。于是天下翕然,以臧否为谈,名行善恶,托以谣言曰,不畏强御。陈仲举,天下模楷。李元礼,公卿以下皆畏,莫不侧席。又为三君、八俊、八顾、八及之目,犹古之八元、八凯也。陈蕃为三君之冠,王畅、李膺为八俊之首。海内诸为名节志义者,皆附其风。膺等虽免废,名逾盛,希之者惟恐不及。涉其流者,时虽免黜,未及家,公府州郡争礼命之。申屠蟠尝游太学,退而告人曰:“昔战国之世,处士横议,列国之王,争为拥彗先驱,卒有坑儒之祸,今之谓矣。”乃绝迹于梁、砀之间,居三年而滂及难。

唐《晋书·律历志》

《易》曰,形而上者谓之道,形而下者谓之器。夫神道广大,妙本于阴阳,形器精微,义先于律吕。圣人观四时之变,刻玉纪其盈虚,察五行之声,铸金均其清浊,所以遂八风而宣九德,和大乐而成政道。然金质从革,侈弇无方,竹体圆虚,修短利制。是以神瞽作律,用写钟声,乃纪之以三,平之以六,成于十二,天之道也。又叶时日于晷度,效地气于灰管,故阴阳和则景至,律气应则灰飞。灰飞律通,吹而命之,则天地之中声也。故可以范围百度,化成万品,则《虞书》所谓叶时月正日,同律度量衡者也。中声节以成文,德音章而和备,则可以动天地,感鬼神,导性情,移风俗。叶言志于咏歌,鉴盛衰于治乱,故君子审声以知音,审音以知乐,审乐以知政,盖由兹道。太史公《律书》云,王者制事立法,物度轨则,一禀于六律。六律为万事之本,其于兵械尤所重焉。故云望敌知吉凶,闻声效胜负,百王不易之道也。

及秦氏灭学,其道浸微。汉室初兴,丞相张苍首言音律,未能审备。孝武帝创置协律之官,司马迁言律吕相生之次详矣。及王莽之际,考论音律,刘歆条奏,大率有五:一曰备数,一、十、百、千、万也。二曰和声,宫、商、角、徵、羽也。三曰审度,分、寸、尺、丈、引也。四曰嘉量,龠、合、升、斗、斛也。五曰权衡,铢、两、斤、钧、石也。班固因而志之。蔡邕又记,建武已后言律吕者,至司马绍统采而续之。汉末天下大乱,乐工散亡,器法堙灭,魏武始获杜夔,使定乐器声调。夔依当时尺度,权备典章。及武帝受命,遵而不革。至泰始十年,光禄大夫荀勖奏造新度,更铸律吕。元康中,勖子藩嗣其事,未及成功,属永嘉之乱,中朝典章,咸没于石勒。及元帝南迁,皇度草昧,礼容乐器,扫地皆尽,虽稍加采掇,而多所沦胥,终丁恭、安,竟不能备。今考古律相生之次,及魏武已后言音律度量者,以志于篇云。

[略]

及秦始皇焚书荡覆,典策缺亡,诸子琐言时有遗记。吕不韦《春秋》言,黄钟之宫,律之本也,下生林钟,林钟上生太蔟,太蔟下生南吕,南吕上生姑洗,姑洗下生应钟,应钟上生蕤宾,蕤宾下生大吕,大吕下生夷则,夷则上生夹钟,夹钟下生无射,无射上生中吕。三分其所生,益其一分以上生,三分所生,去其一分以下生。后代之言音律者多宗此说。

及汉兴,承秦之弊,张苍首治《律历》,颇未能详。故孝武帝正乐,乃置协律之官,虽律吕清浊之体粗正,金石高下之音有准,然徒共据采遗存,以成一时之制,而数犹用五。

晋·潘岳《西征赋》(唐·李善《文选注》卷一〇)

窥秦墟于渭城,冀阙缅其堙尽。觅陛殿之余基,裁岥岮以隐嶙。想赵使之抱璧,浏睨楹以抗愤。燕图穷而荆发,纷绝袖而自引。筑声厉而高奋,狙潜铅以脱膑。据天位其若兹,亦狼狈而可闵。简良人以自辅,谓斯忠而鞅贤。寄苛制于捐灰,矫扶苏于朔边。儒林填于坑井,诗书炀而为烟。

善曰,《史记》曰,卢生为始皇求仙药,亡去。始皇大怒,使御史案问诸生。诸生犯禁者四百六十四人,皆坑之咸阳。又曰,李斯曰:“臣请非博士官所职,天下敢有藏诗书百家语,诣守尉杂烧之。”

由伪新之九庙,夸宗虞而祖黄。驱吁嗟而妖临,搜佞哀以拜郎。

善曰,《汉书·王莽下书》曰,定有天下,号曰新。又王莽九庙:一曰黄帝,二曰虞帝,三曰陈王,四曰齐敬王,五曰济北愍王,六曰济南伯王,七曰元城孺王,八曰阳平项王,九曰新都显王。又曰,邓晔、于匡起兵南乡,莽愈忧不知所出。崔发曰:“《周礼》,国有大灾,则哭以厌之。”莽乃率群臣至南郊,搏心大哭。诸生甚悲哀,及能诵策文,除以为郎也。

诵六艺以饰奸,焚诗书而面墙。心不则于德义,虽异术而同亡。

善曰,《汉书》曰,王莽立《乐经》,征天下通一艺,皆诣公车。焚诗书已见上文。《尚书》曰,不学墙面。《左氏传》,富辰曰,心不则德义之经为顽。班固《汉书·王莽赞》曰,昔秦焚诗书,以立私义。莽诵六艺,以文奸言,同归殊途,俱用灭亡。

宋·刘敬叔《异苑》卷四

秦世有谣曰:秦始皇,何僵梁。开吾户,据吾床。饮吾酒,唾吾浆。餐吾饭,以为粮。张吾弓,射东墙。前至沙邱当灭亡。

始皇既坑儒焚典,乃发孔子墓,欲取诸经传。圹既启,于是悉如谣者之言。又言,谣文刊在冢壁,政甚恶之。乃远沙邱而循别路,见一群小儿辇沙为阜。问云沙邱,从此得病。

梁·沈约《宋书·律志序》

左史记言,右史记事。事则《春秋》是也,言则《尚书》是也。至于《楚书》、《郑志》,《晋乘》、《楚杌》之篇,皆所以昭述前史,俾不泯于后。司马迁制一家之言,始区别名题。至乎礼仪刑政,有所不尽,乃于纪传之外,创立八书。片文只事,鸿纤备举。班氏因之,靡违前式。网罗一代,条流遂广。律历礼乐,其名不变。以天官为天文,改封禅为郊祀。易货殖平准之称,革河渠沟洫之名。缀孙卿之辞以述刑法,采孟轲之书用序食货。刘向《洪范》,始自《春秋》。刘歆《七略》,儒墨异部。朱赣博采风谣,尤为详洽。固并因仍,以为三志,而礼乐疏简,所漏者多。典章事数,百不记一。天文虽为该举,而不言天形。致使三天之说,纷然莫辨。是故蔡邕于朔方上书,谓宜载述者也。

汉兴,接秦坑儒之后,典坟残缺,耆生硕老,常以亡逸为虑。刘歆《七略》,固之《艺文》,盖为此也。河自龙门东注,横被中国,每漂决所渐,寄重灾深,堤筑之功,劳役天下。且关、洛高垲,地少川源,是故镐、酆、潦、潏,咸入礼典。漳、滏、郑、白之饶,沟渠沾溉之利,皆民命所祖,国以为天,《沟洫》立志,亦其宜也。世殊事改，于今可得而略。窃以班氏《律历》，前事已详，自杨伟改创《景初》，而《魏书》阙志。及元嘉重造新法，大明博议回改。自魏至宋，宜入今书。

唐·姚思廉《陈书·儒林列传》

盖今儒者，本因古之六学，以教之典籍，斯则先圣所以明天道，正人伦，致治之成法也。秦始皇焚书坑儒，六学自此缺矣。汉武帝立五经博士，置弟子员，设科射策，劝以官禄，其传业者甚众焉。自两汉登贤，咸资经术。魏晋浮荡，儒教沦歇，公卿士庶，罕通经业矣。宋齐之间，国学时复开置。梁武帝开五馆，建国学，总以五经教授，经各置助教云。武帝或纡銮驾，临幸库序，释奠先师，躬亲试胄，申之燕语，劳之束帛，济济焉斯盖一代之盛矣。高祖创业开基，承前代离乱，衣冠殄尽，寇贼未宁，既日不暇给，弗遑劝课。世祖以降，稍置学官，虽博延生徒，成业盖寡。今之采缀，盖亦梁之遗儒云。

北齐·魏收《魏书·李崇崔亮列传》

臣闻世室明堂，显于周夏。二黉两学，盛自虞殷。所以宗配上帝，以著莫大之严，宣布下土，以彰则天之轨。养黄发以询格言，育青襟而敷典式，用能享国久长，风徽万祀者也。故孔子称，巍巍乎其有成功，郁郁乎其有文章，此其盛矣。爰及亡秦，政失其道，坑儒灭学，以蔽黔首。国无黉序之风，野有非时之役，故九服分崩，祚终二世。炎汉勃兴，更修儒术。文景已降，礼乐复彰，化致升平，治几刑措。故西京有六学之美，东都有三本之盛，莫不纷纶掩蔼，响流无已。逮自魏晋，拨乱相因，兵革之中，学校不绝，遗文灿然，方轨前代。

北齐·魏收《魏书·乐志》

窃惟古先哲王制礼作乐，各有所称：黄帝有《咸池》之乐，颛顼作《承云》之舞。《大章》、《大韶》，尧舜之异名。《大夏》、《大濩》，禹汤之殊称。周言《大武》,秦曰《寿人》。及焚书绝学之后,旧章沦灭,无可准据。汉高祖时,叔孙通因秦乐人制宗庙乐,迎神庙门奏《嘉至》,皇帝入庙门奏《永至》,登歌再终,下奏《休成》之乐,通所作也。高祖六年,有《昭容乐》、《礼容乐》,又有《房中祠乐》,高祖唐山夫人所作也。孝惠二年,使乐府令夏侯宽备其箫管,更名《安世乐》。高祖庙奏《武德》、《文始》、《五行》之舞,孝文庙奏《昭德》、《文始》、《四时》、《五行》之舞,孝武庙奏《盛德》、《文始》、《四时》、《五行》之舞。《武德》者,高祖四年作也,以象天下乐已行武以除乱也。《文始舞》者,舜《韶舞》,高祖六年更名曰"文始",以示不相袭也。《五行舞》者,本周舞,秦始皇二十六年更名曰"五行"也。《四时舞》者,孝文所作,以明天下之安和也。孝景以《武德舞》为《昭德》,孝宣以《昭德舞》为《盛德》。光武庙奏《大武》,诸帝庙并奏《文始》、《五行》、《四时》之舞。及卯金不祀,当涂勃兴,魏武庙乐改云《韶武》,用虞之《大韶》、周之《大武》,总号《大钧》也。曹失其鹿,典午乘时,晋氏之乐更名《正德》。自昔帝王,莫不损益相缘,徽号殊别者也。而皇魏统天百三十载,至于乐舞,迄未立名,非所以聿宣皇风,章明功德,赞扬懋轨,垂范无穷者矣。

魏晋南北朝·邢邵《请置学及修立明堂奏》(《汉魏六朝百三家集》卷一〇九)

世室明堂,显于周夏。一黉两学,盛自虞殷。所以宗配上帝,以著莫大之严,宣布下土,以彰则天之轨。养黄发以询哲言,育青矜而敷教典,用能享国长久,风徽万祀者也。爰及亡秦,改革其道,坑儒灭学,以蔽黔黎。故九服分崩,祚终二代。炎汉勃兴,更修儒术,故西京有六学之义,东都有三本之盛。逮自魏晋,拨乱相因,兵革之中,学校不绝,仰惟高祖孝文皇帝,禀圣自天,道镜今古,列校序于乡党,敦诗书于郡国。但经始事殷,戎轩屡驾,未遑多就,弓剑弗追。世宗统历,聿遵先绪,永平之中,大兴版筑。续以水旱,戎马生郊,虽逮为山,还停一篑。而明堂礼乐之本,乃郁荆棘之林。胶序德义之基,空盈牧竖之迹。城隍严固之重,阙砖石之功。墉构显望之要,少楼榭之饰。加以风雨稍侵,渐致亏坠,非所谓追隆堂构,仪刑万国者也。伏闻朝议以高祖大造区夏,道侔姬文,拟祀明堂,式配上帝。今若基址不修,仍同丘畎,即使高皇神享,阙于国阳,宗事之典,有声无实。此臣子所以匪宁,亿兆所以伫望也。

隋·牛弘《请开献书之路表》(《隋文纪》卷四)

宏廾皇初,迁散骑常侍秘书监,以典籍散逸,上表请,开献书之路,上纳之,下诏献书一卷,赉缣一匹,篇籍稍备。

经籍所兴,由来尚矣。爻画肇于庖羲,文字生于仓颉。圣人所以弘宣教导,博通古今,扬于王庭,肆于时夏。故尧称至圣,犹考古道而言。舜其大智,尚观古人之象。《周官》外史掌三皇五帝之书,及四方之志。武王问黄帝、颛顼之道,太公曰,在《丹书》。是知握符御历,有国有家者,曷尝不以《诗》、《书》而为教,因《礼》、《乐》而成功也?昔周德既衰,旧经紊弃。孔子以大圣之才,开素王之业,宪章祖述,制《礼》刊《诗》,正五始而修《春秋》,阐《十易》而弘《易》道。治国立身,作范垂法,及秦皇驭宇,吞灭诸侯,任用威力,事不师古,始下焚书之令,行偶语之刑。先王坟籍,扫地皆尽。本既先亡,从而颠覆。臣以图谶言之,经典盛衰,信有征数。此则书之一厄也。

汉兴,改秦之弊,敦尚儒术,建藏书之策,置校书之官,屋壁山岩,往往间出。外有太常,太史之藏,内有延阁、秘书之府。至孝成之世,亡逸尚多,遣谒者陈农求遗书于天下,诏刘向父子雠校篇籍。汉之典文,于斯为盛。及王莽之末,长安兵起,宫室图书,并从焚烬。此则书之二厄也。

光武嗣,兴犹重经诰,未及下车,先求文雅。于是鸿生巨儒,继踵而集,怀经负帙,不远斯至。肃宗亲临讲肄,和帝数幸书林,其兰台、石室、鸿都、东观、秘牒填委,更倍于前。及孝献移都,吏民扰乱,图书缣帛,皆取为帷囊。所收而西,裁七十余乘。属西京大乱,一时燔荡。此则书之三厄也。

魏文代汉,更集经典,皆藏在秘书、内外三阁,遣秘书郎郑默删定旧文。时之论者,美其朱紫有别。晋氏承之,文籍尤广。晋秘书监荀勖定魏《内经》,更著《新簿》。虽古文旧简,犹云有缺,新章后录,鸠集已多,足得恢弘正道,训范当世。属刘、石凭陵,京华覆灭,朝章国典,从而失坠。此则书之四厄也。

永嘉之后,寇窃竞兴。因河据洛,跨秦带赵。论其建国立家,虽传名号,宪章礼乐,寂灭无闻。刘裕平姚,收其图籍。五经子史,才四千卷。皆赤轴青纸,文字古拙。僭伪之盛,莫过三秦。以此而论,足可明矣。故知衣冠轨物,图画记注,播迁之余,皆归江左。晋宋之际,学艺为多。齐梁之间,经史弥盛。宋秘书丞王俭,依刘氏《七略》，撰为《七志》。梁人阮孝绪，亦为《七录》。总其书数，三万余卷。及侯景渡江，破灭梁室。秘省经籍，虽从兵火，其文德殿内，书史宛然犹存。萧绎据有江陵，遣将破平侯景，收文德之书及公私典籍重本，七万余卷，悉送荆州。故江表图书，因斯尽萃于绎矣。及周师入郢，绎悉焚之。于外城所收，十才一二。此则书之五厄也。

后魏爰自幽方，迁宅伊洛。日不暇给，经籍阙如。周氏创基关右，戎车未息。保定之始，书止八千。后加收集，方盈万卷。高氏据有山东，初亦采访，验其本目，残缺犹多。及东夏初平，获其经史四部，重杂三万余卷。所益旧书，五千而已。今御书单本，合一万五千余卷。部帙之间，仍有残缺。比梁之旧目，止有其半。至于阴阳河洛之篇，医方图谱之说，弥复为少。

臣以经书自仲尼以后，迄于当今。年逾千载，数遭五厄。兴集之期，属膺圣世。伏惟陛下受天明命，君临区宇。功无与二，德冠往初。自华夏分离，彝伦攸斁，其间虽霸王递起，而世难未夷。欲崇儒业，时或未可。今土宇迈于三王，民黎盛于两汉。有人有时，正在今日。方当大弘文教，纳俗升平，而天下图书尚有遗逸，非所以仰协圣情，流训无穷者也。

臣史籍是司，寝兴怀惧。昔陆贾奏汉祖云"天下不可马上治之"，故知经邦立政，在于典谟矣。为国之本，莫此攸先。今秘藏见书，亦足披览。但一时载籍，须令大备，不可王府所无，私家乃有。然士民殷杂，求访难知。纵有知者，多怀吝惜。必须勒之以天威，引之以微利。若猥发明诏，兼开购赏，则异典必臻。观阁所积，重道之风，超于前世，不亦善乎？伏愿天鉴，少垂照察。

北朝·卢思道《后周兴亡论》(《汉魏六朝百三家集》卷一一五)

周太祖文皇帝，幼而机警，智数过人，属魏末多故，召募关陇，值二将相屠，三军未一，见推为主，遂握兵符。俄而魏武西巡，奉迎车驾，挟天子以会诸侯，万世所一时也。抚养荒余，鸠聚兵甲。同心之旅，不满万人。齐神武以大兵数十万，将清灞浐雷动云移，萃于渭曲。太祖以数千弊卒，振旅而还，遂基王业。窦泰以劲兵深入，一战丧元。高敖曹以锐气先登，临阵受首。兵革岁动，败鲜胜多。高氏虽怙其众力，莫敢先至。邙山之举，我师败绩。收合亡散，退守有余。及萧氏将亡,边服震扰,荆郢内附,庸蜀来王,器械完整,货财充实,带甲百万,骁将如林,晏驾之辰,国与齐人相埒矣。闵帝以嫡嗣承基,应天纳禅。弱龄厌世,未及称皇。以庶长见立,纂我鸿绪。从容文雅,亦守文之良主焉。二帝景命不融,高祖始登大位。于时大冢宰、晋公宇文护,太祖之犹子也,负图作宰,亲受顾命。国柄朝权,顿去王室。高祖高拱深视,弥历岁年,谈议儒玄,无所关预,祭则寡人,晋公之不忌也。

但自下裁物,其主不堪。累世权强,一朝折首。其于党与,咸见夷戮。恶禽死物,扫地无余尔。乃弃奢淫,去浮伪,施一德,布公道。屏重肉之膳,躬大布之衣。始自六宫,被于九服。令行禁止,内外肃然。以释氏立教,本贵清净。近世以来,靡费财力,下诏削除之,亦前王所未行也。值齐季失德,取乱侮亡,亲御戎轩,再举而灭。军令肃然,秋毫莫犯。数旬而定,不戮一人。未及下车,革其弊政。山东士女,欣戴如归。但天性严忍,果于杀戮。血流盈前,无废饮啖。行幸四方,尤好田猎。从禽于外,非夜不还。飞走之类,值无免者。识者以此少之。虽有武功,未遑文德。彝章礼教,盖阙如也。练甲治兵,将扫沙漠。远图不遂,暴疾升遐。宣帝初在东京,已多罪失。高祖每加严训,不能修政。嗣位之初,饰情自励。逾年已后,变态转兴。躭酒好色,常居内寝。角抵逸游,不舍昼夜。分命使人,征求子女。积之后宫,以千万数。此石虎之淫风也。宠姬四人,并立为皇后。车服节文,与内主无别。此刘聪之乱政也。少在储宫,颇览经籍。临朝对众,亦有精神。但禀猜狂,特好诡异。衣冠形色,皆与旧制不同。文武侍臣,屏弃遐裔。内外门阁,皆别令宦者看守。出入去求,并录其数,殿省以目相视。然朋淫于家,无所简择。乃至长乐,亦有丑声。大象之末,忽焉惨虐。鞭挞朝士,动至数百。背及胸腹,一时下手。楚毒之理,不可忍见。祖宗庙号,讳不得称。变易官名,回宫姓族。车乘轮辐,并有贵贱之殊。妇女妆点,亦为上下之异。后庭嫔妾,房有数人。自旦至夕,恒令危坐相对。有不如法,便即捶楚。内外命妇,朔望朝谒,皆令为丈夫拜伏,以示肃恭。自号为天,不复称朕。此外小事异同,不可胜纪。狂惑妖僻,开辟未之有也。

客曰:“齐武成荒悖庸暗,怨结人神,厥嗣不昌,理则然矣。周祖聪明神武,冠世雄奇,因愚子以至颠覆,岂人事乎,抑天道也。蒙有惑焉,请闻其说。”主人曰:“寒暑晦明,二仪之不同也。贤愚治乱,五胜之相形也。是以酒池肉林,乃周王之缔构。坑儒灭学,亦汉后之驱除。齐自天保受终,迄于武平丧国,孝昭之外,竟无令主。河清已后,国基渐坠。昏主慢游于上,黎民怨讟于下。逮于末叶,君弱臣愚，外崩内溃。周人取之，犹坂上走丸也。周武任数矩情，果敢雄断，拥三秦之锐，属攻昧之秋，削平天下，易同俯拾。未及三祀，宫车晚驾。嗣子披猖，肆其凶慝。真人革命，宗庙为墟。此盖天所以启大隋，非不幸也。”

隋·颜之推《颜氏家训》卷下

古乐府歌百里奚词曰：“百里奚，五羊皮。忆别时，烹伏雌，吹扊扅，今日富贵忘我为。”吹，当作炊煮之炊。案：蔡邕《月令章句》曰，键，关牡也，所以止扉，或谓之剡移。然则当时贫困，并以门牡木作薪炊耳。声类作扊，又或作扂。

《通俗文》，世间题云河南服虔字子慎造。虔既是汉人，其叙乃引苏林、张揖。苏、张，皆是魏人。且郑玄以前，全不解反语，通俗反音，甚为近俗。阮孝绪又云李虔所造。河北此书，家藏一本，遂无作李虔者。晋中《经簿》及《七志》，并无其目，竟不得知谁制。然其文义允惬，实是高才。殷仲堪常用字训，亦引服虔俗说，今复无此书，未知即是《通俗文》，为当有异。近代或更有服虔乎。不能明也。

或问：“《山海经》，夏禹及益所记，而有长沙、零陵、桂阳、诸及，如此郡县不少，以为何也？”答曰：“史之阙文，为日久矣，加复秦人灭学，董卓焚书，典籍错乱，非止于此。譬犹《本草》，神农所述，而有豫章、朱崖、赵国、常山、奉高、真定、临淄、冯翊等郡县名，出诸药物。《尔雅》，周公所作，而云张仲孝友。仲尼修《春秋》，而经书孔丘卒。《世本》，左丘明所书，此说出皇甫谧《帝王世纪》而有燕王喜、汉高祖。《汲冢琐语》，乃载秦望碑。《苍颉篇》，李斯所造，而云汉兼天下，海内并厕，豨黥韩覆，畔讨灭残。《列仙传》，刘向所造，而赞云七十四人出佛经。《列女传》，亦向所造，其子歆又作颂，终于赵悼后，而传有更始韩夫人、明德马后及梁夫人嫕：皆由后人所羼，非本文也。”

唐·魏征等《隋书·经籍志序》

及夫周室道衰，纪纲散乱，国异政，家殊俗，褒贬失实，隳紊旧章。孔丘以大圣之才，当倾颓之运，叹凤鸟之不至，惜将坠于斯文，乃述《易》道而删《诗》、

《书》,修《春秋》而正《雅》、《颂》。坏礼崩乐,咸得其所。自哲人萎而微言绝,七十子散而大义乖,战国纵横,真伪莫辨,诸子之言,纷然淆乱。圣人之至德丧矣,先王之要道亡矣。陵夷踳驳,以至于秦。秦政奋豺狼之心,刬先代之迹,焚诗书,坑儒士,以刀笔吏为师,制挟书之令。学者逃难,窜伏山林,或失本经,口以传说。

汉氏诛除秦、项,未及下车,先命叔孙通草绵蕝之仪,救击柱之弊。其后张苍治律历,陵贾撰《新语》,曹参荐盖公言黄老,惠帝除挟书之律,儒者始以其业行于民间。犹以去圣既远,经籍散逸,简札错乱,传说纰缪,遂使《书》分为二,《诗》分为三,《论语》有齐、鲁之殊,《春秋》有数家之传。其余互有踳驳,不可胜言。此其所以博而寡要,劳而少功者也。武帝置太史公,命天下计书,先上太史,副上丞相,开献书之路,置写书之官,外有太常、太史、博士之藏,内有延阁、广内、秘室之府。司马谈父子世居太史,探采前代,断自轩皇,逮于孝武,作《史记》一百三十篇。详其体制,盖史官之旧也。至于孝成,秘藏之书,颇有亡散,乃使谒者陈农,求遗书于天下。命光禄大夫刘向校经传诸子诗赋,步兵校尉任宏校兵书,太史令尹咸校数术,太医监李柱国校方技。每一书就,向辄撰为一录,论其指归,辨其讹谬,叙而奏之。向卒后,哀帝使其子歆嗣父之业。乃徙温室中书于天禄阁上。歆遂总括群篇,撮其指要,著为《七略》:一曰《集略》,二曰《六艺略》,三曰《诸子略》,四曰《诗赋略》,五曰《兵书略》,六曰《术数略》,七曰《方技略》。大凡三万三千九十卷。王莽之末,又被焚烧。光武中兴,笃好文雅,明、章继轨,尤重经术。四方鸿生巨儒,负帙自远而至者,不可胜算。石室、兰台,弥以充积。又于东观及仁寿阁集新书,校书郎班固、傅毅等典掌焉。并依《七略》而为书部,固又编之,以为《汉书·艺文志》。董卓之乱,献帝西迁,图书缣帛,军人皆取为帷囊。所收而西,犹七十余。载两京大乱,扫地皆尽。

[略]

昔宓羲氏始画八卦,以通神明之德,以类万物之情,盖因而重之,为六十四卦。及乎三代,实为三《易》,夏曰《连山》,殷曰《归藏》,周文王作卦辞,谓之《周易》。周公又作《爻辞》,孔子为《彖》、《象》、《系辞》、《文言》、《序卦》、《说卦》、《杂卦》,而子夏为之传。及秦焚书,《周易》独以卜筮得存,唯失《说卦》三篇。后河内女子得之。汉初,传《易》者有田何,何授丁宽,宽授田王孙,王孙授沛人施雠、东海孟喜、琅邪梁丘贺。由是有施、孟、梁丘之学。又有东郡京房,自云受《易》于梁国焦延寿,别为京氏学。尝立,后罢。后汉施、孟、梁丘、京氏,凡四家并立,而传者甚众。汉初又有东莱费直传《易》,其本皆古字,号曰《古文易》,以授琅邪王璜,璜授沛人高相,相以授子康及兰陵毋将永。故有费氏之学,行于人间,而未得立。后汉陈元、郑众,皆传费氏之学。马融又为其传,以授郑玄。玄作《易注》,荀爽又作《易传》。魏代王肃、王弼,并为之注。自是费氏大兴,高氏遂衰。梁丘、施氏、高氏,亡于西晋。孟氏、京氏,有书无师。梁、陈郑玄、王弼二注,列于国学。齐代唯传郑义。至隋,王注盛行,郑学浸微,今殆绝矣。《归藏》,汉初已亡,案晋《中经》有之,唯载卜筮,不似圣人之旨。以本卦尚存,故取贯于《周易》之首,以备《殷易》之缺。

[略]

夫孝者,天之经,地之义,人之行。自天子达于庶人,虽尊卑有差,及乎行孝,其义一也。先王因之以治国家,化天下,故能不严而顺,不肃而成。斯实生灵之至德,王者之要道。孔子既叙六经,题目不同,指意差别,恐斯道离散,故作《孝经》以总会之,明其枝流虽分,本萌于孝者也。遭秦焚书,为河间人颜芝所藏。汉初,芝子贞出之,凡十八章,而长孙氏、博士江翁、少府后苍、谏议大夫翼奉、安昌侯张禹,皆名其学。又有《古文孝经》,与《古文尚书》同出,而长孙有《闺门》一章,其余经文,大较相似,篇简缺解,又有衍出三章,并前合为二十二章,孔安国为之传。至刘向典校经籍,以颜本比古文,除其繁惑,以十八章为定。郑众、马融,并为之注。又有郑氏注,相传或云郑玄,其立义与玄所注余书不同,故疑之。梁代,安国及郑氏二家,并立国学,而安国之本,亡于梁乱。陈及周、齐,唯传郑氏。至隋,秘书监王劭于京师访得《孔传》,送至河间刘炫。炫因序其得丧,述其议疏,讲于人间,渐闻朝廷,后遂著令,与郑氏并立。儒者喧喧,皆云炫自作之,非孔旧本,而秘府又先无其书。又云魏氏迁洛,未达华语,孝文帝命侯伏侯可悉陵,以夷言译《孝经》之旨,教于国人,谓之《国语孝经》。今取以附此篇之末。

唐·岑文本《拟剧秦美新》(《文苑英华》三五九)

伊太极草昧,元气氤氲。二仪肇辟,三才乃分。火化之风既往,结绳之政无闻。遐哉邈矣,故靡得而云也。逮乎,书契兴,爻象辨,皇王著,谥号阐。历选列圣,逖听贵篆。牺农崇行道之化,尧舜弘揖让之风。汤武以干戈而称尽美,成康以刑厝而表成功。虽步骤殊时,浇淳异世一作帝,道有文质,政有隆替,不在天文,因人垂制。规模焕其有章,声实渺其难继。

异哉，秦氏之为政也。恃崤函之作固，因襄文之余烈，穷起剪之暴兵，纳鞅斯之邪说，兼两州之地，削六雄之辙。先王之道废，曩圣之德灭。利觜长距，殚苍生之命。刮语焚书，愚黔首之性。海内訾其凶灭，天下苦其苛政。于是怀道挟术之士，背三秦而远迹。抱朴养素之夫，窜九夷而自适。赵高阎乐启其乱，陈胜吴广伺其隙。丧六玺于二代，隳七庙于一掷，永鉴其弊，吁其剧欤。

粤若汉祖之龙飞，践宸极，居大宝，感素灵之符，行玄圣之道。靖大乱以永宁，济斯人于难老。洎文景之纂历，乃守文之有声。逮武宣之继统，亦王功之有成。然而阙皇王之要道，惭天地之至精，仍踵秦之制度，尚沿秦之章程，既无闻于改作，孰与发其声明。虽时乘于六位，实给诮于三灵者矣。

我有新之创业也，累功而据帝图，积德而膺宝命，政化洽于岩廓，惠泽溢于号令，四表荷其亭毒，万物遂其正性，帝典阙者既补，王纲弛者咸正，其德也弥厚，其道也弥盛。若夫文轨大同，夷狄向风，武功也。制礼裁乐，迁风变俗，文教也。肇改正朔，爰变服色，至圣也。尽礼郊禋，致敬鬼神，大孝也。幽人咸洎，奇士毕至。浚哲也，既厝刑书，亦废图圄，鸿德也。是以天不爱其道，地不爱其宝，龟威浮洛，飞黄服皁。一角九尾之瑞，朝夕坰牧。并柯共穗之祥，日月畿服。超邃古之芳英，迈前王之简牍。其天意也如此，其人事也如彼。谅可以披绿图，诏青史，降齐郊，下嬴里，登介邱以昭德，同梁甫以播美，摛记牒于无穷，播歌诵而盈耳。俾夫千载之上，往圣恶其鸿名。百代之后，下王奉其英声固皇极于造化，合至道于神明。岂不美哉！岂不美哉！

唐·陆德明《经典释文》卷一

条例

先儒旧音，多不音注。然注既释经，经由注显。若读注不晓，则经义难明。混而音之，寻讨未易。今以墨书经本，朱字辩注，用相分别，使较然可求。旧音皆录经文全句，徒烦翰墨。今则各标篇章于上，摘字为音，虑有相乱，方复其录。唯《孝经》童蒙始学，《老子》众本多乖，是以二书特纪全句。五经人所常习，理有大宗，义行于世，无烦觍缕。至于庄老，读学者稀，故于此书微为详悉。又《尔雅》之作，本释五经，既解者不同，故亦略存其异。文字音训，今古不同，前儒作音，多不依注,注者自读,亦未兼通,今之所撰,微加斟酌。若典籍常用,会理合时,便即遵承,标之于首。其音堪互用,义可并行,或字有多音,众家别读,苟有所取,靡不毕书,各题氏姓,以相甄识。义乖于经,亦不悉记。其或音一音者,盖出于浅近、示传闻见,览者察其衷焉。然古人音书,止为譬况之说,孙炎始为反语。魏朝以降,渐繁。世变人移,音讹字替。如徐仙民反易为神石,郭景纯反馁为羽盐,刘昌宗用承音乘,许叔重读皿为猛。若斯之俦,今亦存之音内。既不敢遗旧,且欲俟之来哲。书音之用,本示童蒙。前儒或用假借字为音,更令学者疑昧。余今所撰,务从易识,援引众训读者,但取其意义亦不全写旧文。典籍之文,虽夫子删定,子思读诗,师资已别,而况其余乎?

郑康成云,其始书之也,仓卒无其字,或以音类比方,假借为之,趣于近之而已。受之者非一邦之人,人用其乡,同言异字,同字异言,于兹遂生矣。战国交争,儒术用息。秦皇灭学,加以坑焚,先圣之风,扫地尽矣。汉兴,改秦之弊,广收篇籍。孝武之后,经术大隆。然承秦焚书,口相传授。一经之学,数家竞爽。章句既异,踳驳非一。后汉党人既诛,儒者多坐流废,后遂私行金匮,定兰台。漆书经字,以合其私文。灵帝乃诏诸儒,正定五经于石碑之上,为古文篆隶,三体书法,以相参检。树之学门,使天下取则。未盈一纪,寻复废焉。班固云,后世经传既已乖离,传学者又不思多闻阙疑之义,而务碎义逃难,便词巧说,安其所习,毁所不见,终以自弊。此学者之大患也。诚哉是言。

唐·卢照邻《悲才难》(《卢升之集》卷四)

一悲曰,恭闻古之君子兮,将远适乎百蛮。何故违父母之中国,从禽兽于末班?将矫词兮不往,将背俗兮不还。宁曲成而薄丧,不直败以厚颜。彼圣人兮犹若此,况不肖与中间。古往今来,邈矣悠哉。嵇生玉折,颜子兰摧。人兮代兮俱尽,代兮人兮共哀。至如左邱失明,冉耕有疾,兵法作而断足,《史记》修而下室。高明者鬼瞰其门,正直者人怨其笔。虽为镜于前代,终抱痛于今日。别有汉阳计掾,邠国台卿,抗希代之奇节,负超时之令名。坎壈九死,离披再生。伊才智之为患,故贤哲之所婴。若乃贾长沙之数奇,崔亭伯之不偶。思欲削鲁、史之高行,钳杨、墨之辨口。为书为礼,驱季俗于三古之前。垂誉垂声,正颓纲于百王之后。天子闻之而欲用,群公畏之而莫取。徒窘蠢于泥沙,竟龙钟于尘垢。异乎?

稽之古人则如彼，考之今代又如此。近有魏郡王君曰方，华阴杨氏曰亨，咸能博达奇伟，覃思研精，征孔门之礼乐，吞鬼谷之纵横。岳秀泉澄，如川如陵。高谈则龙腾豹变，下笔则烟飞雾凝。王则官终于郡吏，杨则官止于邑丞。何异夫操太阿以烹小鲜，飞夜光而弹伏翼。灼金龟兮访兆，邀玉骐兮骋力。虽劳形而竭思，吾固知其不得。余之昆兮曰杲之，余之季兮曰昂之。杲也，杲杲兮，如三足之鸟。昂也，昂昂焉，如千里之驹。杲之为人也，风流儒雅，为一代之和玉。昂之为人也，文章卓荦，为四海之隋珠。并兰馨兮桂馥，俱龙驹兮凤雏。生于战国，则管、乐之器。长于阙里，则游夏之徒。以方圆异用，遭遇殊时。故才高而位下，咸默默以迟迟。青青子襟兮时向晚，黄黄我绶兮鬓如丝。昆兮何责，坐乾封兮老矣。季兮何负，横武陵而弃之。举天下兮称屈，何暗室之足期。为小人之所笑，为通贤之所悲。童子尚知其不可，矧衡镜与蓍龟。故曰至道之精，窅窅冥冥。至道之极，昏昏默默。焚符破玺而人朴鄙，剖斗折衡而人不争，掘工倕之指而天下始巧。胶离娄之目而天下始明。然后除其矫黠之患，安其性命之精。

太平之代，万物肫肫，凡圣吻合，贤愚淆昏。公卿不接友，长吏不迎尊。当成康勿用，何暇谈其兵甲？典谟既作，焉得耀其书论？虽有晏婴、子产，将顿伏于闾巷。虽有冉求、季路，且耕牧于田园。彼寻常之才子，又焉可以胜言？命鸾凤兮逐雀，驱龙骥兮捕鼠。使掌事者校其功兮，孰能与狸隼而齐举？金为舟兮瑇瑁楫，不可以涉邱陵些。珠为衣兮翡翠裳，不可以混樵蒸些。何器用之乖剌，悼斯人之勤奓。

倚长岩以为枕兮，吸流光以高卧。见城市以盈虚，若蚊虻之相过。当其时也，巢由满野，不知稷卨之尊。周召盈朝，莫救夷齐之饿。若夫管仲不遇齐桓，则城阳之赘婿；太公不遭姬伯，亦棘津之渔夫。一仁一义，柴也来兮由也醢。一忠一孝，微子去之箕子奴。圣人百虑而一致，君子同归而殊途。推既焚兮胥既溺，桀亦放兮文亦拘。笙簧六籍，则秦俗有坑儒之痛；黼藻百行，则汉家有党锢之诛。郧都倾覆，飞祸缠于高鼻。洛阳板荡，横死坐其无须。喔咿喽嘶，口含天宪。睚眦蚤分，尸僵路隅。变化与屈伸交逐，穷达与存亡并驱。因其所有而有之，则万物无不有。就其所无而无之，则万物无不无。有窍而生，宁唯混沌。无用而饱，何独侏儒。是以蘧伯玉卷兮长卷，宁武子愚兮更愚。

庭有树兮树有荆，园有鸟兮鸟有鸰。鸰其鸣矣，思诸兄矣；荆其悴矣，思其季矣。岩有芳桂，湿有棠棣。枝巄嵸兮相樛，叶翩翻兮相翳。天之生我，宁胡不惠？何如吉兮初征，悲终凶于未济？

唐中宗《幸秦始皇陵》(《御定全唐诗》卷二)

景龙三年十二月十八日

眷言君失德,骊邑想秦余。政烦方改篆,愚俗乃焚书。阿房久已灭,阁道遂成墟。欲厌东南气,翻伤掩鲍车。

唐·徐坚《初学记》卷九

秦氏。《帝王世纪》曰,秦,嬴姓也。昔伯翳为舜主畜多故,赐姓嬴氏。至襄公始修霸业,坏井田,开阡陌,天子命为伯。至昭襄王,自称西帝,攻周,废赧王,取九鼎。至庄襄王,灭东西周,庄襄王崩,政立为始皇帝。并天下,置三十六郡。自以水德,故以十月为正,色尚黑。使蒙恬筑长城,焚诗书百家之言,坑儒士四百六十人。三十七年崩于沙丘平台,年五十。皇甫谧云,自昭襄王灭周至于婴,凡四王二帝,合四十九年。昭襄王一,孝文王二,庄襄王三,始皇帝四,胡亥五,子婴六。又《帝王世纪》曰,秦改镐曰咸阳,都焉。为汉驱除,不求五运,别以水德王。秦自始封至灭,三十六世,合六百五十年。秦,颛顼之后也。先世造父之为穆王御,有功,封之于赵城,国为赵氏也。与简子同祖,嬴姓也。秦亦在水火之间。

唐·吴筠《宗玄集》卷上

逸人赋

粤真隐先生者,体旷容寂,神清气冲,迥出尘表,深观化宗。偃太和之室,咏玄古之风,收人之所不宝,弃人之所必崇,以道德为林囿,永逍遥乎其中。有玩世公子,思发其蒙,乃诣先生之所舍,询出处之异同。于是稽首跪而称曰:"仆闻士之生也,备百行,荣九德,静为物轨,动为人则。可见故不隐,可言故无默,使上叶唐虞之化,下安仁寿之域。既两仪交泰,九有不携,然后分人之土,执人之珪。故伊尹负鼎而去有莘，太公释钓而出磻溪，朝沦滂泥，夕步丹梯，若乔木之集鹓凤，清流之跃凫鹥。何必矫抗斯慕，中和见睽，蹑迹巢许，追踪夷齐。膏屯于骨肉，和勦于甿黎。损坦荡之修衢，履幽废之荒蹊，漱寒泉之泠泠，藉青草之萋萋。悲林风之夕振，厌山鸟之晨啼，始支离而餧息，终窗卷而寒栖。信行藏之足验，唯名实之可稽，愿一闻其至言，俾向方而不迷也。”先生宇合寥天，心凝帝先，泯祸福之境，杜枢机之权，将有言而中止，不得已而应焉，曰：

“夫洪荒之际，物靡艰阻，上如崇丘，下若平楚。高卑定位，各畅其所，贤愚同条，智诈罔举。孰为出，孰为处，孰为默，孰为语，迨乎时迁朴散，质变淳讹，升沉异躅，明暗殊科，刚柔相轧，曲直相摩。或贪饵以吞钩，或横飞以触罗，惟皇王之愍俗，爰拯溺于洪波，乃自揖让，迄于干戈。虽政教之异宜，诚法令之滋多，欲遏乱以求理，譬招风而静柯。遂饰礼以邀敬，修乐以导和，虽圣哲之区区，卒倾颓而奈何。于是上有淫君，下彰忠臣，龙逄之列，苌弘之伦，苟徇义以成名，竟违天而杀身。只足以增恶声于暗主，竭惠泽于生民。故全德之士，韬精保真，悟历数之在运，知存亡之匪人。将扶危而翼颠，犹一发之擢千钧，块壤之壅长津。所以守嘉遁之元吉，从少微之隐沦。于是洪崖广成肇其端，子州善卷绪其后，汾水见傲帝之宾，颍阳闻洗耳之叟，以鸿名为糟粕，以大宝为尘垢，情蠲于取舍，意适于林薮。不刳心而无欲，非吐纳以永寿，眄江河为畎浍，谓嵩岱为培塿，故天子不可得而臣，诸侯安可得而友。岂作者之唯艰，诚历世而可久。莫不道贯通于古今，迹无系于奇偶，镇末代之伪薄，使向风而归厚。若乃子高之规夏禹，臧叟之诲周文，仲连之却秦师，干木之蕃魏君。弦高俛仰以成绩，四皓从容以立勋。初混世以表用，竟超然而绝群，既抗志于青霞，聿栖身于白云，兹乃无封滞于万物，时抚俗以解纷者矣。

“若乃顾推让有泰山之重，视富贵若鸿毛之轻，则孤竹之子，王季之兄，甘食薇于首阳之下，悦采药于句吴之垧。柱史归居而道阐，关尹去职而真成，晨门藏名于抱关，沮溺避世而耦耕。汉阴抱瓮以忘机，渔父乘流而濯缨，于陵灌园以逃相，莱氏负戴以辞卿，南华漆园以寓迹，列子郑圃以消声。楚狂隐晦，蜀严湛冥，丞相推堂于盖公，廷尉结韈于王生。故文景尊黄老之术，国既富而刑清，季主卜筮以训俗，文通讼田以秽名，颜阖凿坯以避聘，伯休潜遁以脱荣，庞公课妻以耘锄，严光拂衣于帝庭，启期三乐以达意，梁鸿五噫以抒情。尚子平之持操，毕婚娶以长往，许叔玄之守节，遗伉俪以遐征。听苏门之永啸，若鸾凤之和鸣，见夏统之长歌，歘云飞而雪零。至于焦先、瞿硎、郭文、董京，天机符于太素，渊默会于真精。寂尔无闷，则子真、仲蔚，确乎不拔，有台佟、管宁。或琴书以自娱，或澹漠以无营，此则同人者体貌，异人者神明。抱不易之纯粹，含自然之孤贞，道取怡于闲放，业故失于屯平。晓物理之尚简，知天道之恶盈，彼鸿飞于寥廓，奚弋者之能萦。故宠章焉得而见累，悔吝何由而相倾哉尔。其阴德密庸，玄功潜著，不戚其所毁，不欣其所誉，为无为以成性，事无事以澹虑，洞希夷之可察，涉恍惚而斯据，托松涓以结友，忽驾景而飞去。兹乃隐道，其谁能测无何乡之处乎。

“是以朝廷之士，一入而不出，山林之客，宜往而勿还。若沽名于白贲，衒迹于青山，觊蒲轮于谷口，希束帛于云关。非岩泉之养正，实丘壑之藏奸，繄末世之鄙薄，曷清流之可攀。或因兹以幸达，讵不蕴终身之厚颜矣。夫徼福之萌祸胎，祈昌之结衰根，故不韦之识奇货，献孕妻以密言，吕公之辩龙颜，谋纳女以永尊，计克从而事捷，排天路以腾翻，遽变生而殃构，招衅罚以钟门。霍氏之翼三后，谓伊周之复存，何赫奕于当时，亟殄歼其子孙。鉴兴亡之体势，实异代而同源，已覆败于前车，又倾摧于后辕。秦肆坑儒之毒，汉流党锢之冤，众君子欲修名显著，乃贻戚于茔魂。仰天居之悠迥，谁克叶于帝阍。固知祥风依于蓬荜，沴气袭于华轩。吾方将友汗漫，师玄元，默生死，同乾坤，当愈幽忧之疾，所以秉斯道而弥敦也。”

先生之言既毕，公子拜手而谢曰，小子久耽浅近之常议，幸沐精微之奥论，可谓涤除遗滓，披拂重昏。愿澡雪其形神，以游夫子之末藩而已矣。

唐·成伯玙《毛诗指说》

传受第三

传曰，仲尼没而微言绝，七十子终而大义乖。故《春秋》分为五，《诗》分为四。古之学者，口相师受，或文字假借，言音有殊，各自专门，是生同异。而秦季焚书之后，故名有鲁诗、韩诗、毛诗、齐诗四家之说。始皇三十四年焚书，三十五年坑儒，天下莫有挟藏诗书者。汉文始除挟书之令，又河间献王多得古书献之，景武之世方征儒术，典籍亦多，或藏之于屋壁，或得之于岩穴，自此而兴焉。

唐·贾至《旌儒庙颂并序》(《唐文粹》卷二二)

观象考历本乎元,辨方正位稽乎极。体元御极,莫先乎教,教之大,莫大于儒。旌儒有祠,我新典也。昔秦灭义轩之制,废唐虞之则,大搜学徒,竭索儒党,怀书捧檄者,鳞集麏至。然后罪九流之异论,尤百氏之殊术,无辜杀身,有道并命。冤骸积于坑谷,流血染于泉壤,蹈仁义而死者,不可胜纪。

开元未①,天子在骊山之宫,登集灵之台,考图验记,周览原湿。见乡名坑儒,颓堑犹在,慨然感亡秦之败德,哀先儒之道丧,强死千载,游魂无依。乃诏有司,是作新庙,牲币有数,以时飨祀,因祀命乡,号曰旌儒。人神和悦,怨气销散。于戏,秦皇帝以神武迈古,并吞六合,扫天下以一。彗芟群雄如众草,建官罢侯,大权在已②。自轩辕以降,平一宇宙,未有若斯之盛也。夫戡乱以武,守武以文。文以正崇,武以权胜。秦皇知权之可以取,不知正之可以守。向使天下既定,守正崇儒,导六经之谟训,用三代之文质,则唐轩盛美、汤武弘业不若也。观夫坑儒焚书之意,乃欲盖先王之能事,窃作者之鸿名,黈众耳以前闻,逞私欲于当代。此儒之所忌也,秦之所志,悲夫。儒以恭俭为宗,秦则疲弊生人,极力宫室。儒以道德柔远,秦则竭耗中国,劳师四夷。儒以宥过议贤,秦则刻法峭刑,贼虐谏辅。儒以述先好古,秦则私心徇智,播弃典坟。夫如是,则秦不得不灭,儒不得不坑,事使然也。今天子矫覆车之前轨,崇明祀于后叶,秦之所废,我之所兴,斯区夏无疆之休,子孙万代之福也。昔武王封比干之墓,则招谏之道劝矣。晋文表绵上之田,则志过之名立矣。汉高护信陵之冢,则尊义之风著矣。未若激扬大教,庙食众贤,上以兴天地之经,次以存颠覆之鉴。下以绝厉灾之眚,建一祀而三德具焉,鲰臣不敏,敢献颂曰:

于维先王,设教崇儒。作训六经,为代典谟。降及夫子,三千其徒。载扬清风,文在兹乎。天丧斯文,道有通塞。实生暴秦,反道背德。窃善攘誉,师心徇惑。焚书坑儒,万古凄恻。牢落千祀,微茫九原。骊山之北,坎窞犹存。草树无色,秋云昼昏。时闻夜哭,知有冤魂。帝在华清,登高访古。闵默颓堑,悲凉榛

① 疑"末"之讹。

② 疑"已"之讹。

莽。上感亡秦，覆车遗武。下哀群哲，飨祀无主。爰降嘉诏，聿修清祠。馈之牲牢，奠酹以时。幽幽庙门，肃肃灵仪。冥寞求食，长无馁而。粤自汉初，迄于隋闰。亦有令主，尊儒尚训。阙典罔崇，斯文莫振。昭昭神理，长怀幽愤。我后浚哲，聪明文思。敷弘大教，咸秩神祇。鬼无妖灾，人不疠疵。俾尔苍生，富寿无期。小臣作颂，敢继删诗。

又《议杨绾条奏贡举疏》(《唐文粹》卷二八)

谨按：夏之政尚忠，殷之政尚敬，周之政尚文，然则文与忠敬，皆统人之行也。且夫述行，美极人文，人文兴则忠敬存焉。是故前代以文取士，本文行也，由辞以观行，则及辞也。宣父称颜子不迁怒，不贰过，谓之好学。至乎修《春秋》，则游、夏之徒不能措一辞，不亦明乎。间者礼部取人，有乖斯义。《易》曰，观乎人文以化成天下。《关雎》之义曰，先王以是经夫妇，成孝敬，厚人道，美教化，移风俗，盖王政之所由废兴也。故延陵听《乐》，知诸侯之存亡。今试学者以帖字为精通，而不穷旨义，岂能知迁怒贰过之道乎？考文者以声病为是非，而务泽浮艳，岂能知移风易俗化天下之事乎？是以上失其源而下袭其流，乘流波荡不知所止，先王之道，莫能行也。夫先王之道消，则小人之道长。小人之道长，则乱臣贼子由是生焉。臣弑其君，子弑其父，非一朝一夕之故，其所来者渐矣。渐者何？谓志信之陵颓，耻尚之失所，末学之驰骋，儒道之不举，四者皆由取士之失也。

夫一国之事，系一人之本谓之风。赞扬其风，系卿大夫也，卿大夫何常不出于士乎？今取士试之小道，而不以远者大者，使干禄之徒，趋驰末术，是诱导之差也。夫以蜗蚓之饵杂垂沧海，而望吞舟之鱼，至不亦难乎。所以食垂饵者皆小鱼，就科目者皆小艺。四人之业，士最关于风化。近代趋仕，靡然向风，致使禄山一呼而四海震荡，思明再乱而十年不复。向使礼让之道弘，仁义之风著，则忠臣孝子比屋可封，逆节不得而萌也，人心不得而摇也。

且夏有天下四百载，禹之道丧而殷始兴焉。殷有天下六百祀，汤之法弃而周始兴焉。周有天下八百年，文、武之政废而秦始并焉。观三代之选士任贤，皆考实行，故能风俗淳一，运祚长远。秦坑儒士，二代而亡。汉兴，杂三代之政，弘四科之举，西京始振经术之学，东都终持名节之行。至有近戚窃位，强臣擅权，弱主孤立，母后专政，而社稷不陨，终彼四百，岂非学行、扇化于乡里哉？厥后文章道弊,尚于浮侈,取士术异,苟济一时。自魏至隋,仅四百载,三光分景,九州阻域,窃号僭位,德义不修,是以子孙速颠,享国咸促。国家革魏、晋、梁、隋之弊,承夏、殷、周、汉之业,四隩既宅,九州攸同,覆焘亭育,合德天地,安有舍皇王举士之道,踪乱代取人之术。此公卿大夫之辱也。杨绾所奏,实为正论。

然自典午覆败,中原版荡,戎狄乱华,衣冠迁徙,南北分裂,人多侨处。圣朝一平区宇,尚复因循,版图则张,闾井未设,士居乡土,百无一二,因缘官族,所在耕筑,地望系之数百年之外,而身皆东西南北之人焉。今欲依古制乡举里选,犹恐取士之未尽也,请兼广学校,以弘训诱。今两京有太学,州县有小学,兵革一动,生徒流离,儒臣师氏,禄廪无向。贡士不称行实,胄子何尝讲习,独礼部每岁擢甲乙之第,谓弘奖擢,不甚谬哉。只足长浮薄之风,启侥幸之路矣。其国子博士等,望加员数,厚其禄秩,选通儒硕生,闲居其职。十道大郡,量置太学馆,令博士出外,兼领郡官,召置生徒。依乎故事,保桑梓者乡里举焉,在流寓者庠序推焉。朝而行之,夕见其效。如此则青青不复兴刺,扰扰由其归本矣。人伦之始,王化之先,不是过也。

唐·李谏《偃武修文论》(宋·李昉等《文苑英华》卷七四二)

国有二柄,以济人天,有四时以成岁。文武者,君之威惠。春秋者,天之生成。故人君法天时,顺人望。人归于德,天应以时,莫不奉此而宁灾,由斯而康俗。所谓文者足以经邦国,所谓武者足以定祸乱。故武在合变,不可一黩。文贵经久,可守为常。请借前事而明之,庶斯得矣。

夫以尧舜揖让,汤武干戈。干戈在乎止武,揖让资乎偃武。故得享国日久,多历年所。三王既往,霸者是继。晋文伐原以示信,齐桓勤王以称德。宋殇好战以殒越,徐偃专文以丧亡。王霸陵夷,列于秦汉。始皇威慑六国,建万代业。隳城郭,焚诗书,卒使宗庙为墟,身殒下国。黩武之征也。

高皇夷秦项,诛韩彭。陆生著书,叔孙制礼,修文之渐也。光武以长者戡难,孟德以应变即戎。故得擒樊崇,破袁绍,虽未悉于至理,道亦存乎息戈。晋文之对,何曾不闻经国。惠皇之溺,贾后竟至破家。吴王石头之都,刘备益州之地,但区区于守险,曾不暇于修文。后魏则多难临朝,后周则经国日浅。虽孝文崇礼制,服衣冠,未能倒载干戈,休放牛马。武帝降高纬,戮晋公,甲兵未宁,中道而殒。武则不可,文则不如。东晋之仅保江山,宋祖之草创社稷,道成以殷忧启祚,萧衍以戡定兴王。陈主以好内亡,隋皇以征辽丧。皆不明于文武,适足为我驱除。

况高祖端拱无为,太宗大功继统。高宗致位于玄默,中宗御俗以康宁。睿宗之恭膺大宝,玄宗之克清海内,肃宗之收复二都,皇帝之光有六合。方今四夷向化,万姓归心。总七圣之殊勋,正百王之坠典。然干戈未息,疮痍未瘳。修文之期,取则不远。偃武之义,今则时哉。

唐·顾况《广陵白沙大云寺碑》(《华阳集》卷下)

假使生、肇、融、睿、伊、皋、稷、契,共佐唐虞,我知不相若也。老聃曰,竺乾国有古先生。西过流沙,寻师之旨。孔子对商太宰曰,三五非圣,西方之人,荡荡焉无得而称。又曰,圣人,丘不得而见之矣。日月无烛无不烛,圣人无见无不见,般若无知而无不知。《周纪》有之,昭王二十四年甲寅,天地震动,江河泛溢。王问大史苏由“此何祥也”。对曰:“圣人生于西方。”穆王三十三年壬申,天地震动,江河泛溢,王问大史扈多“此何祥也”。对曰:“圣人灭于西方。”示有生灭,实无生灭。向使无生之法,格乎战国,战国得之,秦不坑儒,赵不坑卒,小国事大国,大国不征小国。含哺鼓腹,无为之法化也。虽有大梦,然后大觉,尘劳性空,空有常寂。分改迁易,无非法身,而大雄法宝五,迦叶不得当乎付嘱。必也当乎。不论前后,此瞿昙所以赞佛法也。文曰:

佛日之曙兮,照乎东方。大雄设法兮,海印发光。独立世界兮,横吞八荒。江沙漫漫兮,寺压其阳。撼谷榦波兮,气盘中央。

唐·郑亚《会昌一品集原序》

纶綍之兴,载籍之始。先王发号施令,明罚敕法,盖本于此也。唐虞之盛,二典存焉。夏殷之隆,厥有训诰。自《胤征》、《甘誓》,乃有《誓命》之书,皆三代之文,一王之法也。虞夏之际,代祀绵远,其代工掌制之名氏,莫得而知。至于成汤太甲，则有仲虺、伊尹为之训诰。高宗得傅说，则有《说命》之篇。周公、召公相成王，则有《洛诰》、《酒诰》、《周官》、《顾命》。秦始皇帝并一区宇，丞相李斯实掌其言。

汉兴，当秦焚书之后，侍从之臣，皆不习文史。萧、曹之辈，又乏儒墨之用。每封功臣，建子弟，其辞多天子为之。纵委于执翰者，亦非彰灼知名之士。武帝使司马相如视草，率皆文章之流，以相如非将相器也。厥后寖微寖长，下于魏晋，亦代有其人。

我高祖革隋，文物大备，在贞观中则颜公师古、岑公文本兴焉。在天后时，则李公峤、崔公融出焉。燕、许角立于玄宗之朝，常、杨继美于代宗之代。洎宪宗皇帝英武启运，雄图赫张，中兴之业，高映前古。其时则先太师忠公翱翔内署，有密勿赞佐之绩。平吴定蜀，时惟其功。及登枢衡，作霖雨，尊王室，卑诸侯。图蔡料齐，外定内理。显王言于典诰，彰帝范于图籍。纪在徽册，播于无穷。

特进太子少保分司东都卫公。长庆中事惠皇为翰林学士，训诰之业，彰于前闻。昭肃皇帝统握乾符，悟寐良弼，诏自淮海，复升台庭。尽付玄机，允厌神度。每彤墀奏罢，列承天睠。帝亦讲伊尹、傅说之旨，定元首股肱之契，以太平之制度，上古之文教，咸属于公焉。会先太后懿号未立，帝明发有永怀之痛。公述沙麓神井之瑞，赞绕枢怀日之庆，懋遵圣绪，光慰孝思。于是承命有宣懿祔庙之制。及武宗郊昊天，拜清庙，文物胥备，朝廷有礼，华夷述职，河朔修贡。乃显神休，荐徽号，奉扬一德，以示万方。

唐·蒋凝《坏宅得书赋》(宋·李昉《文苑英华》卷六三)

孔氏之居，中藏古书。当霸鲁坏隳之日，见亡秦焚灭之余。卜数仞为缭垣，时之潜矣。定四科于竹简，世以传诸。当其汉偃兵戈，鲁修宫掖，将穷下国之侈，遂去前贤之籍。并吞一亩，方取地以崇居。摧折两楹，遂得书于暗壁。悲夫，其宅也。人亡道穷，削迹于中。瓦隳而阼阶缺裂，尘飞而环堵空蒙。鲤也必趋之庭，将为辇路。仲由未入之室，欲创离宫。其书也，藏书废久，坑儒之后。虫侵而鸟迹微亏，土蚀而韦编欲朽。虞夏不刊之典，出彼圬墁。殷周将丧之文，存于培塿。于是升彼堂矣，弃诸简焉。信遗址兮必取，宁古文兮何传。将卜楼台，刬榛芜而矻若。俄闻金石，扣寂寞以铿然。王乃凝思潜听，追踪(阙)。一宅兮不坏，知其书兮可学。悔随疑古而荣今，庶立礼而成乐。门庭犹在，存圣者之规模。虫篆难详，是古人之质朴。倚伏相推，于焉有之。不广其居，则斯文永堕。不闻其乐，则往迹全隳。信乎君子所居，亦废兴而有数。圣人大道，当用舍而随时。今皇家修典坟，崇阃阈，开儒馆以待士，设文教以济国。千秋万岁，知此道之无穷。四海九州，信将来之有得。

唐·徐寅《过骊山赋》（《徐正字诗赋》卷一）

六国血于秦，秦王还化尘。尘瞥而为楚为汉，路在而今人古人。但见愁云黯惨，叠嶂嶙峋。时迁而金石非固，地改而荆榛旋新。愚闻周衰则避债登台，秦暴则焚书建国。贵蝼蚁于人命，法豺狼于帝德。两曜昏翳，九围倾侧。扶桑几里，我鞭石以期通。渤海几重，我驱山而要塞。惨惨九穹，峨峨七雄。三农百穀以休务，淬铁磨金而献功。九州病，万室空。韩赵魏以火灭，楚燕齐而坐穷。家有子兮谁得孝，国有臣兮孰效忠。九野分将焉作兆民之主，诸侯吞尽方行天子之风。星陨九霄，城长万里。血染草木，肉肥蛇豕。将欲手挂天刃，足跳地纪。拙虞帝而短唐尧，夸商辛而长夏癸。祸从殃催，川摇岳摧。

金陵之王气顿起，蓬岛之宫娥不来。黔首求主，苍旻降灾。天汉之龙髯倏断，沙丘之鲍臭谁猜。棰使诸夏，场擅九垓。于是宅彼冈峦，兆斯陵阙。犹驱六宫以殉葬，岂言蔓草之萦骨？嫌示俭于当时，更穷奢于既殁。融银液雪，疏下地之江河。帖玉悬珠，皎穷泉之日月。嶫嶫层层，不骞不崩。斯高之喉舌方滑，刘项之风雷忽兴。轵道一朝，玺献汉家之主。骊山三月，火烧秦帝之陵。今则草接平原，烟蒙翠岭。想秦史以神竦，吊秦陵而恨永。华清宫观锁云霓，作皇唐之胜景。

唐·刘蜕《嬴秦论》（《文泉子集》卷三）

无有天下而不知秦之焚书也，无世而不谓不用圣人之道所以亡也。呜呼，秦亡自亡也，安能焚书为秦亡耳？天下不用秦如圣人之道，故秦不得其道而用也。

当其时，天下一家而尊己，外无非心之人，故深法禁人之恶也，则不当去法以禁人之善。是则果习天下之离心而背己也,岂秦区区之心欤?盖天必以秦之强暴,非大败无以叛其四海之心,故先绝其事君敬长之术,而后从天下以亡其天下焉。

夫天与秦则书存,不与秦则书焚,而秦终无自焚之心也。且圣人宫先自藏其书,是秦未始有焚书之心,圣人之家先有其心矣。故曰,秦亡其自亡矣。且圣人之道,与天地合其久,与鬼神合其微,则不得毁置之在秦也然矣。陶唐氏之水,前有圣人之化,后有圣人之勤,而后民知事君敬长之术。自秦之火,前圣已远,后圣不作,而其术不数世亦已成矣。岂非天之欲有绝而先立欤?今或怨之火不全其道也,不知秦火息矣。

唐·李益《华山南庙》(《唐诗镜》卷三四)

阴山临古道,古庙闭山碧。落日秋草中,搴芳荐瑶席。明灵达精意,仿佛如不隔。岩雨神降时,回飚入松柏。常闻坑儒后,此地返秦璧。自古害忠良,神其辅宗祏。

唐·司空图《铭秦坑》(《司空表圣文集》卷一)

秦术戾儒,厥民斯酷。秦儒既坑,厥祀随覆。天复儒雠,儒祀而家。秦坑儒耶,儒坑秦耶?

唐·杜佑《通典》卷九〇

大唐圣历元年,太子左庶子王方庆尝书问太子文学徐坚曰:“女子年幼而早孤,其母贫窭,不能守志,携以适人,为后夫之鞠养,及长出嫁,不复同居。今母后夫亡,欲制继父服,不知可不。人间此例甚众。至于服纪,有何等差?前代通儒,若为议论。”

坚答曰:“《仪礼·丧服经》,继父同居齐衰周,谓子无大功之亲,与之适人所适,亦无大功之亲,而所适者以财货为之筑宫庙,岁时使之祀焉者也。郑玄曰,大功之亲，同财者也。筑宫庙于家门之外者，神不歆非族也。以恩服耳，未尝同居则不服也。《小戴礼记》：继父服，并有明文，斯礼经之正说也。至于马融、王肃、贺循等，并称大儒达礼，更无异文。唯傅玄著书，以为父无可继之理，不当制服，此礼，焚书之后，俗儒妄造也。袁准作论，亦以为此则自制父也，乱名之大者。”

窃以父犹天也，爱敬斯极，岂宜腼貌继以他人哉？然而藐尔穷孤，不能自立，既随其母，托命他宗，本族无养之人，因托得存其继嗣。在生也实赖其长育，及其死也顿同之行路，重其生而轻其死，笃其始而薄其终，称情立文，岂应如是？故袁、傅之驳，不可为同居者施焉。昔朋友之死，同爨之丧，并制缌麻，详诸经典。比之于此，盖亦何嫌？继父之服，宜依正礼。今女子母携重适人，寄养他门，所适慈流，情均膝下，长而出嫁，始不同居。此则笄总之仪，无不毕备，与筑宫立庙无异焉，盖有继父之道也。《戴德丧服记》曰：“女子子适人者，为继父服齐衰三月，不分别同居异居。”《梁氏集说》亦云：“女子，子适人者，服继父与不同居者服同。”今为服齐衰三月，窃为折衷。方庆深善此答。

唐·李翱《复性书上篇》(《李文公集》卷二)

人之所以为圣人者，性也。人之所以惑其性者，情也。喜怒哀惧爱恶欲七者，皆情之所为也。情既昏，性斯匿矣，非性之过也。七者循环而交来，故性不能充也。水之浑也，其流不清，火之烟也，其光不明，非水火清明之过。沙不浑，流斯清矣，烟不郁，光斯明矣。情不作，性斯充矣，性与情不相先也。虽然，无性则情无所生矣。是情由性而生，情不自情，因性而情，性不自性，由情以明。性者天之命也，圣人得之而不惑者也。情者性之动也，百姓溺之而不能知其本者也。圣人岂其无情耶？圣人者，寂然不动，不往而到，不言而神，不耀而光，制作参乎天地，变化合乎阴阳，虽有情也，未尝有情也。然则百姓者，岂其无性耶。百姓之性与圣人之性弗差也，虽然，情之所昏，交相攻伐，未始有穷，故虽终身而不自睹其性焉。火之潜于山石林木之中，非不火也。江河淮济之未流而潜于山，非不泉也。石不敲，木不磨，则不能烧其山林而燥万物。泉之源弗疏，则不能为江为河，为淮为济，东汇大壑，浩浩荡荡，为弗测之深。情之动弗息，则弗能复其性而烛天地，为不极之明。

故圣人者，人之先觉者也。觉则明，否则惑，惑则昏，明与昏谓之不同。明与昏性本无有,则同与不同二皆离矣。夫明者所以对昏,昏既灭,则明亦不立矣。是故诚者,圣人性之也,寂然不动,广大清明,照乎天地,感而遂通天下之故,行止语默,无不处于极也。复其性者贤人,循之而不已者也,不已则能归其源矣。《易》曰,夫圣人者,与天地合其德,日月合其明,四时合其序,鬼神合其吉凶,先天而天弗,违后天而奉天时。天且弗违,而况于人乎,况于鬼神乎?此非自外得者也,能尽其性而已矣。子思曰:"唯天下至诚,为能尽其性。"能尽其性,则能尽人之性。能尽人之性,则能尽物之性。能尽物之性,则可以赞天地之化育。可以赞天地之化育,则可以与天地参矣。其次致曲,曲能有诚,诚则形,形则著,著则明,明则动,动则变,变则化,惟天下至诚为能化。圣人知人之性之皆善,可以循之不息而至于圣也,故制礼以节之,作乐以和之。安于和乐,乐之本也。动而中礼,礼之本也。故在车则闻和鸾之声,行步则闻珮玉之音,无故不废琴瑟,视听言行,循礼法而动,所以教人忘嗜欲而归性命之道也。道者至诚而不息也,至诚而不息则虚,虚而不息则明,明而不息则照天地而无遗,非他也,此尽性命之道也。哀哉,人人皆可以及乎此,莫之止而不为也,不亦惑耶!

昔者圣人之传于颜子,颜子得之,拳拳不失,不远而复其心,三月不违仁。子曰:"回也其庶乎屡空。"其所以未到于圣人者一息耳,非力不能也,短命而死故也。其余升堂者,盖皆传也,一气之所养,一雨之所膏,而得之者各有浅深,不必均也。子路之死也,石乞盂黡以戈击之,断缨。子路曰:"君子死,冠不免。"结缨而死。由也非好勇而无惧也,其心寂然不动故也。曾子之死也,曰:"吾何求焉,吾得正而毙焉,斯已矣。"此正性命之言也。子思,仲尼之孙,得其祖之道,述《中庸》四十七篇,以传于轲。轲曰:"我四十不动心。"轲之门人达者公孙丑、万章之徒,盖传之矣。遭秦焚书,《中庸》之弗焚者,一篇存焉。于是此道废缺,其教授者,唯节行文,章章句。威仪、击剑之术相师焉,性命之源,则吾弗能知其所传矣。

道之极于剥也必复,吾岂复之时耶?吾自六岁读书,但为词句之学,志于道者四年矣,与人言之,未尝有是我者也。南观涛江入于越,而吾郡陆傪存焉,与之言之,陆傪曰:"子之言,尼父之心也。东方如有圣人焉,不出乎此也,南方如有圣人焉,亦不出乎此也。唯子行之不息而已矣。"呜呼,性命之书虽存,学者莫能明,是故皆入于庄、列、老、释。不知者谓夫子之徒不足以穷性命之道,信之者皆是也。有问于我,我以告之所知而传焉,遂书于书,以开诚明之源,而缺绝废弃不扬之道,几可以传于时,命曰《复命书》,以理乎其心,以传乎其人。于戏,夫子复生,不废吾言矣。

唐·章碣《焚书坑》(《才调集》卷八)

竹帛烟销帝业虚，关河空锁祖龙居。坑灰未冷山东乱，刘项原来不读书。

唐·杜牧《书处州韩吏部孔子庙碑阴》(《樊川集》卷三)

天不生夫子于春秋，后世当何如。曰，不《春秋》如也。荀卿祖夫子，李斯事荀卿，一日宰天下，尽诱夫子之徒与书，坑而焚之。曰，徒能乱人，不若刑名狱吏治世之贤也。彼商鞅者，能耕能战，能行其法，基秦为强。曰，彼仁义，虱官也。可以置之置之言不用也。自董仲舒、刘向，皆言司马迁良史也。而迁以儒分之为九，曰博而寡要，劳而无功，不如道家者流也。

自有天地已来，人无有不死者。海上迂怪之士特出言曰："黄帝炼丹砂为黄金以饵之，昼日乘龙上天。诚得其药，可如黄帝。"以燕昭王之贤，破强齐，几于霸。秦始皇、汉武帝之雄材，灭六强，擗四夷，尽非凡主也。皆甘其说，耗天下，捐骨肉而不辞，至死而不悟。

莫尊于天地，莫严于宗庙社稷。梁武帝起，为梁国者以笋脯、面牲为荐祀之礼，曰佛之教，牲不可杀。以天子尊，舍身为其奴。散发布地，亲命其徒践之。有天地日月为之主，阴阳鬼神为之佐，夫子巍然统而辨之。复引尧、舜、禹、汤、文、武、周公为之助，则其徒不为劣，其治不为僻。彼四君二臣不为无知，一旦不信，背而之他，仍族灭之。倘不生夫子，纷纭冥昧，百家斗起。是己所是，非己所非，天下随其时而宗之，谁敢非之。纵有非之者，欲何所依据而为其辞？是杨墨骈填已降，百家之徒庙貌而血食，十年一变法，百年一改教。横斜高下，不知止泊。处后世者，弑父弑君，奚啻倍于《春秋》。

若不生夫子，是知其必不《春秋》如，何也？韩吏部《夫子庙碑》曰，天下通祀，唯社稷与夫子。社稷坛而不屋，取异代为配。未若夫子，巍然当门，用王者礼，以门人为配。自天子至于庶人，亲北面而师之。夫子以德，社稷以功，固有次第。因引孟子曰，生人已来，未有如夫子者也。自古称夫子者多矣，称夫子之德，莫如孟子。称夫子之尊，莫如韩吏部。故书其碑阴云。

唐·林慎思《伸蒙子》卷中《合天》

弘文先生曰:“秦人焚书坑儒以愚黔首,意其帝万世矣,而亡不旋踵,何邪?”

伸蒙子曰:“天亡之也。吾闻顺天者存,逆天者亡。天生羲、农、黄帝、尧、舜,为道之宗,又生禹、汤、文、武、周公、孔子,为道之主。其言式万代,其政训百王,譬日月不可掩,山川不可迁也。秦人姗笑先王,绝弃礼法,悉举而燔之,使天下之人横目蚩蚩,无知识,无防节,是日月晦蚀,山川崩裂,天怒人怨,有灭亡之形而人不知也。一夫呼,七庙堕。秦焚书,是自焚矣。秦坑儒,是自坑矣。世未有合天而亡,逆天而存者也。故曰,秦之亡,天也。”

唐·张弧《素履子》卷中

履仁

素履子曰:“古者尝草之君教民粒食而止杀,至仁之化也。黄帝为民除害,杀蚩尤,至仁之教也。大罗氏作网罟,除禽兽之害,至仁之用也。尧、舜用八元八恺,明四目,达四聪,至仁之治也。禹凿龙门,去水害,至仁之功也。汤去三面罗,至仁之政也。文王葬枯骨,至仁之惠也。纣失仁,武王杀之,式微子之墟,舍箕子之囚,封比干之墓,乃得赤雀衔书之瑞云,仁得之,仁守之,福荫百代,天使人君用仁守国,故罪己泣辜,吞蝗咽蛭,所以兴也。

“秦不仁,焚书坑儒,身没沙丘,不及二代。子婴为刘项所竞,汉履仁约法,舍子婴而得天下。楚不仁暴物,杀子婴而失天下。是知履仁为兴国之本,故可履之。

“孔圣云:‘仁者爱人。’亦曰:‘好生恶杀为仁,爱人利物为仁,克己复礼为仁,慈惠恻隐为仁。’赏善罚恶,拯溺救危,皆仁人之履也。士有杀身以成仁,亡命以成仁。设食于翳桑,板筑于危径。或救黄雀,或放白龟。惠阙于伤蛇,探喉于鲠虎。博施无倦,惠爱有方。春不伐树覆巢,夏不燎田伤禾,秋赈孤恤寡,冬覆盖伏藏。君子顺时,履仁而行,仁功著矣。《易》曰,天地之大德曰生,圣人之大宝曰位。又曰，君子体仁，足以长人。唯圣贤履之，无倦而已。”

唐·罗隐《焚书坑》(《罗昭谏集》卷四)

千载遗踪一窖尘，路傍耕者亦伤神。祖龙算事浑乖角，将谓诗书活得人。

南唐·李煜《题金楼子后并序》(《全唐诗》卷八)

梁元帝谓：王仲宣，昔在荆州，著书数十篇。荆州坏，尽焚其书，今在者一篇，知名之士咸重之，见虎一毛，不知其斑。后西魏破江陵，帝亦尽焚其书，曰：“文武之道，尽今夜矣。”何荆州坏，焚书二语，先后一辙也。诗以慨之。

牙签万轴裹红绡，王粲书同付火烧。不是祖龙留面目，遗篇那得到今朝？

宋·徐铉《舒州新建文宣王庙碑序》(《骑省集》卷一二)

铉尝读文中子所著书，窃观其建言设教，宪章周孔，有道无位，故德泽不被于生民。然而门人弟子，如房、魏、李、杜辈，皆遭遇真主，佐佑大化，元功盛烈，亦云至矣，犹以为礼乐不兴，未能行文中子之道。嗟乎，使颜、闵之徒，遇贞观之世，举圣人之业，成天下之务，岂不益大乎？时运不并亨，圣贤不世出，可为长叹息已矣。

夫太羹玄酒，足以通神明，而不能竞适口之味。大咸云门，足以和风俗，而不能高娱耳之声。五常六德，足以兴国家，而不能胜捷给之数。释菜合乐，足以祈永贞，而不能掩福田之说。李斯，荀卿弟子也，而为焚书之酷。德彝，文皇上宰也，而沮王道之议，况其余哉？

故用兵已来，郊庠乡塾，委而不修者有年矣。皇唐中兴之一纪，天子乃崇学校，养庶老，举六德，教胄子，旁达郡国，靡然向风。舒州，古诸侯之封也，其地广，其任重。太博周公，旧勋硕望，来颁诏条。武以贞师，仁以行政。动必资于前训，举必顺于人心。

前吏部郎钟君，顷登铨管之司，实参侍从之列。论思典治，必以名教为先。洎从左官，来为佐职。神交主诺，人无间然。始一年而旱暵作，二年而百谷登，三年而上下和。既富而教，爰修废典。乃严社稷，则播殖之功报。乃祀箕毕，则风雨之候。时乃即黉堂，谒先圣，寝庙卑而将圮，衮冕陋而不度。政之大者，乌得已焉。

于是庀功庸，示仪制，堂奥户牖，巍乎大壮。山龙藻火，焕乎有章。重门以深之，周垣以缭之。俎豆升乎筵，干戚由乎序。侁侁众贤，是配是侑。肃肃燕毛，以衎以乐。闾伍之属，耆幼之伦，惠泽渐乎肌肤，风教移乎情性。惜其所治者百城耳，推是而往，何所不至哉？

铉也不才，放逐至此。蒙地主之惠，接故人之懽。博我以文，宜无所让。属役既具，冠篇将毕。会钟君召还京师，祖行之夕，视草以送。且曰，敬教劝学，非大君子不能行。计功称伐，非大手笔不能任。吾友紫微郎韩君，即其人也。托之铭颂，以永清风。

宋·柳开《扬子剧秦美新解》(《河东集》卷二)

昔人咸谓斯文媚莽之辞也。《法言·孝至篇》曰："周公以来，未有如汉公之懿者云。称未篡之前，莽实伪貌而近，如是亦可庶免乎？"曰："剧于秦而美于新，扬子之全德，此焉亏矣。今承往言亦曰然也，呜呼，下汉氏几千年，无一人识雄之旨。盖君子微言而首比于恶者也。"

或曰："子独异而将说之，何哉？是必果能直其雄之志者乎？"

子曰："吁，扬氏之志，讥莽而非媚也。谓美之称，曰剧之类也。且夫目其辞云是者，其旨悉存于间也。夫秦之为不道，其恶也，有天地而未有之矣。今引而言之，秦剧也。取而比之曰，新美也。是新无比于五帝三王，非有其善也。比于秦而褒贬之，是其有不善与秦上下也。故曰剧秦美新矣。"

大凡褒贬于人，取其善恶类而较其优劣也。善者必以善类比之，恶者必以恶类比之。如称尧舜云者，兼而是同其善也。桀纣云者，兼而是同其恶也。类而较之也。如曰善必以恶较之，即一善而千恶，其善自显矣。恶必以善较之，即一恶而千善，其恶亦自显矣。何复枉其功乎？未见较其善恶者，有云尧桀也，舜纣也，必曰如尧舜桀纣云？故今扬子是云如是也。剧其秦，谓恶甚也。焚诗书，大宫室，起长城，巡天下，兼灭其宗周也，故曰剧也。美其新，谓其恶少异于秦也。虽其窃汉祚与灭宗周同，且无诸秦之所大恶也，故曰美也。又夫汉德不如周，享国日浅，王道不成，虽周之衰经日已久，下劣诸侯，然其灭者，秦当其大逆也。故曰秦，剧也。新，美也。斯又圣贤之深旨，在于周汉也，孰可识之乎？

或曰："子言斯即然矣，其何下之辞云云乎？"予曰："下之辞云云者，盖蔽其名，讥之所寓也。若显而辟之，即君子微旨何在焉，祸且及矣。凡扬子之是言也，逊惠者也。首亦至于斯焉。言苟不隐其志，后苟不晦其前，则不可也。"

或曰："然《诗》三百，讥刺者过半。且其篇曰某篇也，是所怨于时之王者也。下其辞，未有如子称雄之文，将若是也。"予曰："吁，异乎，时不同，事且殊矣。凡诗书之作，出自夫子。当时之人，何能有焉。盖圣人观前事而继言之，所以垂炯戒于后，非如夫扬子亲居于莽之下也。"

或曰："若而言，是终不敢继其始，晦不敢敌其明，即曷若不言乎？叔孙对于二世也，伪媚其言而免于祸。盖上之所发问，而不得已而言也。且雄非有叔孙之名，莽无二世之问。何如是哉？"予曰："吁，当莽之时，扬子不得不自言也。凡人仕于世，大小之分各异矣。当大而不为之大，即事之失也。当小而不为之小，即事之僭也。且叔孙无居于扬子之位，扬子有过于叔孙之名。位而拘之，名而累之，扬子须异于叔孙也，在于分之事使然也。叔孙若昔如扬子，不待问而言之也，则不能免后代而诛其名也。扬子若今如叔孙，必待问而言之也，即不能免当日之害其身也。士之遭于不道也，居其迩者祸切之，处其远者祸间之。危行以言逊，能者可避乎患也。尚时有罹其辜者焉。况扬子之懿，若是而人乎，与世当不同也，莽固知耳。苟不有言，即莽疑不足于己也必甚矣。子不闻乎，闭门而著书也，尚有投阁之祸，几死焉。如是，扬子果得不自言之以进耶？呜呼，知扬子者在于斯，罪扬子者在于斯。昔之所谓后世复有如我者知我矣，其于余也，得不尽若此之类者乎？"

宋·王禹偁《四皓庙碑》(《小畜集》卷一六)

《易》称知进退存亡而不失其正者，其唯圣人乎？先生避秦，知亡也。安刘，知存也。应孝惠之聘，知进也。拒高祖之命，知退也。四者备矣，而正在其中，先生非圣，而孰为圣乎？

若其秦乱而不避，则焚书坑儒，高、斯之流也。汉危而不出，则素隐行怪，巢、由之徒也。应高祖之命，则溺其冠而骑其项矣。拒孝惠之聘，则功不立而名不称矣。引而伸之，先生可谓全德者矣。

尝试论之曰，古称周公圣人也，鞭伯禽，教孺子，居摄六年，明辟未复，而召公不说于内，三叔流言于外。盛德大业，几坠于地。吁，扶幼君秉大政之难也，有如是哉！观乎戚姬之嬖，如意之宠，以妾并后，以孽代宗，本根一摇，社稷将坠。咸谓扶苏之赐死，胡亥之亡国，可翘足而待也，何止炎灵之不祀，抑亦黔首之罹祸。岂无留侯陈八难、罢六国，则可议主鬯，则以水而投石也。岂无曲逆间强楚、解长平，则可言立嫡，则圆凿而方枘也？

先生一出而助之，一言而定之。汉庭公卿皆出其下，而能锱铢钟鼎桎梏衣冠，安万乘而不有其功，抗匹夫而不食其禄。自非至人达识，孰能与于此乎？向使先生定汉嗣，为汉臣，报德议功，必在平勃之右，当以左辅右弼，前疑后丞而处之。居是时也，以四巨贤事一少帝，挟震主之威，负不赏之功，又何止流言不说之事哉？欲望其茹紫芝，卧商岭，其可得乎？

是知先生之出，非独谋汉也，实将救时也。先生之退，非独全身也，亦将矫世也。危而护之，不宴安于独善，可谓救乎时矣。定而去之，不乘时以聚禄，可谓矫乎世矣。用是警民，犹有建桓立顺之徒矣。

宋·夏竦《焚书坑铭》(《文庄集》卷二五)

秦焚经籍，尚法令，人知其祸，而未知其福焉。

夫舜死陟方，则禅受之道缺。有夏多罪，则篡弑之风起。盖受天命、观人事而作，故君子不谓之暴。而嬴氏以区区之秦，窥觎关东，刮兵剥粮，峻刑刻法，幸六诸侯之弊，盗据神器。累世之祸，积于宗庙。兆民之怨，盈于城野。炎汉之圣，伏于丰沛。是时，苟能右诗书，敦礼乐，修人文，而黜吏议禄，冠缨之士，行帝王之术，虽累世之祸，不得发矣。兆民之怨，不得泄矣。炎汉之圣，不得章矣。而秦反枕干盾，袵金革，贵刑名，而害仁义，官甲胄之夫，驰战霸之涂，故宗庙之祸，得以发矣。城野之怨，得以泄矣。丰沛之圣，得以章矣。

夫是坑也，焚于斯，祸于斯，福于斯。焚书也，祸秦也，福汉也。诗书不亡，无以速秦祸也。未有削平敌国，分为郡县，不数世，社稷鱼坏，而不可救者也。礼乐不坠，无以速汉福也。未有起布衣，提三尺，不数载，大统毕，集而不可危者也。

盖文之于国,犹水火哉无一日之可暂去也。秦失天下也,故祸之易也。汉得天下也,故福之易也。君子曰,国之将亡,文先亡矣。未有守文而不能救亡者也。斯文之道,如天地焉,如日月焉,覆之,载之,照之,临之,非可息也。秦之焚书,焚秦也。文道非可焚也。客有经其所为碑,以铭其事,其辞云:

诗书礼乐,加于焚燎,焰赫地维,烟敛天表。凝为灾星,秦祚以夭。融为王气,汉德以兆。正弃秦祀,非弃文德。夭祸秦毒,非祸王国。斯文何损,如日月食道,不可屈明,不可息神。契人合羸,不血食(原本脱四字)文乃鼎沸,烟复为仁,烬复为义。大儒蜂午,振铎而起。心揖神遂,口传天意。皇皇六籍,且经且纬。赫若烟焰,灿如烽燧。斯文之圣,因焚而试。斯文之道,因焚而炽。俾我儒德,后王之畏。不敢侮慢,以速祸戾。(原本脱四字)吾知可贵。秦灭汉王,是名铭志。

宋·王钦若等《册府元龟》卷五八三

李崇为骠骑大将军,冀州刺史,不行。上表曰:"臣闻世室明堂,显于周夏。二黉两学,盛自虞殷。所以宗配上帝,以著莫大之严,宣布下土,以彰则天之轨。养黄发以询格言,育青襟而敷典式,用能享国久长,风徽万祀者也。故孔子称巍巍乎其有成功,郁郁乎其有文章,此其盛矣。爰及亡秦,政失其道,坑儒灭学,以蔽黔首。国无黉序之风,野有非时之役,故九服分离,祚终二世。炎汉勃兴,更修儒术。文景以降,礼乐复彰,化致升平,治几刑措。故西京有六学之美,东都有三本之盛,莫不纷纶庵蔼,响流无已。逮自魏晋,废乱相因,兵革之中,学校不绝,遗文灿然,方轨前代。

宋·范仲淹《上执政书》(《范文正集》卷八)

夫天下祸福,如人家道,成于覆篑败于疾雷,圣朝岂恃其太平,而轻其后计?王衍之鉴岂曰不明?清谈之间,坐受其弊。盖备之弗预,知之弗为,许下之兵,日血十万,岂不痛心哉?今西北和好,诚为令图,安必虑危,备则无患。昔成周之盛，王道如砥，及观《周礼》，则大司马阵战之法，粲然具存，乃知礼乐之朝，未尝废武。

今孙吴之书，禁而废学，苟有英杰，受亦何疑。且秦之焚书也，将以愚其生人，长保天下。及其败也，陈胜、吴广，岂读书之人哉？况前代名将，皆洞达天人，嗣续忠孝，将门出将，史有言焉。今将家子弟，蔑闻韬钤，无所用心，骄奢而已，文有武备，此能备乎？

今可于忠孝之门，搜智勇之器堪将材者，密授兵略，历试边任，使其识山川之向背，历星霜之艰难，一朝用之，不甚颠沛，十得三四，不云盛乎？至于四海九州，必有壮士，宜设武举，以收其遗。唐郭子仪，武举所得者也，斯可遗乎？又臣僚之中，素有才识，可赐孙吴之书，使知文武之方，异日安边，多可指任。此皆育将才之道也。

宋·苏颂《校风俗通义题序》(《苏魏公文集》卷六六)

臣所校定《风俗通义》，崇文先阙本，臣以私本因官书校定，凡十卷，谨次第录。

谨案：范煜《后汉书》，应劭，字仲远，汝南南顿人，历太山太守，后为袁绍军谋校尉，卒于邺。撰《风俗通》，以辨物类名号，释时俗嫌疑，文虽不典，后世服其洽闻。然传不记其篇卷，惟梁录载《风俗通义》三十卷，《隋书·经籍志》云三十二卷、录一卷，唐志亦云三十卷，而臣某所传才十卷，初疑阙其下篇。历代诸儒，著书引据最多，而无若庾仲容《子抄》、马总《意林》载之略备，今以其书校之，乃篇次不伦。然《子抄》但著卷第凡三十一，而不记篇名。《意林》则存篇名，而无卷第。今校其文意，粗可见者：独《皇霸》一篇，同为第一。其《正失》第二，《子抄》云第六。《愆礼》三，《子抄》云第八。《过誉》四，《子抄》云第七。[略]

又案《意林》于《折当篇》载目录云，太山太守臣劭再拜上书曰，秦皇焚书坑儒，六艺缺亡。高祖受命，四海乂安，往往于壁柱石室之中，得其遗文，竹朽帛裂，残阙不备。至国家行事，俗间流语，莫能原察。故三代遣辅轩使者，经绝域，采方言，令人君不出户牖而知异俗之语耳。此其自叙如此，势当在卷首或卷末，今乃云第十，以此又知庾、马所载篇第，未必当然。故不复更改，谨以黄纸缮写，藏之馆阁。

宋·陈襄《咸阳宫赋》(《古灵集》卷二一)

周失王绪,秦受天数。始皇崛起,狼心奋怒。六国并吞,黑旗森布。分诸侯而立郡县,销五兵而造钟鐻。混车书,一法度。陆詟水栗之所来向,航琛辇赆之所屯聚。于是迁豪徙富,离邦易土,择徒(阙)然,隆隆然。制是宫也,盖莫得而殚言。

始其择吉日,申旧章,坦隆基于四隅,郁华构于中央。分左宗右社之规矱,正面朝后市之纪纲。顺阴阳之开阖,放太紫之圆方。由是入九贡之资,诏六工之良。度材用之经费,旅珍产之非常。离娄督绳以分其曲直,公输削墨以形于短长。运雄风于斧斤,架文虹于栋梁。藻井灿兮群葩竞芳,觚稜耸兮金爵交翔。罗玉阶兮彤庭,俨峻宇兮雕墙。朱紫炳焕,下以被其土。金璧峥嵘,上以饰其珰。其高也侔列宿于紫宫,其大也出冠山之朱堂。颙颙昂昂,复道还相。上截乎渭川,直走于阿房。是何蝼蠖相经,连绵不止?映朱阙之双立,压金城之百雉。被卿霭以上覆,馥天香而特起。巍巍乎若高浪之奔,架蓬莱而直上。盘盘乎若巨鳌之出,戴灵山而遐峙。则有千庐传呼,洞门方轨。披广路之三条,列金人之十二。上下端直,左右环卫。执玉帛者来朝,绾银黄者近侍。如云台之上,缥组而摩肩。临淄之间,成帷而举袂。闻之者倏尔而叹,望之者俨然而畏。其间祲威盛容,殊形诡制。钟鼓喤喤,有二四之列。衣裳楚楚,有三千之丽。珠金玉翠衔其珍,组织文章逞其贵。而又植苑囿,开沼沚。草木繁芜,蔽朱实之离离。鱼鸟遨翔,漾清流之亹亹。朝夕之所娱乐,而不知其晦明。寒暑之所隔阂,而不知其启闭。

既而穷侈,德尽浇风。目倦五色,耳亡四聪。将欲慕神仙之峩峩,脱天下之汹汹。谓上游之迹,可以拍肩于洪崖。谓积学之致,可以问道于崆峒。由是拟丹台之壮丽,造秘宇之穹崇。飞甍舛互,连阁交通。冥冥乎二百余里,杳不知其所终。然后巡于陇西,封于岱宗。纪德琅琊之台,列爵大夫之松。伐湘山于既仆,破胡城于已攻。故乃俨彩仗,坐琼宫。建灵旗之五丈,排法驾于六龙。文武肃仪而在下,嫔嫱肆乐乎其中。韵乎钧天之乐,翼乎妙舞之容。左殽右胾兮百品,椒浆桂酒兮千钟。喜气交盛,欢声一同。而皆罄山呼而浃洽,祝天寿以庞鸿。自以为子孙帝王之业,垂万世而无穷。

洎乎时运更迭,基扃一空。弋林钓渚榛芜外,玉殿珍台煨烬中。项羽西归,二三世之秦风已荡。高皇东起，四百年之汉德弥隆。士有闻而叹曰，夫圣皇之有天下也，握乾符，御璇极，纳百姓于醇粹，乐群生于休息。故宫室之作，无伤民之利。兴作之所，不劳民之力。轩辕合宫而昭俭，唐尧采椽而示质。总章合制，重华乃建于宏基。卑室兴居，夏禹遂隆于圣德。若乃商受丧乎瑶台，夏桀陨于琼室。夫差一去，游姑苏之鹿麋。晋武既亡，生铜驼之荆棘。斯皆圣人以节用而兴邦，愚者以宣骄而亡国。

且强秦虎视蒸民，扆居华域。如建瓴之地，无以极其险隘。若秋荼之网，无以加其苛刻。收大半之赋敛，焚诗书之典则。而复开宫禁之宏址，驱生民于重役。农者失其耕耨，女工废其纴织。上天为之震怒，四方为之沮色。又安得延茂其邦家，而兴隆乎社稷？

嗟乎，源之澄兮流必清，本非固兮枝必倾。始皇去兮，沙丘既平。子婴灭兮，咸阳已并归。赫赫之汉祚兮，为帝畿之三成。又何必指东门之界兮，柱立石于沧溟者也？

宋·颜太初《东州逸党》（《宋文鉴》卷一六）

天之有常度，躔次绝乖离。地之有常理，沉潜无变亏。人之有常道，高下遵轨仪。三才各定位，万古永不移。二仪设有变，修德可以祈。人道或反常，其乱何由支。昔在典午朝，国祚方陵夷。日向中夜出，赫赫来东陲。地向太极裂，中有苍鹅飞。高厚灾且异，人妖亦繁滋。始有竹林民，怪诞名不羁。次有夷甫辈，高谈慕无为。沉湎多越礼，阮籍兼辅之。虚名能饰诈，光逸与王尼。何曾有先见，不能救其衰。张华徒竭力，无以扶厥危。至今西晋书，读之堪涕洟。

迩来历千年，炎宋运重熙。东州有逸党，尊大自相推。号曰方外友，荡然绝四维。六籍被诋诃，三皇遭毁訾。坑儒愚黔首，快哉秦李斯。与世立宪度，迂哉鲁先师。流荡终忘反，恶闻有民彝。或为童牧饮，垂髽以相嬉。或作概量歌，无非市井辞。或作薤露唱，发声令人悲。或称重意气，金帛不为赀。或曰外形骸，顶踵了无私。麀聚复獶杂，何者为尊卑？遥闻风波民，未见如调饥。偶逢绅带士，相对如拘縻。不知二纪来，此风肇自谁。都缘极显地，多用宁馨儿。乡老为品状，不以逸为嗤。宗伯主计偕，不以逸为非。家国尽为逸，礼法从何施。

我常病其事，中夜起思惟。平地三尺限，空车发无岐。重载历百仞，所来因陵迟。万一染成俗，虽悔何由追。幸有名教党，可与决雄雌。所嗟九品贱，不得立文墀。贾谊唯恸哭，梁鸿空五噫。终削南山竹，冒死指其疵。无使永嘉风，败乱升平时。

清·陈焯编《咏许希》(《宋元诗会》卷四)

针工许希，下蔡人，住梁门西市三十年。及天圣中，皇躬违豫，有内戚达其姓名，上召见，三进针而疾平，面授尚药奉御，其赐予不可胜纪。谢恩毕，西向而拜。上询其故，奏曰："臣拜本师扁鹊也。"上惜其用心不忘本，给钱五十万立祠，封曰灵应侯。因为诗以纪之。

京城名利涂，车马交驱驰。其间取富贵，往往输巫医。前后十数辈，身没名已澌。独有许希者，蕴蓄何瑰奇。始自下蔡来，所处尤喧卑。西市三十年，汩汩无人知。一朝仗至艺，骤登文石墀。三针愈上疾，神速不移时。酬以六尚官，著籍通端闱。旌以三品服，佩紫垂金龟。于时称谢毕，西向复陈仪。当宁惊且问，历历宣其辞。臣传扁鹊术，遇主今得施。特此一展谢，臣心不自私。主上惜其意，击赏为嘘唏。仍给水衡钱，国西命立祠。复加灵应号，金额照华榱。自此辇毂下，求祷何祁祁。我过庆成坊，见之心且悲。秦医术虽妙，五腑及四肢。所习得其人，千龄祀不亏。鲁圣术至大，帝道与民彝。所习非其人，一朝反相持。小吏师荀况，窃为辨说资。作相劝焚书，诈云愚蚩蚩。后之为儒者，其心皆李斯。昔在布衣日，动守先王规。朝谈十二经，夕诵三百诗。依凭稽古力，荣进无他岐。及居庙堂上，剑长冠峩巍。自谓天所赋，焉知有宣尼。宣尼断袭封，十经寒暑移。他姓为邑官，乡老皆惊疑。上章寝不报，九重遭面欺。谏官不举失，御史不言非。尽为许希笑，得路忘先师。

宋·司马光《古文孝经指解序》(《传家集》卷六八)

圣人言则为经,动则为法。故孔子与曾参论孝,而门人书之,谓之《孝经》。及传授滋久,章句漫差,孔氏之人畏其流荡失真,故取其先世定本,杂虞、夏、商、周之书及《论语》藏诸壁中。苟使人或知之,则旋踵散失,故虽子孙不以告也。遭秦灭学,天下之书扫地无遗。汉兴,河间人颜芝之子得《孝经》十八章,儒者相与传之,是为今文。及鲁恭王坏孔子宅而古文始出,凡二十二章。当是之时,今文之学已盛,故古文排摈,不得列于学宫,独孔安国及后汉马融为之传。诸儒党同疾异,信伪疑真,是以历载累百,而孤学沉厌,人无知者。

隋开皇中,秘书学士王逸于陈人处得之,河间刘炫为之作稽疑一篇,将以兴坠起废,而时人已多讥笑之者。

及唐明皇开元中,诏议孔、郑二家,刘知几以为宜行孔废郑,于是诸儒争难蜂起卒行郑学。及明皇自注,遂用十八章为定。

先儒皆以为孔氏避秦禁而藏书,臣窃疑其不然。何则,秦世科斗之书废绝已久,又始皇三十四年始下焚书之令,距汉兴才七年耳。孔氏子孙岂容悉无知者,必待恭王然后乃出?盖始藏之时,去圣未远,其书最真,与夫他国之人转相传授,历世疏远者诚不侔矣。且《孝经》与《尚书》俱出壁中,今人皆知《尚书》之真而疑《孝经》之伪,是何异信脍之可啗而疑炙之不可食也?嗟乎,真伪之明皦若日月,而历世争论不能自伸,其中异同不多,然要为得正,此学者所当重惜也。

前世中《孝经》多者五十余家,少者亦不减十家。今秘阁所藏止有郑氏、明皇及古文三家而已。其古文有经无传。案孔安国以古文时无通者,故以隶体写《尚书》而传之。然则《论语》、《孝经》不得独用古文,此盖后世好事者用孔氏传本,更以古文写之,其文则非,其语则是也。夫圣人之经,高深幽远,固非一人所能独了。是以前世并存百家之说,使明者择焉。所以广思虑重经术也。臣愚,虽不足以度越前人之胸臆,窥望先圣之藩篱,至于时有所见,亦各言尔志之义。是敢辄以隶写古文为之指解,其今文旧注有未尽者引而伸之,其不合者易而去之,亦未知此之为是而彼之为非。然经犹的也,一人射之,不若众人射之,其为取中多也。臣不敢避狂僭之罪,而庶几于先王之道万一有所裨焉。

宋·司马光《补王通传》(《宋文鉴》卷一四九)

文中子王通，字仲淹，河东龙门人。六代祖玄则，仕宋，历太仆、国子博士。兄玄谟，以将略显，而玄则用儒术进。玄则生焕，焕生虬。齐高帝将受宋禅，诛袁粲，虬由是北奔魏，魏孝文帝甚重之，累官至并州刺史，封晋阳公，谥曰穆，始家河、汾之间。虬生彦，官至同州刺史。彦生杰，官至济州刺史，封安康公，谥曰献。杰生隆，字伯高，隋开皇初，以国子博士待诏云龙门。隋文帝尝从容谓隆曰："朕何如主？"隆曰："陛下聪明神武，得之于天，发号施令，不尽稽古，虽负尧舜之资，终以不学为累。"帝默然有间，曰："先生，朕之陆贾也。何以教朕？"隆乃著《兴衰要论》七篇，奏之。帝虽称善，亦不甚达也。历昌乐、猗氏、铜川令，弃官归，教授，卒于家。隆生通。自玄以来，世传儒业。通幼明悟好学，受《书》于东海李育，受《诗》于会稽夏琠，受《礼》于河东关朗，受《乐》于北平霍彶，受《易》于族父仲华。仁寿三年，通始冠，西入长安，献《太平十二策》。帝召见，叹美之，然不能用。罢归，寻复征之。煬[1]帝即位，又征之。皆称疾不至，专以教授为事，弟子自远方至者甚众。乃著《礼论》二十五篇、《乐论》二十篇、《续书》百有五十篇、《续诗》三百六十篇、《元经》五十篇、《赞易》七十篇，谓之《王氏六经》。司徒杨素重其才行，劝之仕。通曰："汾水之曲，有先人之敝庐，足以庇风雨，薄田足以具餰粥，愿明公正身以治天下，使时和年丰，通也受赐多矣，不愿仕也。"或谮通于素曰："彼实慢公，公何敬焉。"素以问通，通曰："公使可慢，则仆得矣。不可慢，则仆失矣。得失在仆，公何预焉？"素待之如初。右武侯大将军贺若弼，尝示之射，发无不中。通曰："美哉，艺也。君子志道、据德、依仁，然后游于艺也。弼不悦而去。"通谓门人曰："夫子矜而愎，难乎免于今之世矣。"纳言苏威好蓄古器，通曰："昔之好古者聚道，今之好古者聚物。"太学博士刘炫问《易》。通曰："圣人之于《易》也，没身而已矣，况吾侪乎？"有仲长子光者，隐于河渚。尝曰："在险而运奇，不若宅平而无为。"通以为知言。曰："名愈消，德愈长，身愈退，道愈进，若人知之矣。"通见刘孝标《绝交论》曰："惜乎，举任公而毁也，任公不可谓知人也。"见《辩命论》，曰："人事废矣。"弟子薛收问："恩不害义，俭不伤礼，何如？"通曰：

① 疑"炀"之讹。

“是汉文之所难也。废肉刑害于义,省之可也。衣弋绨伤于礼,中焉可也。”王孝逸曰:“天下皆争利而弃义,若之何?”通曰:“舍其所争,取其所弃,不亦君子乎?”或问人善。通曰:“知其善则称之,不善则对曰,未尝与久也。”贾琼问息谤。通曰:“无辩。”问止怨,曰不争。故其乡人皆化之无争者。贾琼问群居之道。通曰:“同不害正,异不害物。古之有道者,内不失真,外不殊俗,故全者。”贾琼请绝人事。通曰:“不可。”琼曰:“然则奚若?”通曰:“庄以待之,信以应之,来者勿拒,去者勿追,汎如也,则可。”通谓姚义能交,或曰简。通曰:“兹所以能也。”又曰广,通曰:“广而不滥,兹又所以为能。”又谓薛收,善接小人,远而不疏,近而不狎,颓如也。通尝曰:“封禅非古也。其秦汉之侈心乎。”又曰:“美哉,周公之志深矣乎。宁家所以安天下,存我所以厚苍生也。”又曰:“易乐者必多哀,轻施者必好夺。”又曰:“无赦之国,其刑必平,重敛之国,其财必贫。”又曰:“廉者常乐无求,贪者常忧不足。”又曰:“我未见诽而喜,闻誉而惧者。”又曰,昏而论财,夷虏之道也。又曰:“居近而识远处,今而知古,其唯学乎?”又曰:“轻誉苟毁,好憎尚怒,小人哉?”又曰,闻谤而怒者,谗之阶也。见誉而喜者,佞之媒也。绝阶去媒,谗佞远矣。通谓北山黄公善医,先饮食起居而后针药。谓汾阴侯生善筮,先人事而后爻象。大业十年,尚书召通蜀郡司户,十一年,以著作郎国子博士征,皆不至。十四年,病终于家,门人谥曰文中子。二子,福郊,福畤。二弟,凝、续。

评曰,此皆通之世家及《中说》云尔。玄谟仕宋,至开府仪同三司。续及福畤之子勉、剧、勃,皆以能文著于唐世,各有列传。余窃谓先王之六经,不可胜学也,而又奚续焉?续之庸能出于其外乎。出则非轻矣。苟无出而续之,则赘也,奚益哉。或曰?彼商周以往,此汉魏以还也。曰,汉、魏以还,迁、固之徒,记之详矣。奚待于续经,然后人知之,必也好大而欺愚乎?则必不愚者,孰肯从之哉?今其六经皆亡,而《中说》亦出于其家,虽云门人薛收、姚义所记,然余观其书,窃疑唐室既兴,凝与福畤辈,依并时事,从而附益之也。何则,其所称朋友门人,皆隋唐之际将相名臣,如苏威、杨素、贺若弼、李德林、李靖、窦威、房玄龄、杜如晦、王珪、魏征、陈叔达、薛收之徒,考诸旧史,无一人语及通名者。《隋史》,唐初为也,亦未尝载其名于《儒林隐逸》之间,岂诸公皆忘师弃旧之人乎?何独其家以为名世之圣人,而外人皆莫之知也。

福畤又云,凝为监察御史,劾奏侯君集有反状,太宗不信之,但黜为姑苏令。大夫杜淹奏凝直言非辜。长孙无忌与君集善,由是与淹有隙,王氏兄弟皆抑不用。时陈叔达方撰《隋史》,畏无忌,不为文中子立传。按:叔达前宰相,与无忌位任相埒，何故畏之？至没其师之名，使无闻于世乎？且魏征实总《隋史》，纵叔达曲避权戚，征肯听之乎？此余所以疑也。又淹以贞观二年卒，十四年君集平高昌，还而下狱，由是怨望，十七年谋反，诛。此其前后参差不实之尤著者也。如通对李靖圣人之道曰："无所由亦不至于彼，彼道之方也。"必无至乎？又对魏征以圣人有忧疑，退语董常，以圣人无忧疑。曰："心迹之判久矣，皆流入于释老者也。"

夫圣人之道，始于正心修身齐家治国，至于安万邦，和黎庶，格天地，遂万物，功施当时，法垂后世，安在其无所至乎？圣人所为，皆发于至诚，而后功业被于四海。至诚，心也，功业，迹也，奚为而判哉？如通所言，是圣人作伪以欺天下也，其可哉？又曰，佛，圣人也，西方之教也，中国则泥。又曰，诗书盛而秦世灭，非仲尼之罪也；虚玄长而晋室乱，非老庄之罪也；齐戒修而梁国亡，非释迦之罪也。苟为圣人矣，则推而放诸南海而准，推而放诸北海而准，乌有可行于西方，不可行于中国哉？苟非圣人矣，则泥于中国，独不泥于西方邪？

秦焚诗书之文，诗书之道盛于天下，秦安得灭乎？庄老贵虚无而贱礼法，故王衍、阮籍之徒乘其风而鼓之，饰谭论，恣情欲，以至九州覆没。释迦称前生之因果，弃今日之仁义，故梁武帝承其流而信之，严齐戒，弛政刑，至于百姓涂炭。发端唱导者，非二家之罪而谁哉？此皆议论不合于圣人者也。

唐世文学之士，传道其书者，盖独李翱以比《太公家教》，乃司空图、皮日休，始重之。宋兴，柳开、孙何振而张之，遂大行于世，至有真以为圣人可继孔子者。余读其书，想其为人，诚博学笃行之儒。惜也其自任太重，其子弟誉之太过，使后之人莫之敢信也。余恐世人讥其僭而累其美，故采其行事于理可通而所言切于事情者，著于篇，以补《隋书》之阙。

宋·欧阳修《廖氏文集序》(《文忠集》卷四三)

自孔子没而周益衰，接乎战国，秦遂焚书，六经于是中绝。汉兴，盖久而后出，其散乱磨灭，既失其传，然后诸儒因得措其异说于其间，如《河图》、《洛书》，怪妄之尤甚者。余尝哀夫学者知守经以笃信，而不知伪说之乱经也，屡为说以黜之。而学者溺其久习之，反骇然非余以一人之见，决千岁不可考之是非，欲夺众人之所好。徒自守而世莫之从也。

又《帝王世次图序》

尧、舜、禹、汤、文、武，此六君子者，可谓显人矣。而后世犹失其传者，岂非以其远也哉？是故君子之学，不穷远以为能，而阙其不知，慎所传以惑世也。

方孔子时，周衰学废，先王之道不明，而异端之说并起。孔子患之，乃修正诗书史记，以止纷乱之说，而欲其传之信也。故略其远而详其近，于书断自唐虞以来，著其大事可以为世法者而已。至于三皇五帝君臣世次皆未尝道者，以其世远而慎所不知也。

孔子既没，异端之说复兴，周室亦益衰乱。接乎战国，秦遂焚书，先王之道中绝。汉兴久之，诗书稍出而不完。当王道中绝之际，奇书异说方充斥而盛行，其言往往反自托于孔子之徒，以取信于时。学者既不备见诗书之详，而习传盛行之异说，世无圣人以为质，而不自知其取舍真伪。至有博学好奇之士，务多闻以为胜者，于是尽集诸说，而论次初无所择，而惟恐遗之也，如司马迁之《史记》是矣。以孔子之学，上述前世，止于尧舜，著其大略，而不道其前。迁远出孔子之后，而乃上述黄帝以来，又详悉其世次，其不量力而务胜，宜其失之多也。

迁所作《本纪》，出于《大戴礼》、《世本》诸书，今依其说，图而考之。尧舜夏商周，皆同出于黄帝。尧之崩也，下传其四世孙舜，舜之崩也，复上传其四世祖禹，而舜、禹皆寿百岁。稷、契于高辛为子，乃同父异母之兄弟，今以其世次而下之，汤与王季同世。汤下传十六世而为纣，王季下传一世而为文王，二世而为武王。是文王以十五世祖臣事十五世孙纣，而武王以十四世祖伐十四世孙而代之王，何其谬哉？

呜呼，尧舜禹汤文武之道，百王之取法也。其盛德大业见于行事，而后世所欲知者，孔子皆已论著之矣。其久远难明之事，后世不必知，不知不害为君子者，孔子皆不道也。夫孔子所以为圣人者，其智知所取舍，皆如此。

又《武成王庙问进士策二首》(《文忠集》卷四八)

问：学者言三统之义备矣。然自孔子删修六经，与其弟子论辨尧、舜、三代之际甚详,而于正朔独无明文见于经者。三正,王者所以正一统,盖大法也。岂宜略而不言欤？抑隐其义以寓见诸书欤？或者经籍散缺而失之欤。自汉以来学者多增三统之说,以附六经之文。今所见者,特因汉儒之说尔。当汉承秦焚书,圣经未备,而百家异说不合于理者众,则其言果可信欤？夫众辞淆乱质诸圣,今考于六经,孔子所笔,何说可以验其信然欤？不然,商、周未尝有改欤？岂其不足为法,圣人非之而不言欤？请稽三王之旧典,考六经之明文,以祛厥疑。敢俟来对。

问:礼乐,治民之具也。王者之爱养斯民,其于教导之方,甚勤而备。故礼,防民之欲也周,乐,成民之俗也厚。苟不由焉,则赏不足劝善,刑不足禁非,而政不成。大宋之兴八十余岁,明天子仁圣,思致民于太平久矣。而天下之广,元元之众,州县之吏奉法守职,不暇其他,使愚民目不识俎豆,耳不闻弦歌,民俗顽鄙,刑狱不衰,而吏无任责。夫先王之遗文具在,凡岁时吉凶聚会,考古礼乐可施民间者,其别有几。顺民便事可行于今者有几。行之固有次第,其所当先者又有几。礼乐兴而后臻于富庶欤？将既富而后教之欤？夫政缓而迂,鲜近事实,教不以渐,则或戾民。欲其不迂而政易成,有渐而民不戾者,其术何云？儒者之于礼乐,不徒诵其文,必能通其用,不独学于古,必可施于今。愿悉陈之,无让。

又《问进士策三首》

问:六经者,先王之治具,而后世之取法也。《书》载上古,《春秋》纪事,《诗》以微言感刺,《易》道隐而深矣,其切于世者《礼》与《乐》也。自秦之焚书,六经尽矣。至汉而出者,皆其残脱颠倒,或传之老师昏耄之说,或取之冢墓屋壁之间,是以学者不明,异说纷起。况乎《周礼》,其出最后,然其为书备矣。

其天地万物之统,制礼作乐,建国居民,养生事死,禁非道善,所以为治之法皆有条理。三代之政美矣,而周之治迹所以比二代而尤详见于后世者,《周礼》著之故也。然汉武以为渎乱不验之书,何休亦云六国阴谋之说,何也？

然今考之,实有可疑者。夫内设公卿、大夫、士,下至府史、胥徒、以相副贰,外分九服、建五等、差尊卑以相统理,此《周礼》之大略也。而六官之属略见于经者五万余人,而里闾县鄙之长、军师卒伍之徒不与焉。王畿千里之地,为田几井,容民几家。王官、王族之国邑几数,民之贡赋几何。而又容五万人者于其间,其人耕而赋乎？如其不耕而赋，则何以给之？夫为治者，故若是之烦乎。此其一可疑者也。

秦既诽古，尽去古制。自汉以后，帝王称号，官府制度，皆袭秦故，以至于今，虽有因有革，然大抵皆秦制也。未尝有意于《周礼》者，岂其体大而难行乎？其果不可行乎？夫立法垂，制将以遗后也，使难行而万世莫能行，与不可行等尔。然则反秦制之不若也。脱有行者，亦莫能兴，或因以取乱，王莽后周是也，则其不可用决矣。此又可疑也。然其祭祀、衣服、车旗似有可采者，岂所谓郁郁之文乎？

三代之治，其要如何？《周礼》之经，其失安在。宜于今者，其理安从。其悉陈无隐。

又《传易图序》(《文忠集》卷六五)

孟子曰："尽信书，不如无书。"夫孟子好学者，岂独忽于书哉？盖其自伤不得亲见圣人之作，而传者失其真，莫可考正而云也。然岂独无书之如此，余读经解，至其引《易》曰差若毫厘，谬以千里之说，又读今《周易》有"何谓"、"子曰"者，至其《系辞》则又曰圣人设卦、系辞焉，欲考其真而莫可得，然后知孟子之叹，盖有激云尔。

说者言当秦焚书时，《易》以卜筮得独不焚。其后汉兴，他书虽出，皆多残缺，而《易经》以故独完。然如经解所引，考于今《易》亡之，岂今《易》亦有亡者耶？是亦不得为完书也。昔孔子门人追记其言作《论语》，书其首必以"子曰"者，所以别夫子与弟子之言。又其言非一事，其事非一时，文联属而言难次第，故每更一事必以"子曰"以起之。若《文言》者，夫子自作，不应自称"子曰"。又其作于一时，文有次第，何假"子曰"以发之。

乃知今《周易》所载，非孔子《文言》之全篇也。盖汉之《易》师，择取其文以解卦体，至其有所不取，则文断而不属，故以"子曰"起之也。其先言何谓而后言"子曰"者，乃讲师自为答问之言尔，取卦体以为答也，亦如公羊、穀梁传《春秋》，先言何、曷，而后道一作导其师之所传以为传也。今《上系》凡有"子曰"者，亦皆讲师之说也。然则今《易》皆出乎讲师临时之说矣，幸而讲师所引者，得载于篇，不幸其不及引者，其亡岂不多邪？

又《论删去九经正义中谶纬劄子》(《文忠集》卷一一二)

臣伏见国家近年以来,更定贡举之科,以为取士之法,建立学校,而勤养士之方。然士子文章未纯,节行未笃,不称朝廷励贤兴善之意,所以化民成俗之风。臣愚以为士之所本,在乎六经。而自暴秦焚书,圣道中绝。汉兴,收拾亡逸,所存无几,或残编断简出于屋壁,而余龄昏眊得其口传。去圣既远,莫可考证,偏学异说,因自名家,然而授受相传,尚有师法。及晋、宋而下,师道渐亡,章句之篇,家藏私畜,其后各为笺传,附著经文。其说存亡,以时好恶,学者茫昧,莫知所归。

至唐太宗时,始诏名儒撰定九经之疏,号为正义,凡数百篇。自尔以来,著为定论,凡不本正义者谓之异端,则学者之宗师,百世之取信也。然其所载既博,所择不精,多引谶纬之书,以相杂乱,怪奇诡僻,所谓非圣之书,异乎正义之名也。

臣欲乞特诏名儒学官,悉取九经之疏,删去谶纬之文,使学者不为怪异之言惑乱,然后经义纯一,无所驳杂。其用功至少,其为益则多。臣愚以为欲使士子学古励行而不本六经,欲学六经而不去其诡异驳杂,欲望功化之成,不可得也。伏望圣慈下臣之言,付外详议。今取进止。

宋·程颢、程颐《二程遗书》卷一八

秦以暴虐,焚诗书而亡。汉兴,鉴其弊,必尚宽德,崇经术之士,故儒者多。儒者多,虽未知圣人之学,然宗经师古,识义理者众,故王莽之乱,多守节之士。

世祖继起,不得不褒尚名节,故东汉之士多名节。知名节而不知节之以礼,遂至于苦节,故当时名节之士,有视死如归者。苦节既极,故魏、晋之士,变而为旷荡,尚浮虚而亡礼法,礼法既亡,与夷狄无异,故五胡乱华。夷狄之乱已甚,必有英雄出而平之,故隋、唐混一天下。隋不可谓有天下,第能驱除尔。唐有天下,如贞观、开元间,虽号治平,然亦有夷狄之风。三纲不正,无父子、君臣、夫妇,其原始于太宗也,故其后世子弟,皆不可使。

玄宗才使肃宗,便篡。肃宗才使永王璘,便反。君不君,臣不臣,故藩镇不宾,权臣跋扈,陵夷有五代之乱。汉之治过于唐,汉大纲正,唐万目举。本朝大纲甚正,然万目亦未尽举。因问十世可知,遂推此数端。

宋·李邦直文《宋文选》卷一八

礼论下

自秦焚书之后,学者不得完经。亡者已亡,而存者大抵皆杂乱,已不可全信。汉之儒者,各守所见,务以自名其家。亦有非圣人之言而托之于圣人,学者谓圣人之重也,不敢辄议,又从而传师之。故五常之道为之不明,斯教之大害也。孟子曰:“吾于《武成》,取二三策而已。”孟子先秦而去孔子未远,犹谓古书之不可尽信,况秦火之余哉?

五经,独礼乐尤为秦所恶,绝灭几尽。今之礼经,盖汉儒鸠集诸家之说,博取累世之残文而后世立之于学官。夏商周秦之事,无所不统,盖不可以尽信矣。

尝观《礼运》,虽有夫子之言,然其冠篇言大道与三代之治,其语尤杂而不伦。夫圣人之所以持万世,与天地长久而不变者,君臣父子而已矣。苟无君臣父子,则强者攫挐,弱者骇动,窜而慭慭,息而盱盱,人之党将为禽兽之所胜,其祸乱何如哉?故杨朱为我,墨翟兼爱,卒以其说败天下,置天下之民于禽兽。赖孟子出,力而距之,然后君父之教明,圣人之道复存。

今其言曰:“大道之行也,天下为公。人不独亲其亲,不独子其子,如是而谓之大同。”又曰:“大道既隐,天下为家。各亲其亲,各子其子,如是而谓之薄俗。”又曰:“礼义以为纪,以正君臣,以笃父子,以睦兄弟,以和夫妇,如是而谓之起兵作谋贼乱之本。”以禹汤文武周公之治而谓之小康。郑氏释之,又以老氏之言为之证。薄礼而厚忠信。呜呼,礼不出于忠信,而安出哉?郑氏之学如此,而尚有所牵惑。岂圣人之礼生于诈伪者耶?

有天地则有生民,有生民则有情欲,有情欲则有争夺。民与天地同时而生,情欲与民同时而生,事与情欲同时而生。故虽太古不能无事,若版泉涿鹿之战,炎帝之虐而败,帝挚之戕而亡,此其乱亡之大者,余皆久远茫昧,而不传泯灭,而后世不得闻之。

古之时,未有城郭宫室,则民皆有一旦之忧。未知为耕织,则皆有寒饥死亡之患。未知为兵,则若豺狼蛇豕之斗。未有书契,则上之教令不行于下,下之情诉不通于上。由圣智之人继出，日除其所害，岁兴其所利，是故器用至后世而益便，礼法至后世而益详。人灵益尊，万物益不胜。有欲为治者，不待创设，而治天下之具明备周足，不乏一物矣。

而世之妄儒，忽近而归远，轻其所见而重其所闻，率以为后世之治不及太古，必竹简而书，俎豆而食，履古之舄，服古之服，坐于茅茨之下，然后以为高。诵空言而忘治乱之大数，是拘僻之病已。

故大道小康之说，果夫子之遗言，则是圣人之道有二也。荀子曰，文武之道同伏羲。王者有意于为治，居今之时，用今之器，而述五帝三王之仁义以安天下之民，是亦五帝三王而已矣。

宋·苏轼《儒者可与守成论》(《东坡全集》卷四〇)

圣人之于天下也，无意于取也。譬之江海，百谷赴焉；譬之麟凤，鸟兽萃焉。虽欲辞之，岂可得哉？禹治洪水，排万世之患，使沟壑之地，疏为桑麻，鱼鳖之民，化为衣冠。契为司徒，而五教行，弃为后稷，而蒸民粒，世济其德。至于汤武拯涂炭之民，而置之于仁寿之域，故天下相率而朝之。此三圣人者，盖推之而不可去，逃之而不能免者也。于是益修其政，明其教，因其民不易其俗。以是得之，以是守之，传数十世，而民不叛。岂有二道哉？

周室既衰，诸侯并起力征争夺者，天下皆是也。德既无以相过，则智胜而已矣；智既无以相倾，则力夺而已矣。至秦之乱，则天下荡然，无复知有仁义矣。汉高帝以三尺剑，起布衣，五年而并天下。虽稍辅于仁义，然所用之人，常先于智勇，所行之策，常主于权谋。是以战必胜，攻必取。天下既平，思所以享其成功，而安于无事，以为子孙无穷之谋，而武夫谋臣，举非其人，莫与为者。故陆贾讥之曰："陛下以马上得之，岂可以马上治之？"叔孙通亦曰："儒者难与进取，可与守成。"于是酌古今之宜与礼乐之中，取其简而易知，近而易行者，以为朝觐会同冠昏丧祭一代之法。虽足以传数百年，上下相安，然不若三代圣人取守一道源深而流长也。

夫武夫谋臣，譬之药石，可以伐病，而不可以养生。儒者譬之五谷，可以养生，而不可以伐病。宋襄公争诸侯，不禽二毛，不鼓不成列，以败于泓，身夷而国蹙。此以五谷伐病者也。秦始皇焚诗书，杀豪杰，东城临洮，北筑辽水，民不得休息,传之二世,宗庙芜灭。此以药石养生者也。善夫,贾生之论曰:“仁义不施,攻守之势异也”。夫世俗不察,直以攻守为二道。故具论三代以来所以取守之术,使知文、武、禹、汤之威德,亦儒者之极功。而陆贾、叔孙通之流,盖儒术之粗也。

又《荀卿论》(《东坡全集》卷四三)

尝读《孔子世家》,观其言语文章,循循莫不有规矩,不敢放言高论,言必称先王,然后知圣人忧天下之深也。茫乎不知其畔岸,而非远也。浩乎不知其津涯,而非深也。其所言者,匹夫匹妇之所共知而所行者,圣人有所不能尽也。呜呼,是亦足矣。使后世有能尽吾说者,虽为圣人无难。而不能者,不失为寡过而已矣。子路之勇,子贡之辩,冉有之智,此三者皆天下之所谓难能而可贵者也。然三子者,每不为夫子之所悦。颜渊默然不见其所能,若无以异于众人者,而夫子亟称之。且夫学圣人者,岂必其言之云尔哉?亦观其意之所向而已。夫子以为后世必有不能行其说者矣,必有窃其说而为不义者矣。是故其言平易正直,而不敢为非常可喜之论。要在于不可易也。

昔者常怪李斯事荀卿,既而焚灭其书,大变古先圣王之法,于其师之道,不啻若寇仇。及今观荀卿之书,然后知李斯之所以事秦者,皆出于荀卿而不足怪也。荀卿者,喜为异说而不让,敢为高论而不顾者也。其言愚人之所惊,小人之所喜也。子思、孟轲,世之所谓贤人君子也。荀卿独曰:“乱天下者,子思、孟轲也。”天下之人如此其众也,仁人义士如此其多也。荀卿独曰,人性恶。桀纣性也,尧舜伪也。由是观之,意其为人,必也刚愎不逊,而自许太过。彼李斯者,又特甚者耳。今夫小人之为不善,犹必有所顾忌。是以夏商之亡,桀纣之残暴,而先王之法度,礼乐刑政,犹未至于绝灭而不可考者。是桀纣犹有所存,而不敢尽废也。彼李斯者,独能奋而不顾,焚烧夫子之六经,烹灭三代之诸侯,破坏周公之井田,此亦必有所恃者矣。彼见其师历诋天下之贤人,自是其愚,以为古先圣王皆无足法者。不知荀卿特以快一时之论,而荀卿亦不知其祸之至于此也。

其父杀人报仇,其子必且行劫。荀卿明王道,述礼乐,而李斯以其学乱天下,其高谈异论有以激之也。孔孟之论未尝异也,而天下卒无有及者。苟天下果无有及者,则尚安以求异为哉?

又《历代世变》(《东坡全集》卷九二)

秦以暴虐,焚诗书而亡。汉兴,鉴其弊,必尚宽德,崇经术之士,故儒者多。虽未知圣人,然学宗经师,有识义理者众,故王莽之乱,多守节之士。世祖继起,不得不废经术,褒尚名节之士,故东汉之士多名节。知名节而不能节之以礼,遂至于苦节,苦节之士,有视死如归者。苦节既极,故晋、魏之士,变而为旷荡,尚浮虚而亡礼法,礼法既亡,与夷狄同,故五胡乱华。夷狄之乱已甚,必有英雄出而平之,故隋、唐混天下。隋不可谓一天下,第能驱除尔。唐有天下,如贞观、开元间,虽号治平,然亦有夷狄之风。三纲不正,无父子、君臣、夫妇,其原始于太宗也,故其后世子孙,皆不可使。玄宗才使肃宗,便叛。肃宗才使永王璘,便反。君不君,臣不臣,故藩镇不宾,权臣跋扈,陵夷有五代之乱。汉之治过于唐,汉有纲纪。因问十世可知,遂推此数论。

宋·苏辙《古史叙》

苏子曰,古之帝王皆圣人也,其道以无为为宗,万物莫能婴之。其于为善,如水之必寒,如火之必热,其于不为不善,如驺虞之不杀,如窃脂之不谷。不学而成,不勉而得,其积之中者有余,故其推之以治天下者,有不可得而知也。

孔氏之遗书曰,喜怒哀乐之未发谓之中,发而皆中节谓之和。中也者,天下之大本也。和也者,天下之达道也。致中和,天地位焉,万物育焉。天地万物犹将赖之以存,而况于人乎?

自三代之衰,圣人不作,世不知本,而驰骋于喜怒哀乐之余,故其发于事业,日以鄙陋,不足以晞圣人之万一。虽春秋之际,王泽未竭,士生其间,习于礼义,而审于利病,如管仲、晏子、子产、叔向之流,皆不足以知之。

至于孔子,其知之者至矣,而未尝言。孟子知其一二,时以告人,而天下亦莫能信也。陵迟及于秦汉,士益以功利为急。言圣人者,皆以其所知亿之。儒者留于度数,而智者溺于权利,皆不知其非也。太史公始易编年之法,为本纪、世家、列传,记五帝三王以来,后世莫能易之。然其为人,浅近而不学,疏略而轻信。汉景武之间,《尚书》、《古文》、《诗》、《毛氏春秋》、《左氏》皆不列于学官,世能读之者少。故其记尧舜三代之事,皆不得圣人之意。

战国之际,诸子辩士各自著书,或增损古事,以自信一时之说。迁一切信之,甚者或采世俗相传之语,以易古文旧说。及秦焚书,战国之史不传于民间,秦恶其议己也,焚之略尽,幸而野史一二存者,迁亦未暇详也。故其记战国有数年不书一事者,余窃悲之。

故因迁之旧,上观《诗》、《书》,下考《春秋》及秦汉襍录,记伏牺、神农,讫秦始皇帝,为七本纪,十六世家,三十七列传,谓之《古史》。追录圣贤之遗意,以明示来世。至于得失成败之际,亦备论其故。呜呼,由数千岁之后,言数千岁之前,其详不可得矣,幸其犹有存也,而或又失之,此《古史》之所为作也。

宋·苏辙《古史》卷三一

自周室微而礼乐诗书缺,孔子忧后世之无述也,于是叙书。上纪唐虞,下至秦穆,为百篇。删《诗》,上采契稷,中述商周之盛,至幽厉之缺,为三百五篇,皆弦歌之,以求合韶武雅颂之音。故曰,吾自卫反鲁,然后乐正,雅颂各得其所。至于礼乐之说,遭秦焚书之变,世不复见。

孔子曰:"夏礼,吾能言之,杞不足征也。殷礼,吾能言之,宋不足征也。文献不足故也。足,则吾能征之矣。"孔子观三代所损益,曰:"后虽百世可知也。周监乎二代,郁郁乎文哉,吾从周。"与鲁太师论乐曰:"乐其可知也。始作,翕如也。纵之,纯如也,皦如也,绎如也,以成。"至其详不可得而闻矣。盖晚而学《易》,读之韦编三绝,为之彖、象、文言、系辞,以发其秘。复因鲁史记作《春秋》,取东周之后、战国之前,当鲁十二公。

以为前此者,周之典刑行于诸侯,无所事《春秋》。后此者,礼法大坏,中夏几于夷狄。虽有《春秋》,无所复施。哀公十四年,春西狩获麟,鲁人以为不祥,孔子伤之,故《春秋》终焉。其实,田恒三晋,自是起也。孔子之于当世,其志见于《春秋》。故曰:"后世知我者以《春秋》,罪我者以《春秋》。"弟子受业,高弟七十七人,其下者三千,其于六艺不尽通也。

宋·苏辙《私试进士策问二十八首之一》(《栾城集》卷二〇)

问:韩非明老子而以刑名游说诸侯,李斯师孙卿而以诈力事秦。至于焚诗书,杀儒士,其终皆陷于大戮。原其所学,皆本于圣人。而其所施设,则乡党之士所不忍为,夫岂其学有以致之欤?盖老子、孙卿其教之善,虽弊,不至于败乱天下。然则二子之学,其所以失之而至此者,何也?学之不详,毫厘之差或致千里,学士大夫可不辨之乎。

宋·晁以道《儒言》

善术

秦焚诗书,坑学士,欲愚其民,自谓其术善矣,盖后世又有善焉者。其于诗书,则自为一说以授学者,观其向背而宠辱之,因以尊其所能而增其气焰,固其党与而世其名位,使才者颛而拙,智者固而愚矣。学士之众,则丰饮食以侈其朝夕,峻爵禄以利其身世,济其欲而夺其志,严其法而禁其言,使之不择祸福而靡然趋己,又岂不愚彼哉?是君子所惧焉者也。

宋·卫湜《礼记集说》卷二五

临川王氏曰,《王制》千七百国,乃周事也,若执玉帛者万国,以为禹会涂山之时,此左氏之妄也。禹之会涂山,东方不过会东方诸侯尔,岂使四海之内会于一山之下哉?以禹之时有万国,则不当指涂山而言也。《书》曰,万邦者,总四海之内大略而言也。郑以畿内五百里国为设法而言也,为设法言之,则万国又未可以为实数也。且九州之地,今可以见,若皆以为国,则山川沮泽不可以居民,独立一君,孰为之民乎?此盖去古久远,书籍散亡,自孟子时已不得周家班爵禄之详,况于焚诗书之后,汉文之世乎?

宋·张耒《冬日放言》(《柯山集》卷八)

小儿喜学书,满纸如栖鸦。老妇寒不绩,当户理琵琶。樽中有神物,快写如流霞。三杯任兀兀,冻脸生春华。

寒羊肉如膏,江鱼如切玉。肥兔与奔鹑,日夕悬庖屋。嬉嬉顾妻孥,滋味喉可欲。谪官但强名,比者何不足。

日暮归饮酒,儿女戏我前。须臾径三酌,据榻已醺然。老妻坐我傍,肴蔌屡炮煎。大胜刘伶妇,区区为酒钱。

我初谪官时,帝问司酒神。曰此好饮徒,聊给酒养真。去国一千里,齐安犹最醇。失火而遇雨,仰戴天公仁。

秦人焚诗书,意欲遂绝灭。六经至今存,何曾损毫发?兴衰有天理,人力自浅拙。不忧骊山墓,回首遭发掘。

元子本豪爽,颇复有俗气。孟嘉亦可人,乃与较权势。崛强近百年,究竟成何事。江左无英雄,汝得免徒隶。

宋·孔武仲《书儒林传后》(《清江三孔集》卷一八)

由而有所至者,道也。使道出乎一,则名不必立。名之所以立者,为道之散也。故有圣人而后有诸子,同乎圣人而异乎诸子者谓之儒。儒非特治笔墨守章句也,盖不稽古不足以诚身,不诚身不足以治人。故稽古将以诚身,诚身足以治人。本末相权,以有立于天下,此先王所以命儒之意也。三者有不具焉,则为儒之病,而非先王所以命儒之意也。故其理则六经之所明言,其事则百姓之所日用。居闺门而所学者从政,在畎亩而所志者事君。则儒术之所加者,博矣,岂独在其身而外天下国家乎?

昔虞舜垂衣南面,环而相之者十有六人。上至日星,下讫禽鱼,无所不治。盖其间有圣人焉,有贤人焉。圣与贤,所得于道者,大小不同,而命之曰儒,则一也。有公焉,有卿大夫焉。公卿大夫所立于位者,上下不同,而其使儒者为之,则一也。下至三代之间,史氏之所书,诗人之所赋。入则当国,出则总兵。功烈声光耀乎天地，其迹虽不同，而使儒者为之，则均也。孔氏以四科进门弟子，曰德行，曰言语，曰政事，曰文学。其目虽不同，而其为儒者之事，则类也。岂滞于一偏，而天下之故有所不通乎？

夫子路之治蒲，孔子称善者三焉，则儒者之临民见矣。子贡使乎五国，散天下之兵，霁诸侯之怒，而宗庙与享其安，则儒者之使四方见矣。夹谷之会，司寇麾兵以诛莱人，齐侯畏义，鲁疆以辟，则儒者之治戎见矣。惜乎天未欲治天下，七十子之徒在位者少，使唐虞武周之功不复振于当世。此时之不幸，而非才之罪也。

自兹以来，汉唐为甚。谋之良，出于儒者为多。则儒术之效，可谓著于近世矣。间有诵先王之书而不知其所以为书者，至于行谊失中设施悖理，彼皆梓匠轮舆之拙工，天闲国厩之驽马也，曷足以为才者累哉？荀卿尝论子张子夏氏之贱儒，班固亦以谓匡衡张禹之徒，独能衣冠酝藉，无益于国。若此类，亦常不绝于世，而上之人或不察，往往不计贤不肖，遂并其术而非之，此犹责医之不能，而并扁鹊仓公弃之也，暗莫甚焉。故商鞅谓礼乐诗书之为虱官，秦始皇帝燔六经，坑术士，汉之窦后、宣帝，皆不喜儒生，由徇其名而不察其寔之过也。

近观司马、班、范之书，《史记》自申公至褚大，西京自丁宽至刘歆，东京自刘昆至蔡玄，凡专门治经以师弟子相授者，谓之儒林传。舍是，虽一时之豪杰，义动人主，功施当世者，不复以儒命焉。夫三子之文章善矣，至其分传而名之，喜出其新意，以品裁人物之高下，而其说如此是，亦述作之大敝也。若此者，盖亦有由矣。彼见玄冠博带坐而弦歌者，以为儒之法度尽于此。不知夫尧舜三代之命儒，不若此而止也。是狃于末世之见闻，以为儒者止于治笔墨，守章句，而不知先王以此治天下也，岂不悖哉？使后世之人学古者，则灭裂于世务。论今者，则卤莽于经术。至有迭为楚越，忿起而相攻，而莫自知其所守，亦著书者告之不明之过也。

然则如何而可？曰："史之为书，因前人之是非，而无加损于其间，故命之曰实录。"就其实而稽焉，则白黑见矣。名之未正，则如勿名。然则三子之说如前所陈者，只足以为书之赘也。

宋·陈师道《理究》（《后山集》卷二二）

李斯焚书杀士，非为秦计，自为计尔。其意自智而愚人。使无范雎之间穰侯，蔡泽之困应侯者，不知赵高代之，不必学也。故其计非特亡身，而亡秦也。

宋·秦观《法律上》(《淮海集》卷一四)

臣窃观唐虞以后有天下者，安危荣辱之所从，长久亟绝之所自，无不出于其所任之术，而所任之术，大抵不过诗书、法律二端而已。盖纯用诗书者，三代也；纯用法律者，秦也；诗书、法律杂举而并用，迭相本末，递为名实者汉、唐也。何以知其然耶？夏商周之兴也，治教政令既本于道德之意，而舟车器械亦出于义理之文，其迹载于典谟训告誓命之篇，而其旨寓于国风雅颂之什。当是时也，圣贤之学著而百家之说熄，帝王之制举而霸者之事废，议事以制不为刑辟。故曰纯用诗书者，三代也。

魏文侯之师李悝，论次诸国之法，著为《法经》。其徒商鞅用以相秦，始作收司连坐告匿之法，而辅以诋欺文致细微之事。晚节末路，至于焚书坑儒，偶语者弃市，以是古非今者族，吏见知不举与同罪。故曰，纯用法律者，秦也。

汉自高祖纳陆贾之言，命为《新语》，用叔孙通之说，而使定礼仪，可谓知所取矣。而以三章之约，不足御奸，于是萧何捃摭秦法，作律九章，而张汤、赵禹之徒，又为见知故纵监临部主之法。唐自太宗诎封伦秦汉之论，用魏公帝王之谋，可谓知取舍矣。而朝廷郡县百官有司，所以朝夕从事者，一出于律令格式之文。故曰，诗书、法律杂举而并用，迭相本末，递为名实者，汉唐也。

惟其纯用诗书，故三代享国安荣而历年长久。惟其纯用法律，故秦危辱而亟绝。惟其诗书、法律杂举而并用，迭相本末，递为名实，故汉唐之有天下，虽号长久，而安荣之日少，危辱之日多，仅免亟绝而已。

盖诗书者，所以崇德。其事皆孝弟忠信，人之所欲者也。而安荣长久，人之所欲者也。而法律所以制奸，其事皆鞭笞斩艾，人之所恶，欲以报所恶之雠者也。以所恶之术，报所恶之仇，亦其理之然哉。贾生曰，今或言礼谊之不如法令，教化之不如刑罚，人主胡不引商周秦事以观之也。呜呼，若贾生者，可谓知治体矣。

宋·萧参(森)《希通录》(元·陶宗仪《辍耕录》卷二五)

李斯曰:“非博士官所职,天下有敢藏诗书百家语者,皆诣中尉杂烧之。”则是天下之书虽焚,而博士官犹有存者。惜乎入关收图籍而不及此,竟为楚人一炬耳。

前辈尝论之,但坑儒一事,未有究极之者。仆按史书,所坑特侯生、卢生四百六十余人,非能尽坑天下儒者。为其所坑,又非儒者。何以知之?始皇三十二年,使卢生求羡门,刻碣石门,坏城郭,决通隄防。又卢生入海还,因奏录图书,曰:“亡秦者胡也。”始皇乃遣蒙恬发兵三十万,北伐匈奴。起临洮,筑辽水。又卢生说始皇曰:“日方中,人主时为微行以避恶鬼,恶鬼避,真人至。愿上所居宫毋令人知,然后不死之药始可得也。”其后建阿房宫千间万落,必自此言发之。观此二事,皆卢生等稔其恶,又从谀之,特方技之流耳,岂所谓儒者哉?

始皇因封禅之义,谤口纷纷,已怀杀意。及其一怒而坑之,或者天理之不容。方其求药海上也,则挟童男童女以行,皆取于民间,夺其无告之孤,肆厥不轨之状。如今所谓妖教,其中死无辜者多矣。此一罪也。因亡胡之谶,兴北伐之师,筑长城,断地脉,南北生灵因是役而死者,不可胜算。骸积如山,血流成川。调发频仍,剥及闾左。原始要终,谁生厉阶,此二罪也。献避鬼之术,觊真人之来。咸阳宫观二百七十复道相连,有言其所幸之处者罪死。梁山之上,其语一泄,时在旁者尽杀之,自是莫知上之所在。此三罪也。有一于此,罪不容于死,况兼有之。以四百六十余人之坑,偿万民之命,良不为过。

天网恢恢,疏而不漏,真可畏哉。

始皇曰:“卢生等吾尊赐之甚厚,今乃诽谤我,以重吾不德也。诸生在咸阳者,吾使廉问,或为妖言以乱黔首。”于是使御史按问诸生,传相告引。仆亦信卢生非吾儒中人,况始皇自谓尊赐甚厚,岂非如前三者方术图谶之类有以中其欲欤?尊赐之,初不名其诵孔子之言以进。古今相承,皆曰坑儒,盖惑于扶苏之谏。扶苏曰:“诸生皆诵法孔子,皇上皆重法绳之,臣恐天下不安。”呜呼!若卢生者,何尝诵法孔子!自扶苏一言之误,使儒者蒙不韪之名。自我一洗,亦万世之快也。不然,如两生、四皓、伏生之流,鸿飞冥冥,弋人何慕,肯摇唇鼓吻,自投于陷阱哉?仆故曰:卢生四百六十余人,皆方伎之士也。天下之大,所谓儒者,固不止此。其坑之者，此而已矣。有道之士，秦不能坑。火德一炎，两生以讲礼闻，四皓以羽翼之功闻，伏生以口授古书闻，岂非天寿其胍，留此数公，以见吾儒不可磨灭，而明奸恶小人终不能为常久计？

商君以变法祸秦，竟遭车裂。卢生等以方技祸秦，坑于咸阳。其罪等也。天其或者假手于秦欤？商君裂矣，卢生坑矣，而秦以不祀，抑自相挤陷之明报。而祸淫之道，为不偏矣。仆甚恶坑儒之名，故论其颠末云。

宋·晁说之《善术》(《景迂生集》卷一三)

秦焚诗书，坑学士，欲愚其民，自谓其术善矣。盖后世又有善焉者。其于诗书则自为一说，以授学者，观其向背而宠辱之，因以尊其所能而增其气焰，固其党与而世其名位，使才者颛而拙、智者固而愚矣。学士之众则丰饮食以侈其朝夕，峻爵禄以利其身家世，济其欲而夺其志，严其法而禁其言，使之不择祸福而靡然趋已，又岂不愚彼哉？是君子所以惧焉者也。

又《刘氏藏书记》(《景迂生集》卷一六)

汉承秦焚书灭学之后，赖故老口所诵数，得闻先王之遗训。厥后广开献书之路，至武帝时外有太常太史博士之藏，内有延阁广内秘室之府，虽盛矣，然至武帝时乃大备著录。盖约法天下，不出一日之中。而藏书掌固，必待百年之后也。隋御府书所以特号称最盛者，以其平一南北而坐兼南北朝之所有也。夫县官之势何如哉？独于藏书一事，其勤如此，况在学士大夫之家邪？刘歆自称三代之书蕴祟于家，直不计尔。盖自楚元王而来，世尚文雅，而护都水使者，又复博极群书，无不充足，而歆因得以夸邪。昔人谓三代仕宦而衣，五代仕宦而食，不知书又在衣食之上也。

都官刘公凝之，卓行绝识，不得志而归休庐山之下，其遗子孙者无他物，盖唯图书而已。其子道原，少而日诵万言，既长苦心笃志，无所嗜好，昼夜以读书为娱。至于不慕荣利，忘去寒暑，司马温公称其精博，宋次道称其该赡，范醇夫称其密致。则其所藏，复蕴祟而不计者欤。且尝愤嫉南方士人家不藏书矣，则于是盖特加意焉者也。

公之子羲仲壮舆，人视其迈往不群，而自处恂恂循约，唯恐前修之辱也。从仕四方，妻子不免饥寒，而敦然唯是之求索，甚于人之饥渴而赴饮食者。则其所得，不特补其家之未足，而且有以振发国中之沉郁也。既已踵成其父《十国纪年》，而身采周秦以来遗文，以为十二国史。尝论著《春秋》，而方且为《周易》之学，则其藏书，岂特充牣箧笥而夸缃帙，如愚贾润屋以金珠邪。于是谨识其所得书之岁月先后，以视子孙，其意为不浅也。乃俾说之为之记，以载于目录之上。

昔之时如任昉、沈约辈，号为藏书之家者，今不复论。而论诸本朝如王文康，初于周相世宗，多有唐室旧书。今其子孙不知何在，宁论其书之存亡。而所有者，书目一编，使好事者对之兴叹也。李文贞所藏既富，而且辟学馆以延学。士大夫不待见主人，而下马直入读书，供饩牢以给其日力，与众共利之如此，宜其书永久而不复零落。今其家仅有败屋数楹，而书不知何在也。凡名公卿大夫儒林之士所有之书，往往随其人而逝矣。传诸再世者盖寡，而况曾玄之守邪？

惟是宋宣献家，四世以名德相继，而兼有毕丞相、杨文庄二家之书，其富盖有王府不及者。元符中，一夕灾为灰烬矣。予家则五世于兹也，虽不敢与宋氏争多，而校雠是正，则未肯自让。乃去年冬火，亦告谴，不谓前日悲怆痛恨乎宋氏者，今自涕泣也。呜呼，岂不艰哉？

壮舆家于庐山之阳，宽闲之野，不复有京师火灾之虞。上方兴礼乐，议封禅，则又永不虑盗贼兵甲之祸，而刘氏之书与七泽俱富矣。后之人视予言，而祗敬先德，不忘前日畜积之艰，而勉强学行，则为书之荣也，大矣哉。其书凡若干卷云。

政和乙未七月十一日戊寅，嵩山晁说之记。

宋·黄裳《黄帝秘文序》(《演山集》卷二〇)

予喜方外幽经秘录，虎丘子一日自袖黄帝碑文见访，予询其所自，乃云客游南安，次怀化驿，或者指谓此地古有神仙所瘗。及夜阴发其地数尺，得所瘗函。开而示之，乃黄帝皇人书，莫知其岁月，然而磨灭者多矣。详而集之，始得其全文。昔者峨嵋之南，黄帝受道于皇人，乃刻其文于石。秦皇得其文，虑复有得之者，遂至焚书以愚其俗。汉武帝时，樵人滕超于山之南邂逅皇人，谓超："汝应为仙，见碑文否？"因言黄帝之所受。会秦除书，此以深远，其文犹在，今当付汝。

超乃拜赐而躬行之。三年还婴,鬓发变绿。县具以闻。武帝诏见,超进其文。帝不问,超不语。下其文与刘安及东方朔,详定其虚实。超以神仪献安,安不上。然而斯文滕超得之以还婴,刘安得之以成道。或者以为始皇驱山塞海,鞭石成桥,缘得此法。若夫安超之效,则予信之矣。始皇妙用其神而然乎?观秦之所为,未离乎众凡,非予之所知也。

宣和庚子孟秋序。

宋·毛滂《上监司乞修县学书》(《东堂集》卷六)

天下事有可恨者二:古以为是而今以为非,法以为不可而人以为可。何则?夫子论次诗书,修起礼乐,以素王之功,充塞天地。其道盖与王化相为终始。故自三代,皆有学官。自非焚诗书,坑学士,学不可废也。周鲁侯歌于诗人,蜀文翁赞于太史,范武子、钟离意之徒,或至用私钱作庙,史臣书之,以为美谈。朝廷广厉学官之路,诏刺史县令岁时祀孔子如典礼。一州虽数县,县必有学宫。

宋·杨时《策问》(《龟山集》卷一五)

周德衰,圣王不作,寇攘争取之祸起,而名实不加于天下久矣。孔子惧而作《春秋》,以明先王之法。纲条大小,罔不毕举。善善恶恶,因实称情。而轻重长短各中权度,无锱铢分毫之差。振幽显微,而乱臣贼子知惧焉。孔子没,更战国至秦,遂焚书坑学,微言中绝。汉兴,六艺残缺,盖久而后完。而《春秋》之学列为三家。虽异端竞起,然自通才博识,未有不由此而学也。国家崇尚经术,以训释之,造极其精微。而于《春秋》独废而不讲,是何耶?议者欲置博士,与诸经比,或者其可乎?幸明言之。将以告于有司。

又《送吴子正序》(《龟山集》卷二五)

六经,先圣所以明天道,正人伦,致治之成法也。其文自尧舜历夏周之季,兴衰治乱成败之迹，救敝通变因时损益之理，皆焕然可考。网罗天地之大，文理象器幽明之故，死生终始之变，莫不详谕曲譬，较然如数一二，宜乎后世高明超卓之士，一抚卷而尽得之也。予窃怪唐虞之世，六籍未具，士于斯时，非有诵记操笔缀文然后为学也。而其蕴道怀德，优入圣贤之域者，何多邪？其达而位乎上，则昌言嘉谟，足以亮天工而成大业。虽困穷在下，而潜德隐行，犹足以经世励俗。其芳猷美绩，又何其章章也？

自秦焚诗书，坑术士，六艺残缺。汉儒收拾补缀，至建元之间，文辞粲如也。若贾谊、董仲舒、司马迁、相如、扬雄之徒，继武而出，雄文大笔，驰骋古今，沛然如决江汉，浩无津涯。后虽有作者，未有能涉其波流也。然贾谊明申韩，仲舒陈灾异，马迁之多爱，相如之浮侈，皆未足与议。惟扬雄为庶几于道，然尚恨其有未尽者。积至于唐，文籍之备，盖十百前古。元和之间，韩柳辈出，咸以古文名天下。然其论著不诡于圣人，盖寡矣。自汉迄唐千余岁，而士之名能文者，无过是数人。及考其所至，卒未有能倡明道学，窥圣人阃奥如古人者。然则古之时，六籍未具，不害其善学。后世文籍虽多，亡益于得也。孔子曰："予非多学而识之，予一以贯之。"岂不信矣哉？

武阳吴子正，余之畏友也。博文强识，于诸子百氏之书，无所不究。循是而进，益求古人所谓卓约者而守之，庶乎其至矣。区区于汉唐之士以多文自富，务为辞章以惊眩末俗，非善学也。夫赠言为别，以相规切。盖古朋友之义也。故于子正之行，辄书以为赠。

又《与陈传道序》

予尝谓学者视圣人，其犹射之于正鹄乎？虽巧力所及，有中否远近之不齐，然未有不志乎正鹄而可以言射者也。士之去圣人，或相倍蓰，或相什伯，所造固不同，然未有不志乎圣人而可以言学者也。

自孔子没，更战国至秦，遂焚书坑儒士，六经中绝。汉兴，虽稍稍复出，然圣学之失其传，尚矣。由汉至唐，千余岁，士之博闻强识者，世岂无其人邪？而卒未有能窥圣学之堂奥者，岂当时之士卒无志于圣人耶？而卓然自立者，何其少也。若唐之韩愈，盖尝谓世无仲尼，不当在弟子之列，则亦不可谓无其志也。及观其所学，则不过乎欲雕章镂句，取名誉而止耳。然则士固不患不知有志乎圣人，而特患乎不知圣人之所以学也。

且古之圣人，固宜莫如舜也。舜之在侧微，与木石居，鹿豕游，固无异于深山之野人也，是岂以文采过人邪？伏羲画八卦，《书》断自《尧典》。当是时，六经盖未有也。而舜之所以圣者，果何自哉？夫舜，圣人也，生而知之，无事乎学，可也。自圣人而下，则未有可以不学者也。舜之臣二十有二人，相与共成帝业者，是果皆生知邪？不然，其何以学也？由是观之，六经虽圣人微言，而道之所存，盖有言不能传者。则经虽具，犹不能谕人之弗达也。然则圣之所以为圣，贤之所以为贤，其必有在矣。

虽然，士之去圣远矣，舍六经亦何以求圣人哉？要当精思之，力行之，超然默会于言意之表，则庶乎有得矣。若夫过其藩篱，望其门墙，足未逾阈而辄妄意其室中之藏，则幸其中也，难哉。呜呼，今之士未尝以此学也，类皆分文析字，屑屑于章句之末。甚者广记问，工言辞，欲夸多斗靡而已，是乌用学为哉。

彭城陈君，传道志学之士也。其将之官也，求予言，故因为发之。然未知陈君果以吾言为然邪，其未以为然耶？幸明告我，庶几其有警也。

宋·李纲《梁溪集》卷一三四

六经皆所以载道，而《易》以道阴阳。故刚柔相推而生变化，天道备矣。圣人系辞焉而明吉凶，以尽人事，所以和同天人之际，而使之无间也。古文日月为易。日阳也，月阴也。月遄日迈，一昼一夜，相推而生明。阳奇阴耦，一刚一柔，相推而成卦。故曰阴阳之义配日月，又曰刚柔者昼夜之象也。圣人观变于阴阳而立卦，发挥于刚柔而生爻。卦爻具而谓之易者，盖专以变易为义。先儒谓易含三义，有不易、简易之意者，非也。故自太极兆而为奇耦，自奇耦积而为乾坤，自乾坤索而为六子，自八卦相重相错而为六十四卦，无非变者。六爻之义，易以贡变动不居，周流六虚，上下无常，刚柔相易，不可为典要，唯变所适。此所以谓之易欤？易也，道也，神也，异名同实，其旨一也。生生之谓易，一阴一阳之谓道，阴阳不测之谓神，三者浑沦而不相离。语其大则范围天地，语其小则充足毫末，刻彫众形。橐籥万化，自有形至于无形，自有心至于无心，莫不综摄乎此。则《易》之为书，何为者耶？载此而已。

刚柔有自然之体，奇耦有自然之数。上下内外有自然之位，进退往来有自然之序。消息盈虚有自然之理，皆所以载天道也，而人事存焉。是以圣人察卦爻之变，因其有是象，则系之以是辞。以爱恶情伪之相感，为吉凶悔吝之端。以君子小人之消长，为治乱安危之本。其所以告人使避凶趋吉，虽不离于日用之间，而精义入神，有出于思为之表。和顺于道德而理于义，穷理尽性以至于命，此学者所以不可不尽心也。

《周官》太卜掌三易之法，一曰《连山》，二曰《归藏》，三曰《周易》。其经卦皆八，其别卦皆六十有四。则自伏羲画八卦，因而重之，六十四卦已陈矣。《连山》，夏易也，以艮为首，故曰《连山》。《归藏》，商易也，以坤为首，故曰《归藏》。孔子观商道于宋，得坤乾焉，盖归藏之书。然而读《易》，韦编至于三绝。作《彖》、《象》、《文言》诸篇以赞明之，则三易之书，至《周易》而后大备。故韩宣子适鲁，见《易・象》及《春秋》，曰："吾乃今知周公之德与周之所以王矣。"易卦先后之序，与彖爻之辞，皆文王造始，而周公续终之，故有王用亨于西山，箕子明夷利贞之语。不然，韩宣子何以知周公之德哉。

孔子于《易》，其说尤详。而《论语》记群弟子问答，独罕及《易》。故曰，子所雅言。诗书执礼，皆雅言也。以诗书执礼为雅言，则《易》罕言矣。岂非《易》者天道所在，而性与天道，虽子贡亦有所不得闻故耶！

秦焚诗书，《易》以卜筮之书而幸存。今余经类亡阙，而《易》独为完经，盖天相之以垂训于万世，使一卦一爻有不备者，则乾坤或几乎熄矣。

又《三帝论》(《梁溪集》卷一四三)

秦始皇帝、汉孝武帝、唐明皇帝，皆以过人之材，履治安之世。内则殚奢极侈，以竭天下之奉。外则穷兵黩武，以邀绝域之功。甘心方士虚诞之说，以求不死，为后世笑。然而秦传二世而亡，武帝躬蹈巫蛊之祸，不能保其妻子，而卒措天下于泰山之安。明皇遭禄山之变，身取播迁，而肃宗亦能勘定祸乱，收复土宇，成中兴之业。三帝者所为则同，而其报不同，何也？

尝试论之，人主有过人之材，而履治安之世者，其志必大而欲必多。惟其欲多，故必殚奢极侈以竭天下之奉。惟其志大，故必穷兵黩武以邀绝域之功。若夫甘心方士虚诞之说，以求不死，则亦以其志大而欲多故也。是三者虽皆足以致危亡，然而其操术英断而发悟悔过者，即其身可以转危而为安，汉武帝是也。其祖宗之德泽深而天下之人材众者,虽失之身而后嗣继兴亦可以振亡而为存,唐明皇是也。咸无有焉,以自底于危亡之地,则始皇是已。

何以知其然耶?武帝遭巫蛊之祸,悟田千秋之言,而其晚节何其与平时相反也?平时土木之功,声色狗马之玩,斩刈民力,耗蠹天下。而其晚节,封丞相为富民侯,以赵过为搜粟都尉,教民力穑。平时开边通道,爪牙卫霍,猎取夷狄,天下骚动。而其晚节下哀痛之诏,弃轮台之地。平时喜方术,崇祠祭,尊宠文成五利之徒,以来神仙。而其晚节降诏曰:“吾自即位以来,所为狂悖,为方士之所愚弄。天下岂有神仙,但节食服药,可以少病而已。”故能收治效于末路,委神器于幼子,而天下不乱。岂非操术英断,发悟悔过,即其身可以转危而为安耶?

明皇开元之初,励精庶政,委任得人,众职修举,凛然有贞观之风。其后怠忽荒政,而内宠擅权,外相李林甫、杨国忠数十年自蔽耳目,养成祸基。侈心一开,竭天下不足以奉其欲。边臣丧师数十万而不得知也。方且奉符瑞假神奇以镇服天下,禄山乘间窃发,金鼓一震,窜身巴蜀,而委宗社于贼庭,唐祀几亡,固其宜也。然而高祖太宗之德泽结于民心,太平既久,人材众多,故肃宗建号于灵武,而四方忠义之士,奋袂而起,响应影从,不可胜数。若颜杲卿、真卿倡义于河朔,李憕、卢奕死节于洛都,张巡、许远著绩于睢阳,郭子仪、李光弼成功于长安,而唐室再造,繄数臣是赖,岂非祖宗之德泽深,天下之人材众,虽失之身而后嗣继兴,亦可以振亡而为存耶?

若夫秦,则岂有是哉?阿房之宫,隔离天日,钟鼓嫔嫱,不移而具。骊山之役,下涸三泉。中成观游,上成山林。既以强力擒灭六国,又命蒙恬北筑长城以守籓篱,却匈奴者数百里。遣徐福辈治装入海,以求方丈、蓬莱,亲巡海上,以候神人,至死不悟。峻刑苛法以敲扑天下,焚诗书以愚黔首。天下豪杰散弃山泽。陈胜奋臂一呼,豪杰并起,而秦亡矣。由此观之,三帝者,其所为虽同,而其报则异,岂不各当其分欤?人主不幸而有过举,若武帝斯可矣。彼秦之始皇,唐之明皇,遗后世戒顾不厚哉?

又《论顺民情》(《梁溪集》卷一五三)

古之有天下国家者,未尝不因其民之情而用之。记曰,人情者,圣王之田也。《易》曰,说以先民,民忘其劳。说以犯难,民忘其死。孟子曰,以逸道使民,虽劳不怨。以生道杀民，虽死不怨杀者。管子曰，下令如流水之源，令顺民心也。夫惟令顺于民之心，故可以使之犯难，忘其劳且死而不以为怨。则咈民之情欲以立事而长且久者，未之有也。以德行之者王，以力假之者霸。王霸之所以兴，未有不因于民者。若盘庚之迁都，民不适攸居而胥怨，则必为之丁宁训告，使之知所以迁之为利而后已。然则圣王之所以重其民者如此，其可忽乎？

至秦则不然，以贵为在己而不可亡，以贱为在民而不足听，一切祖法度之威以临之。焚诗书，杀豪俊，以愚黔首。制为峻刑酷法，使民皆愁苦而亡聊，思为乱者十室而九。故山东盗贼群起，而秦遂亡。至高祖约法三章，除秦苛政，而百姓归心，因思归之士，还定三秦，遂破项籍。其后萧何、曹参为相，知民之疾苦，顺流而与之更始，遂安海内。然则咈民之与因民，其效概可见矣。

宋·郑樵《六经奥论》卷二

《书》脱于秦火，又有大不幸之幸。

六经脱于秦火，可谓不幸之幸。如《书》，又有大不幸之幸。六经脱于秦火，而六经存，可谓幸矣。惟《书》脱于秦火，复遭巫蛊之难，沉没六百七十余载。至于隋之开皇，然后五十八篇之书始备，又可谓大不幸之幸。今六经如《诗》，如《易》，如《礼》、《乐》，如《春秋》，皆遭于秦火，及汉兴，其书渐出。未数世而书大备，传授浸广。独《书》一经，惟口授二十八篇，又有伪书得错杂其间。更汉历晋、宋、齐、梁、陈至隋唐，今之《书》始得传于世。且如《诗》，汉兴始萌芽，至毛苌，《诗》便足，盖武帝时人。《礼》本出于后苍，至二戴出，《礼》便定。二戴，盖宣帝时人。《乐》献于窦公，至河间献王与诸子作《乐记》，《乐》便定。献王亦武帝时人。《易》不经于秦火，虽有施孟梁丘京氏之《易》，而民间所知，已有费直之《易》。《春秋》惟公谷独盛，《左氏传》惟刘歆独好之，至移书切责太常，乞立乐官。此二书又定于成哀平之世。

五经皆出于先汉，《书》五十八篇不得其传。汉之射策，与学官子弟之所讲肄，独伏生口传二十八篇，伪《泰誓》一篇。后汉杜林、贾逵、马融、郑玄，皆为伪书训释。而孔氏五十八篇，至东晋始出，至齐始立学官，至隋而后，二典之篇第遂定，至唐始改古文从今文，而今五十八篇之书始得传于世。吁，《书》既脱于秦火，可谓幸矣，又有大不幸之幸，于此见之。

《今文尚书序》

孔子观书周室，得虞、夏、商、周四代之典，乃删而取其善者，著为百篇。及秦焚书，其九世孙孔惠与济南伏生名胜，济南人，为秦博士。各藏其本于家。秦楚之乱，伏生遂失所藏，但以口授。文帝诏晁错往受之，时伏生年已九十余，不能正言，使其女传言教晁错，齐人言语多与颍川异，所以不知者凡十二三，略以其意属读而已。得二十八篇，写以汉世文字，号为《今文尚书》。

案伏生二十八篇，以《舜典》合于《尧典》，《益稷》合于《皋陶谟》，《盘庚》三篇合为一，《康王之诰》合于《顾命》，是为三十二篇。伏生所传二十八篇，初无《泰誓》三篇。或云宣帝时，河内女子有掘老屋壁《古文泰誓》三篇。孔颖达曰，张霸之徒伪造《泰誓》以藏壁中，合伏生二十八篇为二十九篇，其年月不与序符，又与《左氏传》、《国语》、孟子、荀卿所引不同。汉世相传二十九篇而已。

伏生之学，有欧阳大小夏侯氏章句，相传至数万言。迄晋永嘉中，其学遂绝。而孔传始出，尚与郑学并行。至隋，而郑氏微。唐贞观，诏孔颖达承诏作正义，宗孔传，而孔传独行。

[略]

《武成辨》乃杂识武王政事之书

《汉律历志》引《武成》篇，自翼日癸巳以下有二月既死魄，越五日甲子咸刘商。四月既旁死魄，越六日庚戌燎于周庙，翼日辛亥祀天于位，越五日乙卯乃以庶邦祀于周庙，与今《武成》全篇不同。孔颖达谓，焚书之后，有人伪书云，武成之际，又亡其篇。故郑康成亦云，《武成》，逸书也。

又 卷 四

公穀二传(师承)

或问公、穀二家师承所始。曰，吾何以论其始乎？刘歆，汉人，尚不能知，况后人乎？公羊本齐学，后世有以为名高者，有以为子夏弟子者，有以为汉初经识者。穀梁本鲁学，后世有以为名赤者，有以为名俶者，有以为秦孝公时人者，皆无所稽,莫得而定。

然公羊载乐正子之视疾昭十九,则公羊必出于乐正子之后。穀梁虽载师尸子之语,或出于汉初未可知。然吾求二家之传矣,二家初皆口传,非如左氏之笔录。然左氏之传又不如穀梁之质也。

公羊之书有所谓昉于此乎？有所谓登来之者,有所谓代者为主,代者为客,皆弟子记其师之言,会其语音以录之也。有所谓公羊子曰,则其书非公羊所自为可知矣。

穀梁之书,有所谓或曰,有所谓传曰,有所谓尸子曰、沈子曰、公子启曰,有所谓穀梁子曰,皆弟子记其师之说,而杂以先儒之言,则其书又非穀梁之所自为可知矣。此穀梁必出于沈子、尸子之后,或者疑其以为汉初人也。

尝合三传而考之,左氏之笔录必出于焚书之前,公穀之口传实出于焚书之后,何也？左氏兼载晋楚行师用兵,大夫世族无所不备,其载卜筮、杂书与汲冢《师春》正同,则作于焚书之前明矣。公穀设同左氏之时,二百四十年事,犹当十得四五,不应尽推其说于例也,此公穀作于焚书之后明矣。

或曰,左氏之传既作于焚书之前,何故隐而不宣？曰,《春秋》所贬当世君臣,其事实具于左氏之传,隐而不宣,所以免时难也。孔氏之壁,北平之家,犹有存者,非尽隐也。公、穀、邹、夹之学,不与左氏合,非尽宣也。惟其隐而不宣,此末世口说流行,故有公、穀、邹、夹之学。邹氏无师,夹氏有录无书,故不显于世,惟公穀独盛。自左氏兴,而公穀穀之学又微矣,然亦终不可得而废也。

宋·程大昌《雍录》卷七

坑儒谷

谷在昭应县三百里。卫宏曰:“秦既焚书,患苦天下不从,而诸生到者拜为郎,前后七百人。乃密令种瓜于丽山坑谷中温处。瓜实成,诏诸博士诸生说,人人不同。乃命就视之,为伏机。诸生方相难不决,因发机,从上填之以土。皆压,终无声。”唐先名此地闵儒乡,天宝中改为旌儒庙。庙在昭应,则以卫宏之说为信也。按《史记·始皇纪》,卢生及咸阳诸生窃议其失,始皇闻之,使御史案问,而诸生中七百余人悉受坑于咸阳。其地不在昭庆也。昭庆,渭南也;咸阳,渭北也。地望不同,岂昭应谷中七百人者自为一戮,而咸阳四百六十人者别为一戮耶?然当以秦纪为正。如议瓜之说似太诡巧,始皇刚暴自是,其有违己非今者,直自坑之,不待设诡也。

宋·胡宏《程子雅言后序》(《五峰集》卷三)

风气有醇漓,故真元不常会,则圣人不世出。道时有不明,贤智过乎大中之表,愚与不肖陷乎卑污之陋。统纪纷错,而天下始病矣。自尧舜之盛,及乎孔子,风气浸漓,上无明王,下无贤佐,至道泯然其将绝。苟非载以文而指示焉,则后世虽有间气英明之士,亦且惑于异端,天下几何其不流而入于禽兽也。圣人有忧之,为之作六经。六经指道之大路,而《语》、《孟》又指入六经之关要也。彼舟楫之作,虽十步之川,人人咸知得舟而后济。夫六经,济天下之大舟也。治身而不循六经者,丧身。治家而不循六经者,亡家。天下陵荡,纪纲摧圮,未有不由弃六经之言者。

或以为孔子没而朱翟肆,孟氏死而黄老盛,六经安在其有益?《易》曰,神而明之存乎其人。昔王莽诵六经以灭身,霍光闻一言而建殊绩。以孔子之言,可因是思而知矣。自秦焚书坑儒以后,章句紊乱,六经之义浸微浸昏,重以本朝丞相王安石,专用己意训释经典,倚威为化,以利为罗,化以革天下之英才,罗以收天下之中流。故五十年间,经术颓靡,日入于暗昧支离,而六经置于空虚无用之地。

方其时也,西洛程伯淳,其弟正叔,二先生者,天实生之。当五百余岁之数,禀真元之会,绍孔孟之统,振六经之教。然风气未衰而未盛也,故明道先生早世,先进高第相继以亡。伊川先生以一己之力,横制颓波,是以六经之文犹有未赞者,而先生已没。然大纲张理者亦多矣。十余年间,后进高第亦从而逝,故先生之文,散脱不类,流落四方者,率皆讹舛。天下所传无完本。

予小子既深知天下之于六经,如无舟楫之不可济,倘不为之类集,则罪人也。用是汲汲以成之。然其言质素而不华,理平淡而无奇。无文之言,犹璞玉也。彫琢者在于玉工,吾能存之而已。无欲之理,天理也,非存纯粹精一之心,操弘大毅然之志,未易得也。我则行之。试言读此书之法,为同志起予之益乎。反覆乎句读,神明乎心体,知六经为守我之要。与其滞泥训诂传注之末,不知六经之旨,漫然放诞不切于身者,犹王莽、霍光之有间。其初一间而已,可不慎哉?又况不为霍光而睎孔孟者乎？必潜心于此书，妙如伯乐之相马，然后足以振历古之衰弊，破王安石之奸说，嗣先圣之志，守先王之道，以待后之学者绵绵不绝，尚足以助风气之盛，而兴太古之淳也。

又《书传散失》(《五峰集》卷四)

世传羲、农、黄帝之书，谓之三坟。少昊、颛顼、高辛、唐、虞之书，谓之五典。孔子讨论坟典，断自唐虞。上世文书简邃，经三季而失其传，不可得而论次故也。今去孔子又远矣，乃始于古初，不亦过乎？

吁，因秦焚书，后世竞传古先事，纷乱怪诞，迷误后生，无所考正，其有能不悖于理者，可不采拾乎？其有显然谬妄，背义而伤道者，可不剪削乎？其有诬罔圣人者，可不明辨乎？或谓有欲正人心息邪说之志，愚敢僭孟轲氏之名乎哉？考其事，穷其理，以自正而已。

宋·胡寅《答张子韶侍郎》(《斐然集》卷一八)

冬春之交，伏惟味道燕闲，台履万福。近两拜教辱，极慰瞻傃。眚翳想已清了，更广访医药为祝。又闻健饭甚康，不胜欣羡。某痁疾已愈，溲旋亦减。但半年病后，腹削为甚。行将六十，度亦难更充壮也。每勤忧轸，荷友朋之义。复礼、忠恕两段，蒙不相鄙，见既透彻，言亦了达，珍拜珍拜。何时得睹全书，并《尚书》、《大学》、《中庸》、《孟子》诸说，渴饥莫喻也。会之踵荆舒后尘，以蔡京、王黼为标准，以耿南仲、李邦彦为宗派，其所愿欲，几青出于蓝矣。溘然遽死，遗臭奈何。向以得君之专，行政之久，依仿先民事业，岂但小康东南，固可开拓河北。乃僻经反道，迷误本朝。若非天佑宋室，剿绝其命，滋长祸乱，何止于焚书坑儒而已？遗材尚众，惟公最受圣主之知，当戒舍人促装，以俟环赐。益行正学，副清议所望。此外惟善卫兴寝。

宋·刘子翚《高阳长揖》(《屏山集》卷一五)

胡床二女执巾裾,长揖高阳旧酒徒。不是苍皇能辍洗,溺冠何异昔坑儒。

宋·张九成《孟子传》卷二三

余读此章,窃疑孟子鄙管晏、蚓仲、子狄、许行,于百里奚何取焉?百里奚事秦穆公,穆公特伯者耳。孔子之门,三尺之童羞谈霸道,而孟子乃为之辨自鬻于秦之说,至三称之为智,一称之为贤,何严于管晏,而宽于百里也?盖孟子之取人,论其存心则甚严,论其一节则甚宽。盖存心,则百行所出,故虽管晏皆在所贬。论其一节之善,则皆可进于君子之涂,故虽百里奚亦在所取。此孟子造化之术也。

如其曰,人能充无穿窬之心,而仁不可胜用也。士未可以言而言,是以言餂之也。可以言而不言,是以不言餂之也,是皆穿窬之类也。夫无穿窬之心,特不为窃盗耳。稍自好者,皆能行之遽以为仁,不可胜用,又何其宽也。至于未可以言而言,可以言而不言,特不知时尔,遽以为穿窬之类,又何其严也。盖孟子取其一念之善,则直指之为仁,一念之非,则直指之为穿窬。使人人一于恻隐、羞恶、辞让、是非之中,以入乎仁义礼智之域而不敢微生不善之念,其造化岂不大哉?

百里奚相秦六七年,三置晋国之君,一救荆国之祸,发教封内,而巴人致贡。施德诸侯,而八戎来服,此其大体也。至于劳不坐乘,暑不张盖,行于国中,不从车乘,不操干戈。其死也,男女流涕,童子不歌谣,舂者不相杵,轩然有晏子之风,则其自好可知矣,何至于自鬻乎?至于不可谏而不谏,知将亡而先去,知穆公之可与有行而相之,孟子三称之为智。相秦而显其君于天下,可传于后世,孟子一称之为贤。此乃孟子深言其自好,决不为自鬻之陋而已耳。与孔子删书,而取秦穆公悔过一节载于《周书》之末,其几同也。

然而深考此篇,除咸丘蒙问父不得而子,君不得而臣一事外,至于疑舜之号泣于旻天,又疑舜之不告而娶,又疑妻舜而不告,又疑舜为伪喜,又疑舜封象于有庳,又疑禹德衰不传于贤,又疑伊尹以割烹要汤,又疑孔子主痈疽瘠环,又疑百里奚自鬻于秦，皆出于万章。夫孔子之门，群弟子所问，不过问仁，问孝，问政，皆切问近思，无非为己之学，曾何敢僭论圣人，妄毁贤者？而万章所问，大抵好信闾巷之鄙谈，敢疑圣人之大节，其所存何其猥下也！

余固言之矣，孔子门人去三代未远，而齐晏子、晋叔向、郑子产、宋向戌、卫蘧瑗，皆当时良大夫，其风俗议论尚有先王之遗风，至于孟子时，商鞅、驺忌、陈轸、苏秦、张仪，稷下诸人横议四起，敢诬蔑圣贤，自尊其说，风俗薄恶，动肆讥毁。陈臻之非，屋庐子之问，淳于髡之侮玩，充虞以为不豫，公都子以为好辩，公孙丑以比管晏，过孟贲。尹士以为不明，干泽濡滞。何孟子门墙，而非意之谤，喧喧满耳乎？非直此也，乃敢尚论前古圣贤，则风俗衰替，概可知矣。

惟敢疑圣贤之风不息，所以至秦敢焚书诗，敢杀学士，敢戕六亲，敢称始皇尽非前古，至天下同为血肉，而后此风息耳。呜呼，痛哉！

又卷二四

余读周室爵禄之制，法度森严，规模远大，如二十八宿之在天，五岳四渎之在地，画然一定不可动摇，使先王以私智为之，安得如是之横厉也？乃知圣人制作，皆自天理中来，如春秋冬夏、风雨霜露、雷霆水火，其声形态度，皆天理也。守此者治安，舍此者危乱，其盛矣哉。

故自天子一位以下，至子男同一位，此爵之在天下也。自君一位以下，至下士一位，此爵之在一国也。自地方千里以下至附庸，此天下之禄也。自天子之卿受地视侯，至元士受地视子男，此朝廷之禄也。自大国地方百里，至小国地方五十里，终之以禄足以代其耕，诸侯之禄也。自耕者之所获，至其禄以是为差，此庶人之禄也。天子、公卿、大夫、元士、大国、次国、小国、君卿、大夫、上士、中士、下士、庶人之爵禄截然，整整不可侵紊。若天造地植，移先王之经纶，而图画于此，欲知先王之心者，庶于此而可得矣。

然而当孟子时，私欲炽盛，天理消亡，诸侯恶其害己而皆去其籍，则焚书坑儒之象已兆于此矣。盖人欲方炽，何所不可。第见先王之制，徒使人不快耳。始去其籍，欲快其意耳。不知其意欲快，人人欲快，大并小，强侵弱，后者效前，静者思动，尽破先王之制，而其国亦灭亡矣。

秦并吞天下，并与典籍学士而焚灭之，快意不已。人人皆欲一快，陈胜一倡，天下皆起，秦氏亦灭亡此，快意之效也。

夫先王之制，所以为治安之本也。皆守其制，则大不敢并小，强不敢侵弱，各安其分，岂不乐乎？且楚自以为强大，而灭陈蔡、灭舒、灭庸，意亦快矣。不知楚之上，又有大者而思快意焉。秦亦灭楚矣，秦自以为强大，并吞六国，不知合天下之民，其强大又甚矣。秦既快意天下，各思快意，故卒受其祸。至于此时，方知先王典籍之不可去，而士大夫之不可杀耳。夫先王典籍，所以如此之密者，盖天理之自然，而非私意所出也。《诗》曰，上天之载，无声无臭，仪刑文王，万邦作孚，可不信哉？

又卷二六

孟子见天下之人，皆天地之德，阴阳之交，鬼神之会，五行之秀气，深知人性善，超然异于群生，深识先王所以设为学校，以辅相裁成之意，深识以圣贤、孝友之资，而至于为愚不肖，所以有尧舜与人同之说，有圣人与我同类之说，有牛山之喻，有不能尽其才之叹。使孟子得志，将取三代学校之制，择其可行于时者行之，高者使由此为圣贤，下者犹不失为孝友必矣。

其为学校也如之何？自礼、乐、射、御、书、数而教之，以至于格物、致知、诚意、正心、修身、齐家、治国、平天下，夫何有不肖之人乎？故有富岁多赖，凶岁多暴之说。富岁即先王之时，凶岁即六国之时也。又有辫麦之说，且推而极于圣人与。我同类之说，又引龙子之说，引易牙之说，天下之口相似耳。相似之说，又充而极于口同嗜，耳同听，目同美，心同然之说，其意止谓人皆可以为圣人耳。夫心同然，则性善之说也。以其性善，故心所同然者理也、义也。

何谓理，何谓义，理即义之本体，义即理之见于用者，惟性善可以悦理义，悦理义所以可以为圣人也。且辫麦之丰耗，以地肥硗雨露人事之不齐。子弟之善暴，以富岁凶岁之不齐。则人之为圣贤愚不肖，惟以学与不学之不齐。使地有高下，均得雨露栽培，则辫麦何为而不丰？使人之常心，均得遇富岁以自适，则子弟何为而不善？人之善性均得学校之教育，则天下何为而不为圣贤孝友哉？

呜呼，孟子性善，故见圣人与我同类；荀卿性恶，故至李斯而焚书坑儒，行督责之政，而秦遂至于亡。则夫孟子之学，真得孔子之正统者欤？

宋·张九成《上李泰发参政书》(《横浦集》卷一八)

学之不可已也久矣。人而不学则不明乎善,不明乎善则内无以诚身,近无以齐家,小无以治国,大无以平天下。呜呼,悲夫!历观古之奇才伟望,功业盈天地,姓名高日月,然而反覆瞻视,终有不满人意,其亦可怪也。某尝断之以一言曰,不学而已尔。

何哉?管仲不学,故有三归反隐之失。晏子不学,故有浣衣濯冠之失。子产不学,故有铸鼎刑书之失。霍光不学,故有堕妻邪谋之失。是数公者,或尊大王室,或处死不乱,或精明博洽,或朴厚端重,世皆瞻仰,世皆惊叹。巍然兀然,若北斗之经天,华岳之居地也。惜夫先王之道既散,圣人之学不明,故使夫数公者,直情径行,无所归赴,自处于不幸之列,其可悲也已。

某读书至《论语》,因子夏论洒扫应对之说,乃得夫先王所谓小学之道焉。又读书至《孟子》诚身有道之说,乃得夫先王所谓大学之道焉。某请整襟肃容顿首再拜,对阁下而一言之。呜呼,噫嘻,小学之道,先王所以发圣人之机也。大学之道,先王所以宣圣人之用也。能言则学唯能食,则尚右手。六年则学方名,十年则学书计。十有三年,则读诗舞勺矣。十有五年,则舞象而学射御矣。此所谓小学之道也,所以发圣人之机也。过此以往,则致知以格物,格物以知至,知至以诚意,诚意以正心,正心以齐家,齐家以治国,治国以平天下,此所谓大学之道也,所以宣圣人之用也。

昔吾夫子传斯道于洙泗间,颜子得之。故其为学也,不迁怒,不贰过。曾子得之,故其为学也,动容貌,正颜色,出辞气。惜乎颜子短命,其学不传。曾子传斯道于子思,故子思有中庸之论。子思传斯道于孟子,故孟子有仁义之说。孟子既没,圣道绝矣。重遭坑儒火书之酷,微言大义寥寥然。如一唱三叹之音,世人不复闻矣,可胜叹哉?

自两汉以来,其为学也,抑又可悲已。其高者,以章句破碎为学,以方州部家为学,以盘辟容止为学。其下者,则又以刑名为学,以盘盂方书为学,以雕虫篆刻为学。其于治心修身之道路,断壤绝事,不相关。呜呼,不知其所以辛苦而仅有之者,亦何所补哉?

宋·王之望《策问》(《汉滨集》卷三)

问：天下之风俗，罔不惟上之倡，而斯文为尤甚。《书》称尧曰文思，舜曰文明，禹曰文命。商周之君，或终始典于学，或缉熙于光明，故唐虞三代之人，至今炳然与日月争光。《诗》曰，倬彼云汉，为章于天。周王寿考，遐不作人。斯文之兴，岂不由上之为乎？

秦焚诗书，天下以文为讳。英如汉祖，特不喜儒。文景之际，重之以黄老，而朝廷大臣皆刀笔吏，吹箫屠狗引强蹶张之流，宜此道之遂泯。不数十年，贾、马、晁、董之徒相望于时，西汉词章之盛，与古争衡。其后光武、显宗最重儒学，然东京之作遽不及远甚。下逮魏晋以及梁隋，其间君臣多尚文雅，而笔墨气格日以不振。虽唐太宗聪睿卓绝，辅以房、魏之佐升平无事，尤汲汲然加意于斯，而终不能革六代之余。以此而言，又似非上之所能为。

以我国家累圣相继，咸蓄盛藻，昭回垂光，异才竞奋，肆更多故，学士失职，主上喟然愍之。《书经》训以发其渊源，辟胶庠以励其器业。居无几何，群试于有司者，人握灵蛇之珠，家抱荆山之璞，彬彬如也。然则谓文为不由于上，可乎？

夫以汉高文景之间，绝不好文，而作者如彼其多。魏晋梁隋有唐之世，君臣笃好，而文字如彼，其陋盛衰之变，与时不同。而今日之应若响，何邪。愿闻其说。

又《吊成安君文》(《汉滨集》卷一六)

司马迁、班固皆称成安君儒者，常称义兵不用诈谋，遂死于泜上。嘉余争于强秦之末，列于群雄之间，而服儒守道以至于败，为文以伤之曰：

事成败之不足以论人兮，要夷考其平生。君虽身灭而国亡兮，不害为旷世之豪英。方六国之为秦兮，狙诈习而成风。申商为贤兮，孙吴为宗。焚书坑士兮，豪侠斩刈而无所容。君儒服而皇皇兮，俟云雾而龙蛰。以匹夫而窜伏兮，秦皇帝至为之侧席。逮陈吴之蜂起兮，刘项立而虎争。战胜为雄兮，弱者为烹。节制不用兮，谋诈肆行。君独偃然于其间兮，指仁义以为兵。志大者固难就兮，所立已可尚。存赵支邯兮，走张耳而距项。为弱歇之伊周兮，处一隅而倔强。异夫世俗之腐儒兮，止空言而无状。广武称其百胜兮，知平日之非否臧。谅守道之太笃兮，遂一败而至于亡。岂千虑之一失兮？亦圣贤之所常。在嬴刘之中间兮，纷人杰之不可数。鹿终死于龙颜兮，余相继而诛掳。三田更王而更败兮，籍躯裂而为五。信豹屡降亦不免兮，韩彭诈于儿女。彼岂仁义之致然兮，亦终膏于砧斧。盖天方举六合而授汉兮，虽蚩尤其何补？要同归于一死兮，惟夫子为得其所处。昔宋襄窃名于二毛兮，吾尼父犹叹咨。况夫子之凛凛兮，宜千古而余悲。

宋·范浚《对秦问》(《香溪集》卷五)

或问，秦始皇帝焚诗书，以愚天下，天下其可愚乎？

对曰：天下不可愚也。始皇之愚天下，是自愚也。愚其子也，非愚天下也。其焚诗书，非焚诗书也，焚其国也。使始皇既焚诗书矣，则今六籍非诗书乎？彼散为寒灰者，特枯竹耳。至若经之所以为经，固有不因简策而存者矣，况夫出于屋壁，传于老生，杂出于名山神物之所守护，固自若也。其有为秦焚亡者，几何语哉？诗书既焚矣，而秦之纪纲日以隳败，天下豪俊圆睨并起，皆知拟神器，逐华丽，其有为焚书而愚者，几何人哉？诗书不可焚也，始皇焚之；天下不可愚也，始皇愚之。徒使帝王之道不渐诸心，仁义之言不历诸耳。计能远筑长城以捍边鄙，而不知荆卿匕首接于肘腋，博浪之椎近起于属车之下，是非自愚乎？始皇既没，胡亥嗣世，自幽深宫，不分马鹿之异。阎乐之祸，已侵肌骨而犹不自知，是非愚其子乎？亥之愚，赵高劫之。高之奸，子婴诛之。秦君秦臣，内相吞噬，而国随以亡。虽有咸阳宫室，曾不足以供楚人三月之火，是非焚其国乎？自愚其身，又愚其子，又焚其国，此始皇所以取讥万世而不已也，天下其何愚之有哉。

问者悚然悟，听然言曰："子言然。吾今乃知天下之不可愚，又知诗书之不为秦焚亡矣。"

宋·刘棐《咸阳》(《宋诗纪事》卷五〇)

父老壶浆迓义旗,秦亡谁复为秦悲。不曾被虐曾蒙德,十二金人各泪垂。玉殿珠楼二世中,楚人一炬逐烟空。却缘火是秦人火,只与焚书一样红。

宋·梁安世《秦碑一纸并古诗呈王梅溪太守》(《宋诗纪事》卷五一)

公生博物好奇古,劝我搜求秦望碑。我来稽阴且三载,梦寐绝顶云俱驰。事非近代问父老,鼻祖已来犹不知。或云其山多虎狼,渊湫罅井蟠蛟螭。魍魉木客忌人到,阴霾贼雾迷羊歧。樵夫悬磴惧失势,一落万丈谁能支。吾意此如钟乳穴,民昔畏扰相诪欺。曩时山东之罘石,磅砰入海无津涯。固知秦人游戏余,非民之利宁一时。暇日登临云门寺,僧曰若耶溪上奇。山曰何山势最峻,丹鹤夜宿天孙枝,南望天台西钱唐,下视峰岫如群儿。

李斯篆书真刻本,昔人避乱此见之。裹粮遂偕墨工往,扳崖贯木如鹿麋,举觞酹酒山之神,千古呵护烦神司。销铄仅存三尺许。龟趺就凿山石为。剜苔剔藓随手剥,面节背角摧霜皮。老龙脱甲蛇解蜕,铺纸拭墨漫披离。收藏入袖恍若失,遐想往昔还嗟咨。我闻太古功德盛,铺写不尽乾坤仪。诗书纸上自不朽,金石还有磨灭期。秦皇不慕仁义业,直谓尧舜犹瑕疵。焚书欲盖前代美,宁闻伏生传有颐。后生不废丞相书,歌颂虽在皆浮辞。惜哉此纸无一画,欲记存亡人应嗤。他年好事继追访,姑愿首尾观吾诗。云门集

宋·孙奕《示儿编》卷一二

瓜丘甘露

瓜邱之祸,盖秦谋以瓜实成于骊山,诏博士诸生就视,因此欲坑儒生。是时

乃隆冬之月，岂瓜熟时耶？陋如秦儒，不知其诈谋之深而卒至焉，宜乎不能逃其死也。《前汉·儒林传序》甘露之祸，盖李训谋以甘露降于禁中，诏百官入贺，因此欲杀宦官，是时乃十一月之末，岂露降时耶？黠如宦官，岂不知其诈谋之浅？故卒不至焉，宜乎不可得而杀也。唐《李训传》然杀儒生易，杀宦官难。杀儒生则至于亡国，杀宦官则可以存国。秦能杀儒生，故秦亡之速，非不幸也。唐不能杀宦官，故唐存之不久，非不幸也。悲夫。

秦焚书之渐

秦焚书之祸，其所由来者渐矣。晋巩朔献捷于周王，私贿之，使相告之曰："非礼也，勿籍成二。"北宫锜问爵禄之制，孟子曰："诸侯恶其害己也，而皆去其籍《万章下》。"始皇则又甚焉，尽举先王之典籍，投诸虐焰而不赦。得非有勿籍然后有去籍，有去籍然后有焚书，岂一朝一夕之故哉？秦之酷既极于焚书矣，重之以坑儒，则愚黔首之术，殆无余策。

宋·朱熹《论语精义》卷一下

伊川又曰，秦以暴虐，焚诗书而亡。汉兴，鉴其弊，必尚宽德，崇经术之士，故儒者多。儒者多，虽未知圣人之学，然宗经师古，识义理者众，故王莽之乱，多守节之士。世祖继起，不得不褒尚名节，故东汉之士多名节。知名节而不知节之以礼，遂至于苦节，故当时苦节之士，有视死如归者。苦节既极，故魏、晋之士，变为旷荡，尚浮虚而无礼法，礼法既亡，与夷狄无异，故五胡乱华。

又卷五上

吕曰，畏者，有戒心之谓。孔子自谓能传文王之文章。文章者，前后圣之所修，道则出乎天而已，斯文在己，斯文得丧在天，匡人何与乎？又曰，道有兴、有废，文有得、有丧，道出乎天，非圣人不兴，无圣人则废而已。故孔子以道之废兴付诸命，以文之得丧任诸己。及秦灭学、焚书，礼坏乐崩，数千百年莫之能复殆。

天之丧斯文也，然道未尝丧，苟有作者，斯文其复兴乎？

宋·黎靖德《朱子语类》卷一〇四

或说：象山说，克己复礼，不但只是欲克去那利欲忿懥之私，只是有一念要做圣贤，便不可。曰，此等议论，恰如小儿则剧一般，只管要高去，圣门何常有这般说话。人要去学圣贤，此是好底念虑，有何不可。若以为不得，则尧舜之兢兢业业，周公之思兼三王，孔子之好古敏求，颜子之有为若是，孟子之愿学孔子之念，皆当克去矣。看他意思只是禅。志公云，不起纤毫修学心，无相光中常自在。他只是要如此，然岂有此理。只如孔子答颜子，克己复礼为仁。据他说时，只这一句已多了，又况有下头一落索。只是颜子才问仁，便与打出方是。及至恁地说他，他又却讳。

某尝谓，人要学禅时，不如分明去学他禅和一棒一喝便了。今乃以圣贤之言夹杂了说，都不成箇物事。道是龙，又无角。道是蛇，又有足。子静旧年也不如此，后来弄得直恁地差异。如今都教坏了后生，箇箇不肯去读书，一味颠蹶没理会处，可惜，可惜。正如荀子不睹是逞快，胡骂乱骂，教得箇李斯出来，遂至焚书坑儒。若使荀卿不死，见斯所为如此，必须自悔。使子静今犹在，见后生辈如此颠蹶，亦须自悔其前日之非。

又曰"子静说话，常是两头明，中间暗"。或问，暗是如何？曰，是他那不说破处。他所以不说破，便是禅。所谓鸳鸯绣出从君看，莫把金针度与人，他禅家自爱如此。某年十五六时，亦尝留心于此。一日在病翁所会一僧，与之语。其僧只相应和了说，也不说是不是，却与刘说，某也理会得箇昭昭灵灵底禅。刘后说与某，某遂疑此僧更有要妙处在，遂去扣问他，见他说得也煞好。及去赴试时，便问他意思去胡说。是时文字不似而今细密，由人粗说，试官为某说动了，遂得举。时年十九。后赴同安任时年二十四五矣，始见李先生。与他说，李先生只说不是。某却倒疑李先生理会此未得，再三质问。李先生为人简重，却是不甚会说，只教看圣贤言语。某遂将那禅来权倚搁起。意中道，禅亦自在，且将圣人书来读。读来读去，一日复一日，觉得圣贤言语渐渐有味。却回头看释氏之说，渐渐破绽，罅漏百出。广

又卷一三八

陈仲亨问:《周书》云,将欲败之必姑辅之,将欲取之必姑与之。今《周书》何缘无之?曰:此便是那《老子》里教,固是周时有这般书,老子为柱下史,故多见之。孔子所以适周问礼之属,也缘是他知得。古人以竹简写书,民间不能尽有,惟官司有之,如秦焚书,也只是教天下焚之,他朝廷依旧留得。如说非《秦记》及博士所掌者,尽焚之。到六经之类,他依旧留得,但天下人无有。义刚。

宋・叶适《习学记言》卷四五

所以为《管子》者,在三匡。二卷杂乱重复。叙齐襄公被弑,鲁桓公见杀,皆与《左氏》不异。然此书所有者,《左氏》无有。而复重杂乱者,《国语》尽削除以就简。一明此书之出在《左氏》后,《国语》之成在此书后也。其记管仲自谓小白必得国,召忽称管仲为生臣,朝之争禄相刺者不绝,鲁庄抽剑揕齐桓,皆浮传妄说。而欲以此类预知人家国事,可乎?如《左氏》但云君使民慢,乱将作矣。奉公子小白出奔,莒乱作,管夷吾、召忽奉公子纠来奔。又曰,子纠,亲也,请君讨之。管召,仇也,请受而甘心焉。又曰,管夷吾治于高傒,使相可也,从之。如是非无他书,不必详载,亦可矣。扬雄谓太史迁,曰实录。然岂必尽纪当时事而后为实哉。使当时诸侯不去其籍,又不经焚书,而迁尽见,则将有不可胜录者。雄盖未知也。

宋・陈傅良《西汉论・韩信二》(《十先生奥论注・续集》卷九)

子孔为载书,而国人弗顺,将诛之。子产焚书,而郑众以定。《左襄十年》子孔当国,为载书以位序听政辟。大夫诸司门子弗顺,将诛之。子产止之,请为之焚书。子孔不可。曰:"为书以定国,众怒而焚之,是众为政也。国不亦难乎?"子产曰:"众欲难犯,专欲难成。合二难以安国,危之道也。不如焚书以安众。子得所欲,众亦得安,不亦可乎?”乃焚书于仓门之外,众而后定。

夫盗不可纵也,而饮之以滋恶。书以治众也,而焚之则政替。然则秦郑赖焉,何也?盖负不宥之罪者,遭非意之幸。蕴欲逞之怒者,获不争之便。此固人情之所因以死也。由此观之,欲全夫人也如此,而况于岐下之盗,而其罪未彰于郑之诛子孔者哉,而况于天下之大臣也哉。吾观高帝诸将,其方介可以义闲,厚洁可以礼固者,独韩信一人也。而帝莫之全,卒以戮死,悲夫。

宋·林之奇《荆轲刺秦王》(《拙斋文集》卷一三)

忠信为周,盖惟忠信以防身,为能周而无缺。苟不以忠信为周身之具,纵使虑患之密,未有无缺之可乘。秦人之虑患可谓深矣,其宫卫之严,盖数倍于诸侯也。然而荆轲进督亢之图,图穷而匕首见。把秦王之袖而揕其胸,几不免于荆轲之所毙者。盖秦之法,群臣侍殿上者,不得持尺寸之兵;执兵侍殿下者,非有诏召不得上。故荆轲之劫秦王,侍左右者欲救而无兵,侍殿下者虽有兵,非有召诏不得上。可谓善虑患之密者矣,而卒以此之故,几为荆轲之所杀。纵使无忠信以为周身之防,徒区区于宫卫之严,是虽虑患之密,然必有出于其所不虑者。

秦人之虑患不独此者也,破灭诸侯,不封功臣子弟,杀豪杰,销锋镝,以为天下之人无足信。然而卒为乱者,乃其左右所亲信之赵高。焚诗书,灭礼乐,以愚黔首,使天下之人皆不读书,以是为得计。然而起于陇亩之中,刁乱以亡秦者,乃不知书之陈胜、吴广。以是知秦之虑患虽密,而患害之生,常起于其所不虑者。是不知以忠信为周身之具故也。

汉光武见马援于宣德庑下,岸帻迎笑谓曰:“卿遨游二帝间,今见卿,使人大惭。”援曰:“当今之世,非独君择臣,臣亦择君。臣与公孙述同县,少相善。臣前至蜀,述陛戟而后进臣。臣今远来,陛下何知非刺客奸人,而简易若是?”帝笑曰:“卿非刺客,顾说客耳。”夫岸帻迎笑,可谓简易而无防患之具,然莫敢犯之者,盖惟忠信以为周身之具,无缺之可乘故也。

又《卢生与侯生讥议始皇始皇怒乃坑儒生》

神仙家者流，与儒家者流异。卢生、侯生，乃始皇所遣之方士，使求长生不死之药者也。其所穷治，当及于方士之徒，不应及于儒者也。而乃以方士之伎艺，传相汲引，至于坑儒生。若始皇者，所谓怒于室而色于市也。

宋·林之奇《尚书全解》卷二〇

《说命》之书虽离为三篇，然其文势上下实相贯穿，盖史官尽录高宗所以与傅说相答问者。高宗惓惓然以望于说，说之谆，复以告于高宗，其意未尝不相属也。说之总百官而进谏王，王玩味其言，而无所厌斁也。曰："乃言惟服，乃不良于言，予罔闻于行，盖许之以佩服其言也。"说于是言，非知之艰，以勉其所力行于此者。而又继之曰："王忱不艰，允协于先王成德，惟说不言有厥咎。"此则说之许高宗，以为苟能行我之言，则我不可以不继此而有言也。故高宗叙述其所以愿学之意，而终之曰："尔交修予罔予弃，予惟克迈乃训。言我能行汝之言，今虚心屈己以问学于汝，可以言之时矣，不可以无言也。"至于是，则说之所以启沃者，固宜无所不尽矣。遂乃备言帝王之所以学者，本末始终之序，明白详言无所不备。

盖善待问者，如撞钟。叩之以小者，则小鸣。叩之以大者，则大鸣。待其从容，然后尽其声。高宗既从容以问矣，故说得以尽其声也。道之大原出于天，尧以是传之舜，舜以是传之禹，禹以是传之汤，此数圣人相传之道。盖本于性命之至正，仁义之极致。其为道也，致广大而尽精微，极高明而道中庸，学道而不自乎此，不可谓善学也。故傅说之论学，必以师为先。师古者，质诸尧、舜、禹、汤之所传者也。

孔氏以王人求多闻，时惟建事，为王者求多闻以立学。其意盖谓王人，犹云王者尔。王者为王人，无所考据。王氏以谓傅说称王而告之曰："人求多闻，时惟建事。窃谓此说为胜。禹言于舜曰，帝光天之下，至于海隅，苍生万邦，黎献共惟帝臣，亦是称帝而告之，与此称王，其文势正同。犹后世奏事称陛下也。"说之告高宗,人之所以求多闻,以多识前言往行者,非欲苟知之而已,盖将见之于行事之深切著明也。虽务多闻以建事,然其所闻者,有是有非,有邪有正,差之毫厘,缪以千里。苟不能审其所择,而徒贪多务得,以益所闻,则或不免为邪说异端之所惑也。所适者正道,则以之建邦,乃有所得矣。不师古训,而能有所得以永世者,匪说之所闻也。获,如孔子所谓仁者先难而后获,如三代有天下传世数十享祚数百,此皆其所获者也。虽其所获者如此其长且久,然其所以致此者,则自夫学于古训而不自徇其私意,虽明其道,不计其功,而功之所获,自及于无穷。若秦人焚诗书,灭礼乐,奋其私意,而不师古,自以为子孙帝王万世之业,而传祚才二世而亡,此不克永世者也。

宋·夏僎《尚书详解》卷六

唐孔氏据汉孔氏所载,而附益以班固《地理志》,其意谓秦焚诗书,图籍皆在,高祖入关,萧何尽收之。孔氏去汉初七八十年,身为武帝博士,必具见图籍所载山川,必是验实。今亦依正义所载,而旁采诸儒之说,以附益之,不敢自必其然也。

宋·傅寅《禹贡说断》卷一

唐孔氏曰:《史记》称高祖入咸阳,萧何先收图籍,则秦焚诗书,图籍皆在。孔君去汉初七八十年耳,身为武帝博士,必当具见图籍,其山川所在,必是验实而知。壶口在冀州,梁岐在雍州,当时疆界为然也。

宋·陈经《尚书详解》卷二三

此历序伐纣往返祀庙告天时日,说武功成之事也。一月周之正月,即今之十一月也。伐纣之年周正月辛卯朔,其二日壬辰。翼日癸巳,即正月之初三日,发镐京始东行也。其月二十八日戊午渡河,即《泰誓》上篇一月戊午,师渡孟津,与中篇戊午次河朔也。二月辛酉朔,甲子杀纣,《牧誓》云甲子昧爽是也。其年闰二月庚寅朔,三月甲申朔,四月己丑朔。厥四月,哉生明,王来自商,至于丰,即四月初三日,其日即辛卯也。丁未,祀周庙,即四月十九日也。越三日庚戌,柴望,即四月二十二日也。正月往伐,四月成功,史序其成功之次也。

《汉律历志》引《武成》,月日与此经不同。孔颖达谓,焚书之后,有人伪为之。汉世谓之逸书,其后又亡其篇。郑康成云,《武成》逸书,建武之世亡。谓彼伪《武成》也。朔为死魄,望为生魄。魄者,月之轮郭无光之处也。朔后明生而魄死,望后明死而魄生。故一日为始死魄,初二日为旁死魄。旁,近也。初三日为生明,十六日为始生魄。壬辰未有事,先书旁死魄者,记月之生死,使千载之日,后世可考。

历法以月起,故书多记生死朏望。先事而书,所以正历。尧之史官纪时以星,武王史官纪时以月。纪时以星,如日中星鸟,日永星火之类。纪时以月,如此书旁死魄,哉生明之类。所以必用星与月者,以星者,天象之著明。月者,亦天象之著明,人所易见。千载之后,历法有差,无所考证,则必考证于星与月也。武王自正月初三日伐商,至四月初三日自商归丰,其成功何如是之速也。与汉高祖五年成帝业,唐太宗历百余战而成帝业,异矣。

又卷二四

此篇乃武王屈己访道于箕子,箕子既答武王之问,于是退而具述成篇。其书称十有三祀,而不称十有三年,则知此书述于箕子。九畴乃道之大统,他人所不能与也。洪范者,大法也。天地有大法而不言,寓于高卑散殊之间,见于酬酢事为之际。有等有差,有程有度,截然有准则,不可逾越者,皆洪范也。特人未之察尔。所谓范围天地之化而不过者,此法也。

《洛书》出而《九畴》彰,则大法又明以示人矣。天有是法,故九类有是事,非人为之私也。有人焉弃常行怪,灭礼废事,淫荒颇僻,是出乎范围者,皆非法也。尧舜三代,非此不能以治天下,孔孟非此不能以垂教后世。秦人不知此法,为焚书坑儒。汉人不知此法,为申商黄老。晋以清谈亡,梁以佛老亡,皆不知此法。所谓三纲沦,九法斁,人纪不立,其不为夷狄禽兽者鲜矣。圣人忧之、畏之,而众人懵然不之恤也。纣为不道非法甚矣,箕子佯狂为奴,忧之、畏之,可知也。周武克商，释囚访道，《洛书》啬于鲧，而畀于禹，厄于商纣，而陈于武王，故曰“苟非其人，道不虚行”。

宋·周紫芝《读高帝纪》(《太仓稊米集》卷四)

始皇坑儒生，秦室遂颠覆。取冠溺其中，何乃踵前躅。亭长初秦民，秦事鉴已熟。事有异取舍，安用自窘束。方从丰沛豪，起逐中原鹿。君王自神武，将士岂局促？当时分汉茅，素行甚污辱。屠沽与刀笔，杂然非一族。叔孙晚见推，韩彭旋烹戮。一弛复一张，往往如转轴。高皇躬独断，此理深照烛。英风渺何之，遗事空简牍。

宋·李石《策问》(《方舟集》卷七)

问：退之为蜀之日，子厚为越之雪。夫师至于二子，可无憾也。然尚以怪取吠，是知师道固难矣。师固以道教人也，学者受其说，行之终身，非若今之传授句读，仅能与乳褓争长。虽日更一师，初不损益也。言师，人则亡矣。其道果尽无传乎？诸弟子以有若似夫子，而曾子有所不从。如曾子之意，必得孔子复生而后师之，则师道废矣。然子夏、曾子各以其说教授，其所以授学者，果出圣人之意乎？秦人焚书，而赖以不绝者，师道在也。汉兴，六经各习其师，名为专门。如匡衡，有师道可观。如张禹，有师法可试。夫六经，亦多说矣，而所谓可观可试者，果何在乎？诸君之学，岂但句读，其必所传有素，试为言退之、子厚所以取怪于人，与夫曾子所不愿于有若，而汉儒各知有师传者。愿共学焉，毋略。

宋·杨简《慈湖遗书》卷一六

诸儒论封建详矣，而犹有未深当乎人心者，今具论之，以俟明智者择焉。

封建有一利一害，利谓藩维固可御寇，害谓久则有背叛相侵伐屠杀之祸。郡县亦有一利一害，利谓无背叛侵伐屠杀之祸，害谓藩维不固寇至莫御。二者均有利害，而封建之害重难救，郡县之害轻，亦可使之无。封建之害难救，考之春秋战国可睹已。或谓用贾谊众建诸侯而小其力之策，则易制。而夏万国非不众小，至商侯国归者三千。周八百，虽有不在其数中，无数矣。强凌弱，小并大，以至于浸寡，势也。郡县之害，何以能使之无？择贤久任，则亦可以固藩维，亦可以御寇，亦封建之意也。或曰："封建，公也。郡县，私也。"吾今举天下之贤者，而郡县之久任之，其公犹封建也。矧封之始公矣，一再传之后，安能保其皆如父与祖之贤也。乱礼虐民，天子之六师未能亟至其国而移之也，是乃所以成其私。郡县则审其果乱虐，下一纸之令，罢之矣，不得肆其私也。不至于必劳天子之六师也。

或曰："封建则有百里、七十里、五十里之国，有井邑、丘甸、县都之夫数，有百乘、千乘、万乘之车数，有五两、卒旅、师军之制，而兵农可以合。今能屯田、营田、限田，渐寓兵于农，则古亦可渐复也。"或曰："封建，古列圣之遗法。置郡，秦乱世之法。舍三代而从亡秦，不可。"此则不究事实，以非乱是，以恶掩善。自古圣人，非谓世袭至善，断不可废。侯国之封，其来尚矣，汤武岂能尽削而去之。周所灭者，五十国耳，余无大罪，固不得而废者，势也。周之所封，藩屏王室，亦势也。使武王历见春秋、战国之祸，而又当秦已并天下之后，未必以置郡为非也。

秦之亡也，则有由。尽扫先王之道，焚书坑儒，杀人如刈草菅然。洊兴大役，民不堪命。一夫大呼，奔溃四出而不可收拾矣。非罢侯置守之故也。汉四百年，唐三百年，郡县之亦足以绵长，不为无效也。

或曰："柳宗元匪人，其言不足用也。"吁，以人废言，君子不尔。矧马周亦言之，李百药亦言之。不较是非利害，民被祸之轻重，而贪慕古之虚文，受执古之实祸，智者切哂，矧今又补群论之阙，而为久任。合封建郡县之意而通之守令，无罪终其身，朝选上佐，如古者一卿，命于天子，余从辟召，而责治效焉，责贡士焉。称职则有赏增秩，否则有罚镌秩，甚则罢。县统于州，州统于帅府，帅府统于朝廷。帅守令皆达于天子。诸路州县之大者，析之可也。县不治，并责帅。诸路不治，责御史宰相。

或曰："任之莫久，自历代未之能改。阙寡员众，何以处此？"曰，才德之足以父母斯民，寡矣。吾犹虑其不足以充数，夫何患？况当渐举比闾族党之制，分职多矣。邻里推服即可任。世变风移，人心本善，改过移善即可任，阙寡非所虑也。

宋·陆游《万卷楼记》(《渭南文集》卷二一)

学必本于书。一卷之书,初视之若甚约也,后先相参,彼此相稽,本末精粗相为发明,其所关涉已不胜其众矣。一编一简有脱遗失次者,非考之于他书,则所承误而不知。同字而异诂,同辞而异义。书有隶古,音有楚夏,非博极群书,则一卷之书殆不可遽通,此学者所以贵夫博也。

自先秦两汉讫于唐五代以来,更历大乱。书之存者既寡,学者于其仅存之中,又卤莽焉。以自便其怠惰因循,曰"吾惧博之溺心也",岂不陋哉。故善学者,通一经而足。藏书者,虽盈万卷犹有憾焉。而近世浅士,乃谓藏书如斗草,徒以多寡相为胜负,何益于学?呜呼,审如是,说则秦之焚书,乃有功于学者矣。

昭武朱公敬之,粹于学而笃于行。早自三馆为御史,为寺卿,出典名藩。尊所闻,行所知,亦无负于为儒矣。然每悒然自以为歉,益务藏书,以栖于架藏于椟为未足,又筑楼于第中,以示尊阁传后之意。而移书属予记之。

予闻故时藏书,如韩魏公万籍堂,欧阳兖公六一堂,司马温公读书堂,皆实万卷。然未能绝过诸家也。其最擅名者曰宋宣献、李邯郸、吕汲公、王仲至,或承平时已丧,或遇乱散轶,士大夫所共叹也。朱公齿发尚壮,方为世显用,且澹然无财则声色之奉,傥网罗不倦,万卷岂足道哉?予闻是楼,南则道人三峰,北则石鼓山,东南则白渚山。烟岚云岫,洲渚林薄,更相映发,朝莫万态。公不以登览之胜名之,而独以藏书见志,记亦详于此略于彼者,盖朱公本志也。嘉定元年秋七月甲子记。

宋·杨冠卿《客亭类稿》卷八

求遗书

问:爻画肇于包牺,文字生于苍颉。图籍之传,盖非一朝夕也。自秦下焚书之令,先代坟典,扫地不复存。故天下后世,始以不见古书为恨。而右文之主,亦汲汲然惟残经阙典之求无斁也。吁,秦之火其酷于书如此哉?然书因秦火而亡,固也。亦有非秦火而亡者,试与诸君评之。

夫《书》之二典，载尧舜之事详矣。康衢之谣，南风之歌，二典之所宜载者也，何为《书》独遗之，其言乃见于列御寇书，《孔子家语》耶。三皇五帝之书，周外史掌之。三坟五典之书，楚左史读之。而黄帝颛帝之道，具在丹书，宜若可考而知矣。周武何为而不知，乃以其道问诸太公耶？意者外史之所掌，左史之所读，黄帝颛帝之事，亦有所阙而不载欤？

证夏商之礼，孔子谓文献不足，阙史借马之文。孔子谓其今亡夏五郭公，《春秋》或以阙文而无所增。周班爵禄，孟子亦谓籍去而不能详。唐虞成周之时，其书未为秦火也，书之阙已如此，其于秦也夫何尤？

说者谓六经之免于秦火者，卜筮之易，讽诵之诗而已。然夏之《连山》、商之《归藏》，《易》也。二易之书，胡为而不传？差以毫厘，谬以千里，《易》也。《易》之书胡为而不载？南陔白华之诗，华黍由庚之诗，崇丘由仪之诗，《诗》也，又何有其义，亡其辞耶？即是而言，则《易》之与《诗》，非以秦而存明矣。

汉之入关，萧何入秦丞相御史府，收秦图书藏之。则是秦自《易》、《诗》之外，复有所谓图书者存。其后挟书之律，汉除之。献书之路，汉开之。或遣谒者求其遗，或采阙文补其逸。六艺百家之文，既已悉上送官，而河间所得，又皆先秦旧书，孔之屋壁，鲁之淹中，亦莫非《书》之古文，《礼》之古经也。《书》、《礼》宜其蔑有阙遗，而《汨作》、《九共》、《月令》、《考工》等篇，或遗而逸，或补而全者，不可一二数，复何欤。岂蠹简之传，寖久而失其真，抑史臣所述未足深信也。

隋人谓书有五厄，其论不专咎于秦，其亦有见于此乎？呜呼，经之遗文，秦之古书，不可复见矣。若河东之三箧、西河之漆书、汲冢之竹简，无非古书也，其书亦可得而闻欤？九种七略之名，四类四部之分，与夫七志七录之著，四库十二库之藏，亦无非古书也，其篇目皆可得而究欤？

国家垂精艺文，求书之诏时时而下，圣圣相承，皆以是为急务。故遗编坠简，云集京师，典章之盛，视古无愧。太上皇帝南渡以来，固亦诏有司搜访逸文，储之广内石渠中，以传之无穷。然篇籍散亡于兵火之余，视祖宗秘阁三馆所藏，尚或有所未备。今日议者，所以复有求遗书之说也。然求之当如何，将遣使以求之欤，则括江淮之使，必得人如苗拾遗。访三川之使，必得人如庾都官。或谓其人未易得也，将立赏以求之欤？则同光试官减选之法，乾德引验任职官之法，大中祥符赐出身补三班之法，似亦未易轻举也。昔人云求访难知，知者吝惜，必须诱之以微利，果尔，则优给金帛，无恤乎千金易一笔，百金偿一篇之议可也。诸君考古验今，胸中必有成说。幸援前所疑者一二条陈之，以待上之采择。

宋·陈子颐《五帝三代之记如何》(宋·魏天应编选、林子长笺解《论学绳尺》卷八)

周外史之所掌,则三皇五帝之书也。《礼·春官》,外史,掌三皇五帝之书。楚左史之所读,则三坟五典之书也。《书序》、《春秋左氏传》曰,楚左史倚相,能读三坟五典八索九丘。使迁也生于三代之时,周旋于周外史、楚左史之列,将上文来与司马迁打合。则以帝王之书表帝王之世,无庸置疑信于其间也。使司马迁如外史、左史之有所证据,则其世表必名五帝三代。世表以上,皆是放宽说。奈何战国以来,诸侯去籍,帝王之记已①先坏。《孟·万章》,北宫锜问曰,周室班爵禄也,如之何。孟子曰,其详不可得闻也。诸侯恶其害己也,而皆去其籍。秦人焚书,帝王之记则尽泯。《书序》秦始皇灭先代典籍,焚书坑儒。汉兴,君子所恃以考上世之源流,而究见其统绪之所自出者,以屋壁之六经存也。《书序》鲁共王好治宫室,坏孔子旧宅,以广其居。于壁中得先人所藏古文,虞夏商周之书也。然《诗》者,国史之所记,详于周而及于商,五帝之事不记也。《诗·大序》国史明乎得失之政,《诗》之风雅颂载商周事为详。谓《诗》不载五帝事,无所证。

又《叔孙通为汉儒宗》

盖自秦人焚书坑儒,《孟子序》:迨至亡秦,焚灭书诗,坑戮儒生。世之缙绅先生,褒衣博带之士,扫迹于人间久矣。言秦时虽有儒者,亦不出。司马相如《难蜀文》:缙绅先生之徒,俨然造焉。注,绅,带。缙,笏。又见《记·内则》注,深衣大带。山东事兴陈胜,议秦盗者卒亦不免。当时儒生凛然,惟恐去祸之不获,《叔孙通传》,陈胜起,二世问博士诸儒曰,楚戍卒攻蕲入陈,于公何如。博士诸生或言反,或言盗。于是二世令御史按诸生,言反者下吏,非所宜言皆罢。独叔孙生雍容异辞,竟脱虎口。人固病其为谀,然亦不许其智矣。同上。通曰,诸生言皆非。夫天下为一家,毁郡县城,铄其兵,视天下弗复用。且明王在上,法令具于下吏。人人奉职,四方辐辏,此特鼠窃狗盗,何足置齿牙间哉。二世喜,拜为博士。通出反舍,诸生曰,生何言之谀也。通曰,公不知,我几不免于虎口。

---

① 疑"已"之讹。

宋·真德秀编《文章正宗》卷一七

叙秦焚书

始皇置酒咸阳宫，博士七十人前为寿。仆射周青臣进颂曰："他时秦地不过千里，赖陛下神灵明圣，平定海内，放逐蛮夷，日月所照，莫不宾服。以诸侯为郡县，人人自安乐，无战争之患，传之万世。自上古不及陛下威德。"始皇悦。博士齐人淳于越进曰："臣闻殷周之王千余岁，封子弟功臣，自为枝辅。今陛下有海内，而子弟为匹夫，卒有田常、六卿之臣，无辅拂，何以相救哉？事不师古而能长久者，非所闻也。今青臣又面谀以重陛下之过，非忠臣。"始皇下其议。丞相李斯曰："五帝不相复，三代不相袭，各以治，非其相反，时变异也。今陛下创大业，建万世之功，固非愚儒所知。且越言乃三代之事，何足法也？异时诸侯并争，厚招游学。今天下已定，法令出一，百姓当家则力农工，士则学习法令辟禁。今诸生不师今而学古，以非当世，惑乱黔首。丞相臣斯昧死言，古者天下散乱，莫之能一，是以诸侯并作，语皆道古以害今，饰虚言以乱实，人善其所私学，以非上之所建立。今皇帝并有天下，别黑白而定一尊。私学而相与非法教，人闻令下，则各以其学议之，入则心非，出则巷议，夸主以为名，异取以为高，率群下以造谤。如此弗禁，则主势降乎上，党与成乎下。禁之便。臣请史官非秦记皆烧之。非博士官所职，天下敢有藏诗书百家语者，悉诣守尉杂烧之。有敢偶语诗书者，弃市。以古非今者族。吏见知不举者与同罪。令下三十日不烧，黥为城旦。所不去者，医药卜筮种树之书。若欲有学法令，以吏为师。"制曰："可。"

宋·魏了翁《尚书要义》卷六

（八）汉初，图籍皆在，孔传山川必验实而知

正义曰：《史记》称高祖入咸阳，萧何先收图籍，则秦焚诗书，图籍皆在。孔君去汉初七八十年耳，身为武帝博士，必当具见图籍，其山川所在，必是验实而知。壶口在冀州，梁岐在雍州，当时疆界为然也。此于冀州之分，言及雍州之山

者，从东循山治水而西故也。郑云，于此言治梁及岐者，盖治水从下起，以襄水害易也。班固作《汉书·地理志》，据前汉郡县言山川所在。《志》云壶口在河东北屈县东南。应劭云：已有南屈，故称北屈。梁山在左冯翊夏阳县西北，岐山在右扶风美阳县西北，然则壶口西至梁山，梁山西至岐山，从东而向西言之也。经于壶口之下言治者，孔意盖云欲见上下皆治也。

又卷一〇

（三一）正月往伐四月告成史历叙月日

正义曰：此历叙伐纣往反祀庙告天时日，说武功成之事也。一月壬辰，旁死魄，谓伐纣之年周正月辛卯朔，其二日是壬辰也。翌日癸巳，王朝步自周，于征伐商，谓正月三日发镐京始东行也。其月二十八日戊午渡河，《泰誓序》云一月戊午，师渡孟津，《泰誓》中篇云惟戊午，王次于河朔是也。二月辛酉朔，甲子杀纣，《誓》云时甲子昧爽，乃誓是也。其年闰二月庚寅朔，三月庚申朔，四月己丑朔。厥四月，哉生明，王来自商，至于丰，谓四月三日，月始生明，其日当是辛卯也。丁未，祀于周庙，四月十九日也。越三日庚戌，柴望，二十二日也。正月始往伐，四月告成功，史叙其事，见其功成之次也。《汉书·律历志》引《武成》篇云，惟一月壬辰，旁死魄。若翌日癸巳，武王乃朝步自周，于征伐纣。越若来二月既死魄，越五日甲子，咸刘商王纣。惟四月既旁生魄，越六日庚戌，武王燎于周庙。翼日辛亥，祀于天位。越五日乙卯，乃以庶国祀于周庙。与此经不同。彼是焚书之后，有人伪为之。汉世谓之逸书，其后又亡其篇。郑玄云，《武成》逸书，建武之际亡。谓彼伪《武成》也。

宋·魏了翁《春秋左传要义卷首》

（十）《左传》传授源流

贾逵《大史公十二诸侯年表序》云，鲁君子左丘明作传。据刘向《别录》云，左丘明授曾申，申授吴起，起授其子期，期授楚人铎椒。铎椒作《抄撮》八卷，授虞卿，虞卿作抄撮九卷，授荀卿，荀卿授张苍。此经既遭焚书而亦废灭。及鲁共王坏孔子旧宅，于壁中得古文逸《礼》有三十九篇，《书》十六篇。

又卷一

（二）杜元凯家世及所著春秋书

杜氏，名预，字元凯，畿之孙、恕之子也。陈寿《魏志》云：杜畿，字伯侯，京兆杜陵人也，汉御史大夫杜延年之后。文帝时为尚书仆射，封乐亭侯。试船溺死，追赠大仆，谥戴侯也。恕，字务伯，官至幽州刺史。预，司马宣王女婿也。王隐《晋书》云，预，知谋深博，明于治乱，尝称德者非所企及，立言立功，预所庶几也。大观群典，谓公羊、谷梁诡辩之言，又非先儒说左氏，未究丘明之意，横以二传乱之，乃错综微言，著《春秋左氏经传集解》。又参考众家，为之释例。又作《盟会图》、《春秋长历》，备成一家之学，至老乃成。

预有大功名于晋室，位至征南大将军开府，封当阳侯，荆州刺史，食邑八千户。时人号为武库。不言名而言氏者，注述之人，义在谦退，不欲自言其名，故但言杜氏。毛君、孔安国、马融、王肃之徒，其所注书皆称为传，郑玄则谓之为注。而此于杜氏之下更无称谓者，以集解之名已题在上，故止云杜氏而已。刘炫云，不言名而云氏者，汉承焚书之后，诸儒各载学名，不敢布于天下，但欲传之私族，自题其氏，为谦之辞。

宋·魏了翁《鹤山集》卷一〇四《周礼折衷》

孔安国注，明王奉若天道，亦说设官，以象天地日月星辰之意。然成王即政，与周公摄政，年月多不可考。《周礼·冬官》阙，与《夏官》[略]等皆阙。大率是沟洫兵赋与班爵禄之制，诸侯恶其害己而去其籍，至秦而又并天下诗书百家语烧之。秦虽焚书，止焚天下所藏私书。其博士官所职，固自若也。惜萧何以刀笔史，止收图籍，以知天下户口隘塞。至项羽焚咸阳，博士所藏始荡尽。

宋・王应麟《通鉴答问》卷二

烧诗书百家语

或问："李斯尝事荀卿，而焚灭经籍，亦荀卿之高谈异论有以激之，此苏氏之言也。弟子亦累其师欤？"曰，荀卿著书，其失有三，曰性恶也，曰法后王也，曰非子思、孟子也。此李斯之罪，所以分于荀卿也。虽然，斯之事荀卿，其犹吴起之事曾子欤？吴起无行，而曾子绝之。然则荀卿绝李斯否乎？尝观《议兵篇》，李斯问秦四世有胜兵强海内，威行诸侯，非以仁义为之也，以便从事而已。荀卿曰："女所谓便者，不便之便也。吾所谓仁义者，便之便也。今女不求之其本，而索之于末，此世之所以乱也。"李斯薄仁义，而以秦法为便。荀卿已知其乱天下，非与之也。

且秦俗之为戎久矣。穆公问由余，谓中国以诗书礼乐法度为政。由余笑曰："此乃中国所以乱也。"穆公贤由余而用之，真以诗书礼乐为致乱之具矣。李斯焚书，岂非有所本祖欤？商鞅之变法，谓苟可以强国，不法其故，苟可以利民，不循其礼。至昭王时，子楚不习于诵，诗书焉得不废乎？李斯相缺讳儒之名，弃其所学，逢君之恶。缺谓以便从事者，何有于荀卿之学哉？其焚书也，因博士淳于越言殷周封建，而斯以为三代之事何足法，是亦由余、商鞅之说尔，岂荀卿之论激之乎？

昔者程、杨之学之醇，犹有邢恕、陆棠叛其师者焉。君子不以议程、杨也，于荀卿乎何尤。始皇方罢侯置守，荡灭三代之迹，恶言殷周，遂并其书扫除之。阿意顺指，以苟一时之富贵而已。韩非亦事荀卿，逃儒而学申商，其言曰："无书简之文，以法为教，无先王之语，以吏为师，使其用于秦，是又一李斯也。"荀卿之书曰："非其人而教之，赍盗粮借贼兵也，卿亦悔是欤？"荀氏门人多矣，浮丘伯所传是为《鲁诗》，大毛公所传是为《毛诗》，张苍所传是为《左氏春秋》，三人经学本于荀氏。世未有称述者，徒以李斯为荀氏之疵。吁，孟子设科，来者不距，岂以窃屦为讥哉？

坑诸生

或曰:“秦既烧诗书,箝偶语,儒服不复游咸阳矣,焉得儒而坑之?”曰,天地闭,贤人隐,孰有儒而入秦者乎?秦无儒久矣。侯生、卢生谓始皇刚戾自用,未可为求仙药。二生,方士,诞妄与徐福为俦,故伍被云杀术士,非儒也。迁怒诸生,纳之陷阱,以杜天下之口。子产曰:“岂不遽止?”然犹防川,大决所犯,伤人必多。是以誉谀满耳,虚美熏心,万民愁怨,四海溃决,而莫之告也。

扶苏进谏,而监蒙恬军于上郡。秦之亡,自坑儒始矣。博士七十人,如故博士官所职之书犹在,而号为儒者,影灭迹绝,两生隐于鲁,四皓遁于商山,子房匿于下邳,董公、召平鸿飞冥冥,以避矰缴之害。居鄛高阳智谋之士,渊潜不见。所谓备员之博士,不过叔孙通谄谀输合之流尔。然挟书之律峻矣,而孔壁之书,淹中之礼,由伏之口制窦之心,秦之法令不能禁也。诽谤妖言之罪严矣,而泗上亭长有丈夫当如此之志,吴中少年有彼可取而代之言,秦之威刑不能加也。吁,亡秦者非胡,而亡于沙丘之少子;灭秦者非儒,而灭于垄上之耕夫;祸秦者非六经,而祸于上蔡相申韩督责之一书。坏秦者非妖言,而坏于楚南公三户亡秦之一语。始皇亦愚矣哉。

又卷三

举民孝弟力田者复其身,省法令妨民者除挟书律。

或曰:“此三者,皆为政急务。萧何为相,未之行也,曹参而后行之,然则曹参不但守萧何之法欤?”曰,秦项既平,叛乱继起,萧何知秦之敝,而未暇革也。曹参相惠帝,则天下略定矣。流大汉之恺悌,荡亡秦之毒螫,参之所行,亦萧何之旧规也。自商鞅令民父子、兄弟同室,内息者为禁,而民不知有孝弟。秦北为长城之役,南有五岭之戍,头会箕敛,财匮力尽,而民不知有由田。于是始举孝弟力田者复其身。自时厥后,置孝弟力田二千石者一人,高后之元年也。置三老孝弟力田常员,文帝之十二年也。复孝敬,则武帝元朔元年之诏。赐孝弟力田帛,则元符元年之诏。皆自是启之。海内殷富,兴于礼义,由此而致也。

自鞅、斯、赵高任残贼之吏,行督责之术。汉兴,秩荼凝脂之惨,未尽洗也。

于是始省法令妨吏民者。自时厥后,除妖言令,高后之元年也。除收帑相坐令,除诽谤律,文帝之元年、二年也。除钱律,除田租税律戍卒令,又见于文帝之五年、十三年。风流笃厚,禁罔疏阔,由此而致也。

秦律,敢有挟书者族,高帝不好诗书,尚仍秦旧。伏生之《书》,藏而未出。浮丘之《诗》,私相传习。高堂之《礼》,窦公制氏之《乐》,皆湮郁未发。自秦焚书至是二十三年,自汉灭秦至是十有六年,藏书之禁始除,然守文之君当涂之士,鲜以收拾遗经为意。河间献王始得古文先秦旧书《周官》、《尚书》、《礼记》之属,立毛氏《诗》、《左氏春秋》博士,武帝始建藏书之策,置写书之官。成帝始陈发秘藏,校理旧文。乡使入关之初,收博士官所职之书,三章之约,并除挟书之律,则口授不至缺谬,壁藏不至断烂。二三载籍之传,周孔制作之文,不若是之泯也。虽然,曹参能行此三者,亦可以为贤相矣。

宋·黄震《黄氏日抄》卷三五

杂著

《旌儒庙碑阴》,儒,即秦所坑儒也。杜佑谓其自取祸,及引汉党锢为戒。先生谓佑之识趣如此,所以陷于伾文之党。

又卷三八

杂类

秦焚书只是教天下焚之,朝廷依旧留得。

宋·王柏《送立斋入京序》(《鲁斋集》卷四)

立斋东辙南辕息肩未久,今已舣钱唐之棹矣。念昔者同保岁寒之盟,杳未有期，不能不使人浩叹。虽然，出处各有义。苟能挽世道，扶纲常，达者见于行，穷者见于言，非屑屑于往来者，则屈伸行藏同一机也。今久轩一蹴而践台席，可以行其学矣。立斋以义交而不相忘，可以言其所见矣。

今天下事变，其端不一，非可一言而尽。予居山林读书，以求尽其分耳。苟言天下事，岂无出位之嫌乎？昔颜子居陋巷，乐箪瓢，非有仕禄意也。门人问为政者，前后相望。而颜子独发为邦之问，夫子未尝以思出其位责之，而直告以四代礼乐，何也？盖学者，学圣人之道，岂曰独善其身而已？亦均有天下国家之责焉。非彼为，则此为也，宁舍之而藏，不可用之，而无以行也。

夫当周之末，诸侯日夜之所求者，富国强兵之外，无他事也。异时齐景公问政于孔子，而答之以“君君臣臣父父子子”，此可谓迂阔而非急务者，而景公犹能粗识其旨，曰：“信如。”以今天下父子之伦废缺者，固不止一端，而莫大于氏族之无别，绝人宗祀，乱人婚姻，骎骎乎夷狄禽兽之归，此唐季乱亡之证也。以今天下君臣之伦废缺者，亦不止一端，而莫大于始仕之无义，德行扫地，浮薄滔天，诬经诡圣，苟于一得，无所不为，其害有甚于焚书坑儒之祸。苟幸久轩听予之言，先图其大者，推其类，次第而讲行之，亦可为世道庆。而子今日之往，亦不为徒行也。视予之白首穷经，无得于道，无用于时，其行藏未易以优劣也。子其勉之。

宋·马廷鸾《商鞅》(《碧梧玩芳集》卷二一)

商君之仕秦，身遗其利而身蹈其患者也；秦人之于商君，阳杀其人而阴祖其术者也。彼其负罪出走，不之他国而之魏者，得非以旧邦之犹可以逃难耶？六国之见攻于秦也，其祸首于魏。秦之攻魏也，其谋专于商君。亦既驾言旧好，袭虏其将，而又欲凭借旧国逋逃其身，是以市井之行自处，而以君子长者之道望人也。

苏东坡诗曰：“岂惟公子卬，社鬼亦遭谩。”斯足以发千古一笑而已。《农战》篇之说，以为豪杰皆学诗书以避农战，则国削且贫。秦人狃其说，卒至于焚诗书而后快。曾不知陇上辍耕太息而起者，皆农战之人也。

鞅之得失如此。刘歆新序之论方且夸之，以为《书》之无党无偏，《诗》之如砥如矢，司马法之励戎士，后稷之勤农业，无以易此。是以鞅为三代之英也。国师公之反理诡道久矣。本朝王荆公又翼之曰：“今人未可轻商鞅，商鞅能令令必行。”吾从祖老山翁斥之曰：“商鞅何人也，车裂以殉之人也。鞅而不可轻，则孰可轻也?”此论可与太史公并著云。

宋·周密《三学之横》(《癸辛杂识后集》)

三学之横,盛于景定、淳祐之际。凡其所欲出者,虽宰相台谏,亦直攻之使必去,权乃与人主抗衡。或少见施行,则必借秦为谕,动以坑儒恶声加之,时君时相略不敢过而问焉。

其所以招权受赂,豪夺庇奸,动摇国法,作为无名之谤,扣阍上书,经台投卷,人畏之如狼虎。若市井商贾,无不被害,而无所赴愬,非京尹不敢过问。虽一时权相如史嵩之、丁大全不恤行之,亦末①如之何也。

大全时极力与之为敌,重修丙辰监令,榜之三学,时则方大猷实有力焉。其后诸生协力合党以攻大全,大全终于得罪而去。至于大猷,实有题名之石,磨去以为败群之罚。自此之后,恣横益甚。至贾似道作相,度其不可以力胜,遂以术笼络。每重其恩数,丰其馈给,增拨学田,种种加厚,于是诸生啖其利而畏其威,虽目击似道之罪,而噤不敢发一语。及贾要君去国,则上书赞美,极意挽留,今日曰师相,明日曰元老,今日曰周公,明日曰魏公,无一人敢少指其非。直至鲁港溃师之后,始声其罪,无乃晚乎?

盖大全之治三学,乃惩嵩之之不敢为。似道之不敢轻治,乃监大全之无能为。至彭成大之为前廊,竟摭为平日之赃,决配南恩州,学舍寂不敢发一语。此其术亦有过人者。

宋·邓牧《伯牙琴·君道》

古之有天下者,以为大不得已,而后世以为乐。此天下所以难有也。生民之初,固无乐乎,为君不幸,为天下所归,而不可得拒者,天下有求于我,我无求于天下也。子不闻至德之世乎,饭粝粱啜藜藿,饮食未侈也。夏葛衣冬鹿裘,衣服未备也。土堦三尺茅茨不穷,宫室未美也。为衢室之访,为总章之听,故曰皇帝清

① 疑“未”之讹。

问下民，其分未严也。尧让许由而许由逃，舜让石户之农而石户之农入海终身不反，其位未尊也。夫然故天下乐戴而不厌，惟恐其一日释位而莫之肯继也。

不幸而天下为秦，坏古封建，六合为一，头会箕敛，竭天下之财以自奉，而君益贵。焚诗书，任法律，筑长城万里，凡所以固位而养尊者无所不至，而君益孤。惴惴然若匹夫，怀一金惧人之夺，其后亦巳[1]危矣。

天生民而立之君，非为君也，奈何以四海之广，足一夫之用邪？故凡为饮食之侈、衣服之备、宫室之美者，非尧舜也，秦也。为分而严、为位而尊者，非尧舜也，亦秦也。后世为君者，歌颂功德动称尧舜，所以自为，乃不过如秦，何哉？书曰酣酒嗜音，峻宇雕墙，有一于此，未或不亡。彼所谓君者，非有四目两喙、鳞头而羽臂也，状貌咸与人同，则夫人固可为也。今夺人之所好，聚人之所争，慢藏诲盗，冶容诲淫，欲长治久安，得乎？

夫乡师里胥，虽贱役，亦所以长人也，然天下未有乐为者，利不在焉故也。圣人不利天下，亦若乡师里胥然，独以位之不得人是惧，岂惧人夺其位哉？夫惧人夺其位者，甲兵弧矢以待，盗贼乱世之事也。恶有圣人在位，天下之人戴之如父母，而日以盗贼为忧，以甲兵弧矢自卫邪？

故曰欲为尧舜，莫若使天下无乐乎为君；欲为秦，莫若勿怪盗贼之争天下。嘻，天下何尝之有，败则盗贼，成则帝王，若刘汉中、李晋阳者，乱世则治主，治世则乱民也。有国有家，不思所以救之，智鄙相笼，强弱相陵，天下之乱，何时而已乎？

金·李俊民《庙学落成》(《庄靖集》卷一)

斯文天未丧，吾道有时厄。方嗟凤兮衰，遽叹麟也获。继遭秦焚书，又被鲁坏宅。迩来天下事，多自马上得。不修下车礼，不献在泮馘。不授羽林经，不讲博士席。旁若没字碑，肯见一达掖。偶因长乐老，尽挟兔园册。及见中选人，始知为学益。学者如牛毛，自古数濩泽。连年取青紫，易于地芥拾。争将逸驾攀，遂向塞路辟。挥之无倚门，从者皆入室。肃肃俎豆风，洋洋弦歌邑。几时复论秀，四海望偃伯。术能向者谁，世无秋风客。

---

① 疑“已”之讹。

元·耶律楚材《西游录序》(《湛然居士集》卷八)

古君子南逾大岭,西出阳关,壮夫志士,不无销黯。予奉诏西行数万里,确乎不动心者,无他术焉,盖汪洋法海涵养之效也。故述辨邪论以斥糠蘖,少答佛恩。戊子,驰传来京,里人问异域事,虑烦应对,遂著《西游录》以见余志。其间颇涉三圣人教正邪之辨。有识予之好辨者,予应之曰:鲁语有云"必也正名乎"。又云"思无邪"。是正邪之辨不可废也。夫杨朱、墨翟、田骈、许行之术,孔氏之邪也。西域九十六种,此方毗卢、糠瓢、白经、香会之徒,释氏之邪也。全真、大道、混元、太一、三张左道之术,老氏之邪也。至于黄白金丹导引服饵之属,是皆方技之异端,亦非伯阳之正道。畴昔禁断,明著典常。第以国家创业,崇尚宽仁,是致伪妄滋彰,未及辨正耳。古者嬴秦燔经坑儒,唐之韩氏排斥释老,辨之邪也。孟子辟杨墨,余之黜糠丘,辨之正也。余将刊行。虽三圣人复生,必不易此说矣。己丑元日,湛然居士漆水耶律楚材晋卿序。

又《怀古一百韵寄张敏之》(《湛然居士集》卷一二)

兴亡千古事,胜负一枰棋。感恨空兴叹,悲吟乃赋诗。三皇崇道德,五帝重仁慈。礼废三王谢,权兴五伯漓。焚书嫌孔孟,峻法用高斯。政出人思乱,身亡国亦随。阿房修象魏,徐福觅灵芝。偶语真虚禁,长城信漫为。只知秦失鹿,不觉楚亡骓。约法三章日,恩垂四百基。汉兴学校启,文作典章施。黩武疲中夏,穷兵攘四夷。嗣君恩稍失,刘氏德难衰。新室虽兴难,真人已御期。魏吴将奋起,灵献自荒嬉。[略]

元·刘祁《归潜志》卷一三

窃尝考自古士风之变,系国家长短存亡。三代以前,其风淳质修谨不必言,三代以后,世衰道丧,士大夫惟知功利为上,故争尚权谋。战国间游说纵横之流,已而变为刑名掊克，以法律控持上下，失士庶心，以至焚书坑儒，毒流四海。汉兴，其风稍变，多重厚长者，然其权谋法律者犹相杂。迨至武帝，天下混同，士风一变，以学问为上，故争尚经术文章，一时如公孙弘、董仲舒、二司马、枚乘之徒出，文物大备。元、成以来，经术之弊皆尚虚文，而无事业可观，浮沉委靡，以苟容居位，匡衡、贡禹、孔光之流重以谄谀，故权臣肆志，国随以绝。

东汉之初，人主惩权臣之祸，以法令督责群臣，群臣惟知守职奉法无过失。及桓、灵之世，朝政淆乱，奸臣擅权，士风激厉，以敢为敢言相尚，故争树名节，袁安、杨震、李固、杜乔、陈蕃之徒抗于朝，郭泰、范滂、岑晊、张俭之徒议于野，国势虽衰，而公议具存，犹能使乱臣贼子有所畏忌。

已而诸豪割据，士大夫各欲择主立功名，如荀攸、贾诩、程昱、郭嘉、诸葛亮、庞统、鲁肃、周瑜之徒，争以智能自效。晋初，天下既一，士无所事，惟以谈论相高，故争尚虚玄，王弼、何晏倡于前，王衍、王澄和于后。希高名而无实用，以至误天下国家。南渡之后，非有王导、谢安辈稍务事业功名，其颓靡亦不可救矣。宋、齐、梁、陈惟以文华相尚、门地相夸，亦不足观，故国祚亦不能久。

唐兴，士大夫复以事业功名为上，贞观诸人有两汉风，其权谋、经术、文章、名节者错出间立，故唐一代人材最多，其扶支国势亦至三百载。及其乱也，死节者相望。五代之间亦无可取。宋初，士大夫复驰骋智谋。厥后混一，其风大变，经术、文章不减汉唐，名节之士继踵而出。大抵崇尚学问，以道义为先，故维持国家亦三百载。虽遭丧夺，尚能奄有偏方。大抵天下乱，则士大夫多尚权谋、智术，以功业为先。天下治，则士大夫多尚经术、文章、学问，以名节为上。国家存亡长短随之，亦其势然也。

［略］

吾道盛衰自有时，吾尝考之，如循环相乘除也。周衰，诸侯不礼士。至战国，则魏文侯、燕昭王辈拥彗筑台，师事焉，继以始皇坑儒之祸。汉兴，藩侯不礼士，而光武则安车蒲轮征聘焉，继有桓灵党锢之事。唐朝士大夫往往为将相，有势位，后有白马之灾。宋兴，内外大小皆儒者显荣，至宣政极矣。至于金国，士气遂不振，而今日困顿摧颓亦何足怪？但我辈适当此运者为不幸耳。虽然，穷达一也，又何叹也？

元·郝经《文说送孟驾之》(《陵川集》卷二二)

或者尝曰,彼作文不工,彼工于作文。愚窃听而惑之,盖文可顺而不可作也。天地有真实正大之理,变而顺,有通明纯粹不已之文,是其所以为之,非矫揉造凿而然也。唯其变是以有文,唯其顺是以不已,皆自然也。故阴阳得以文乎天,刚柔得以文乎地,仁义得以文乎人,羽毛鳞介苞叶根荄得以文乎物,清浊高下得以文乎声,升降舒缀得以文乎节,丽缛华采得以文乎色,礼乐射御书数得以文乎艺,德刑殿最号律得以文乎政,城聚都鄙庐井得以文乎居,华虫藻火山龙黼黻得以文乎服。易其无有,利其兴革,化而新之,至至终终,为神道之极致,亦得其本然之理而已,焉有作为之赘哉。

大庭氏而上,文有理而无名。大庭氏而下,文有名而无书。陶唐氏而下,文有书而无法。仲尼氏而下,文有法而无作。仲尼之门,游夏以文学称,未闻其执笔命题而作文也。物感于我,我应之以理而辞之耳,岂校其辞之工拙哉?是以六经之文,经天地,贯万世,与博厚高明并而不朽也。

仲尼氏没,本散而末分,源远而流别。文晦于理,而文于辞。作之者,工于辞而悖于理。故庄列以之文虚无,仪秦以之文狙诈,申韩以之文惨黩,屈宋以之文怨怼。卒致吕政焚书之厄。西汉古学文学之分,其弊则极于江左冗矫之谈,浮屠之法,玉树后庭之曲。而苻秦元魏高齐而下,血漂禹迹,寄斯文于霆击之余,风烬之外,邈乎葬于九原也。

厥后有唐,杜氏文乎诗而风雅复萌,韩氏文乎儒而六经方爝。又属以晚唐弊俗,五季繁运,而有宋氏兴。欧苏周邵程张之徒,始文乎理而复乎本,犹不能比隆三五,去杀胜残,致颂声兴礼乐者。百千祀之蔽,不可一日而扩也。幸其用力之勤,俾斯文不遂灭,而吾民不为狐虫非类尔。

由是而言,天地万物之文未之或变,而文人如是之穷,作之者不工欤?工矣。然而如是者何?《易》曰:"物相杂,故曰文。文不当,故吉凶生焉。"文何尝不当作,为者之过也。不作不为,万理皆备。推而顺之,文在其中矣。故文作于人而穷于人,人亦作于文而穷于文。呜呼,文穷人邪,人穷文邪?

又《朱文公诗传序》(《陵川集》卷三〇)

古之为诗也,诵歌弦舞断章为赋而已矣。传其义者,则口授。传注之学未有也。秦焚诗书以愚黔首,三代之学几于坠没。汉兴,诸儒掇拾灰烬,垦荒辟原,续六经之绝绪,于是传注之学兴焉。

秦焚诗书尤重,故传之者鲜。《书》则仅有济南伏生,《诗》之所见所闻所传闻者,颇为加多,有齐、鲁、毛、韩四家而已。而源远末[1]分,师异学异,更相矛盾。如《关雎》一篇,齐鲁韩氏以为康王政衰之诗,毛氏则谓后妃之德,风之始。盖毛氏之学,规模正大,有三代儒者之风,非三家所及也。卒之三家之说不行,毛诗之诂训传独行于世。惜其阔略简古,不竟其说,使后人得以纷更之也,故滋蔓于郑氏之笺。虽则云勤,而义犹未备。总萃于孔氏之疏,虽则云备,而理犹未明。

呜呼,《诗》者,圣人所以泰天下之书也,其义大矣。性情之正,义理之萃,已发之中,中节之和也。文武周召之遗烈,治乱之本原,王政之大纲,中声之所止也。天人相与之际,物欲相错之间,欣应翕合,纯而无间。先王以之审情伪,在治忽,事鬼神,赞化育,奠天位而全天德者也。观民设教,闲邪存诚,圣之功也。所过者化,所存者神,圣之用也。正适于变,变适于正,《易》之象也。美而称诵,刺而讥贬,《春秋》之义也。故《诗》之为义,根于天道,著于人心,膏于肌肤,藏于骨髓。庞泽渥浸,浃于万世。虽火于秦,而在人心者未尝火之也,顾岂崎岖训辞鸟兽虫鱼草木之名拘拘屑屑而得尽之哉?

而有司设规,父师垂训,莫敢谁何。以及于宋欧阳子,始为图说,出二氏之区域。苏氏、王氏父子继踵驰说,河南程氏、横渠张氏、西都邵氏,远探力穷而张皇之。逮夫东莱吕伯恭父,集诸家之说,为《读诗记》,未成而卒。时晦庵先生方收伊洛之横澜,折圣学而归衷,集传注之大成,乃为《诗》作传。近出己意,远规汉唐,复风雅之正,端刺美之本。厘训诂之弊,定章句音韵之短长差舛,辨大小序之重复。而三百篇之微意,思无邪一言,焕乎白日之正中也。其自序,则自孔孟及宋诸公格言具载之。毛郑以下不论,其旨微矣。是书行于江汉之间久矣,而北方之学者未之闻也。大行台尚书田侯得善本,命工板行,以传永久。书走保下,属

---

① 疑“未”之讹。

经为序。经喜于文公之传之行与学者之幸,且嘉侯用心之仁,故推本论著,以冠诸端。

元·方回《萧何尽收秦丞相府图籍文书》(《续古今考》卷六)

沛公西入咸阳,还军霸上,萧何尽收秦丞相府图籍文书。《萧何传》,沛公至咸阳,诸将皆争走金帛财物之府分之,如此,则所过无得卤掠,恐是虚文。谨封府库还霸上,亦十取七八矣。何独先入收秦丞相御史律令图书藏之,沛公具知天下阨塞,户口多少强弱。处民疾苦者,以何得秦图书也?班史纪传同异,牴牾甚多。此事于纪,止言丞相府图籍文书,传兼言御史律令。当是纪略传详,如田荣欲楚杀田假,楚不肯杀田儋,传书谓楚之怀王曰:"田假,与国之王,穷而归我,杀之不宜。"《项籍传》书则谓项梁曰:"田假与国之王,穷来归我,不忍杀。"其言同而二人异。如此不一。

今具考,秦所谓图籍律令文书者,按秦之始皇在位之三十四年焚书,三十五年坑诸生,焚书之年,并天下九年矣。李斯请史官非秦记皆烧之,非博士官所职天下敢有藏诗书百家语者,悉诣守尉杂烧之。有敢偶语诗书者,弃市。以古非今者族。见知不举者同其罪。令下三十日不烧,黥为城旦。所不去者,医药卜筮种树之书。欲学法令,以吏为师。此所焚者,一曰诸国之史,非秦所记,虽博士官亦不许藏。六国及周之所记者,皆灰灭矣。二曰诗书百家语,前乎孔子所删定,后乎子思、孟子、庄、老、杨、墨、申、商、韩非、吕不韦所著,民间一切不许复存,惟博士官尚许秘藏之也。吕东莱谓所烧者天下之书,博士官所职固自若也。萧何独收图籍而遗此,惜哉。

回谓始皇焚书四年而身死,二世立三年而秦亡。七年之间,天下常读书之人,老师宿儒存者,宜不为少。屋壁之藏,不止一泗上孔氏。沛公元年十月入咸阳,十一月召秦父老约法三章,固已云除去秦法矣。所引秦苛法,谓"诽谤者族,偶语者弃市",岂但除此二法而已乎?焚书之年令,谓偶语诗书者弃市,以古非今者族。以沛公所引二语观之,则又毒矣。偶语即弃市,不必语诗书也。诽谤凡出口皆可坐,不必以古非今而后谓之诽谤也。其法之苛虐如此,沛公与萧何宜委曲详备其辞,举秦之焚书之事,明以谕众,自今而后,诸书百家语并再许习诵,召老师宿儒能记忆者,出典学校,而许百姓师之。山岩野坞屋壁有藏诗书,能出以上之官者,有赏。如此,则汉之为汉,非苟且之汉矣。

萧何,刀笔之吏也。其能收丞相御史府图籍文书,已是见识过人远甚,特博士官所职不遑收取,致为项羽所焚,而后天下无副本。汉王还定三秦,日不暇给,又不能尽除挟书之令,大概悉遵秦所立官,制刑辟而行之。至于今,近一千五百年,皆秦法令也。呜呼,痛哉。

图谓绘画山川、形势、器物、制度、族姓、原委、星辰度数,籍谓官吏、版簿、户口、生齿百凡之数,律与令则前王后王之刑法,文书则二帝三王以来政事议论,见于孔子之所删定。著作,战国以来,百家迭兴,大率庞驳不纯。去非取是,在乎择耳。此乃有国家者不可缺一而不完者也。秦既悖矣,汉亦昧焉,萧何者号人杰,本一县吏也。张良亦号为人杰,然乃专尚老氏之学,故于儒学亦漫不加意,其余无足责矣。呜呼痛哉。

[略]

始皇立,是年甲寅,汉高祖生。九年,诛嫪毐。十年,吕不韦免,用李斯。十二年,吕不韦自杀。二十六年,六国尽灭,更号皇帝。命为制,令为诏。称朕,追尊庄襄王为太上皇。除谥法,定为水德。以十月为岁首。从李斯议,不置诸侯,分天下为三十六郡,置守尉。监销天下兵,收大半之赋租,赋盐铁二十倍于古,更戍力役三十倍于古,以黄金为上币,以铜钱半两为下币,龟贝玉不为币。二十七年,作庙,治驰道。二十八年,东巡。三十二年,坏城郭,决隄防入海求方士。蒙恬将三十万击匈奴。三十三年,击南越闽越东越,置桂林、南海、象郡闽中。筑长城,起临洮至辽东万里。三十四年,焚书,偶语诗书者弃市,是古非今者族。三十五年,七十余万人作阿房宫,坑诸生四百六十余人于咸阳。三十七年七月,崩于沙丘。

二世元年十二月,杀诸公子公主。七月陈胜起,九月沛公项梁起。二年八月,李斯具五刑,夷三族。三年八月,沛公破武关,赵高弑二世,立子婴。九月,沛公破峣关。汉元年十月,沛公至霸上,子婴降。十二月,沛公约法三章。虽尝告喻父老,谓今悉除去秦法,然其所以不能尽除秦法复周制者,沛公之佐惟萧何、张良二杰。张良尚老子学,萧何乃刀笔吏。一时姑为大言以慰民心,其后奸宄不胜,何复摭秦法,作律九章三族之诛。

元·方回《离骚九歌图》(《桐江续集》卷二六)

止则灵均皇揆余,屈子文章古所无。我尝痛饮读□□,原缺三字□乃复览九歌图。九歌根源何所自,羲文周孔易□□。原缺四字□□坤马中孚鹤,鼎虎革豹未济狐。载鬼一车豕负涂,先张之弧后说弧。奇奇怪怪浩以博,湘累取以为范模。东皇太一九霄下,百灵护驾飞龙趋。云中之君俨帝服,眇视四海翔天衢。尧女舜妃两婵娟,想见当年泣苍梧。太少司命尾东君,倏来忽逝纷驰驱。河伯白鼋弭英辅,山鬼赤□□□□原缺四字。桂酒椒浆奠瑶玉,鼓迎箫送鸾凤舆。佳人在望□□□,原缺四字□君不见心踌躇。采芳馨兮日将暮,有所思兮甘糜躯。吾王不悟娥眉嫉,知心惟有寡女媭。一士葬鱼亡楚国,而况他日秦坑儒。我诗颇似贾谊赋,敬吊先生空嗟吁。

元·陆文圭《跋蒋民瞻咏史诗》(《墙东类稿》卷九)

昔西山编《文章正宗》,歌诗一门委之刘潜夫,以世教民彝为主。凡涉闺情宫怨者,皆勿取。后潜夫自作十臣十佞等五言百首,句简而括,意深而确。前无此体。视胡曾咏史,直可唾去。选诗如《昭君秋》、《胡罗敷》等辞,直铺其事而已,未有断以已意者。杜牧《桃花夫人》、《赤壁》等绝,则拗峭为工,而断以己意矣。然仅一二首而止,不如潜夫之多。

延陵蒋民瞻,博学雄文,妙年登第,流落不偶,卒老荆溪之下。八十余年,手不释卷。作《通鉴拟古》七言绝句六百余篇,悉取一千三百六十二年间大事,参以先儒史评,断以己意,从而褒贬之。较潜夫多数倍,篇篇精诣可读。

余掇其尤者数十首,如《咏田单》云,仁义宁容诈力欺,火牛计岂出神师。自缘骑劫来何晚,不是田单智较迟。

《范雎》云,入秦已报魏齐仇,功纵无成合退休。岂是甘心延蔡泽,定应回首鉴穰侯。

《坑儒》云,六籍咸阳烈焰红,诸生方士一丘同。后来犹有高阳客,笑著儒冠揖沛公。

《萧何》云，沛公诸将入关初，萧相谋深总不如。秦府尽收图籍去，不知博士有遗书。

《陈平》云，一双白璧赎君过，四万黄金买主疑。自是楚人愚易入，谁言汉计尽能奇。

《丁公》云，鸿门舞剑甘为虏，广武杯羹脱若翁。为楚不忠如定罪，未应项伯后丁公。

元·赵文《欧阳氏藏易赞》(《青山集》卷五)

尝怪秦人焚灭典籍，而《易》独存。或谓以卜筮存，非也。《易》之书，幽赞于神明，意其所在，亦必有神明焉扶持之尔。吾乡前辈学《易》先生欧阳叔子，平生自《易》外无他嗜好，见《易》辄买之，不可买则借本，昼夜抄写不倦。乱后，其子振祖迁徙无常，家具十丧七八，独《易》无恙。吾然后知秦人焚书而《易》得免者，非独以卜筮故也。

叔子苦学无成，年六十有三以卒。生平嗜酒好客，写黄体绝工。手抄书虽累数十卷，首末一致。振祖之子绍楚，皆能世其业。欧阳氏之《易》，其传未艾也。作欧阳氏藏《易》赞曰：

> 龙马负图，出于灵河，维易之初，后圣有作。以卜以筮，兹易之粗。易之所在，有神明焉，为之储胥。羲文周孔，三圣人者，以附以疏。秦人焚书，易独得免。煨烬之余，欧余山阳。曰叔子父，乡之先儒。藏易之多，遗其子孙。耕获菑畬，昆明墨灰。弥满六谷，此书屹如。咨尔后人，是振是绍。匱而藏诸，我作铭诗。以识其藏，东序河图，于千万年。若汉儒林，欧阳之书。

元·王恽《伏胜(封乘氏伯)》(《秋涧集》卷六六)

秦火骊坑，儒厄斯极。天不没公，俾副孔壁。浑灏之义，垂范后王。赖公口授，帝道复光。照耀齐国，文奎煌煌。

元·姚燧《领太史院事杨公神道碑》(《牧庵集》卷一八)

公上奏曰：三代以德行六艺，宾兴贤能。汉举孝廉，兼策经术。魏晋尚文辞，而经术犹未之遗。隋炀始专赋诗，唐因之，使自投牒，贡举之法遂息。虽有明经，止于记诵。宋仁宗始试经义，亦令典矣。哲宗复赋诗，辽金循习，将救斯弊。惟如明诏尝曰，士不治经学孔孟之道，日为赋诗空文。斯言足立万世治安之本。

今欲取士，宜敕有司举有行检通经史之士，使无投牒自荐，试以五经四书大小义，史论时务策。夫既从事实学，则士风还淳，民俗趋厚。国家得识治之才矣。奏入，上善之。丞相每咨世务，倚以自毗。会其北征，公遂请毕男婚而归。十三年，诏改历太史王恂、总算同知郭守敬，推恻司徒明历理。或言公尝推历终一甲子，而得日月簿食者七十有奇。曰，日月之眚，古无是之多也。十六年，召公著《历义》。十七年，诏时历成，奏曰：黄帝迎日推策，颛顼载时象天。尧之钦若，舜在玑衡。周太史正岁年以序事，皆日官世守其业，随时占考以与天合。

暴秦焚书，废古伪作，置闰岁终，两汉因之。建历之本，必先立元。元立然后定日法，法定然后度周天以定分。至贾逵讥其守一元，不与天消息。杜预谓，当顺天以求合，非谓合以验天者，皆确论也。

元·张起岩《汉济南伏生祠堂碑》(《元文类》卷二〇)

暴秦焚灭经籍，欲愚黔首。黔首固未可愚，祗自愚以速灭亡，而经籍之在人心者，如日月之揭乎天，固不可得而灭也。噫，秦灰已冷，汉策聿新，孰谓祸难散亡之余，而有伏生岿然久存，独能寿遗经于胸臆，以传来学而新生民耳目哉。是盖天相斯人，畀之以九十之年。而其所以托之者，有在也。

济南邹平县治东北十余里，号伏生乡。伏生之墓在焉。即墓所有祠，岁久弊漏，县尹大宁曹明叔视事之岁，躬拜祠下。顾瞻徘徊，睠先贤之所藏，仰遗像之有托，慨然兴怀，营修完饰，输奂一新。率邑人士与凡在官者，具牲醴以祀。复专其子宪来请曰，愿有述。

起岩缅惟先生之有功于斯文，天下所共知。后世论次其功，赠乘氏伯，号曰大儒，从享孔庙，天下通祀。唯邹平以其乡，获私展其敬，既别祠县学，又即墓建祠，其趋向可知也。今曹尹复能崇墓葺祠，俾邑人益知有以景行前哲而进于学，于以化民成俗，是真能举其职矣。

起岩，齐产也。闻其请，故不敢辞。既书其事，因附所见，俾来者。有考，仍系以铭。

按《汉·儒林传》，伏生名胜，为秦博士。壁藏书以避禁。兵后亡数十篇，独以二十九篇教于齐鲁。文帝欲召，时已年九十余，老，不能行，诏掌故晁错往受之。卫宏云，伏生老不能正言，言不可晓，使其女传言教错。孔安国《书序》但云失其本经，口以传授。《艺文志》，《尚书》二十九卷，乃其所授者，汉儒谓之今文。《隋·经籍志》乃云伏生口传二十八篇，作《书传》四十一篇，以授同郡张生。张授千乘欧阳生，生授儿宽，宽授欧阳之子。世传至曾孙高，谓之欧阳学。又张生传夏侯都尉，有大小夏侯学。宋叶梦得以书出伏生者二十三篇，传欧阳歙。《崇文总目》，《尚书大传》三卷，为伏胜撰。晁氏以为胜终之后，欧阳生、张生各诵所闻，特撰大义，名之曰传。其说互有不同。要之，《今文尚书》出于伏生者，则一也。

先生为秦博士，秦坑儒，无所施其学。其学至汉始传。然则先生之学，既施于汉，而名以显于后世，故奈不系之秦而系之汉，题曰“汉济南伏先生祠碑”云。铭曰：

> 于惟先生，始焉其屯，终焉则亨。独抱遗经，以淑后人，以慰幽贞。行法俟命，天锡耄年，庸待治平。竟以所授，列于学官，其道大明。书以人传，人以书显，垂万世名。稽古之力，斯文与俱，兹不曰荣。从祀孔庙，徧于寰区，罔不敬承。矧兹梁邹，乡墓攸在，砺世作程。沉沉玄扃，体魄所安，祠以妥灵。茂宰尚贤，有坏必葺，遹观厥成。于乡于学，祀享相望，阅千百龄。穹碑有铭，被之弦歌，用侑尔牲。

元·刘壎《秦不绝儒学》（《隐居通议》卷二六）

秦始皇焚书坑儒，遗臭万世，而莆阳郑夹漈樵谓秦未尝废儒学，言有证验，似亦可采。

其说曰：陆贾，秦之巨儒。郦食其，秦之儒生。叔孙通，秦时以文学召，待诏博士。数岁，陈胜起，二世召博士、诸儒生三十余人问故，皆引《春秋》之义以对。

是则秦未尝不用儒生与经儒也。况叔孙通降汉时,自有弟子百余人,齐鲁之风亦未尝替。故项羽既亡,而鲁为守节礼义之国。则知秦未尝废儒,而始皇所坑,盖一时议论不合者耳。

夹漈又曰:萧何入咸阳,收秦律令图书,是则秦亦未尝无书籍也。其所焚者,一时闲事耳。世不明经者,皆归之秦火,使学者不睹全书,未免疑以传疑。然《易》固全书也,何尝见后世有明《易》之人哉?所谓秦人焚书而书存,诸儒穷经而经绝,盖为此发也。

《诗》之亡篇有六,乃六笙诗,本自无词。《书》有逸篇,仲尼之时已无矣。皆不因秦火也。自汉以来,书籍至今,百不存一二。非秦亡之,学者自亡之耳。

以上二论,甚新。

元·吾衍《闲居录》

释氏书言,明帝时佛法入中国,有鄙其教法者,僧请为三坛,以佛书与儒道书并焚,二者皆灰,而佛书卷轴无恙。既云佛书初来,皆是贝叶,何有卷轴?昔秦焚书,万世罪之。明帝有此,尚得谥为明乎?

元·陶宗仪《辍耕录》卷二五《论秦蜀》

秦皇坑儒,武侯相汉,未有置异议于其间者。偶读宋萧森《希通录》,及俞文豹《吹剑录》,而得其说,可采。略

元·陶宗仪《说郛》卷六下

萧参《希通录》

李斯曰,非博士官所职,天下有敢藏诗书百家语者,皆诣中尉杂烧之。则是天下之书虽焚,而博士官犹有存者。惜乎入关收图籍而不及此,竟为楚人一炬

耳。前辈尝论之，但坑儒一事，未有究极之者。

仆按史书，所坑特侯生、卢生四百六十余人，非能尽坑天下儒者。为其所坑又非儒者。[略]仆故曰，卢生四百六十余人，皆方伎之士也。天下之大，所谓儒者固不止此。其坑之者，此而已矣。有道之士，秦不能坑。火德一炎，两生以讲礼闻，四皓以羽翼之功闻，伏生以口授古书闻。岂非天寿其胍，留此数公，以见吾儒不可磨灭，而明奸恶小人终不能为常久计。

商君以变法祸秦，竟遭车裂。卢生等以方技祸秦，坑于咸阳，其罪等也。天其或者假手于秦欤？商君裂矣，卢生坑矣，而秦以不祀，抑自相挤陷之明报，而祸淫之道为不偏矣。仆甚恶坑儒之名，故论其颠末云。

元・王恽《黄石公说》(《秋涧集》卷四六)

秦惑李斯之说，燔书坑儒，以愚黔首。故一时豪杰之士，丑厥德，而耻食其粟者，多笑。如盖公、卢敖、仓海君、商山皓，皆是也。

若黄石公者，后世独以鬼物为疑，非也。观圯上一节，公盖逆知其炎刘将奋，非良无以辅成汉业。虽然，顾狙击始皇于博浪沙中，良之气固以为盖世雄杰，惜有其材而未至者，学耳。及一旦相值，辄令取履跪进。旬日间往返三至，先折以礼，继称其可教。特重夫师教之传，抑使动心忍性，征于色，发于声，而后喻也。兼使执履，效弟子之职，非有惚恍可怪之事，而班固亦以非有赞焉。设若良欲神其所遇，不过使高帝异其非常，平时智计皆自神异，复不轻其所授教而已。使是公果有黄石即我之语，亦不过古人事了径去，铲迹韬光，令千载而下仰其高风，可闻而不可诘也。

又尝读公遗书，皆明哲警拔之道，殆黄老氏之精英者也。不然，何自托于荒丘硗确而为是素隐行怪之举哉？由是而观，东坡称公为秦隐君子，可无疑矣。

距祠东里许，曰黄山。下有阜，有孔穴。其巅巨石嵬立，土俗相承，云公出于此，尤为不经云。至元甲申岁夏五月，余覆灾祠下，顾瞻山川，慨焉兴感，书是说以辩云。

元·侯克中《怀古六首》(《艮斋诗集》卷一四)

吕秦焚典复坑儒,海内惟存煨烬余。萧相仅能收版籍,汉皇初不重诗书。随时损益名虽异,终古纲常道不虚。万世鲍鱼遗臭在,至今人唾祖龙车。

元·叶懋《五言古诗》(《鄱阳五家集》卷一一)

荀卿语性恶,秦皇遂焚书。李斯悍而愎,竟不逃严诛。寒瓜熟坑土,机阱坑群儒。激水乃过颡,顺流岂长趋。天下可立取,诸侯血相屠。舜禹不足法,伊皋真鄙夫。骊山骨未朽,咸阳已丘墟。惜哉兰陵老,巍冠讲唐虞。万古阙坟典,大妖岂其徒。片言有失谬,敛卷吾长吁。

元·黄溍《博古堂记》(《文献集》卷七上)

故翰林待制佥淮西江北道廉访司事申屠公,至元间名御史也。公平居无他好玩,惟见以古彝器法书名画求售者,辄援厚直取之。所蓄既富,缄縢庋置,覆以杰屋,名曰博古之堂。公殁逮今阙十有阙年,嗣子耀州史官传藏,护视惟谨。升其堂,如见其亲之存焉。间尝谂于某曰:"我先君燕休之所曰九思堂,吴文正公实为之记。别号忍斋,则翰林侍讲学士揭公记之。武昌别业有簖谷,则翰林待制柳公记之。作楼以储书曰墨庄,则翰林学士承旨欧阳公勒铭其上。独博古堂仅存,治书侍御史李公、魏国赵文敏公所书扁榜,而未有为之记者。幸畀以一言,俾我后人永保而勿坠,不亦可乎?"

某生也后,不及从先生长者登公之堂,而区区陋微,于诸大老无能为役。然把雅故于耀州非一日,安敢以不敏辞?昔者孔子言夏殷之礼,而谓杞宋之文献为不足征。当孔子时,杞用夷宋图霸已久,典籍散亡而贤人之存者无几,其不足征尚何怪乎?秦人焚诗书,而博士所掌故无恙,萧何从沛公入咸阳,第能收其丞相府图籍,以知天下阨塞户口多少强弱之处。至于先王之旧典仪物则,一切委弃弗顾,而堕于楚人之手,以同归于煨烬。有识之士所为追恨痛惜而不已也。

国兵南伐,赵氏纳土。既封其府库以入于有司,而一代之仪章物器,皆公为江浙宣阃都司时亲受于其主者,以上于朝廷。武夫俗吏莫敢坏伤,断简残编亦靡亡失,其有功于斯文甚大。中原文献流落东南者,固不得比隆。夏殷公之贤于萧何,则已远矣。而又能以余力穷搜极访,因山岩丘陇屋壁之遗,而窥见皆人制度法象之所寓,精义之所存。公之有志于古,岂徒以资耳目玩好而已哉?矧以耀州为之子,克谨其承,久且弗忘。不待当祭而斋,然后思其居处,思其所乐,思其所嗜也。来者讵可忽诸。

公讳致远,字大用,东平寿良人。其历官行事,有永国文康阎公所为碑铭,此不著。耀州名駉,以清方直谅世其家云。

元·胡助《始皇》(《纯白斋类稿》卷一〇)

始皇

祖龙才略亦雄哉,六合为家席卷来。函谷出师从约散,骊山筑苑后人哀。可怜万世帝王业,祇换一坑儒士灰。环柱中车几不免,沙丘同载鲍鱼回。

元·陈高《感兴》(《不系舟渔集》卷三)

唐虞邈以远,禹汤亦悠悠。周辙一东狩,王纲遂漂流。春秋更五霸,日月寻戈矛。陵夷逮七国,斯民益无聊。战血满沟堑,杀星入云霄。商君佐嬴秦,变法开田畴。积强至六世,虎噬吞诸侯。宰割天下地,郡县罗九州。焚书任法律,儒士咸虔刘。汉皇起丰沛,三尺诛民仇。开基四百年,烈烈壮鸿猷。惜哉英明主,不学道远谋。一时缯狗徒,赞业非伊周。遂使皇王政,废堕不复修。此机一以失,余恨空千秋。

元·郑玉《耕读堂记》(《师山集》卷四)

鲍生深筑室于所居之前,为委积之所。暇则弦歌其中,名以耕读,请记于予。

予未有以记也。客有疑鲍生者问于予曰:“耕田,农夫野人之事;读书,士君子之所以为学也。鲍君欲比而同之,不亦难乎?”予曰,噫,子之言谬矣。夫古之时,一夫受田百亩,无不耕之士。家有塾,党有庠,术有序,无不学之人。秦废井田,开阡陌,焚诗书,坑学士,先王之道灭矣。汉兴,虽致隆平之治,卒不能以复淳古之风,而士农分矣。于是从事于学者,则不知稼穑之艰难。从事于农者,则不知礼义之所从出。后世有能昼耕夜读以尽人道之常者,人至以为异而称之,其去古道益远矣。

鲍生从予游,粗知好古人之道,故能耕田以养其亲,读书以修其身。使比屋之人皆如鲍生,皆尽耕田之力,皆有读书之功,则人情自厚,风俗自淳。虽复三代之制,不难矣。子何疑焉?

鲍生进曰:“先生斯言,非记乎。请书而刻之屋壁。”

元·汪克宽《重建祁门县儒学记》(《环谷集》卷五)

祁门为新安属邑,山奇而峭,水清而驶。氓俗质朴。承平之世,比屋弦歌。擢伦魁而秉钧衡者,往往有之。学宫在邑治之西,地势蜿蜒,平冈衍迤。旗山左矗,笔峰前耸。实称神栖。壬辰之变,蕲兵蹂躏,鞠为茂草。邑之遗黎,存者百二三。大军恢复后,莅民者爬梳剔抉未遑也。

岁昭阳单阏夏四月,魏郡钟侯以廉明刬治之才,迁宰是邑。访求遗址,俛仰瞻顾。喟然曰:“学校,风化之本,而废芜弗治,其何以承宣而布维新之教乎?”乃剪翳辟基,鸠工庀材。是秋八月,鼎建礼殿。侯规画有度,民欢趋之。第以凋瘵之久,虑疲吾民。且曰:“徐之,勿亟也。”明年,次第创东西两庑,大起三门,蕃以灵星,缭以周垣。肖先圣及四国公像,绘十哲百五贤而舍采焉。又明年,复建加号,制书碑亭及明伦堂斋庐井庖湢之舍,百尔具备。凡为屋三十有八楹。甍甋翚飞,丹髹炫烂。察祭器之匿于民家者,诘而复之。缺者补之。劝奖邑民助田三十五亩一角一步半,岁入之租三百五十一秤半,以供春秋祀事、旦望舍采之费。集邑氓之颖异者,礼聘名儒而训廸之。县丞清江吴君,主簿金陵宣君,克赞其成。邑之人士乐侯之兴文教以陶吾民也,乃谋于邑文学李绩,训导蒋维桢,而合辞征余言,以记于石。

余惟先圣之道,位天地,植纲常,亘万古而无斁。上之所以教,下之所以学,惟是而已。其游息在于庠序学塾之间,其度数寓乎簠簋笾豆钟鼓管弦之器,其文字则存乎易书诗三礼之所纪载。故为之官师,以聚天下之俊秀。期会辨说,弦诵歌舞,使之深知其意,以徼成己成物之功。秦毁学宫,燔典籍,坑儒生,废纲常之道,而遂无以立国。蕲兵之暴,视秦为甚。然纲常之理具于人心者,未尝泯也。矧兹邑密迩朱夫子之阙里,今得贤大夫为之师,帅吾党之士,宜日相与勖其子若弟,讲劘纲常之道,以淑诸身。小则足以作式而善俗,大则推其用施于天下国家,庶无负贤大夫之志,而亦无忝乎生于朱夫子父母之邦矣?

侯,名友谅,字明德。聪敏通济,执法不阿。其始至也,薙蓬藋,开市井,招逋逃,垦荒田,捕余丑之梗化者,审理冤抑,核实田土,招其赋役。故民服其教,吏畏其明。美绩彰彰,在人耳目。而又创公署,作三皇庙,筑社稷坛,起谯楼,饬邮传。邑之复兴,实自侯始。暇则阅经史,咏诗歌,其为政盖有本云。

元·赵汸《黄楚望先生行状》(《东山存稿》卷七)

先生雅自慎重,其学未尝轻与人言。以为其人学不足以明圣人之心志,不以六经明晦为己任,则虽与之言终日,无益也。

学士李公溉之使还过九江,请先生于濂溪书院,会寓公缙绅之士,躬定师弟子礼。假馆庐山,受一经之学。又将经纬先生家,为子孙计。先生谢曰:“以君之才,辍期岁之功,何经不可明。然亦不过笔授其义而已。若予,则于艰苦之余,乃能有见。吾非邵子,不敢以二十年林下期君也。”李学士为之叹息而去。

或谓先生幸经道已明于己,而又闷于人如此,岂无不传之惧乎?先生曰:“圣经兴废,上关天运。子以为区区人力所致乎?”

德化县令王君子翼请刊补注藏先生家,先生犹慎重之,非其人不传也。荐经寇乱,故宅为墟。遗书之存者鲜矣。悲夫,先生宁使其学不传于后,终不肯自枉以授诸人,是故能以数十年之勤,尽究诸经于阙塞之余,而不能使圣人之心大明于天下后世。盖其道若是也,岂非天乎?

昔者吾夫子赞《易》删《诗》定《书》,正《礼》、《乐》,修《春秋》,将以为百王大典。遭秦焚书灭学,帝王经世之法遂斩然泯绝。于斯时,盖自开辟以来,宇宙横分,一大变也。郑康成当专门固陋之世,以一家之学,纂释群经,具著成说。孔颖达考核白家,大明郑义。虽于圣人之道无闻,而博古穷经,斯亦勤矣。自是四百余年,习为定论。至宋清江、刘原父,始以聪明博洽之资,据经考礼,欲尽排周秦以来传注之失。宋代经学之盛,刘公实张之,而说者日亲矣。

及子朱子出,而群言有所折衷,遂定于一。犹吾夫子之志也。然朱子于《易》简其辞,微其义。将使皆得自致于经。晚岁犹拳拳礼学,而弗克论著。其成书贵阙疑,而又深疑古今文之异体。《春秋》独得书法废失之由,折衷诸传,各极其当矣。而门人学者于二经师说,不能有所发明。故君子论古今经注,以为自朱子《诗集传》之外,俱不无遗憾也。先生乃欲以近代理明义精之学,用汉儒博物考古之功,加以精思,没身而止。此盖吴公所谓前无古而后无今者也。呜呼,其遂不传也欤?

元·何异孙《十一经问对》卷五

问《仪礼》何以得名。对曰:秦焚书,《礼》之见于汉者,犹有古经五十六卷,经七十篇,记百三十一篇。汉之君臣不好、不尚,至宣成世,大小戴、刘向所录,止十七篇,其十七篇中有仪,有礼,遂合而名之。

明·朱元璋《鼠啮书论》(《明太祖文集》卷一〇)

鼠之为物,性盗窃。俄有被鼠盗去仓粮者,初未知鼠若是。其粮主岁终,但见仓虚,疑有人盗,视之不见人盗之踪迹也。时四顾其仓,见壁穿地窍,谓傍曰:“斯何若是?”傍曰:“鼠之窠巢也。”曰:“鼠之为物何施?”曰:“鼠乃万物中一物耳,其性务盗粮。”主曰:“仓虚粮耗,莫不此物窃之乎?”曰:“然。”粮主既听斯言,其怒恨恨不已。

正怒间,忽翰林典籍至。见粮主怒非寻常,试问为何。傍谓典籍曰:“迩来被盗。”典籍曰：“贼擒否？”傍曰：“非人盗，乃鼠耳。”典籍曰：“吾将谓人盗，而乃壁鼠耳。吾观鼠之为物，与人相类。何以见？人盗虽曰无礼，尚有智盗，有非智盗。鼠亦是焉。且吾官守典籍，务欲完书清类，是其职也。近者鼠入书厨，将已完未完之圣书，十啮八九，甚为我罪。吾乘一时之忿，欲驱群猫而尽捕之。且未举，静虑此皆物类所有者，其性若是，奈何性虽盗窃，若附仓而巢，依粮而窠，则为养身之计，又何怒哉？其圣书非糊口养身之物，乃能无礼而啮之，其罪安可恕乎？必驱猫以捕之。一日，纵猫入室，其鼠皆窜所在。有入壁者，有潜地者，有缘于梁者。吾视其猫，猫乃瞠目视之，皆无所得。吾将谓猫无用矣。蓦然有虑，噫，斯书，昔圣人以此而利济万物，若有知觉者，必不废。若愚而欲废，必神灵护焉。今鼠无知，啮书将尽，乃无一神呵护，此果奈何？吾又思，若愚甚者，虽神亦不鉴怒。若必鉴怒，亦何益哉？”

吾试忖之，此非嬴政入鼠之类中，焚书之心未已耶？果鼠无知，而若是耶？不然，鼠虽性盗窃，所盗者必于鼠有益则盗。今书于鼠无益，乃废之，非嬴政之为鼠者何？故疑而论之，可不刑乎？

明·宋濂《诸子辨》(《文宪集》卷二七)

《商子》五卷，秦公孙鞅撰。鞅，卫之庶孽，封于商，故以名书。《汉志》二十九篇，陈氏谓二十八篇。予家藏本二十六篇，其第二十一篇亡。鞅好刑名之学，秦孝公用之，遂致富强，后卒以反诛。今观其术，以劝耕督战为先务。垦草之令，农战之法，至严至峻也。然不贵学问以愚民，不令豪杰务学诗书，其毒流至嬴政，遂大焚诗书百家语，以愚天下黔首，鞅实启之，非特李斯过也。议者不是之察，尚摘其商农无得籴粜、贵酒肉重租之语以为疵病，是犹舍人杀敚之罪，而问其不冠以见人，果何可哉？［略］

《孔丛子》七卷，《中兴书目》称汉孔鲋撰。鲋该览六艺，秦并天下，召为鲁国文通君，拜太傅。及焚书令行，乃归藏书屋壁，自隐嵩山。陈涉起，聘为博士，迁太师。仕六旬，以言不用，托目疾退，老于陈，而著是书。年五十七卒。则固非汉人矣。又称一名《盘盂》。《艺文志》有孔甲《盘盂》二十六篇，本注谓黄帝史，或谓夏帝时人。此书称子鱼名鲋，陈人，或谓之子鲋，或谓之孔甲。孔甲姓名偶同，又决非著《盘盂》者也，其殆孔氏子孙杂记仲尼、子思、子上、子高、子顺、子鱼之言行者欤？其第七卷，则汉孔臧以所著赋与书，谓之《连丛》，附于卷末。嘉祐中，宋咸为之注。虽然，此伪书也。伪之者，其宋咸欤？王士元伪作《亢桑子》，而又自为之注，抑此类欤？近世之为伪书者，非止咸也。若阮逸《关朗易传》、《李靖问对》，若张商英《素书》，若戴师愈《麻衣易》，亦往往不能迷明者之目，竟何益哉？今观是书《记问篇》所载，有子思与孔子问答语。子思年止六十二，鲁穆公同时人。穆公之立，距孔子之没七十年。子思疑未长也，而何有答问哉？兼之气质萎弱，不类西京以前文字，其为妄昭然可见。或者谓其能守家法，不杂怪奇，历战国秦汉，流俗而无所浸淫，未必然也，未必然也。

明·陶安《送刘秀才序》(《陶学士集》卷一三)

唐虞三代之世，皋夔稷契伊傅周召，浑然全才，为时辅佐。道德勋业，标准万世，未尝有儒与吏之名也。《周官》谓儒以道得民，吏以治得民。二者并立，然犹相济为用。秦不师古，弃诗书，事刀笔吏，始坑儒，而反胜焉。

汉之时，习章句者为儒，攻法律者为吏。判为两涂。纯任吏而用其长，故有萧曹丙魏之能。不纯任儒而用其短，故有贡薛韦匡之偏。世不察此，概谓儒不吏若，岂刑名贤于六经欤？

宋儒者，设经义、治事斋。人才之兴，骎骎逼古。吏本于儒也，审矣。

国朝混一，治虽尚吏，世祖号称儒教大宗师，则崇儒尤重可知。今职簿书佐官府者，通谓之吏。先朝诏旨，若曰秀才生员愿为吏者，俾为之。

窃论秀才，为文行英茂者言。生员，但廪业于学校者尔。文行英茂者，必将异于人。生员初学，何敢攀而伍之？然擢吏恒于生员 ，而名秀才者不得与，似非明诏初意。此亦吏弊不谙大体之一也。

刘秀才者，尝训导南轩书院，继为太平泮庠训导。宪轺临部，命郡府辟为吏，则与生员者殊矣。所谓儒术饰吏事者，非独见于古也。余故表而出之，且示取吏于儒，不专求之生员也。

明《品官丧仪·总叙》(《明集礼》卷三七上)

丧礼者,圣人之所以慎终饰哀者也。盖人子送亲之终,不可以径情而直行,故为之仪节以文之。周衰,典籍散失,重遭秦皇焚书,旧制遂皆堙灭。汉兴,诸儒虽有所记录而载在正经者,《士丧》、《士虞》、《既夕》二三篇而已。汉魏而降,儒者乃推《士礼》,制当时之仪。唐宋以来,公卿大夫丧葬之礼,今皆可考。三品以上、六品以下,其间损益隆杀有不同者,故今本之《周经》,稽诸《唐典》,而又参以《朱子家礼》之编,列其名物之概,次其仪文之节。斟酌之以着于篇,俾有所法。

明·姚广孝《杂诗》(《古今禅藻集》卷一八)

祖龙并六国,势大莫与争,欲愚世上人,肆暴坑儒生。群经化灰烬,法令从吾行。剧政若牛毛,哀哉苦疲氓。鸿鹄骤一举,四海如沸铛。不逢赤帝子,天下谁能平。

明·胡广等《书经大全原序注》

及秦始皇灭先代典籍,焚书坑儒,天下学士,逃难去声解散,我先人用藏其家书于屋壁。

秦,国名。始皇,名政,并六国,齐、楚、燕、赵、韩、魏。为天子,自号始皇帝。焚诗书在三十四年,坑儒在三十五年。颜师古曰,《家语》云,孔腾,字子襄,畏秦法峻,急藏《尚书》、《孝经》、《论语》于夫子旧堂壁中。而《汉记·尹敏传》去声云,孔鲋所藏,二说不同,未知孰是。唐孔氏曰:秦纪始皇三十四年,因置酒于咸阳宫。丞相李斯奏,请天下敢有藏诗书百家语者,悉诣守尉杂烧之。有敢偶语诗书者,弃市。令下三十日不烧,黥为城旦。制曰,可。三十五年,以方士卢生求仙药不得,以为诽谤。诸生连相告引,四百六十余人坑之咸阳。又卫宏《古文奇字序》云,秦改古文以为篆隶,多诽谤者。秦患天下不从,而召诸生至者皆拜为郎,凡七百人。又密令冬月种瓜骊山硎谷中温处。瓜实,乃使人上书曰“冬瓜有实”，诏天下博士诸生说之，人人各异。则皆使往视之，而为伏机。诸生方向论难，因发机，填以土。《史记·孔子世家》云，孔子生鲤伯鱼，鲤生伋子思，伋生白子上，白生求子家，求生箕子京，箕生穿子高。穿生慎子顺，为魏相。慎生鲋，为陈涉博士。鲋弟腾子襄为惠帝博士，长沙太守。腾生中，中生武，武生延陵及安国，安国为武帝博士。临淮太守新安陈氏曰，按，鲋、腾，兄弟尔，藏书必同谋，谓鲋藏可也，腾藏亦可也。

丞相李斯奏，请天下敢有藏诗书百家语者，悉诣守尉杂烧之。有敢偶语诗书者，弃市。令下三十日不烧，黥为城旦。制曰：“可。”是焚书也。

三十五年，始皇以方士卢生求仙药不得，以为诽谤。诸生连相告引，四百六十余人皆坑之咸阳。是坑儒也。

明·刘炳《咸阳怀古》(《刘彦昺集》卷六)

势踞崤函百二雄，阿房楼阁镇当中。坑儒硎谷灰才黑，系颈咸阳火已红。蛇断血腥空大泽，龙成宝气纪新丰。秦功汉业今何处，落日沉西渭水东。

明·郑真《题陕右峄阳碑》(《荥阳外史集》卷三六)

峄山篆刻，秦丞相李斯所书，盖始皇东巡颂德之辞。唐封演云，后魏太武登山，使人排倒，而历代模为楷，则邑人疲于供命，聚薪其下，因野火焚之，碑遂残缺。后县宰取旧文勒于石碑之上。欧阳公《集古录》谓峄山实无此碑，人家传者各有自来。此本即江南徐铉所模，其门人郑文宝刻石长安者也。闻青州府学亦有二刻，不究，世以为甚古。若杜子美谓枣木传刻者，则昔人尝于登州海上得之，殆其别本耶？

按，斯所书为小篆之祖，论者以为骨气风云，方圆妙绝。遗迹之传，至使重模墨刻，而焚书坑儒，乃卒为万代名教之罪人。君子于此，宁不为慨然哉？

明·周是修《述怀》(《刍荛集》卷一)

黄河发西昊，下决昆仑峰。奔流几万里，上与沧溟通。混混越千载，载清明圣逢。念哉昔多士,祸已投其中。精魂竟何诉,事业一朝空。君子贵知命,胡为罹此凶?坑儒剪嬴裔,用杰兴炎宗。所以血未化,唐祚亦随终。

明·梁潜《爱民四》(《泊庵集》卷二)

孟子曰:"得天下有道,得其民也。得其民有道,得其心也。"甚哉,民心乃天下之本,国之元气也。本蹶必痿,气竭必亡。失民者灭,得民者昌。夫自古有数百年之天下者,必其有数十年爱民之实政。深恩厚泽,有以固结其心而不可解焉。故后嗣子孙,虽不免昏戾,而未至于斫丧前人之泽者,其民皆不忍去。盖培养之固,根本植立,不可得而摇动之也。

故欲保夫天下者,莫先于保其民。《书》曰"民可近不可下"。又曰:"可畏非民,惧之以刑则愈犯,临之以威则愈慢,紥之以法则愈肆,愚之而愈智,暴之则离,遏而不通则溃。惟其有可畏,此其所以不可下也。不下之,则所畏可无。"

尝以周秦之事观之,周积仁日弱,而历年最久者,得其民而又得其心也。秦积威日强而后世笑之者,秦得其民而不得其心也。秦用法如雷霆,视夷三族如拨余烬然,然民不畏刑,刑卒不可措,奸卒不可止,是惧之以刑而愈犯也。秦皇虎视四方,威行天下三十七年,可谓极矣,然而佣耕之氓,敢辍锄大言而不顾,是临之以威而愈慢也。罚及弃灰,禁及同室内息,法不可谓疎,然而挟匕首于殿上,奋铁锤于沙中者,未闻有畏缩之态,是紥之以法而愈肆也。焚诗书烹学士以愚之,而良平之徒,其智出乎学士之表,愚之何可得?欲富其国而取及锱铢,一旦四方蜂起,遂不可制,暴之安可施?以六国之地入秦,而六国之民,智者无所谋,勇者无所施。目相视而不敢开其喙,则又有心非腹诽之诛,于是蓄愤而俱发者,若鼓奔涛而决坏堤,而秦莫如之何矣。遏之安可为?此秦之所以甚可笑也。

明·杨守阯《古诗》(《甬上耆旧诗》卷八)

焚书有禁令,博士书不焚。萧何收图籍,不知收典坟。项氏火秦宫,博士书始燔。残编出孔壁,天未丧斯文。修补汉儒手,亦各尊所闻。寥寥千载下,先后乱其真。全经久已失,其罪非一秦。

明·薛瑄《安邑县修孔子庙碑》(《敬轩文集》卷二一)

皇明定有天下之初,即隆古圣王之学政。设国子监郡县学,庙祀先师大成至圣文宣王及七十二子。凡先儒有功于圣门者,亦皆从祀庙庭。选师儒以育天下之英才,由是学政大备于内外。列圣相承,咸重斯道。

今皇上治洽重光,尤重教事。近年复申命宪臣,分督天下学政。天顺七年二月,解州之安邑知县事杨磬,乃祗若上命,以孔子大成殿及门庑皆岁久圮剥弗治,遂集匠役量工兴事。撤去栋桷之腐坏者,悉易以美材。盖瓦亦埏埴坚致,以至绘彩无不完饬。又一新圣贤之肖像。既以是月兴役,不亟不徐。至八月工讫,师生洎邑之耆庶,杂然相与言曰,是役也,寔杨令祗若上命,克有成绪。不有所纪,何以示后。遂来求辞,将镵诸石。

余惟学政之崇卑,实关世道之隆卑。三代学政崇而世道崇,固无间然。汉唐历代,亦皆以崇举学政,飨国长久。惟若秦之废学政,焚诗书,其效可见。我皇明建学,纯法隆古,既正圣贤之祀典,教人之方。则自周子、张、程、朱子以上,溯孔、颜、曾、思、孟子、尧、舜、禹、汤、文、武、周公之道,以复性为先,明伦为本。而异端杂学,皆不得以淆乎其间,是其学政又非汉唐历代可儗。今以安邑一县,杨磬能举学政观之,则自畿甸以达方岳,为守令者,孰不祗承德意,以各举其学政,而天下之英才,被朝廷教育之恩,陶圣贤礼义之泽,皆将以正学自勉,古人自期,思有以培植国家之洪祚,于亿万斯年之久。世道之隆,足以远追三代矣。

杨磬,陕西灵台人,丁卯举子。莅政有能称,学政尤其首者。故咸愿有纪。遂次第其事,复系以诗曰:

> 惟此清庙,圣贤是栖。绵历岁久,圮剥弗治。皇有大命,俾时葺理。凡在守臣,孰不悚靡。杨令安邑,惟祗惟承。乃作周庑,乃新大成。爰及门宇,无不崇举。有翼栋梁,有坚甓础。延于肖像,聿克就新。高宏俨肃,允称典神。济济士子,爰瞻爰止。学仰正传,人伦天理。有造其德,进厘百工。罄竭忠荩,仰答盛明。匪图荣肥,式笃仁义。庶学有光,垂实永世。

明·丘濬《大学衍义补》卷九四

秦始皇三十四年烧诗书百家语。

臣按：秦无道之罪十数，如坏井田、刑三族、坑儒生、罪妖言之类，然皆一时之事也，继其后者苟一旦兴改革起废之心，其弊端可撤而去，其坠绪可寻而理也。若夫诗书百家语，皆自古圣帝明王、贤人君子精神心术之微、道德文章之懿、行义事功之大、建置议论之详，所以阐明已往而垂示将来者，固非一人之事，亦非一日可成，累千百人之见、积千万年之久而后备具者也。乃以一人之私，快一时之意，付之烈焰，使之散为飞烟、荡为寒灰，以贻千万世无穷之恨。呜呼，秦之罪上通于天矣，始皇、李斯所以为万世之罪人欤？

《汉书·艺文志序》曰，昔仲尼没而微言绝，七十子丧而大义乖。战国纵横，真伪分争，诸子之言纷然殽杂也乱。至秦患之，乃燔灭文章，以愚黔首。汉兴，改秦之败，大收篇籍，广开献书之路。迄孝武世，书缺简脱，礼坏乐崩。圣上喟然而称曰："朕甚闵焉。"于是建藏书之策，置写书之官，下及诸子传说，皆充秘府。至成帝时，以书颇散亡，使谒者陈农求遗书于天下，诏光禄大夫刘向校诸经传诸子诗赋，步兵校尉任宏校兵书，太史令尹咸校数术，侍医李柱国校方技。每一书已毕也，向辄条其篇目，撮其指意，录而奏之。会向卒，哀帝复使向子歆卒父业，歆于是总群书而奏其《七略》，故有辑与集同略谓诸书之总要，有六艺略六艺，六经也，有诸子略，有诗赋略，有兵书略，有术数略，有方技略。

臣按：此前汉藏书之始末。夫自唐虞三代之书至于孔子而备，历春秋战国之世，至于嬴秦而缺。汉高祖时，战争未息，文景时谦让未遑。武帝者出，始开献书之路，建藏书之策，置写书之官。至于成帝，又遣求书之使，命校书之官，哀帝又命官以辑其略焉。夫献书之路不开则民间有书无由上达，藏书之策不建则官府有书易至散失，欲藏书而无写之者则其传不多，既写书而无校之者则其文易讹，既校之矣，苟不各以类聚而目分之则其于检阅考究者无统矣。后世人主有志于道艺而留心于载籍者，尚当以汉世诸帝为法。

成帝河平三年，上以中秘书颇散亡，使谒者陈农求遗书于天下，诏光禄大夫刘向校之。

臣按：汉以来遣使求书始此。夫自秦人焚书之后，书籍散亡多矣。汉兴始收之。开献书路,置写书官,兴藏书府,稍稍复集。至成帝世,又颇散失,乃遣谒者求遗书于天下。呜呼,书之在天下,乃自古圣帝明王精神、心术之所寓,天地古今生人物类义理、政治之所存,今世赖之以知古、后世赖之以知今者也,其述作日多,卷帙浩繁,难于聚而易于散失,苟非在位者收藏之谨而购访之勤,安能免于丧失哉?不幸而有所丧失,明君良佐咸以斯文兴丧为念,设法招求,遣使搜采,悬赏以购之,授官以酬之,使其长留天地间永为世鉴,以毋贻后时之悔,岂不韪欤?

明·胡居仁《居业录》卷八

国必自伐然后人伐之。秦坑儒书肆暴虐,任赵高奸邪,是自伐也,岂楚汉所能伐哉?汉亲宦官害忠良,是自败也,又岂曹操所能篡哉?唐之败也,亦以宦官害忠良。宋之败也,以小人害君子。皆自伐也。盖君子退则虐政施,人民怨,盗贼起,兵戈兴,国亡矣。

明·周琦《荀子书》(《东溪日谈录》卷一二)

荀子以性为恶,只此一句,便见其不识道。道在日用之常,性为根本。根本既失,其著为书,道存乎,否乎?

荀卿之书,其近理者,如《非相》等篇,意亦正当。能定而后应等说,言亦切实。与夫水火有气而无生,草木有生而无知,禽兽有知而无义,人有气而生亦且有义,故最为天下之贵。又君子大心则天而道,小心则畏义而节,皆先儒之所取者。然不免为放荡之词也。

李斯学荀卿之道相秦,以烧诗书诸子百家语,坑儒生四百六十余人,非秦之罪也,李斯之相非其道也。李斯以此相秦,非斯罪也,学荀卿之道非其道也。学之不正,其祸如此,可不畏哉?

又《秦》(《东溪日谈录》卷一三)

秦始灭六国,并天下,北筑长城,南开五岭,自谓德兼三皇,功过五帝,以一世至二世至于万万世,其为志也不小矣。卒至二世而亡者,何哉?盖悉变前制,而法古之志无。焚书坑儒,而扶世之功缺。与夫始皇之相李斯,而宠任之权失。二世之用赵高,而听信之私讹。乌得而不丧邪?

秦虽无道,能定天下于一,非法轲也,暗合轲耳。自咸阳以至交广六千余里。交广之民,古杂于夷。南开五岭,押发逋逃赘婿五十万人以取南越陆梁之后,开桂州、南海、象三郡,得用夏变夷之道矣。夫秦开五岭者,非秦为秦也,秦为万世也。秦岂有心于万世哉?其利至今资之非一日者,暗合圣人之道也。后世可不乘其利而为国家计哉?

秦都咸阳,历始皇帝、二世皇帝至子婴为三世,传三主,共四十一年而亡。

明·夏良胜《中庸衍义》卷一《天命之性之义》

苏轼曰:"昔者尝怪李斯事荀卿,既而焚灭其书,大变古先圣王之法,于其师之道,不啻若寇仇。及今观荀卿之书,然后知李斯之所以事秦者,皆出于荀卿而不足怪也。荀卿者,喜为异说而不让,敢为高论而不顾者也。子思、孟轲,世之所谓贤人君子也。荀卿独曰,乱天下者,子思、孟轲也。天下之人如此其众也,仁人义士如此其多也。荀卿独曰,人性恶,桀纣性也,尧舜伪也。其父杀人报仇,其子必且行劫。荀卿明王道,述礼乐,而李斯以其学乱天下,高谈异论有以激之也。"臣良胜曰,君子之立言也。发于先而有光,示诸后而无弊,是以不朽。

善之不朽,恶亦宜然。孟子之言性善,善之不朽者也。荀子之言性恶,恶之不朽者也。由荀之恶,废孟之善,积祸至李斯,而发于秦焚书坑儒,割裂封建,破坏井田,举万古圣贤成法而尽变之,视桀纣之暴政为甚,此其背于孔子,孰大于是。韩愈氏乃曰,考其词时若不粹,要其归,与孔子异者鲜矣。至苏轼之论出,而后学者之议始定。呜呼,立言难矣,知言岂易乎哉?

又卷三《修道之教之义》

汉惠帝四年除挟书律。

陈李雅曰，秦人重禁文学，不得挟书，无道极矣。高祖入关，约法三章，悉除苛法，而挟书之律独承秦弊，至惠帝始除。是高祖恶闻诗书之习，不减于秦也。使入关之初，天下既平之后，能弛此禁，则遗书散没，往往复出。孔壁虽坏，而全书不亡。然则高帝不事诗书，其害乃甚于秦之焚书也。

汉武帝建元五年置五经博士。

臣丘浚曰，秦焚诗书，惟存博士官。汉初仍其旧，置五经博士，始见于此。呜呼，五经自秦火之后，为世大禁。汉兴，稍稍复出，然皆私相传习于其家。至是官始置五经博士，然后天下之人靡然向风，公相受授以为业。武帝有功于儒学，岂小小哉？

明·陈献章《道学传序》(《陈白沙集》卷一)

自炎汉迄今，文字记录著述之繁，积数百千年于天下，至于汗牛充栋，犹未已也。许文正语人曰"也须焚书一遭"。此暴秦之迹，文正不讳言之，果何谓哉？广东左方伯陈公取元所修《宋史·列传》中《道学》一编镂板，与同志者共之。《宋史》之行于天下有全书矣，公复于此留意焉。噫，我知之矣。

孔子曰："十室之邑，必有忠信如丘者焉，不如丘之好学也。"后世由圣门以学者众矣，语忠信如圣人，鲜能之。何其与夫子之言异也？夫子之学，非后世人所谓学。后之学者，记诵而已耳，词章而已耳。天之所以与我者，固茫然莫知也。夫何故？载籍多而功不专，耳目乱而知不明，宜君子之忧之也。是故秦火可罪也，君子不讳，非与秦也，盖有不得已焉。

夫子没，微言绝。更千五百年，濂洛诸儒继起，得不传之学于遗经，更相讲习而传之。载于此编者，备矣。虽与天壤共弊可也。抑吾闻之，《六经》，夫子之书也。学者徒诵其言而忘味，《六经》一糟粕耳，犹未免于玩物丧志。

今是编也，采诸儒行事之迹与其论著之言，学者苟不但求之书而求诸吾心，察于动静有无之机，致养其在我者，而勿以闻见乱之，去耳目支离之用，全虚圆不测之神，一开卷尽得之矣。非得之书也，得自我者也。盖以我而观书，随处得益。以书博我，则释卷而茫然。此野人所欲献于公与四方同志者之芹曝也。

承公命为序，故及之。公名选，字士贤，浙之临海人。先公勿斋先生，宰新城。遗爱在民，公称其家学云。

明·陆深《俨山外集》卷一六《续停骖录中》

秦始皇三十四年，烧诗书百家语。

按：秦焚书，所不去者，医药、卜筮、种树之书。说者谓，《易》以卜筮传。若医药，惟《素难》最古，其次《本草》，虽称《黄帝》，然皆汉人以后之书，不知先秦所遗者，今果何书耶？

明·张宁《重修海盐县儒学碑》(《方洲集》卷一八)

海盐县自宋建学，至国朝凡十一迁修。岁月滋久，典守靡常。残毁倾摧，几不可依息者，非一日矣。成化庚寅，郡大夫方欲修举，会监察御史刘珂，参政宁良，佥事周正方行部视学，顾瞻不遑。询简通判郑升，委以创述之事。郑素廉济，承命惟谨，尽撤弊余，易以栢木。中立明伦堂，南徙中门，北徙后堂。东建复礼斋，西建由义斋，西北隅为馔堂，东北隅廪庾。肄舍在西际南上，廨宇在东际北上。复宣公祠于庙东，仍文昌祠于庙西。重门翼庑，垣屏周肃。左殿右堂，庙学均称。自经始至告成，仅八越月，而吾邑之士遂复有所归矣。

嗟夫，学校者，士之家也。人而无家则无所于归，其适也将惟遇而止。抚世者知其然，必先为之地。陶以礼乐，期以科目，待以禄位，使有定诣，所以收天下之材而一其归也。

当周盛时，乡国有学，宾选以时。德行道艺，天下皆若人焉。及其衰微，以至战国，王政不行，庠序废熄。士始变故求通，放为游说，骛为战争，流为异端，聚为食客。波流风靡，智藏耄逊而莫之振，皆由乎士之无归也。

汎滥浮荡及乎嬴秦，厌苦纵横之术，一切焚书坑儒，专尚法令，士之所用，益无向用。绝于授受,或就耰锄,或附刀笔,或迫为卒伍,或困为屠庸。苟避时禁,不复审义。一旦倡谋起事,由其智力相并。动足致人,大约皆出乎无归之士。使其初不务除绝,而务反古以居之,则跛扈逾闲者,固皆曩时之宾兴贤能也,何至乎空国而速亡哉?

汉唐以下,学校仅举,科日多岐。士之功业,与时相平。因循迁合,沿及五季。儒者之门户荡然矣。

天启人文,诞敷宋治。三百年来,未尝一日亡养士之地。其后国步虽艰,学治不废。官曹或紊,士论常存。建炎德祐之际,天运改属,人心不移。虽有外图,卒无内叛。扶持迓续,百有余年。而伏节死义与国终始者,率多学校之士,盖由其养用兼隆,安危相倚。士至是则又以国为家,以死为归,不特不他适而已也。

嗟夫,秦宋之国势强弱不伦,而其废兴失得之故乃尔,士果可使之久无所归也哉?

洪惟圣明,继周迈宋,学校遍于海内。所以陶养期待乎士者,举天下而一之,无所不用其极。海盐虽地薄民聚,居无厚资。然比之畴昔,人皆安土乐文,俗尚明达,风化日臻,而不可动以非义者,学与士之效也。诸君子以士入官,仰体圣意,用能举弊起废,使吾党大康其家,而终为吉士之归,是岂独一州之美。虽达诸天下,可以善政称矣。

宁,故弟子员也。旧家有光,深复自庆。因纪叙其事而刻诸石。凡我同志,盍归乎来?

又《秦始皇》(《方洲集》卷二七)

十年,秦相国吕不韦以罪免,出就国。秦大索逐客。客卿李斯因上书,召复故官,遂除其令。

秦之遭祸于客,屡矣。始用卫鞅,而先王之法制大坏。中用张仪,而秦国之谗佞以生。后用一范睢,而秦之母子骨肉皆不能保。此犹未也,至于不韦入秦,则孝文、庄襄皆不保其终,闺门朝廷举不得其正。秦之宗社遂移为他姓,而先亡于六国。客之祸秦,至此极矣。其宗室大臣,议欲逐客,实有所由。李斯竟以客卿上书谏止,是岂忠于为秦哉?顾乃自为之地也。

斯既召,复又恐人蹑后而胜己,于是一举而谮杀韩非,再举而焚书坑儒,三举而矫诏以杀太子。则其酷烈不仁,甚于逐客,奚止倍万?此秦之所以穷极暴虐,二世而亡者,又皆客斯之祸也。

秦之始终皆为客败,是固天道使然,而异术曲学之不可以开国承家也,亦明矣。纲目以逐客继书于不韦去国之下,微哉。

三十四年烧诗书百家语,三十五年坑诸生四百六十余人。秦之积暴委厉,至始皇而极。然其初心,尚知惧祸,犹能听谏。虽盛怒按剑,茅焦终以不死。自李斯以三代不足法,儒生不足用,举天下经典而灰弃之,始皇遂肆然以秦法为尽美,李斯为忠谋,无复忌惮,恣所欲为,而坑诸生至四百六十余人。虽子扶苏之谏,不复听矣。嗟夫斯,其始也欲自存,则以逐客为非。其末也欲自固,则恐去客不尽。观其所言,迹其行事,则焚坑之祸,皆因是心而发也。

然斯之倾危变乱,固战国之余习。而始皇之甘受其罔,卒至灭亡,古所谓太精则愚,秦政有焉。自焚书以来,典籍不全,经制无考。后世于是乎有穿凿附会之说。自坑儒以后,士皆趋于法令,讳言儒文。后世于是乎有党锢伪学之禁。斯之贻祸,岂直败秦而已哉?

又《汉太祖高皇帝》(《方洲集》卷二八)

十二年,过鲁,以太牢祀孔子。

自焚书坑儒之后,天下兵争,诡道日起,无一人能以孔子之道为高帝言者。及项羽既灭,楚地悉定,而鲁独守礼不下。汉业已成,绵蕞多士,而鲁两生独不肯行。则帝之知尊孔子,固有由矣。史称高帝初不修文学,而性明达,信然。是举也,不独崇两汉之基,实启万世帝王隆儒之本。

明·董说《七国考》卷一〇《以书葬》

《皇览》云,吕不韦好经书,多以葬。汉明帝朝,公卿大夫,诸儒八十余人论五经误失。符节令宋元上言,臣闻秦昭王与不韦好书,皆以书葬。王至尊,不韦久贵,冢皆以黄肠题凑,处地高燥,不坏。臣愿发昭王、不韦冢,视未焚诗书。

明·何乔新《六经》(《椒邱文集》卷一)

夫书,即古史也。伏羲氏之书,则曰《山坟》。君臣民物,阴阳兵象,八者而已。神农氏之书,则曰《气坟》,归藏生动,长育止杀,八者而已。黄帝之书,则曰《形坟》,天地日月,山川云气,八者而已。

孔子删《书》,定为百篇。其芟除坟典而不录者,以其世尚洪荒而莫考也。断自唐虞以为始者,以其道原中正而无弊也。伤周道之既东,而东周之兴,汲汲有望于鲁。则取伯禽之誓师,而《费誓》固有深意也。叹王纲之解纽,而天下之势,骎骎将入于秦。则取穆公之悔过,而《秦誓》非示微意乎。其间所载,如尧舜之揖逊,汤武之放伐,大而天文地理之所奠序,微而草木鸟兽之所含生。精而性命道德之蕴,粗而法度官名之著。上下千百年间,靡不悉备焉。无非恢宏至道,示人主以轨范也。

然书有六体,典、谟、训、诰、誓、命是也。其读二典也,则知其为君道之尽。其读三谟也,则知其效臣职之至。训戒于君上,则事得以规正。诰告于臣民,则情得以通达。有誓焉,则俾士庶之尽命而知所畏。有命焉,则俾臣下之尽心而知所禀。出治规模,灿然毕具。乃若典谟,虽为二帝之书,然观誓征苗之师,命羲和之官,则未尝无誓命也。训诰誓命虽为三王之书,然观商有先人之典,周有丕显之谟,则未尝无典谟也。

迨秦焚书,百篇仅存其半。其出于伏生口授者,谓之今文。而得于孔壁所藏者,谓之古文。今文多艰涩,而古文反平易者,以伏生记录之实语难工,而安国润色之雅辞易好也。然小序之说,必非出于圣。而大序之文,又甚绝不类于西汉,此其可疑也。

自汉以来,传者非一。安国之注,类多穿凿。颖达之疏,惟详制度。近世之注,朱子所取者四家。而王安石伤于凿,吕祖俭伤于巧,苏轼伤于略,林之奇伤于繁。至蔡氏《集传》出,别今古文之有无,辨大序小序之讹舛,而后二帝三王之大经大法,灿然于世焉。

[略]

《谷梁》辞清义通。若论隐公之小惠,虞公之中知,固清而婉矣。然元年大义而无发明,益师不日之恶略而不言,则其失也短矣。《公羊》说事分明,善能裁断。若断元年五始益师三辞。美恶不嫌同辞，贵贱不嫌同号，固辨而裁矣。然若单伯之淫叔姬，鄫子之请鲁女，论叔术之妻嫂是非，说季子之兄弟饮食，则其失也俗矣。至赵、啖、陆淳之辨明，而开示后人之所学有所据，刘氏《意林》之书出，而墨守膏肓之论详。宋之论《春秋》而有成书者，无如胡文定公。其次则永嘉陈傅良文定之传，精白而博赡，慷慨而精切。其于义利之分，中外之辨，纲常之正，乱贼之讨，彰彰乎烈日之明也，凛凛乎秋霜之肃也。然所失者，信公谷之太过，求褒贬之太详，多非本旨。

陈氏之论世变，以为有隐桓庄闵之《春秋》，有僖文宣成之《春秋》，有襄昭定哀之《春秋》。然其于褒贬以传之所书，而论经之所不书，则传事又岂一一皆实乎。

《仪礼》未知孰作，或以为周公作之也。孔子有学礼之言，《礼记》有读礼之文。当是时，固已有简牍之传矣，决非秦汉间笔也。其法度必出于圣人。若曰周公作之，则非所敢知也。遭秦焚书，礼经废坏。其传于世者，十七篇而已。《冠》、《昏》、《相见》三篇，皆士礼也。《乡饮》、《乡射》二篇，大夫礼也。《燕》、《射》、《聘》、《觐》、《公食大夫》五篇，诸侯礼也。《士丧》、《既夕》、《士虞》、《特牲馈食》四篇，皆诸侯之士丧祭礼。《少牢馈食》、《有司彻》二篇，皆诸侯之卿大夫祭礼。《丧服》一篇，则通言上下之制。汉兴高堂生得之，以授瑕丘萧奋，奋授东海孟卿，卿授后苍，苍授戴德、戴圣，是为今文。后鲁恭王坏孔子宅，得古经五十六篇于壁中。河间献王得而上之。其十七篇与《仪礼》正同，余三十九篇，藏在秘府，是为古文。哀帝初，刘歆欲以列之学官，而诸博士不肯置对，竟不得立。唐初犹存，诸儒不以为意，遂至于亡。惜哉。

及宋，朱子与东莱吕氏商订三礼篇次，欲取《礼记》中有关于《仪礼》者附之经，其不系《仪礼》者，别为记。吕氏既不及答，而朱子亦不及为。晚乃作《仪礼经传通解》，以《仪礼》为纲，分王朝邦国等类，而《礼记》分隶于其间，亦未成之书。

明·朱诚泳《骊山怀古与汤以修纪善同作》(《小鸣稿》卷八)

长安晚出袅唫鞭，税驾骊山一怅然宾竹。烽火台空人已去，莲花汤暖水犹羶以修。山猿窥果来林外，野鹿衔花出苑前宾竹。樵子云中薪古木，耕夫雨后拾遗钿以修。前朝社稷胡雏坏,上古阴符老母传宾竹。嬴墓已飞三月火,汉陵犹锁四时烟以修。落霞疑似张绯幕,流水还如奏管弦宾竹。斗宝谩劳谈往事,坑儒徒自忆当年以修。朱楼紫殿空遗趾,汉碣唐碑蚀旧镌宾竹。夜月行营人寂寂,春风辇路草芊芊以修。荒祠燕雀寒山下,高冢牛羊夕照边宾竹。眼底兴亡存鉴戒,何须搔首问苍天以修?

又《恩赐胜览录》(《小鸣稿》卷一〇)

予既祀华山,将之蓝田之温泉,复取道骊山。从者告予曰:"此焚书坑也"。予叹虐政之狂、奸斯之恶,为之弹指者久之。于乎,始皇其坑儒耶,儒其坑始皇耶?后人必有能辩之者。虽然,六经之道,炳如日星。而阿房之宫,骊山之墓,盖已付楚人之一炬,牧竖之遗烬矣。太息之不足,因作长歌以哀之。

我来刮目骊山下,为爱骊山一驻马。从臣指我焚书坑,不觉风前清泪洒。却忆当年秦始皇,鱼肉六国真豺狼。奸斯阿附助凶焰,困敝黔首如牛羊。虐政翻嫌人腹议,偶语诗书者弃市。秦人乃以死为安,争敢编青作私史。六经诸子尽输官,章缝无复儒衣冠。万卷千编归一炬,守尉谁敢留余残。讵识诗书如日月,日月遭秦真暂蚀。孔壁还藏科斗文,至今日月同无息。祖龙死去楚人来,秦宫三月飞烟埃。空有骊山山下墓,珠襦玉匣俱成灰。远恨狂秦还一笑,驱车又上蓝田道。斜阳荆棘满荒陵,行人惟吊旌儒庙。

明·刘麟《与窗友蒋子谭文》(《清惠集》卷一一)

奉命提督紫荆等关驻节恒阳蒋子,以擢内翰过余而言曰:"文质之论,自古较之矣。方今文盛而敝于史,靡丽胜而实德衰。行将以棘子成之说进焉,先生以为何如?"

南坦子曰:"愿闻其概。"蒋曰:"文之敝也,始于文辞。今之为文者,类多骋其私智,枝叶扶疎,且皆诞妄。吾欲俾制科经书文义,每篇不越二百字。论表策,每篇各不越三百字。抑其艳而韬其华，毋得驰放以求骋，此其一也。次则检束于等威仪饰之繁缛，俾不得崇尚浇漓之习。昔汉贾生谓民间卖僮绣衣丝履，庶人婢妾白縠薄纨缱以黼绣，天子后服，富民大贾娼优下贱俱得饰之。虽以文帝身衣皂绨，导以恭俭，而民俗尚不能崇雅黜浮，今时不有然乎。棘子成之高论，正今日所当崇奖者也。”

南坦子作而叹曰：“贾生挽俗之论，固诚然矣。吾闻之工已巧而民不足用者，其悦在玩好。农已劳而民苦饥者，其悦在珍怪。衣已制而民苦寒者，其悦在文绣。是以雕文刻镂，病伤农事。锦缋纂组，虑害女红。逐末之俗，诚当厘之矣。但文词之阨，欲使束缚而□阏，毋乃不可乎？先儒文范叙小心文者，欲其简而切也。曰放胆文者，欲其宏而肆也。苏子曰，孟韩之温醇，迁固之雄刚，孙吴之简切，投之所向无不如意，固安得以字迹限之也。窃恐此制行，而焚书坑儒之厉阶渐矣，非盛世所乐闻也。

“先儒谓棘子成矫当时之敝，失之过。而赐之论，尚未惬于夫子彬彬之雅，君何以棘之论为贤哉？我国家承前代扫荡之后，右文之治尚未惬于古昔风雅之盛，而何以遏之？且文之用，亦甚广矣。借之以辅养德义，则重经筵。纪载谟烈，则隆国史。祭飨郊庙，则严祠祀。播告寰宇，则饬诏令。献替可否，则备章疏。所以格君心，昭鉴戒，感通神明，宣布德意，别是非以不惑乎圣聪，明予夺以求定乎国是。若此者，非文何以适于用也？以至铨衡人物，出纳财赋，申明典章，修和礼乐，陈师鞠旅，明罚敕法，若工虞振纪纲外，而旬宣纠察于藩臬，抚绥劳来于郡邑，莫不各有当然之则与其已然之故。必欲一一循理奉法，敷陈于上，训谕于下，粲然有文以相经纬，而后行无不达，孰非文之适于世用者哉？

“方今圣天子诞膺景运，盖将丕阐人文以化成天下。但当驱浇漓诡异之习，以回深厚淳古之风。俾言行政事无偏无党，咸跻之正大光明之域者，其右文之实效乎君，其择而进焉。”

蒋子：“敬受命矣。”愿先生书诸简册。

明·孙绪《无用闲谈》(《沙溪集》卷一六)

晋巩朔献捷于周定王，初不礼焉。既而惧晋之强，与之宴，且私贿之。又惧私贿之非礼也，使相告之曰“非礼也勿籍”。所谓勿籍者，勿笔之于书籍以为礼典也。孟子曰,诸侯恶其害己也,而皆去其籍。则自春秋时已恶之矣。至秦始皇,则尽举典籍而付之以火,是其恶籍之心,与春秋战国之君同,而其暴悍敢为,冥顽不顾,则跨诸侯而出之上,亦其所由来者渐矣。盖有匆籍,然后有去籍。有去籍,然后有焚书。非一朝一夕之故也。

明·王守仁《王文成全书》卷一

爱问文中子、韩退之。先生曰:“退之文人之雄耳。文中子贤儒也。后人徒以文词之故推尊退之,其实退之去文中子甚。”爱问:“何以有拟经之失?”先生曰:“拟经恐未可尽非。且说后世儒者著述之意,与拟经如何?”爱曰:“世儒著述,近名之意不无,然期以明道,拟经纯若为名。”先生曰:“著述以明道,亦何所效法?”曰:“孔子删述《六经》,以明道也。”先生曰:“然则拟经独非效法孔子乎?”爱曰:“著述即于道有所发明。拟经似徒拟其迹,恐于道无补。”先生曰:“子以明道者使其反朴还淳而见诸行事之实乎,抑将美其言辞而徒以哓哓于世也。天下之大乱,由虚文胜而实行衰也。使道明于天下,则六经不必述。删述六经,孔子不得已也。自伏羲画卦,至于文王、周公,其间言《易》如连山、归藏之属,纷纷籍籍,不知其几,易道大乱。孔子以天下好文之风日盛,知其说之将无纪极,于是取文王、周公之说而赞之,以为惟此为得其宗。于是纷纷之说尽废,而天下之言易者始一。《书》、《诗》、《礼》、《乐》、《春秋》皆然。《书》自典谟以后,《诗》自二南以降,如九丘、八索,一切淫哇逸荡之词,盖不知其几千百篇。《礼》、《乐》之名物度数,至是亦不可胜穷。”

孔子皆删削而述正之,然后其说始废。如《书》、《诗》、《礼》、《乐》中,孔子何尝加一语?今之《礼记》诸说,皆后儒附会而成,已非孔子之旧。至于《春秋》,虽称孔子作之,其实皆鲁史旧文。所谓笔者,笔其旧。所谓削者,削其繁,是有减无增。孔子述六经,惧繁文之乱天下,惟简之而不得,使天下务去其文以求其实,非以文教之也。《春秋》以后,繁文益盛,天下益乱。始皇焚书得罪,是出于私意,又不合焚六经。若当时志在明道,其诸反经叛理之说,悉取而焚之,亦正暗合删述之意。自秦、汉以降,文又日盛,若欲尽去之,断不能去,只宜取法孔子,录其近是者而表章之,则其诸怪悖之说,亦宜渐渐自废。不知文中子当时拟经之意如何。某切深有取于其事,以为圣人复起,不能易也。天下所以不治,只因文盛实衰，人出己见，新奇相高，以眩俗取誉，徒以乱天下之聪明，涂天下之耳目，使天下靡然争务修饰文词，以求知于世，而不复知有敦本尚实、反朴还淳之行，是皆著述者有以启之。

爱曰："著述亦有不可缺者，如《春秋》一经，若无《左传》，恐亦难晓。"先生曰："《春秋》必待传而后明，是歇后谜语矣，圣人何苦为此艰深隐晦之词？《左传》多是鲁史旧文，若《春秋》须此而后明，孔子何必削之？"爱曰："伊川亦云传是案，经是断，如书弑某君、伐某国，若不明其事，恐亦难断。"先生曰："伊川此言，恐亦是相沿世儒之说，未得圣人作经之意。如书弑君即弑君便是罪，何必更问其弑君之详？征伐当自天子出，书伐国，即伐国便是罪，何必更问其伐国之详？圣人述六经，只是要正人心，只是要存天理、去人欲，于存天理、去人欲之事，则尝言之。或因人请问，各随分量而说，亦不肯多道，恐人专求之言语，故曰子欲无言。若是一切纵人欲、灭天理的事，又安肯详以示人，是长乱导奸也。故孟子云，仲尼之门无道桓、文之事者，是以后世无传焉。此便是孔门家法。世儒只讲得一箇伯者的学问，所以要知得许多阴谋诡计，纯是一片功利的心，与圣人作经的意思正相反，如何思量得通。"因叹曰："此非达天德者，未易与言此也。"

明·夏言《申议天地分祭疏》(《明文海》卷五三)

然天地合祀，则同尊并大，是崇地以抗天，与天为敌矣。乃不以为非，何也？程子曰，郊天地与共祭父母不同，此是报本之祭，须各以类祭，岂得同时？又曰，冬至祭天，夏至祭地，此何待卜？朱子曰，古时天地，定是不合祭日月。山川百神，亦无合共一时祭享之礼。又曰，天下有二件极大底事，其一是天地不当合祭于南郊。夫程朱，三代而下大名儒也。然则其言皆不足据乎？

秦去古未远，则祀天不于圜丘而于山下，祭地不于方丘而于泽中。汉之制，祀天于甘泉，祀地于汾阴。则秦汉天地之祭，犹分也。至元始之制，则天地同牢于南郊，此则莽贼阴媚元后之计，欲以妣并祖，故不得不以地并天也。合祭之说，实自王莽始矣。

自汉而唐而宋，皆合祭，而地之特祭少矣。汉之前，皆主分祭，而汉之后亦间有之。如魏文帝之泰和，周武帝之建康，隋高祖之开皇，唐睿宗之先天，皆分祭也。开元制礼，则专主合祭矣。元丰一议，元祐再议，绍圣三议，皆主合祭，而卒不可移者，以宋人有郊赉之费，故三年一郊，至倾府藏之财而不足以从事，所以必于合者，从省约，安简便也。亦未尝以分祭为非礼也。

苏轼言："祖宗几年合祭，一旦分之，恐致祸。"朱子谓其说甚无道理。然两郊之说，在宋似为难行，与今日之事异矣。本朝丘浚之言以类于上帝，类字强训为合，此盖臆说。又以元始礼天地同牢不为黩，不可以莽废。又谓夏至祭地则地先天食，其辞多归美本朝之制。盖从周之意，而不知其言之悖于义也。

今之议者，大率主浚之言，而往往以太祖之制为嫌为惧。然知合祭乃太祖之制为不可改，而不知分祭固太祖之初制为可复也。知大祀文乃太祖之明训为不可背，而不知《存心录》固太祖之著典为可尊也。且皆太祖之制也，从其礼之是者而已矣。矧敬天法祖无二道，陛下固已灼见礼之实矣。当时学士解缙，固尝请复扫地之仪矣。使太祖尚在，知礼之臣亦当请而改之，况陛下以圣子神孙，有圣人之德，而在天子之位，顾不得操制作之权，以隆继述之孝乎？

且陛下今日之举，欲复古礼以大报天也，遵祖初制以求尽善也。欲远迹三代之隆而正千古之谬，建一代中兴之业，而陋汉唐宋于下风也。所谓功光祖宗，业垂后裔之事，未有大于此者。是故文武之制未备，周公作礼乐以成之，未闻周公变文武之旧也。况礼乐必积德百年而后兴，今以其时考之，则可矣。我太祖天造草昧，规模宏远，讦猷懿范，可守可则者多矣。乃若礼乐之兴，恐亦有不能不待于后世者。至于振起而拓充之，虽我圣祖之心，岂无所望于后世之圣子神孙者乎？岂有泥于祖宗已然之迹，遂一成而不可变也？

《中庸》曰："非天子不议礼，不制度，不考文。"孔子曰："礼乐征伐自天子出。"然则所谓天子者，岂尽专指创业之君言邪？信如诸臣之议，则守成之主，皆无所事事矣。虽有周公孔子之圣，亦不敢言礼乐矣。所谓善继人之志，善述人之事者，皆无所用其力矣，无乃失之远乎？

韬之奏，曰紊乱朝政，曰变乱成法，必有任其责者。既而曰谏官创议，盖指臣也。韬之此言，私心害之也。欲中人以祸，而不知祖宗之大法。故韬往往自蹈之而不知，其施诸人，无足怪也。臣请得以讲明之。非以晓韬，且以晓在廷诸臣也。

夫律有奸党之条，内开若在朝官员交结朋党，紊乱朝政者，皆斩。此指国家一应法度政令于系纪纲名分，而奸臣交结朋党，纷更坏乱，交通扶同为奸，作弊以欺君罔上，虐民害政者言也。今日所议者，郊祀之礼耳。乃古先哲王令典，我太祖高皇帝之所已行，载在典章。律亦有毁大祀丘坛之文，解律者曰，丘坛，祭天圜丘，祭地方丘，坛其所登祭之处。此法家之所知也。言官议礼，本非变法，以此为紊乱朝政,恐非律意矣。变乱成法之文,属在讲读律令条下,曰,凡国家律令,参酌事情轻重,定立罪名,颁行天下,永为遵守。百司官吏,务要熟读,讲明律意,判决事情。末一欵,若官吏人等挟诈欺公,妄生异议,擅为更改,变乱成法者,斩。此所谓成法者,即太祖所定之大明律令也,未闻以礼乐制度为成法也。

韬尝奏言,有禄人受枉法赃八十贯,律绞。欲将在外知县以上等官,但犯赃八十两即挐解来京,绞诸都市,不许准徒,是改杂犯为真犯也。此则非成法矣。臣尝伏读太祖御制《大明律序》,今后法司只依律与大诰议罪,合黥刺者,除逆党家属并律该载外,其余有犯俱不黥刺。杂犯死罪并徒流迁徙笞杖等刑,悉照今定赎罪条例科断。臣又尝伏读皇明祖训,如曰守成之君所用常法,止守律与大诰,不许用黥刺剕劓阉割之刑。臣下敢有奏用此刑者,文武群臣即将劾奏。如曰以后不许立丞相,臣下敢有奏请者,亦要即时劾奏,皆处以重典。若此类者,乃我太祖成法,非臣所敢变乱者也。岂惟臣下,虽我皇上亦岂得遽变之。惜乎韬之未达乎此也。臣备员谏诤,使万一有干祖宗典宪,亦岂敢辄犯哉?臣虽至愚,或不至此也。

至于毁《周礼》一书,尤为妄议,臣不暇一一指摘,当于其大者辩之。韬曰,宋儒胡宏有言《周礼》非周公之书,王莽、刘歆为之也。韬名为读书知礼者,且备位儒臣矣,何其不考之甚也?胡宏之言,非宏言也,承舛踵讹之说也。夫《周礼》之出自刘德,始累《周礼》者,亦自刘德。始《周礼》之立,自刘歆始。诬《周礼》者,亦自刘歆始。《周礼》之传自郑康成,始坏《周礼》者亦自郑康成。

始昔秦人焚书灭学,《周礼》藏之山岩屋壁,仅而获存。武帝时有季氏得之,以上河间献王。德乃以《考工记》补五官之缺,汉臣诋之以为末世渎乱之书,实刘德一记累之也。至成帝时,刘向子歆校理秘书,乃独知其为周公致太平之迹。不幸身为国师,取之以辅王莽,乃为泉府理财之说。于是六干立法,则皆置市官。当时汉儒訾之,以为六国阴谋之书。是刘歆一法诬之也。先儒尝谓累《周礼》者其罪小,诬《周礼》者其罪大。诬《周礼》者,其法在。坏《周礼》者,其法亡。然礼经之学,所赖相传,至今不坠者,实诸儒讲明之功也。今韬不以诸儒讲明者之为陛下献,乃独取胡宏凭私臆决之一言,以厚诬《周礼》。不惟取辩一时,以误陛下,而又误天下后世,使信《周礼》为王莽伪撰,不得表章,而遵行之。其关系名教,非细故矣。臣窃为韬惧也,臣何敢隐而不尽言与之辩乎?

明·杨慎《焚书起于韩非》(《丹铅总录》卷一三)

秦焚书坑儒,起于李斯乎?斯之先,固有为此说于秦者矣,韩非是也。非之言曰:"世之愚学,皆不知治乱之情。谌诶多诵先古之书,以乱当世之治。"又妄非有术之士。听其言者危,用其计者乱。又曰:"群臣为学,门子好辩,可亡也。"又言:"舍法律而言先王者,上任之以国,主以是过予,而臣以此徒取矣。"此与斯所言是古非今,若合符节。作俑者乃韩非,匪斯也。

凡为异说者,一则骇,再则习。始则疑,终则行矣。宋儒有过求者,乃谓斯之学出于荀卿,焚坑之祸,卿有以启之。卿尝入秦,见应侯,讥秦之无士矣。舍非而罪卿,所谓洗垢而索瘢者耶。

又《丹铅余录》卷一五

秦焚书坑儒,起于李斯乎?斯之先,固有为此说于秦者矣,韩非是也。非之言曰:"世之愚学,皆不知治乱之情,谌诶多诵先古之书,以乱当世之治。"又妄非有术之士。听其言者危,用其计者乱。又曰:"群臣为学,门子好辩,可亡也。"又曰:"舍法律而言先王者,上任之以国,主以是过予,而臣以此徒取矣。"此与斯所言是古非今,若合符节。作俑者乃韩非,匪斯也。

凡为异说者,一则骇,再则习。始则疑,终则行矣。宋儒有过求者,乃谓斯之学出于荀卿,焚坑之祸,卿有以启之。卿尝入秦,见应侯,讥秦之无士矣。舍非而罪卿,所谓洗垢而索瘢者耶。

明·杨慎《荀卿李斯吴公》(《升庵集》卷五一)

以荀卿大儒,而弟子有焚书坑儒之李斯。以李斯为师,而弟子有治行第一之吴公。信乎。人之贤否,在乎自立,不系乎师友也。

明·张居正《三代至秦浑沌之再》(《明文海》卷九四)

三代至秦,浑沌之再辟者也。其创制立法,至今守之以为利,史称其得圣人之威。使始皇有贤子守其法而益振之,积至数十年,继宗世族,芟夷已尽,老师宿儒,闻见悉去,民之复起者,皆改心易虑以听上之令,即有刘、项百辈,何能为哉?惜乎扶苏仁懦,胡亥稚蒙。奸宄内发,六国余孽尚存,因天下之怨而以秦为招,再传而蹙,此始皇之不幸也。假令扶苏不死继立,必取始皇之法纷更之,以求复三代之旧,至于国势微弱,强宗复起,亦必乱亡。后世儒者苟见扶苏之谏焚书坑儒,遂以为贤,而不知乱秦者,扶苏也。高皇帝以神武定天下,其治主于威强,前代繁文苛礼,乱政弊习,刬削殆尽,其所芟除夷灭,秦法不严于此矣。又浑沌之再辟也。懿文仁柔,建文误用齐、黄诸人,踵衰宋之陋习,日取高皇帝约束纷更之,亦秦之扶苏也。建文不早自败,亦必亡国。幸赖成祖神武,起而振之。历仁、宣、英、宪、孝,皆以刚明英断,总揽乾纲,独运威福,兢兢守高皇帝之法,不敢失坠,故人心大定,而势有常尊。至于世庙,承正德群奸乱政之后,又用威以振之,恢皇纲,饬法纪,而国家神气,为之再扬。盖人心久则难变,法之行,不可虑始,即有不便于人者,彼久而习之,长而安焉,亦自无不宜矣。三代惟商之规模法度,最为整肃,成汤、伊尹,以圣哲勇智,创造基业,其后贤圣之君六七作,故国势常强,纣虽无道,而周取之甚难。以文、武、周公之圣,世历三纪,始得帖然顺服,盖天下之归殷久矣。余尝谓本朝立国规模,周以下远不及也。列圣相承,纲维丕振,虽历年二百有余,累经大故,而海内人心,晏然不摇,斯用威之效也。腐儒不达时变,动称三代云云,及言革除事,以非议我二祖法令者,皆宋时奸臣卖国之余习。老儒臭腐之迂谈,必不可用也。

明·李濂《纸说》(《明文海》卷一〇五)

书契既作,式代结绳。隆古用竹简,嗣易以缣帛。依书长短,随事截之,名曰幡纸。故其字从糸。贫者无之,或用蒲写书,若路温舒截蒲是也。夫简重缣贵蒲脆,并不便于人。故传书亦少。后汉和帝时,中常侍蔡伦有巧思,始剉故布捣抄作纸,故其字从巾,又捣故鱼网作纸,曰网纸。桑根楮榖麻藤诸皮,皆可抄纸,世称蔡侯纸是也。余尝观天下之物,暴殄至甚者,无如纸。何以言之?当纸之未兴也,简牍刀笔而已。故三皇五帝三王之典谟训诰,下逮先秦古书,国不能备,而况于家乎?

始皇焚书,固其虐政,亦由书之少,故灭之易耳。自有纸以来,录摹甚易,非圣之书,无益之籍,日新而月盛。粃文愈诗,在在锓梓。而纸之费,岁不下几千万计,此则暴殄者一也。近世法令繁苛,上以虚文令下,下以虚文应上。簿册公移,填塞官庋,榜文告谕,徧满垣壁。天下几困于文法,而绝无实用于民。时人之谓故纸世界,此其暴殄者二也。士不修行而习于浮辞,挥毫伸纸,动千百言,曾无少关于身心性情之实。其甚无谓者,科举程试之文也。决裂章句,侮圣人之言。记诵套括,迎合主司,以幸一得。比岁以来,书坊非举业不刊,市肆非举业不售,士子非举业不览。问之则不知,用之则不错。一登仕版,旋学律例,视此为唾去果核,无复用处,此其暴殄者三也。古者祭祀用牲币,秦俗牲用马。唐玄宗渎于鬼神,王玙始凿纸为钱以代币。凡祷祠必焚纸钱,加以画马,谓之纸马。今江浙之贾,水舸陆车,载纸贸易者,舵相摩而毂相击也。而冥纸用之几半。十室之邑,数家之村,必有鬻纸马之肆。寺庙坛壝,斋醮葬祭,无处无时而不焚化,此其暴殄者四也。

呜呼,耗费之端有此四者,而在上者不为禁,在下者不知惜。裁成天物,有志于经世之学者,必不恝然于此也。余尝读舒元舆《悲剡溪古藤文》,而憾其意犹未尽也,故著是说,以谂世之君子。或少启其珍重爱啬之心,而下笔弗敢轻,用之弗忍易,则区区刍荛之言,庶几少有补于斯。

明·尹耕《诚斋先生易传序》(《明文海》卷二二一)

诚斋先生,宋人也。文章行谊冠绝当世,他作往往梓行,《易传》则否。宋人曾取置秘省,卒不颁布。良惭不广,嗣是盖无闻者,三百年矣。明守臣尹耕乃为刻诸开之郡斋,尹耕曰:“往余得是传于好奇者,谓《易》尽在是矣。”故乐为刻之。

叙曰,夫《易》,其可易言哉?惟圣人全体至道,幽赞神明,妙应感形,化裁机务,是故泄天之精,发地之灵,会人之极。布法立象,直指逆数,以通能于百姓。及夫观象命辞,研理翼传,然后探玄极变,尽赜显微。其道大备,百用不惑。由是知庖羲氏至德，文周孔三圣人用心勤矣。故自周之盛时，及其李世，官不弃职，学不废业。史朝、惠伯，举曰良识，而穆姜、陈文子，皆称善用矣。

秦焚诗书，此赖卜筮得以不毁。然简策杂乱，辞意沦失。左氏所述由辞，一无可考。《文言》、《系辞》，或者乃疑其不出于孔氏，况其他乎？呜呼，天何言哉？四时行焉，百物生焉。此非圣人述天以教人者乎？惟《易》阐阴阳阖辟之机，穷刚柔致用之妙，洞鬼神倚伏之情，立大中至正之矩，以究性命道德之极。而曰止于卜筮，使学古之士远逊玄宗，近稽事应，不复措之心身，以求所谓蓍策龟牍之外者，悲夫！

余尝谓《易》以卜筮存，盖亦以卜筮亡也。呜呼，天下有道，某不与易。待膰接淅，鼓琴微服。故善用《易》者，莫孔子若。克己复礼，一变至道。用行舍藏，曲肱饮水。故善学《易》者，莫颜子若。是故由之武人，求之进退，宪之苦节，赐之尚口，咸乖厥旨，而况其他乎？而又万世之下乎？

耕小子，生十岁年受《易》，家君每于指示之余，见家君凝神湛虑，遐思永叹，若有及于简策之外者，而不敢请也。自得先生此传，耳目开豁，神爽飞越。瞻前忽后，千里几席如穴中之蚓，得睹龙变。上下风云，呼吸宇宙，虽莫测其故，而其在穴之陋，一旦洒然，故不敢以自私也。又曰："往余在南宫时，读是书，未觉有入。及以罪干国宪，谪窕移开，心以迹危，情缘物感。反躬思过，悼改无从。每焚香静室，展阅是编，至于用晦白茅之戒，先生必前后反复引喻，谆切以明之。辞危理尽，道直思玄，未尝不流汗挥涕，自惧无良，而徼幸于愆者尚多也。思天下岂无病余之病者乎？故刻之益力。若夫句读简策之间，释语命字之类，先生所见，间有异于晦翁《本义》者，读者莫之异可也。

明·海瑞《备志稿引》(《明文海》卷二三八)

许文正尝语人，有书也须焚一遭之说。夫坑儒焚书，秦之所以为暴，无道也。而文正之言，若秦之与，文正非与秦也。

自炎汉以迄于元，纪录之繁，文籍之盛，汗牛充栋。灾木费纸，不足咎也。其声实不中，乖违正道，为古先圣贤累，为六经语孟蠹，诚若莠之乱苗，郑声之乱雅乐，乡愿之乱德，君子不容不深恶之。自元迄今，殆有甚焉。使文正见之，又不知当何如其为言也。

然文正与秦,至文正之身,则又有《鲁斋文集》行于世。夫文正之与秦,不得已也。文正之不免于为文,亦文正之不得已也。瑞平昔妄有所作滥称文章者,欲效近代唐山人置瓢弃之江流之中,以还造化,而又私念,以为出之吾心,本诸性命,造化赋予于我,而我为泄之,或于六经语孟有辅翼焉。且今时俗议论,自以为是牢不可改,亦或有以破之。暴秦有作,不居可焚之列欤?

夫吾人有言,莫非造化,置江流以还造化,不可谓无见也。然天下之人,赋予禀受,出之造化,犹之我也,或惑焉,而践之有未尽。或反焉,而行之有不中。操造化之予于我者,相与觉焉。且同志之士,得有所执。凡我言之未当,议之未详,取为我规焉。我也人也,互相砥切,均得以还。夫赋予禀受之故,较之唐山人所为,有大焉,不犹为可耶?

近时文人有作,必求名人君子一言置简首,谓蝇附骥尾,亦一日千里。而借其言以信之天下后世也。夫使吾言无当,虽圣人吾与焉,天下之人,其心其性,原之造化,是非有公不能饰也。使吾言于道亦有合焉,圣人不吾与,天下后世不吾与,吾心其一,造化自有的见不可转也。夫人有言,亦求之吾心,质之先圣以参考焉而已[①]矣。不信之人心而信之人言,非信也。用是不自嫌忌,取平昔所作,自编叙,自为一语识之,以告同志云。

明·朱载堉《乐律全书》卷一七

古今乐律杂说并附录

论礼乐二者不可偏废第六之下

臣尝闻臣父曰,《乐经》者何,《诗经》是也。《书》不云乎,帝曰:"夔,命汝典乐,教胄子,直而温,宽而栗,刚而无虐,简而无傲。"《诗》言志,歌永言,声依永,律和声。八音克谐,无相夺伦,神人以和。夔曰:"于,予击石拊石,百兽率舞。此之谓也。迄于衰周,《诗》、《乐》互称,尚未歧而为二。故孔子曰:'吾自卫反鲁,然后乐正,雅颂各得其所。'又曰,师挚之始,《关雎》之乱,洋洋乎盈耳哉?此称《诗》为《乐》也。孟子曰:齐景公召大师曰,为我作君臣相说之乐。盖《征

---

① 疑"已"之讹。

招》、《角招》是也。其《诗》曰，畜君何尤？畜君者，好君也。此称《乐》为《诗》也。秦政坑儒灭学之后，礼乐崩坏。汉初制氏世在乐官，但能纪其铿锵鼓舞，而不能言其义。齐、鲁、韩、毛但能言其义，而不知其音。于是《诗》与《乐》始判而为二。魏、晋已降，去古弥远，遂谓《乐经》亡。殊不知《诗》存则《乐》未尝亡也。”

明·孙承恩《管城答文》(《文简集》卷三九)

旃蒙生引义属辞，谕管城二子，意竭辞竟，神倦就寐。恍兮惚兮，若有所遇。有微二夫，变幻晦冥。兔褐之衣，臞哉其形。黯惨郁勃，若有不平。踽踌而前，自通厥名。呼旃蒙生而告曰：“某承命主人，诣夫子，欲以供事，自愧匪才，为夫子弃。且夫子责我良是也，第有所怀，敢罄一二，愿夫子聆焉。”

泰初淳庞，蚩蚩狉狉。结绳政解，风气遂漓。如日既昃，如水下驰。繄耗元气，岂非书欤？描摹后世之浇薄，删削隆古之淳熙。巧不掩咎，益不补亏。是故剖斗折衡而民不争，毁字废书而民不欺。某恨不绝迹灭影于人间，以复结绳之政而挽回太古之时。夫子为世道计，能不尽然于兹，而乃任爱憎以毁誉我为。

旃蒙生輾然失笑曰：“世变势移，结绳曷施。圣人为治，因时之宜。不有制作，敝当何如？是书契之有功于世，而必资尔以有为者，盖确确乎如饥之必以食，而寒之必以衣。凡汝之所言，皆庄列之意。而我素以为非。予责汝不任役使，而汝乃饰大言以自托者，不亦诳我之甚乎？”

管城子曰：“众言淆乱，各执其见。子是我非，无庸深辨。且夫子责我不任役使者，欲得敏利求艺之工。然吾闻之太上立德，其次立功，其次立言。三者不同，是故圣贤垂训，所以立人极，扶天常。然己非得已，而况于诸子百家者，理幻而言庞。是述作且非君子之第一义，而况书之末艺，又何足以臧。是故羲献颜柳，厥书甚良。出圣入神，阴翕阳张。龙跳虎跃，鸾鶱凤翔。后有作者，卒莫与京。然仅足以悦人目精而已，而于世道人心，曾有益于毫芒。抑闻之，人生天壤间，所以灵万物，参三才，巍巍堂堂，万善是该，不于大者图之，而何仅以此自多哉？且夫鼠须之制，羲之兰亭。狸毛之制，欧阳见珍。器固以良，艺因而精。然较以切世之用，似亦未足为重轻。

“又闻吾祖，名显李斯，用专宠任，价轻璠玙。著为律令，焚书坑儒，吾祖亦与有力焉。非特八分是资而已。斯终不免杀身之祸,东门之叹,古今所悲。然则器艺之工,其裨益又何如?且揆字之由,求可记述。器不必良,藉以濡墨。而夫子必拘拘于择者,不亦过乎。

旃蒙生曰:"繄人之生,事实孔繁,能尽与否,无庸子言。凡我之意,皆汝之所谓不必事。然吾实乐之,而取讥召讪,亦心之所甘。是故我有述作,钧韶相宣。藉尔之助,焕烂云烟。尔既不任,我何望焉?子盖无以自解,而徒为此曲说蔓延耶?"

管城子曰:"事有本末,势有轻重。子文诚良,虽涂抹童子之手,亦足擅名。子文诚不良,虽假以钟王润色,亦何以见称?子宜自揆文之何如?无徒借重于我也。"

旃蒙生曰:"文章之来,愈变愈卑。虽称大家者,不能一律,而况于我乎?我文自拙,何俟子之讥我为?且予之责汝,非过也。尔祖既良,尔之族亦无不良。而尔独不任者,尚何负中书之名,而玷辱乎文房。是犹不自媿,而乃务辨给以御人耶?"

管城子曰:"天之生民,亿万不齐。或利或钝,或妍或媸。禀受实然,奚可强为?譬之吾子,自视古人则何如?惟能用之得其道,则皆有以效其愚。是故龙泉太阿,希世之宝。然而补敝屣,则必用两钱之锥。故铅刀虽钝,亦不无一割之可资。故曰天地无弃物,圣贤无弃人。而君子之使人也,器之。且夫弘肇之讥,武夫故态。班生之投,君子不贵。子以藉口,我何用愧。中书之号,实出不经。金玉之饰,焉用虚文。子以诱我,我岂是荣。窃又闻之,君子之度,与天地同。兼收并蓄,何所不容。夫子信古好道,以善厥躬。奈何迫隘侈肆,为此不恭。噫嘻,子既我弃,我难子留。子弗我容,子量之羞。子不自药,人将子尤。我不子事,亦不子仇。我自匪才,决不子求。言既,忽失其处。"

旃蒙生恍然而悟,蹶然而起。举二子袭之箧中,终不果弃。

又《秦儒》(《文简集》卷四三)

坑儒之事,桀纣所无也。秦不用儒亦章章矣,而妄儒如郑樵者乃欲为讳。樵之言曰:"秦未尝废儒也。陆贾、郦食其皆秦人物,叔孙以文学待诏。陈胜兵起,二世召博士诸生议,则秦固用儒与经学矣。"呜呼,悖哉。斯言其不深考,而妄为议论也。

夫樵之言固然。陆贾、郦食其虽秦儒，而未闻用于当时也。叔孙待诏数年，兽畜而已。樵必以当时天下尽绝儒类，无一挟策呫哔之士，与朝廷之上悉盲不知书，而后为废儒乎？考之秦之博士，虽用儒者，然亦杂矣。博士而有占梦等名位，则当时多方技流耳。陈胜之议，引经义者，辄下狱，而叔孙以佞获赏。如是而云用儒与经学，其可哉？

樵又曰："始皇所坑，特一时议不合耳。"夫樵之意岂不谓所坑皆是议胜广之徒，余儒固无恙？诸生以谤议，取怨者固无足言，而四百六十人则何罪也。始皇曰："以妖言乱黔首。"呜呼，秦事法律，土苴仁义。既废所以载仁义之说者，而复于诵习之人并除灭之。幸而苟免者，则阿谀小人，固秦之所谓用儒也。若取其苟免者与未尽去者为据，而谓秦未尝废儒，其悖谬岂不甚哉？

夫樵之言固不足论，秦之不道如此，而议者犹为是以假借之，是则可恶耳。

明·王世贞《赠李于鳞视关中学政序》(《弇州四部稿》卷五七)

今皇帝创礼乐，褒经术，征诸公卿侍从之臣，润色鸿业，日相与赓歌乎盛矣。而独济南李攀龙于鳞，其文章高天下，以远故厌，废为外臣，不得与从事。于鳞为顺德守，满考比二千石自如。而是时吴郡王世贞守尚书郎，九岁当迁者，再辄报罢。上之三十又五年，于鳞乃始迁按察副使，奉玺书，乘传以条课秦博士子弟。而世贞称治狱使者，北察燕赵。为文贻于鳞云：

秦封自非子，而孝公几祀矣。犹不得接冠带盟，非以俗寝故然耶。至于《小戎》、《黄鸟》、《蒹葭》诸篇，抑何其深文婉致也。齐鲁卫郑，其君子修于辞，相矜尚巨丽矣，乃见黜于仲尼，而录《秦誓》也。说者谓丰镐之间，周之遗教渐焉。秦王吞诛六雄，首采李丞相言，焚诗书，尊法吏，天下颔然，而吏是师。所存者，医药、卜筮、种树家言耳。更睹所称制与金石之铭，犹郁郁尔文也。无乃阳弃而阴工之耶？

汉兴治马上，而自栢梁以来，词赋称西京无偶者。贾谊、司马相如、子卿、虞丘寿王、王褒、扬雄诸大夫，东西南北人也，则岂其秦土风是竞，七叶而后其衰也。甚矣，其不振于文也。则亦岂惟秦。于乎，天子非有挟书之禁，固阛阓六经而道路子史矣。未央驱娑井干之瓦，犹一二存者，宁无先人语遗也。千余年来，二华远跖终南，太乙高蟠而插天，欲澧吐滈不削其旧，独以百二之险，士马之富，下瞰山东而已。

然吾闻孝庙时，北地有李献吉者，一旦为古文辞，而关中士人云合景附，驰骋张揭，盖庶几曩古焉。父老言，故相杨文襄公寔为之师倡之。献吉诸君子，时时慕称杨公不衰也。彼所谓师者，训诂割裂，食宋氏之遗，尚不得举二戴何郑，以博甲乙第则可。即诸君子，献吉一二而外，亦豪举耳，乌在其能倡也。

虽然，千余年来，磅礴欝积，气不得决。杨公一小振之，亦难能哉？于鳞之为顺德，视右扶风部贵人毛束以吏事，且于文非职，即有所著作，重自闷不出，而两河之滨，跂向而思奋者比比。今上以秦故选于鳞，非少于鳞有所不足，益以秦山川，令自致其造而已也。语曰，顺风而呼，不加长而应者众。言自上易也。《诗》不云乎，如壎如篪，如璋如珪，如取如携。携无曰益，牖民孔易。于鳞其有以牖秦哉。世贞采秦风，而得《小戎》诸篇也。删书而取可以誓者，知其为于鳞功矣。

又《札记外篇》(《弇州四部稿》卷一四〇)

秦逆取而顺守，可得延乎？曰：有天道焉，恶得延，如其事也。不土木、不神仙、不残刑、不黩兵、不巡游、不焚诗书，虽百祀可也。

明·王世贞《读孔丛子》(《读书后》卷一)

《孔丛子》，吾夫子之世家乘也。征献而文亦寓焉。自子思以后，世世为诸侯师，然而不能为其国救败辱焉。无它，诸侯者，能以礼夫子之礼礼其后，而不能以阙夫子之道用夫子之后之言故也。子顺所谋策，皆不悖于理，而最后欲令魏阴媚嫪毐以图苟全，则大谬。鲋之就陈涉也，以复焚书坑儒仇也。即死难，何累哉？独《叙世》一章，谓琳子黄厥德不修，失侯爵。大司徒光分所食邑三百户，请封黄弟茂为关内侯。茂子子国，子国生子卬，子卬生弘农守仲欢，仲欢子立，与刘歆友善。歆故光同时人，小可二十年耳。是立与六世大父行友也。立子元，元子建，仕王莽，为建戎大尹，亦似太速。疑必有脱误。

明·胡应麟《策一首》(《少室山房集》卷一〇〇)

问：士称文章学问尚矣。顾前代以文章称者，其途有二。以问学称者，其途有四。其目可悉陈与？其人之专门名家者，可悉数与？三代而下，有能总括而荟萃之者与？明养士二百余载，理学事功无论，亦有文与学名者与？亦有能兼此二端者与？近世有诋文章学问为枝叶，而托之乎空虚性命者。以核于周公仲尼之道，然与，否与？诸士怀才待试，有概于中，夙矣。即昌言剧论，主司固乐闻之，毋讳。

策：才之难于天下也，匪赝才之难也，而真才者之为难。匪偏才之难也，而全才者之为难。[略]

不有大圣如孔子其人乎。经天纬地以为文，致知格物以为学，风雅之陈，爻象之系，词人皓首弗能窥。《书》、《礼》之删，《春秋》之作，文士一词弗能赞。而问礼、问官、学琴、习射，对商羊，辩萍实，读泰岱之奇文，识防风之巨骨，神游六艺之精，而统括之无外。心通万物之表，而周晰之无遗。是二圣人者，诚命世之真才，万古之全才，文章学问之极，而士所亟当诵法者也。

乃汉唐以后，诸君子亦岂可遽少哉？精凝于一，而志于必传。神运于先，而矢于必达。网罗百氏以为业，羽翼群圣以为功。其自信于中，有俟之百世之后而不惑。其自得于己，有投之千乘之重而弗顾。其造诣虽有浅深，其成就虽有巨小，均之无负真才之名，永肩不朽之寄，诚桀纣之威武不能屈，祖龙之烈焰不能焚者也。柰何近日冒士之名者，畏恶其能，而且自揣其弗能，至乃欲以虚名高之。远宗主静之禅机，近述良知之觓说。以词章为雕饰，以文字为浮华。诗书名物，问之茫然，曰六经皆注脚也。秦汉君臣，诘之莫对，曰诸史皆陈编也。其意若甚玄而可喜，其言若甚简而易循。其自处若高于子贡、有若，而究其指归，探其蕴奥，曾不足以焚香洗钵于小乘之门，伐薪汲泉于外道之侧。而方且居之不疑，岸然左氏所谓太上欲群天下之豪杰而下之。嘻，其亦甚矣，其亦悖于周公仲尼之道矣。

吾意二圣人多材多艺多能多识，当不若是之墙而面肤而立也。藉使二圣者《诗》、《书》、《易》雅之无传，《礼》、《乐》、《春秋》之无作，而吾且信其能为而能弗为也，何也？彼其天聪明之尽，决非椎朴无文玄虚无实者伦也。谓二圣之道尽于文与学乎固不可，谓文与学而无与于二圣人之道乎则尤不可。由今之道，则大《易》所谓往行前言，颜之所谓博文，曾之所传格物，思之所称问学，孟之所推详说，皆一举废矣。下而子贡、游夏之文学，况、雄、通、愈之著述，其于圣门堂庑，无复步武之望矣。为之说者，求其故而不得，于是陆氏、杨氏以周公仲尼其过不可枚举，王氏辈以文王、孔子远出尧舜之下，其说愈新，其词愈诞。使天下之人敢怒而不敢言，大骇而不敢致诘。甘为之下而习闻其论者，狂易反走，飞扬跋扈，而莫知底极。有志之士，太息流涕痛哭，欲究正其故，而往往阻于其道之不相入。

呜呼，彼诚恶夫周公、仲尼开文学之端，文王之谥而为文，孔子之大而能博，不若尧舜之精一执中也。吾不知尧舜之精一，于庖羲氏之画卦。庖羲氏之有画，于天皇氏之无言，而上而盘古，而混沌，其等可一一差别耶？若是，则秦始之焚书，功烈当首乎三皇。汉高之不学，道术上崇乎五帝。梁武之饿台城，远胜放勋之殂落。萧绎之谈老子，迥迈杏坛之设教。而即其群剽而阴习者，老氏何以有道德五千之文，释氏何以有大藏五千之富也。

又《读吕览》(《少室山房集》卷一〇二)

《吕氏春秋》，史迁以为迁蜀后所作，乃一时信笔之词。传固明称不韦相秦，慕平原信陵诸公子，贸致游侠，人撰所闻，其说是也。高似孙《子略》谓始皇不好士，不韦招英茂，聚俊豪。始皇甚恶书，不韦极简册，攻笔墨。且举是书所指摘近似始皇者，以始皇能不怒而容之数语，本播弄词锋，罔稽情实。而后人或规仿其意，以秦法若犹宽者。

余以不韦自计脱异人，俾庄襄之国亡，而为有秦戴之不啻父母，讋之不啻神明，盘错冰霜，固非一日。而政也弱龄甫立，端拱深居。一国之柄，咸其所操。招来宾客，陈说古今，特其藐者。彼其于始皇何有，而始皇亦曷由禁之耶？

且始皇之初，非不好士喜书者。读斯之《逐客》，则亟毁其令，开关以纳之。读非之《说难》，则抚髀其人，伐国以求之。其勤于下士，溺于好文如是。即尉缭氏所为致词远遁者，固足觇其大都矣。洎海宇平，志意极。规为万世不拔之业，而弗由其道。于是坑儒生，焚经籍，以愚黔首。筑长城，绝大漠，以遏四裔。观高氏所称西服北怀等语，是固非数龄之始皇所有事也，讵得以不韦为讥而秦不怒哉。

明·冯从吾《天道说》(《少墟集》卷一四)

董子有言,天人相与之际,可畏也。尝以秦论,始皇自知天下虽为己有,而法令太酷,人心含怨,终夜皇皇,计无所出。于是不得已为焚书坑儒之举。若曰圣贤载籍能发人聪明,英雄豪杰能议人是非,从古国家摇乱不能长久皆始于此。焚书坑儒,自以为天下无复有书,无复有儒,黔首可愚,而我可无恙矣,此与铸金人十二于咸阳意同。

然能焚书而不能焚黄石之书,能坑儒而不能坑子房之儒。圯上之遇,老人从何处来?十日之索,子房从何处去?当斯时也,秦之鹿已出柙矣,黔首果可愚,而一世二世果得宴然无恙也邪?夫以始皇之雄而无如天意何?何世人恃其聪明才辨?敢于与造物者争衡也。岂未睹秦事也乎哉?吁,亦愚矣。

又《论荀卿非十二子(阁试)》

昔荀卿以儒自命,而立言指事,壹禀于仲尼,可谓伟矣。然仲尼之徒,惟思孟独得其宗,而卿之非十二子也,以思孟为闻见杂博,猥与墨翟、惠施辈同类而共讥之,是何敢于高论异说而不让邪?胡其悖也。

卿之言曰,它魏不可合文通治,陈史不可合众明分,墨宋不可容辨异县君臣,慎田不可经国定分,惠邓不可为治纲纪,似也。而犹曰持之有故,言之成理,若有不尽非者。何至以僻违无类幽隐无说闭约无解乃归之思孟,而以唱和为有罪哉?

孔氏既没,异端棼如。战国以来,从衡捭阖之习盛,而吾道不绝如线矣。仲尼之道,灿然复明于世者,唱和之力也,而可曰罪也邪?

卿固尊信仲尼者,正宜以思孟为津筏,而后可以窥洙泗之源委。案饰其辞而祇敬之,曰此先君子之言也。由斯以观,卿顾不当祇敬先君子哉?果尔,则卿亦世俗之沟,犹瞀儒嚾嚾莫知其非者矣。岂不自言而自悖之邪?尊仲尼而非仲尼之徒,亦太惑矣。

或谓卿妄以道自任,明知思孟之学,故为排之,以自继仲尼之统。不知有此一念之胜心而已,不可与入道矣。何足为思孟损益哉?

且卿之尊信仲尼也甚笃，而子弓虽贤，与仲尼并称，已失低昂之实，又何论思孟？卿受学于子弓，意推尊子弓以彰己学所从来，故不得不与仲尼并称。是卿之尊信仲尼，亦桓文之尊周室，不过阳浮慕之已耳。不然，子弓固不在仲尼下，而思孟岂遂在子弓下哉？是仲尼而非思孟，余诚不知其何说矣。

大抵卿惩叔季不学之弊，而归咎于性恶。见霸功之算计见效也，而曰法后王。故闻思孟之称性善而谈法古，不翅如枘凿。然此其诋思孟之根，不可救药者也。独不思相近之训，安所称恶。而尧舜汤文岂不惓惓于垂训，无乃仲尼非乎？它魏慎墨之流，仲尼之徒羞称之至。如史鰌之直，固其所深嘉乐与者，亦不可概例于诸子。老庄辈诋圣侮法，不遗余力，乃置之不论。甚矣，卿之好奇也。

然则卿之非十二子也，其诚敢为高论异说而不顾者哉？或又谓后世儒者借喙思孟，行实悖之。才无可用世，而窃儒名以盖其愆。卿诚有激乎。其言之者，不知果有激而言也，非其窃儒名者可矣，并真儒而非之，可乎哉？昔人称卿才高而不见道，谅矣。

呜呼，卿一非思孟，而李斯遂焚书坑儒，以促秦二世之亡。非学而遂以亡人之国也，学可非乎哉？祸秦者斯，而祸斯者卿也，此古今治乱得失之林也。

又《古文辑选跋》(《少墟集》卷一六)

余既辑古文成，或曰李斯上秦王书，古矣，胡删之？曰，焚书坑儒，其人非也。

或又曰，既删之，而目录中犹存其名，何也？曰，存之以为世戒也。见做人一差，即文如李斯，亦不足传也。

或又曰，韩退之人则美矣，《诤臣论》不选，何也？曰，退之果与亢宗厚善，忠告善道，密规之可也。如规之而听，善则归友，不自以为功可也。如规之而不听，不可则止，不成人之过可也。如不厚善，则言与不言，置之不谈可也。乃见不出此，而著为论，以翘人过。文虽工，其如失朋友之道何？

厥后永叔《上范司谏书》，上书极是，而中亦引退之此论，可见不惟退之不自知其非，即永叔亦不知退之之非矣。在退之，不过智者千虑之一失，原不足为病。第惧后之人借著作以泄私忿者，以此为口实也，故不得不辨。

或又曰，孟子不尝言蚳蛙乎？曰，不然。孟子著书于既谏之后，退之著书于未谏之前。所以不同耳。

或又曰,是则然矣。古文名世者甚多,此得无有挂漏乎?曰,古人名世者诚多,余止据一时所见录之耳,非遂以此为尽古人之长也。挂漏之说,敬闻命矣。

又《泾野吕先生》(《少墟集》卷二〇)

渭阳公病,先生侍汤药,昼夜衣不解带,履恒无声。如是一年,须发为白。比卒,哀毁逾礼。既葬,庐墓侧,旦夕焚香号泣。门人感之,皆随先生居。乃与平定李应箕同邑,杨九仪辈讲古今丧礼,当襄事时,郡守致赙受之。既而驰币丐文辞。门人问故,先生曰:"方卒哭而遽怀金为文,吾不忍也。"既禫释服,讲学于别墅,远方从者弥众,别墅不能容。又筑东林书屋居焉。镇守阉廖馈以豚米,却之。廖素张甚,乃戒使者曰:"凡过高陵,毋扰,有吕公在也。"有客以兼金乞居间,先生笑而谢曰:"人心如青天白日,乃以鸟兽视耶。"其人惭曰:"吾姑试子耳。"门庭萧然,无异寒素。

世庙即位,诏起原官。时朝鲜国奏称状元吕柟,主事马理为中国人才第一,朝廷宜加厚遇。仍乞颁赐其文,使本国为式。其为外国敬慕如此。

上御经筵,先生进讲。适值仁祖淳皇后忌辰,口奏宜存黪服。礼罢赐酒馔,朝论韪之。癸未分校,礼闱取李舜臣辈,悉名士。时阳明先生讲学东南,当路某深嫉之。主试者以道学发策,有焚书禁学之议。先生力辨而扶救之,得不行。场中一士子对策,欲将今宗陆辨朱者,诛其人,火其书。极肆诋毁,甚合问目意,且经书论表俱可。同事者欲取之,先生曰:"观此人今日迎合主司,他日必迎合权势。"同事者深以为然,遂置之。

念新天子即位,上疏请讲圣学。略曰,学贵于力行而知要,故慎独克己,上对天心。亲贤远谗,下通民志。天下中兴,太平之业实在于此。不报。在史馆,与邹东廓友善。甲申,奉修省诏,复以十三事上言,颇过切直。时东廓亦上封事,同下诏狱。一时直声震天下,人人有真铁汉之称。寻谪东廓判广德,先生判解州。道出上党,隐士仇栏兄弟遮道问学,有梓匠张提者,役于仇氏。闻先生讲,喜甚,跽而求教。先生诲以善言,提大悟。昔尝取人一木作界方,至是遂还其主。仇氏兄弟益为感动。先生喜,形诸诗云,岂有征夫能过化,雄山村里似尧时。既至解,仰尧舜故址,慨然以作士变俗为己任。解士子视圣学与举业为二。先生曰,苟知举业圣学为一,则干禄念轻,救世意重。于是讲学崇宁宫,每诲诸士,虽举业拳拳,不离圣贤。

明·孙瑴《古微书》卷八

按:秦世有谣曰:“秦始皇,何强梁。开吾户,据吾床。饮吾酒,唾吾浆。餐吾饭,以为粮。张吾浆,射东墙。前至沙丘当灭亡。”始皇既坑儒焚典,乃发孔子墓,欲取诸经传。圹既启,于是悉如谣者之言。又言谣文刊在冢壁,政甚恶之,乃远沙丘而循别路,见一群小儿辇沙为阜,问云沙丘,从此得病。

又卷三〇

按《隋书》,孔子既叙六经,题目不同,指意差别,恐斯道离散,故作《孝经》,以总会之,明其枝流虽分,本萌于孝者也。遭秦焚书,为河间人颜芝所藏。汉初,芝子贞出之,凡十八章,而长孙氏、博士江翁、少府后苍、谏议大夫翼奉、安昌侯张禹、皆名其学。又《说文序》,建光元年,许冲上父慎《说文》曰,《古文孝经》,孝昭帝时鲁国三老所献,建武时议郎卫宏所校,皆口传,官无其说,臣父学孔氏古文,撰具一篇并上。

明·刘宗周《知命赋》(《刘蕺山集》卷一七)

苍龙蜿以就俎兮,左孔翠而右鸾。凰咀琼英之独秀兮,和芍药于兰芳。揽陶令之柳华兮,摘逋仙之梅萼。问武陵以桃源兮,采首阳之薇藿。肴核从横兮,献酬交错。引商刻羽兮,钧天响作。云和洞阴兮,非丝非竹。迎风上下兮,流丹舞翟。燕燕兮差池,嘤嘤兮友伊。怨莫怨兮,子规血。哀莫哀兮,乌夜啼。歌阑兮舞罢,兴尽兮神悲。朱颜渥赭以微酡兮,步言旋而少留。启款款之丹诚兮,借往事以推求。昔陶唐氏之神圣兮,何儆予于洚流。继重华之协帝兮,亦野死于荒丘。禹八年以胼胝兮,汤文并罹患于幽囚。尹放桐不为口实兮,旦乃破斧以安周。迨光岳之愈分兮,大道日脊脊以纷纠。申生孝而待烹兮,子胥忠而抉眸。听楚狂之歌凤兮，爰息驾于周流。髡滑稽而嘲孟兮，终废阻于争利之强侯。谓明良之不作兮，贾生遇前席而致疎。策天人之煌煌兮，董相亦投老于江都。若党锢诸君之骈首兮，祸尤惨于坑儒。颐读易于涪水兮，熹投蓍而终。遁世滔滔其不返兮，哀吾道之屡困。洵苍生之不幸兮，抑世主之多蹇也。意造物实为权舆兮，何人事之多舛也。幸苍昊之我质兮，垂元听于九京。神湛湛以无言兮，网恢恢以何凭。

明·黄道周《榕坛问业》卷一四

许尔翼又问，天以一中分化，只是一理，安分大德小德？圣门亦称小德出入可也，又称小道必有可观，致远恐泥。莫非小德亦是制度文为经曲之末，如诗书六艺岂可以小德目他。凡可出入的物，终是泥滞川流不得，要细细分别起来，却都是大德。贯串前篇，所云莫载莫破是也。以莫破说不尽，又以川流赞之，语极分明。夫子生平口中不说小德，自礼乐而下，军旅便不谈了。子思却说律天时袭水土的是何物？某云，向才讲过，自元年春王正月至有星孛于东方，都是天时上事。自雎鸠河洲至景山松柏，都是水土上事也。

尔翼云，如此，则《春秋》判与天时，《诗经》判与水土。《春秋》属礼，《诗》自属乐。记云，乐以阳率天，礼以阴率地。《春秋》何以率天，《诗经》何以率地乎？某云，阴阳礼乐，固自为用。尧舜未尝作诗，而有喜起之章。文武未尝作《春秋》，而有《周官》之法。此处何必分行。

尔翼云，古人三才同为经纬，黄帝宅丘之法，周公卜洛之书，想别成小德。秦皇焚诗书，其农圃医卜皆赖以存，而此独无有，岂是仲尼所删，抑是秦汉人不贵小道耶？某云，《七略》所载，五行三十一家，六百五十二卷，有神农太幽堪舆金匮五音奇胰，其托于轩后者，或百余卷。别为形家宫宅地形数目，倍于医方。则是亦前代所尚也。古书既不可见，今为晚唐南宋诸公灭裂殆尽，何足复谈？

明·蒋德璟《题桃源索隐册之一则》（《明文海》卷三〇三）

二酉为穆王藏书处，亦曰秦人藏书处。意秦焚书时，避秦者挟书偕隐，且为藏之名山,胜孔壁汲冢远矣。褐公曰:“秦焚书,楚救焚。人知罪秦,不知功楚。”此诚笃论。而相传昔有樵入石室,取书出,皆应手灰灭。然则孔壁汲冢,又何以能独存也?禹登宛委,得金简玉字,知水泉之脉。仲尼登泰山,见七十二家字,各不同。又能识龙威丈人洞庭禹书。两圣人有书癖,亦有书缘。惜樵夫非其人耳。王烈得抱犊山石室书两卷,仅谙数十字,以示嵇叔夜,尽知之。及将叔夜往,顾失其处。叔夜无书缘,樵夫无书癖。恨不使褐公与余见之。

明·李天植《咏史》(《明诗综》卷七三)

秦皇制六合,焚书筑长城。万古以为罪,孰为原其情。典籍付煨烬,大易道独行。岂识理数原,尚留天地精。紫塞亘万里,外内界则明。《春秋》重此义,兹尚存典刑。后世经术儒,剿说日以横。胡然南面尊,不耻城下盟。祖龙而有知,其气殊未平。

清《幸鲁盛典》卷九

上于堂后,观孔宅遗井,凭栏叹羡,衍圣公孔毓圻奏曰:“此臣祖当年所饮之井也。”上命汲水尝之。附录夫子旧宅,在大成殿之东偏宅,大一顷。今毓粹门外,南向小门,夫子旧宅门也。井在诗礼堂后,明兖州府知府童旭护以石栏上,问鲁壁遗址。孔毓圻奏曰:“昔秦始皇焚诗书,臣九世祖孔鲋预藏《尚书》、《论语》、《孝经》诸书于壁中。至汉,鲁恭王欲毁臣祖故宅,以广其宫,闻壁中有金石、丝竹之声,发之,得竹简《古文》,故后世名其堂曰金丝。”

清《乾隆四十二年十月初七日上谕》(《四库全书总目》卷首)

四库全书馆进呈李廌《济南集》,其咏凤凰台一首,有汉彻方秦政,何乃误至斯之语?于理不顺。因检查《北史·文苑传叙》,亦有颉颃汉彻,跨蹑曹丕之句。韵府因而录入,均属未协。秦始皇焚书坑儒,其酷处不可枚举,号为无道秦,后之人深恶痛绝，因而显斥其名尚无不可。若曹丕躬为纂[1]逆，称名亦宜。至汉武帝在汉室尚为振作有为之主，且兴贤用能，独持纲纪，虽黩武惑溺神仙，乃其小疵，岂得直书其名与秦政曹丕并论乎？且自古无道之君至桀纣而止，故有指为独夫。受者若汉之桓灵，昏庸狂暴，遂至灭亡，亦未闻称名指斥。何于武帝转从贬抑乎？又如南北朝，彼此互相诋毁。南朝臣子称北朝主之名，北朝臣子称南朝主之名，宋之于金元，金元之于宋亦然。此皆局于其地之私心，虽非天下之公，尚无伤于正理。若李延寿乃唐臣，李廌乃宋臣，其于中国正统之汉武帝，伊祖未尝不曾为其臣，岂应率逞笔端，罔顾名义？轻妄若此，且朕御制诗文内如周、程、张、朱，皆称为子，而不斥其名。又如韩昌黎、苏东坡诸人，或有用入诗文者，亦止称其号而不名。朕于异代之臣尚不欲直呼其名，乃千古以下之臣，转将千古以上之君称名不讳，有是理乎。朕命诸臣办理《四库全书》，亲加披览，见有不协于理者如关帝旧谥之类，即降旨随时厘正。惟准以大中至正之道，为万世严褒贬，即以此衡是非，此等背理称名之谬，岂可不为改正以昭示方来？著交武英殿将《北史·文苑传叙》改为汉武，韵府内删去此条，酌为改刊，所有陈设之书悉心改补。其李廌集亦一体更正，并谕《四库全书》馆臣等，于校勘书籍内遇有似此者，俱加签拟改声明，进呈毋稍忽略，将此通谕知之。钦此。

清《钦定四库全书总目》卷一〇八

易学一卷（内府藏本）

宋王湜撰。是书《宋志》不著录。其名见晁公武《读书志》，但称同州王湜，而不详其始末。张世南《游宦纪闻》称，康节先生《皇极经世》，其学无传。此外有所谓《太乙数》。渡江后，有北客同州免解进士王湜，潜心是书。作《太乙肘后备检》三卷，为阴阳二遁绘图一百四十有四。上自帝尧以来，至绍兴六年丙辰云云。是南宋初人矣。今《太乙肘后备检》未见传本，此书则《通志堂经解》刊之。书中首论太极两仪四象八卦，而以夜半日中心肾升降之气明之。又有取于《庄子》肃肃出乎天，赫赫发乎地之语，全本于道家之说。其自序则称于陈抟、穆修、

---

① 疑“篡”之讹。

李之才、刘牧之书兼而思之,是亦先天之学出于炉火之证也。然其论先天之图,谓希夷而前,莫知其所自来。其时距邵子未远,而其言如是。可以知传自伏羲,遭秦焚书,流于方外之说,出于后儒之附会。其末为皇极经世节要。自序有云,康节遗书,或得于家之草藁,或得于外之传闻。间有讹谬,于是决择是非,以成此书,示读皇极者以门户,亦可知《皇极经世》一书,不尽出于邵子。其言可谓皎然不欺,有先儒淳实之遗矣。

[略]

《易象图说内篇》三卷、《外篇》三卷(两江总督采进本)

元张理撰。理有《大易象数钩深图》,已著录。是书内篇凡三,曰本图书,曰原卦画,曰明蓍策。外篇亦三,曰象数,曰卦爻,曰度数。其于元会运世之升降,岁时寒暑之进退,日月行度之盈缩,以及治乱之所以倚伏,理欲之所以消长,先王制礼作乐,画井封疆,一切推本于图书。盖与张行成《易通变》相类,皆《皇极经世》之支流也。图书之学,王湜以为自陈抟以前莫知所自来,而说者则谓为秘于道家,至抟乃显。此书引《参同契》巽辛见平明十五乾体就云云,以明圆图,引朔旦为复阳气始通姤始纪绪履霜最先云云,以明方图,其说颇相吻合。意所谓遭秦焚书,此图流于方外者,即影附此类欤。黄虞稷谓邓锜《大易图说》与理此书俱为道藏所录,今以《白云霁道藏目录》考之,实在洞真部灵图类,灵字号中。则其说出道家可知矣。

清《四库全书考证》卷二四(史部)

卷一百二十一

《儒林列传》焚诗书、坑术士。正义:今新丰县温汤之处,号愍儒乡。温汤西南三里有马谷,谷之西岸有坑,古相传以为秦坑儒处也。刊本:二汤字俱讹阳,又三里讹三百里,以字下脱为字。并据《汉书 · 儒林传注》增、删、改。又申公入见高祖于鲁。南宫案:正义引《括地志》及郑康成《泮宫说》解之。则南宫当作泮宫,又逸书得十余篇。索隐:孔臧与安国书云,刊本脱书字,据《毛本》增。又何图乃有百篇邪，刊本何讹河，今改。

清（乾隆）《御制诗四集》卷四九

汉武帝

秦皇汉武恒并称，吾谓其言未当去声也。秦皇坑儒武重儒，一端足以定高下。求仙封禅勤土木，黩武之类过弗寡。然其大过在钩弋，理无因子杀其母叶，祸防吕雉特忍残，投鼠忌器喻宁假。表章六经黜百家，则其得在兴俊雅。瑕瑜不掩斯可耳，汉史摘失其得舍。入于蚕室怀恨深，载笔纪事由司马。

清·顾炎武《日知录》卷一《朱子周易本义》

秦以焚书而五经亡，明朝以取士而五经亡。今之为科举之学者，大率皆帖括熟烂之言，不能通知大义者也。而《易》、《春秋》尤为缪戾。以彖、传合大象，以大象合爻，以爻合小象，二必臣，五必君，阴卦必云小人，阳卦必云君子，于是此一经者为拾渖之书，而《易》亡矣。取胡氏传一句、两句为旨，而以经事之相类者合以为题，传为主，经为客，有以彼经证此经之题，有用彼经而隐此经之题，于是此一经者为射覆之书，而《春秋》亡矣。天顺三年九月甲辰，浙江温州府永嘉县儒学教谕雍懋言，比者浙江乡试《春秋》，摘一十六段配作一题，头绪太多。及所镂程文，乃太简略而不统贯。且《春秋》为经，属词比事，变例无穷。考官出题，往往弃经任传，甚至参以己意。名虽经题，实则射覆。乞敕禁止。上从之。复程朱之书以存《易》，当各自为本备《三传》、啖、赵诸家之说以存《春秋》，必有待于后之兴文教者。

又卷一六《拟题》

明代科场之病，莫甚乎拟题。且以经文言之，初场试所习本经义四道，而本经之中，场屋可出之题不过数十。富家巨族延请名士馆于家塾，将此数十题各撰一篇,计篇酬价,令其子弟及僮奴之俊慧者记诵熟习。入场命题,十符八九,即以所记之文抄誊上卷,较之风檐结构,难易迥殊,四书亦然。发榜之后,此曹便为贵人,年少貌美者多得馆选,天下之士靡然从风,而本经亦可以不读矣。予闻昔年五经之中,惟《春秋》止记题目,然亦须兼读四传。又闻嘉靖以前,学臣命《礼记》题,有出《丧服》以试士子之能记否者。百年以来,《丧服》等篇皆删去不读,今则并《檀弓》不读矣。《书》则删去《五子之歌》、《汤誓》、《盘庚》、《西伯戡黎》、《微子》、《金縢》、《顾命》、《康王之诰》、《文侯之命》等篇不读,《诗》则删去淫风变雅不读,《易》则删去《讼》、《否》、《剥》、《遁》、《明夷》、《睽》、《蹇》、《困》、《旅》等卦不读,止记其可以出题之篇及此数十题之文而已。读论惟取一篇,披庄不过盈尺。《隋书·崔赜传》因陋就寡,赴速邀时。《旧唐书·薛谦光传》昔人所须十年而成者,以一年毕之。昔人所待一年而习者,以一月毕之。成于勦袭,得于假倩,卒而问其所未读之经,有茫然不知为何书者。故愚以为八股之害等于焚书,而败坏人材,有甚于咸阳之郊所坑者但四百六十余人也。请更其法。凡四书五经之文皆问疑义,使之以一经而通之于五经。又一经之中亦各有疑义,如《易》之郑、王,《诗》之毛、郑,《春秋》之三传,以及唐宋诸儒不同之说,四书五经皆依此发问。汉人所谓发策决科者,正是如此。其对者必如朱子所云,通贯经文,条举众说,而断以己意。《宋史·刘恕传》:举进士,诏能讲经义者、别奏名应召者,才数十人。恕以《春秋》、《礼记》对。先列注疏,方引先儒异说,末乃断以己意,凡二十问,所对皆然。其所出之题不限盛衰治乱,《宋文鉴》载张庭坚自靖人自献于先王经义一篇。使人不得意拟,而其文必出于场中之所作,则士之通经与否可得而知,其能文与否亦可得而验矣。又不然,则姑用唐宋赋韵之法,犹可以杜节抄剽盗之弊。盖题可拟而韵不可必,文之工拙犹其所自作,必不至以他人之文抄誊一过而中式者矣。其表题专出唐宋策题,兼问古今,如《王梅溪集》中所载人自不得不读《通鉴》矣。夫举业之文,昔人所鄙斥,而以为无益于经学者也,今犹不出于本人之手焉,何其愈下也哉?

又卷一八《朱子晚年定论》

昔范武子论王弼、何晏二人之罪深于桀、纣,以为一世之患轻,历代之害重。自丧之恶小,迷众之罪大。而苏子瞻谓李斯乱天下,至于焚书坑儒,皆出于其师荀卿。高谈异论,而不顾者也。困知之记,学蔀之编,固今日中流之砥柱矣。

清·施闰章《房枢部文集序》(《学余堂文集》卷五)

天下日竞于文,而文益敝。其患非徒在文章也。唐虞去上古未远,其人浑浑尔。书辞质简,非后世史家言天下称文明为独盛。三王相嬗,制作闳备。星陈而霞烂,文治已极。圣人之书既具,而诸子百家旁见骈出,皆自命为作者之圣。由是莠言繁兴,天下奸回猾乱,简册不可胜书,而变亦无所不底于极。

吾夫子删正诗书,笔削《春秋》,以坊天下后世,不啻摧陷廓清,而中古淳茂之风,卒不可复,何者?文极而敝,固其所也。敝极则变,变极则反其本,盖不俟筮贲而怒乎其有忧矣。浸淫至战国不已,卒召嬴秦焚书之祸。于乎,向使孔孟生今日,见今世之文人,其忧叹何如也?夫立言为不朽,谓其祖经祢传,以载道而牖民也。假令骚赋诗文徒取雕绘,浮言曲说是非甘谬于圣人,鞶帨虽工,即土苴之弗若矣。

枢部房君慎庵出其文若干首,大抵正学术闲人心,坦然洞达之言。杼轴一出于己,所谓修辞立诚其言有物者邪。始,枢部宰丰城,治行第一,到今舆颂不衰。夫蓄之为德,发之为言,施之为政,一也。汉儒崇尚经学,史氏或称以文章饰,吏治谓之为饰,有道者陋之。君子理义积中,言无缘饰。若植根而木华,若掘地而泉涌,若田夫野叟之量雨旸话桑麻也。

吾论文如是。枢部曰,然。故书之。

清·黄虞稷《授经图义例序》

六经大义,至宋儒昌明之而始无遗憾。学者守为章程,宜也。不知绝续之际,汉儒为难。当日秦书既焚,往圣遗言澌灭殆尽,幸而去古未远,间得之屋壁所藏,女子所献,老生所口述,然而仅矣。迄学者代兴,遐搜博考,或一人集众是,或数人成一经。要其授受,各有师承,非若后人以意见为予夺也。刘歆遗书博士,谓孝宣时广立经文。义虽相反,不嫌并设。与其过而废之,宁过而立之。旨哉斯言。

夹漈郑氏乃云,秦焚书而书存,诸儒穷经而经绝。于是有指斥汉儒,迹其同异纷纭,为诋诃所自起。岂知前型未坠,尽信非也。概疑之,亦非也。六经之义,如江湖日月,无所不该。解之者惟其不背于经斯已尔,而又何同焉?夹漈之言过矣。授经诸图,见于章氏考索。

明西亭宗正复加厘定,并采诸儒言行,列为小传。由是师友渊源,灿如指掌。自汉以后,晨星相望。专家虽不逮汉儒,而亦多有缵承。惜其未暇补入。然传注义疏序解辨问诸条,犁然各具于图之左方,览者因目以求其书,则得矣。

是集黄征君俞邰藏有善本,龚主事蘅圃刊之白下。世之师心党同,薄前贤为不足法者,庶几知所返也。然则汉儒洵有功于六经,而为功于汉儒者,二子又将与西亭并传也夫。

秀水朱彝尊,粤自经籍之传,圣言弘广,后世未易窥测。言之者人殊其义,于是《易》有施孟梁丘京氏之学。费直晚出,其说盛行于今。《书》则欧阳大小夏侯为今文,孔安国为古文。《诗》则有齐鲁韩毛四家之异。三礼则二戴之大小记,高堂生之《仪礼》,刘歆之《周官》。《春秋》则公羊之严氏、颜氏,谷梁之瑕丘江公,左氏之贾护、刘歆,各以其家法教授。缘及东京,相仍未改。班范二书之《儒林传》,与散见于诸列传者,可考也。宋《崇文总目》有图三卷,缘存而书亡。

明万历初,中尉西亭本其旨,因章俊卿《山堂考索图》,更为细订。每经之首,著凡例数则,其次为授经之图。又其次为诸儒之行履有关经术者,节为传末,则附其所著而下。及于魏晋以来传注之目,俾后人按籍以求,了若掌录,诚有功经学之书也。惜其所载传注,时有缺误,而类例亦未尽善。如古本之《易经》上下十传,各自有书。王弼本始以《彖》、《象》、《文言》系各爻辞之下。《书》则伏生口授之二十九篇,先兴于齐鲁之间。古文后出于孔壁,先儒多疑之者。西亭旧本先后不无参参错。

予与龚子蘅圃重为厘正。《易》则以复古为先,《书》则以今文为首。其他经传之缺轶者,复取历代史《艺文志》及《通志》。《通考》所载,咸为补入。而近代传注可存者,亦间录焉。视西亭所辑,庶几少备矣乎。

然是编也,于汉儒略具矣,而有宋诸儒之著述,如蓝田、上洛、洛阳、延平,则程门之嫡嗣也。金华、新安,则伊洛之孙曾也。逮婺源朱子出,而五经之学益明。双湖云峰之于《易》,庆元辅氏之于《诗》,九峰蔡氏之于《书》,勉斋、信斋之于《礼》,清江张氏之于《春秋》,与夫元明以后诸儒阐明羽翼,亦等于汉儒之家法,而义理过之。其源流派别,未有序而图之者。苟得续是编以传,其为裨益经学,不更大乎?世多留意正学之士,予且有厚望矣。

温陵黄虞稷。

清·陈廷敬《经义考序》(《午亭文编》卷三五)

朱竹垞先生归隐小长芦中,以缉学著书自娱。远屏声迹,独千里寓书于余曰:“彝尊所辑《经义考》三百卷,今已就。九经之外,旁及纬候。唐宋以来,碑版传说,搜采颇多。公其惠践前诺,畀以序言。”廷敬发书,喟然曰,经义之存佚,圣道之因以显晦,而君子之所尤宜尽心者也。凡经之存佚,不于其书,于其人,且于其时。有佚而若存者,有存而若佚者。秦烧书坑儒,经佚矣。汉兴于残烟断烬之余,掇拾其什一二,其时专门名家,引经制事,虽守残抱阙,彬彬乎有近古之风焉。其后以经选士,设科射策。乃有通义之目,经义之存,莫盛于此。

夫其初所谓经者,《易》、《书》、《诗》、《礼》、《春秋》而已。是以石渠之论,称制临决者,曰五经同异。孝章修甘露故事,亦曰论五经于白虎观唐。贞观中,乃分列九经,而唐之经义不胜于汉。若是乎,佚者若存,而存者若佚也。

夫经以致用,致用之实,莫大乎教人。取士之法,则由唐宋以来,其得失之故可睹矣。唐初沿隋旧,置六科。其后科目虽繁,大要以明经进士为重。明经试经义,进士试策、诗赋、杂文,亦贴经,故尤以是科为重。后虽稍浮滥,终唐之世卒未有以易之也。宋初制,先策,次论,次赋及诗,次帖经墨义,后所重者,诗赋论三题。熙宁元祐之间,诗赋经义罢,复错互。而王安石、吕惠卿创始之经义,迄于今,流毒无穷焉。诗赋虽词章之学,而精其业,非通经学古者则不克以为。今之经义,名虽正,而实则乖。盖王氏之经学行,而经亡滋甚矣。

安石曰,本欲变学究为秀才,不谓变秀才为学究也。呜呼,岂知并学究而失之乎。今古经具在,而学术如此,则经之存佚,皆不可得而问矣。

今竹垞所著《经义考》,至于三百卷之多,其或存或佚,详载于编。余以为经竹垞之考定,存者固森然其毕具,而佚者亦绝其穿凿附会之端,则经义之存,又莫有盛于此时者矣。微竹垞博学深思,其孰克为之?

圣天子典学右文,石渠白虎集议方殷,诸儒必将以竹垞为大师,而正经学,以淑人才。有厚望焉。余序竹垞经义之书,而及唐宋以来所以教人取士之法,盖深有慨于圣道显晦之故,而重有幸于今兹也。

清·朱彝尊《经义考》卷一〇

黄宗炎曰,《易》以卜筮独不罹秦火,其民间自相授受,亦止言卜筮,而不敢及乎理义。故汉儒易学,大抵皆论灾祥、祸福,以象数为重,盖其由来使然也。然其章句之沿习与训诂之垂传者,固未尝废也。乃宋人竟诋之谓秦火焚书而书存,汉儒穷经而经绝,岂其然哉?辅嗣生当汉后,见象占之牵强拘泥,有乖于圣教,始一切扫除,畅以义理,天下之耳目焕然一新,圣道为之复睹。唐太宗诏长孙无忌与诸儒刊定义疏十余家,凡辞尚虚诞者,皆所不取,惟王注独冠古今,亦其学其辞有足以折服群贤,岂徒以当时习尚而漫为回护之者哉?乃宋儒竟诋之谓崇尚虚无,祼述异端曲说。晋魏谈玄自王倡始,至神州陆沉,中原鱼烂,皆辅嗣所肇,甚或拟其罪为桀纣。噫,亦太过矣。夫谈象数,则斥之如彼,诠辞理,则咎之如此,为宋以前之儒者,不亦难乎?

又卷一三九

李清臣曰:自秦焚书之后,学者不得完,经亡者已亡,而存者大抵皆杂乱,已不可全信。汉之儒者,各守所见,务以自名,其家亦非有圣人之言,而托之于圣人,学者谓圣人之重也,不敢辄议。又从而传师之,斯教之大害也。五经独礼乐尤为秦之所恶绝,灭几尽。今之礼经,盖汉儒鸠集诸儒之说,博取累世之残文,而后世立之于学官。夏商周秦之事,无所不统,盖不可以尽信矣。

又卷二九七

薛应旂曰,圣人作经,《易》以道化,《书》以道事,《诗》以达意,《礼》以节人,《乐》以发和,《春秋》以道义。先后圣哲,上下数千言,究其指归,无非所以维持人心于不坏也。人乃任末弃本,各出意见,竞为训疏,支辞蔓说,炫博务奇,门户争高,相倾交毁,而彼此枘凿,后先矛盾,遂使学者之耳目应接不暇,而本然之聪明反为所蔽焉。况乎不遵经而遵传，今日之经已为世儒之经，非复古圣人之经矣。正犹读方书而不知治病，反以庸医之说，而乱炎黄之真也，其害可胜言哉？

又曰，汉之穷经者，《易》如田何以及施孟梁丘。《书》如伏生以及欧阳、大小夏侯。《诗》如申公以及辕、韩、大小毛公。《礼》如高堂生以及后苍、大小二戴。《春秋》如公羊、谷梁以及刘氏、严氏，其诸若马融、刘歆、郑玄、孔颖达，诸人转相授受，而注疏作焉。虽其人未必皆贤，所言未必皆当，然于秦火之后，而非此数人，则六经几乎息矣。至宋郑樵，乃谓秦人焚书而书存，汉儒穷经而经绝。信斯言也，则是汉儒之罪，盖又不止于秦火也。

然自今观之，汉去古未远，而圣人之遗旨，犹或有得于面承口授之余，故宋儒释经遂多，因之而阙文疑义，一以注疏为正。如九六老变，孔颖达之说也。文质三统，马融之说也。河洛表里之符，宗庙昭穆之数，刘歆之说也。五音六律，还相为宫，郑玄之说也。其择言之广，取善之公，要在明乎经，而不失圣经之意耳。岂得尽如夹漈之论哉？

盖汉儒之学长于数，若仪文节度之烦，虫鱼草木之变，皆极其详。其学也，得圣人之博。宋儒之学，长于理。若天地阴阳之奥，性命道德之微，皆究其极。其学也，得圣人之约。合是二者，而虚心体认，则天机相为感触，当自默会于燕闲静一之中，超然悟于意言象数之表，而吾心之全体大用，可一以贯之，而不溺于先人之说，不蔽于浅陋之见矣。尚何有众言之淆乱哉？［略］。

陈懿典曰："甚哉，王通氏之黜汉而自尊其续经之功也。"其言曰：九师兴而易道微，三传作而《春秋》散。齐韩毛郑，《诗》之末也。大戴小戴，《礼》之衰也。《书》残于古今，《诗》失于齐鲁。其讼言而攻之也，无非欲自尊其所述。七制之《书》，关朗之《易》，《元经》礼乐与六籍并，而卑訾汉人之注疏为不足道也。自文中子之言出，而训诂家绌矣。传至宋儒，则诋訾汉儒愈力，甚且曰，秦人焚书而书存，汉人穷经而经绝。则又阴祖通之言，而益重汉人之罪也。

嗟夫，贬汉所以尊宋也。不知秦灰方熸，孔壁乍起，自汉始除挟书律之岁，以至于宋，其间千有余载，六籍之文不至于澌灭殆尽，以俟后人之讲明而表章者，伊谁之力也。设令遗经散逸，异端纵横，即有宋诸儒，何所据以加论著之功，续不传之秘哉？谢肇淛曰，宋儒贬经太过者，至目《春秋》为断烂朝报。信经太过者至以《周礼》为周公天理烂熟之书。不知《春秋》非孔子不能作，而《周礼》实非周公之书也。至欧阳永叔以《系辞》非孔子之言，抑又甚矣。

清·朱彝尊《授经图序》(《曝书亭集》卷三四)

六经大义,至宋儒昌明之而始无遗憾。学者守为章程,宜也。不知绝续之际,汉儒为难。当日秦书既焚,往圣遗言澌灭殆尽,幸而去古未远,间得之屋壁所藏,女子所献,老生所口述,然而仅矣。迄学者代兴,遐搜博考,或一人集众是,或数人成一经。要其授受,各有师承,非若后人以意见为予夺也。刘歆遗书博士,谓孝宣时广立经文。义虽相反,不嫌并设。与其过而废之,宁过而立之。旨哉斯言。

夹漈郑氏乃云,秦焚书而书存,诸儒穷经而经绝。于是有指斥汉儒,迹其同异纷纭,为诋诃所自起。岂知前型未坠,尽信非也。概疑之,亦非也。六经之义,如江河日月,无所不该。解之者惟其不背于经斯已尔,而又何同焉。夹漈之言过矣。授经诸图,见于章氏考索。

明西亭宗正复加厘定,并采诸儒言行,列为小传。由是师友渊源,灿如指掌。自汉以后,晨星相望。专家虽不逮汉儒,而亦多有缵承。惜其未暇补入。然传注义疏序解辨问诸条,犁然各具于图之左方,览者因目以求其书,则得矣。

是集黄征君俞邰藏有善本,龚主事蘅圃刊之白下。世之师心党同,薄前贤为不足法者,庶几知所返也。然则汉儒洵有功于六经,而为功于汉儒者,二子又将与西亭并传也夫。

又《王维伏生图跋》(《曝书亭集》卷五四)

右王维所画伏生,上有宋思陵题字,庚戌十月,观于退谷孙侍郎斋。生,济南人也。予游济南于长白山之阴,拜生墓,见其祠宇庳隘,至不容筵几。有司牲醪岁时之飨,或阙焉不修。因叹世人无知重生者。

盖经学之不明久矣。思秦之时,诸生讼言封禅,至有坑儒之祸。生为秦博士得免,其明哲有过人者。及汉兴,隐士负一时之望,莫若商山四皓。初未闻讲习经义,传之弟子。则其年虽八十余,衣冠甚伟,与土木何异?生独能于微言既绝之时,教学齐鲁,老而益勤,卒传之晁错,斯文未丧。天若有意于生而锡之年者。

百世之后,宜师其人而识其貌焉。

维之所画,特想像为之而已。然艺事既神,其精思所感,如或见之。观是图者,不问知其为生,此思陵所以宝惜而亲题之也。世之法书善画,多秘之内府,人既未得观,间复流传于世,藏之者非其人,则观者亦取非其人,此书画之厄也。是图之得归孙氏,非至幸与?

先生今年七十有八,犹治《尚书》不辍。所注《禹贡》、《洪范》,其发明经义甚详。对先生之容,益悟维之貌生,能入神也。

又《书论》(《曝书亭集》卷五九)

书何以终《费誓》、《秦誓》也?说经者曰:周之衰,孔子有望于鲁矣。鲁之衰,孔子有望于秦矣。圣人念焚书之酷,虽知不免,犹不能废人事焉。噫,是非儒者之言也。

《周官》外史掌三皇五帝之书,达书名于四方。郑氏谓若《尧典》、《禹贡》,达此名使知之。盖书之名既达矣,又虑其久而昧其义也,乃命大行人九岁则谕书名。然则百篇之书,皆掌之外史,而谕之行人,非孔子所得而芟夷翦截黜除之也。谓芟夷翦截黜除之者,孔安国之序之文之伪也。司马迁称孔子序书传,上纪唐虞之际,下至秦缪,编次其事,而班固亦云序书则断《尧典》。书也者,孔子非有损益于其间,特序之而已。

夏之书终以《胤征》,周之书终以《费誓》、《秦誓》,无以异也。周公作《多士》,载于《周书》,鲁公作《费誓》,亦得载于《周书》,无以异也。且夫平淮徐,一也。召穆公程伯休父《江汉》、《常武》之篇录于诗,安在《费誓》之不可录于书。悔过一也,卫武公宾之初筵列于小雅,安在《秦誓》之不可列于《周书》。以无足异之事,而必谓圣人有心于望周望鲁,毋乃类于谶纬之说乎。

秦师之袭郑也,过周北门,左右免胄而下,超乘者三百人。王孙满讥其轻而无礼。缪公盖闻之矣。其作誓曰:"仡仡勇夫,射御不违,我尚不欲。"则悔之之深,匪徒以违蹇叔为憾也。意其封殽尸而还,必告捷于天子,而陈其誓辞,遂得掌于史而达之四方。虽未由得其详,而要非孔子有意以《秦誓》终《周书》,则可信已。

又《秦始皇论》

法制禁令所以防民之奸,而非化民成俗之具也。惟秦之为国,不本于道德,而一任乎法。卫鞅曰:“法之不行,自上始也。”刑则加于太子之师傅。而范雎为相,弃逐君之母弟。秦之君以为法在焉,师傅可刑,母弟可逐,而法不可易也。其甚者,荆轲以匕首劫始皇,几揕其胸,环柱而走,人情孰不急其君。左右之臣,至宁视其君之死,不敢操尺寸之兵上殿,其与寇雠何异?自当时视之,以为于法宜然,无足怪也。嗟夫,方其初用事之臣,惟知任法。积之既久,虽万乘之尊为法所制,宁以身殉法,而不敢易。上下相残,甘为众恶之所归,以至于亡,岂不哀哉!

盖吾观于始皇之焚诗书,而深有感于其际也。当周之衰,圣王不作,处士横议。孟氏以为邪说诬民,近于禽兽。更数十年,历秦,必有甚于孟氏所见者。又从人之徒,素以摈秦为快。不曰嫚秦,则曰暴秦。不曰虎狼秦,则曰无道秦。所以诟詈之者,靡不至。六国既灭,秦方以为伤心之怨,隐忍未发。而诸儒复以事不师古,交讪其非。祸机一动,李斯上言,百家之说燔,而诗书亦与之俱烬矣。

嗟乎,李斯者,荀卿之徒,亦常习闻仁义之说,岂必以焚诗书为快哉?彼之所深恶者百家之邪说,而非圣人之言。彼之所坑者,乱道之儒,而非圣人之徒也。特以为诗书不燔,则百家有所附会,而儒生之纷纶不止,势使法不能出于画一。其忿然焚之不顾者,惧黔首之议其法也。

彼始皇之初心,岂若是其忍哉?盖其所重者法,激而治之,甘为众恶之所归而不悔也。呜呼,邪说之祸,其存也,无父无君,使人陷于禽兽。其发也,至合圣人之书烬焉。然则非秦焚之处士,横议者焚之也。后之儒者不本乎圣贤之旨,文其私说,杂出乎浮屠老氏之学,以眩于世,天下任法之君,多有使激而治之,可不深虑也哉?

清·王士祯《秦穆公墓》(《精华录》卷一〇)

雨霁陈仓晓日红,杖藜来访橐泉宫。千年断碣荒烟里,一片残春秀麦中。黄鸟哀时良士尽,碧鸡飞去霸图空。子车遗冢犹邻近,长与坑儒恨不穷。

清·姜宸英《黄老论》(《湛园集》卷四)

汉自曹参为齐相,奉盖公治道,贵清静,而民自定。其后相汉,遂遵其术以治天下。一时上下化之。及于再世,文帝为天子,窦太后为天下母,一切所以为治,无不本于黄老。极其效,至于移风易俗,民气朴素。海内刑措,而石奋、汲黯、直不疑、司马谈、田叔、王生、乐巨公、刘辟彊父子之徒,所以修身齐家治官莅民者,非黄老无法也。盖汉当秦焚书之后,诗书放失,其一时之人,心志耳目,荡焉无所寄。而黄老之教,不言而躬行。缙绅先生之所以口传而心授者,所在皆是。则乘其隙而用之,以施于极乱思治之后,故其致理之盛,几及于古淳闷之化。

余考班氏书,为黄帝书者几家,为老子书者几家,大抵皆出于汉初人所为。所谓庄周者,备道书之一家而已。太史公书,虽老庄申韩并传,不闻有以庄子配老氏者。《古今人表》,仅次周于第六等中下之列,则当时之所尚可知矣。盖老子之教,以虚无为本,以因循为用。而其旨,卒归于治天下。庄子者,徒乐为猖狂恣肆无涯涘之说,以自放其意而已。观其人,虽有圣人者出,将不为用也。而魏晋间之乐纵诞者,必曰老庄。习其猖狂自恣无涯涘之说,欲举之以移易夫天下,则天下几何其不乱且亡矣?而老氏之弊,岂至是哉?

汉武帝表章六经,群书辈出。黄老之教渐微。然儒者曲学阿世,文士浮薄无用。在朝之臣仅有一董仲舒,能明王道而不能用。汉治亦愈衰于前,岂孔子之教不如老氏哉?老氏得其传,孔子之教失其传故也。自孟子殁后数百年,而得一董子。又千余年而后,宋之诸大儒出焉。发明理学体用微显之要,然后世始晓然知儒者之学,内足以治其身心,外足以开物成务,以致乎天下国家之用,而卒不知所以用也。则孔子之道之得传于世,其亦难矣。

清·田雯《咏史》(《古欢堂集》卷三)

盛名世所嫉,曹节起衅端。独有垫巾人,不受异患干。张俭为亡命,投止生波澜。何如自剪发,身居林虑山。缅怀昔战国,拥彗以盘桓。卒成坑儒祸,为之发长叹。梁砀同佣隶,屏迹申屠蟠。

清·吴景旭《焚书》(《历代诗话》卷五三)

章碣《焚书坑儒》诗云：坑灰未冷山东乱，刘项原来不读书。

吴旦生曰：焚书坑在骊山下，即坑儒谷。昔人题云："焚书祇是要人愚，人未愚时国已墟。惟有一人愚不得，又从黄石读兵书。"按《黄石公记》云，黄石，镇星之精也。黄者，镇星色也。石者，星质也。东坡以圯上老人为隐君子。

万历中，陈眉公诗："雪满前山酒满觚，一编常对老潜夫。儿曹空恨咸阳火，焚后残书读尽无。"天启中，叶圣野诗："黄鸟歌残恨未央，可怜一夕葬三良。坑儒旧是秦家事，何独伤心怨始皇。"一诘责后人，一追咎前人，各妙。

宋萧森《希通录》云："按史书，所坑特侯生卢生四百六十余人，非尽坑天下儒者。为其所坑，又非儒者。何以知之？始皇三十二年，使卢生求羡门，刻碣石门，坏城郭，决通隄防。又卢生入海还，因奏录图书，有亡秦之语。始皇乃遣蒙恬发兵三十万人，起临洮，筑辽水。又卢生说始皇曰：'方中，人主时为微行以辟恶鬼，恶鬼辟，真人至。愿上所居宫毋令人知，然后不死之药可得也。'其后建阿房宫千门万落，必自此言发之。观此，皆卢生等稔其恶，特方伎之流耳，岂所谓儒者哉？"

郑夹漈论秦不绝儒学，有曰：陆贾，秦之巨儒也。郦食其，秦之儒生也。叔孙通，秦时以文学召，待诏博士。数岁，陈胜起，二世召博士、诸儒生三十余人而问其故，皆引《春秋》之义以对。况叔孙通降汉时，有弟子百余人。项羽之亡，鲁为守礼义之国。则知秦时未尝废儒。而始皇所坑者，盖一时议论不合者耳。萧何入咸阳，收秦律令图书，则秦亦未尝无书籍也。其所焚者，乃一时事耳。

清·阎若璩《尚书古文疏证》卷八

又按：予尝语石紫岚，昔人自称有五恨者，有三恨者，予生平独有二恨耳。紫岚曰："何与？"予曰："《皇览·冢墓记》汉明帝朝诸儒论五经误失，符节令宋元上言，秦昭襄王、吕不韦好书，皆以书葬。王至尊，不韦久贵，冢皆以黄肠题凑，处地高燥未坏，臣愿发昭襄王、不韦冢，视未烧诗书。予谓当时此举未行，故秦汉后不获见。孔子六经全文,此予之恨者一也。大程子为次子邵公撰墓志,称其等于生知,五岁而夭。予谓当时天若假之年,三代以下可复见生安之圣人,卒不获见,予之恨者二也。”紫岚曰:“庄子言儒以诗礼发冢,盖有激之辞,子真欲发人之冢乎?”予曰:“观后晋太康中,汲郡民发魏襄王冢,大得古书《周易》上下篇,最为分了。齐文惠太子镇雍州有发楚王冢,得竹简书,以示王僧虔者,僧虔曰,是科斗书《考工记》,《周官》所阙文也。古发冢以得经典者众矣,何疑于宋元之言?晋、齐上距战国已远,尚完整,若汉明帝朝去秦才二百余岁耳,复当何如?且秦人焚书,止焚其在民间者,凡诗书百家语为博士官所职,悉不焚,至项籍西屠咸阳,始付之一炬。故论者谓《书》不亡于秦火,而亡于项籍之火。然虽烬于项籍,而冢中所藏者,固历历也。惟宋元言之,东汉诸儒听之,曾莫以为意,失此一时,后竟无复有可为之时矣。”“噫”,紫岚曰:“子之恨固当悬之终古耳。”

清翰林院检讨毛奇龄《古文尚书冤词》卷四

或曰,此褚先生所增文也。吴中陈仁锡刻《史记》,凡列传遇巫蛊事,皆注曰:褚先生所续。若年表至太初以后,则直删之,而未之闻耶。

此则焚书矣。夫欲攻古文而间辟孔序,已属波及。而乃辟孔序不已,竟致改《史记》以实己说,则凡书俱危矣。宋郑樵曰:“秦人焚经而经存,汉人解经而经亡。”予向最恶此语。如是,将必焚经而不解经,然后可今俨然焚之矣。夫褚先生非漫然增《史记》也,褚为元成间人,其所增补者,大抵史公自序中有其目而无其书,如《武帝记》、《三王世家》、《龟策》、《日者》诸传。偶可搀附,则增之,然并无增续一二句者。且诸列传中,其及巫蛊事,皆连翩之文,前后一片,未能割方幅而缀当中也。又况班氏《汉书》往往依《史记》原文因而抄之,而司马贞、颜师古、孟康、徐广诸儒即又注之。史汉书例,并无班氏抄褚文诸儒注褚传者,今前所引,皆班氏所抄,诸儒所注之明文也。又况《史记》全书多征和事,虽无巫蛊字,而其事实在巫蛊之后。[略]实则《史记》之作,在天汉后。自序又曰“又七年而遭李陵之祸,幽于缧绁,乃始喟然”云云,而班氏作《司马迁传》,复改七年为十年。以为《史记》多讹十作七,如《律书》七寸为十寸,七分为十分。类是以七年计之,当天汉三年。以十年计之,则当在征和之前,太始之后,而总以陵降为之断。故荀悦《汉纪》又云,天汉三年,李陵降匈奴。司马迁据《春秋》诸书以作《史记》,接其后事,迄于天汉。其记陵降之年者,以陵降而后作记。其曰接其后事者,谓接上古以来之事而终于是年。则凡讫于太初,讫于麟止,讫于天汉,皆指黄帝以来之后事而言,非谓《史记》自此终也。夫谓《史记》为讫于太初者,自序也。谓《史记》为终于麟止者,亦自序也。谓太初之后又七年而遭患难,而始发愤作《史记》者,亦自序也。使执一说以相难,则即自序一篇已各有门户水火之争,何况《汉纪》。自此诸书多焚改矣,惟其不然。《史记》不必终太初。安国虽早卒,不必不死于征和之后。读经读史两俱无憾。盖从来毁《尚书》者,自朱、吴以后,历元迄明,皆信口聒聒,惟此为读书人所言,而一举不胜,即思易他文以实己说,则又无赖强暴所不为矣。故此一节,虽祗攻《书序》,而实刻于攻古文者之用心,好学者当慎思之。

清翰林院检讨毛奇龄《古文尚书冤词余录》(《经问》卷一八)

或言,甬东袁六符好攻古文,故见予《冤词》,颇自沮。然时时来杭道其乡人通洋者,每得海外书,有日本《孝经》,是仲尼闲居,曾子侍坐,有千文,互异八字。有《尚书》,即丰氏世学本。惟新罗《尚书》无《大禹谟》、《五子之歌》、《旅獒》、《君陈》四篇,而多《舜典》半篇,在《慎徽》、《五典》之前,其余句字多不同。吉安曾弘副使在康熙甲辰年得其书,未经入献而即死,遂藏于家。今将诣吉安求之。其人曾介沈生士安谒子,不值而去。予急遣沈生告其所知,幸勿为伪,自为伪以伪圣经,罪当加等。上有皇天,下有厚土,勿谓此中可欺也。

君乡人丰氏,世为伪书,在明嘉靖间曾造海外书二本,名为《古书世学》。其一称朝鲜本者,云箕子封于朝鲜,传《书》古文,自《帝典》至《微子》止,而附《洪范》一篇于其末。其一称徐市倭国本者,云市为秦博士,因李斯坑儒,托言入海,尽载古书至岛上,立为倭国,即今日本是也。二国所译书,其曾王父河南布政司使丰庆录得之,以藏于家,而丰熙述之,实则丰坊伪为也。幸其书不攻古文,故不为大害。然而作伪之恶,渐不可长已,为世唾诟摈斥久矣。若曾弘副使,则本乡人所不齿,即其人亦不知何等,而可与之语此等事乎?

况海外无《尚书》,在列朝记载甚明。周显德中新罗献《孝经》,宋咸平中日本献郑注《孝经》,并言无《尚书》本,即元祐中求高丽百篇《尚书》,亦并言无有,甚至外国史官载中国历求《尚书》不得，是海外《尚书》绝无影响。后有出者，皆属赝作行伪之徒，其亦可以废然矣。士君子生抱才质，苟知力学，亦何事不可为，而必出于此夫。必欲出此，吾亦无如何，然何苦乃尔。

清翰林院检讨毛奇龄《四书剩言补》卷二

盖古经极重名实，犹是君臣、父子诸伦，而名实不苟，偶有称举，必各为区目。如《管子》称六亲是父母、兄弟、妻子。卫石碏称六顺是君义臣行、父慈子孝、兄爱弟敬。《王制》称七教是父子、兄弟、夫妇、君臣、长幼、朋友、宾客。《礼运》称十义是父慈、子孝、兄良、弟弟、夫义、妇听、长惠、幼顺、君仁、臣忠。齐晏婴称十礼是君令、臣恭、父慈、子孝、兄爱、弟敬、夫和、妻柔、姑义、妇听。《祭统》称十伦是君臣、父子、贵贱、亲疏、爵赏、夫妇、政事、长幼、上下。《白虎通》称三纲六纪是君臣、父子、夫妇、兄弟、诸父、族人、诸舅、师长、朋友。虽朝三暮四，总此物数而十伦，非十义。五道，非五常。《中庸》三德，断非《洪范》之三德。

如谓名目小事，无关得失。宋后不识五伦，而君臣父子不绝于世。则始皇焚书，世何尝竟绝伦行，然而千古恨恨者，正以此名目得失，所关者大也。乃宋儒又曰："秦人焚经而经存，汉人穷经而经亡。"一似说经之害较焚尤甚，则亦焚之而已。何章句之有《礼器》？礼之以少为贵者，以其内心也，是以君子慎其独也。

清翰林院检讨毛奇龄《孝经广训序》(《西河集》卷三六)

《孝经》者，十三经之一也。相传夫子作《春秋》之后，即著《孝经》，故何休述夫子语，有曰："吾志在《春秋》，行在《孝经》。"而其后焚书律兴，秦人颜芝者藏之衣间。及汉始献之，于是立学，置博士。历晋梁唐宋不替，而宋相安石忽疑之，而废其学者已数百年也。

夫圣作贤述，何所致疑。明王孝治，千古不沫。独是经文具在，传注未一。先是颜本初出，谓之今文。而孔壁之出于后者，翻谓之古文。合古今二文而参差见焉。虽今文宗郑注，古文宗孔注。然或疑郑注与康成不类，孔注非安国旧本。即唐时在廷，互相质难，而究莫可定。其他自后苍、翼奉后，为注者七十余家。或传或蔑,踳驳烦秽,甚至作神经错纬图义传赞正义衍义,诸书纭纭杂出,而愈求愈远甚矣。训故之难为也。

北平雷征君力,学人也。其立身有原本,而又博于文。所著填籯溢箧,未经示世。司马金公幼师之,将出其所著书,为之表厉。而金公,孝者也。因先取《孝经广训》一书,订正锓板。予尝考其例,大约分章解节,不袭古文,而又非今文一十八章之旧。且尽铲唐时所增篇题。凡夫析经分传,移易颠倒,一准朱子所更定者。又附以杂述,及罗氏近溪所著宗旨,导扬未尽,抑何注之详,据之约耶?

姜子武孙每言金公纯孝,虽显贵不废孺慕。幼时入子舍,效万石氏亲洁厕牏。尝遘笃疾,窃吁天剔臂和膳,徼延瞬息。虽其事颇秘不欲示人,然即以是而推,毋论其所致扬名显亲,躬秉要道。既能以爱敬佐圣天子孝治天下,立君亲之义。而即此见其书而不忍舍去,思以扬义类而广论说,一如孩幼之承欢而展色笑者。恐亦今呫哔家所难到也。若夫诸家异同,必求一是,则圣天子亲事两宫,上述祖德,覃恩孝治,将必有立学定经义者,而又何异同之与有。

清·姜宸英《董公传》(《湛园集》卷五)

六经之书,皆所以垂教,而《易》《诗》之传最广。诗之变而为骚,为赋,为歌行近体,多羁孤失志贫贱之所为作,故虽避世之士,长往而不返者,尤好之。至如《易》遭秦焚书之后,仅以卜筮得存,自后阴阳占验之说益繁,莫不假经设谊,依托象类,其说至诡谲不经。而司马季主、严君平之徒,多传用其术,溷迹隐见之间。故夫《易》与《诗》二者之教,此山林隐逸之士离世而自全者,所乐取以自托者也。

清·姜炳璋《诗序补义》卷七

房玄龄问于薛收曰:“道不行矣,夫子何营营乎?”收曰:“上失其道,则下修之。得时则行,失时则蟠,先王之道所以续而不坠也。古者谓之继时,纵我不往,子宁不嗣音。如之何以不行废也。言虽无兴起学校之人,而嗣音者当在子衿耳。自秦坑儒,燔诗书,天下以学为讳。汉祖马上得天下,未遑礼乐,而一二老生于兵戈荆棘之际,诵法孔子,私相传授,人自为师,乃得十一于千百。汉武以来,崇儒重道，而宿儒名彦崛起，以经学鸣，毛公之于《诗》，亦其一也。苟非汉儒为先声，宋儒虽欲表章无由矣。得鱼忘筌，岂通论哉？”

清·徐乾学《读礼通考》卷一一

《通典》，唐圣历元年太子左庶子王方庆尝书问太子文学徐坚曰：“女子年幼而早孤，其母贫窭，不能守志，携以适人，为后夫之鞠养，及长出嫁，不复同居。今母后夫亡，欲制继父服，不知可不？人间此例甚众，至于服纪，有何等差？前代通儒，若为议论。”坚答曰：“《仪礼·丧服》经，继父同居齐衰。周谓子无大功之亲，与之适人所适，亦无大功之亲，而所适者，以货财为之筑宫庙，岁时使之祀焉者也。郑玄曰，大功之亲，同财者也。筑宫庙于家门之外者，神不歆非族也。以恩服尔，未尝同居，则不服也。小戴《礼记》，继父服，并有明文，斯礼经之正说也。至于马融、王肃、贺循等，并称大儒，达礼，更无异文。唯传玄著书，以为父无可继之理，不当制服。此礼，焚书之后俗儒妄造也。袁准作论，亦以为此则自制父也，乱名之大者。”

窃以父犹天也，爱敬斯极，岂以腼貌，继以他人哉？然而藐尔穷孤，不能自立，既随其母，托命他宗，本族无养之人，因托得存其继嗣。在生也，实赖其长育，及其死也，顿同之行路，重其生而轻其死，笃其始而薄其终，称情立文，岂应如是？故袁、傅之驳，不可为同居者施焉。昔朋友之死，同爨之丧，并制缌麻，详诸经典。比之于此，盖亦何嫌？继父之服，宜依正礼。今女子母携重适人，寄养他门，所适慈流，情均膝下，长而出嫁，始不同居。此则笄总之仪，无不毕备，与筑宫立庙，无异焉，盖有继父之道也。戴德《丧服记》曰，女子子适人者，为继父服齐衰三月，不分别同居异居。《梁氏集说》亦云，女子子适人者，服继父与不同居者服同。今为服齐衰三月，窃为折衷。方庆深善此答。

清·陆陇其《读礼志疑》卷六

汉孔氏《尚书序》云，古者伏羲氏之王天下也，始画八卦，造书契，以代结绳之政，由是文籍生焉。疏云，《尚书纬》及《孝经谶》皆云，三皇无文字，此不同者。

《艺文志》曰，仲尼没而微言绝，七十子丧而大义乖。况遭秦焚书之后，群言竞出，其纬文鄙近，不出圣人，前贤共疑，有所不取。通人考正，伪起哀平，则孔君之时，未有此纬，何可引以为难乎？

愚按，世多咎孔疏之引谶纬，观此条，则其胸中泾渭自分，其引之者，亦是择其近理者取之，似未可深罪也。若何休之解《公羊》，妄言孔子受端门之命，则真为侮圣言矣。

清・邵泰衢《史记疑问》卷上

焚书以后古史无征，幸迁之记得以传述。《史通》谓其多杂旧闻，时采异说，或违经传，与理不符，互见瑕瑜，每奇豪富。致使愚者传讹，雅人遗诮，不可谓非白圭之玷也。班氏曰，甚多疏略，或有牴牾，先黄老，退处士，羞贫贱，其是非颇谬于圣人。余览其言，敢举其违经缪理疏略牴牾之处，以为疑问，兼集先儒之说著于篇。浅识鄙见，匪敢问人，聊遣长日，以自怡云尔。

《秦始皇本纪》：臣请史官非秦纪皆烧之，非博士官所职，天下敢有藏诗书百家语者，悉诣守尉杂烧之。

《萧何世家》：沛公至咸阳，何独先入收秦丞相御史府律令图书。项王屠烧咸阳而去。

始皇在位之三十四年焚书，三十五年坑诸生，兼并天下，始九年耳。非秦纪皆烧之，则所烧者史书也，非诗书经典也。曰非博士官所职，敢有藏诗书百家语者悉诣守尉杂烧之，则所烧者天下民间所藏之书，而博士之职守如故也，则经书百家语特非博士不得藏耳。故吕东莱曰："所烧者天下书也，博士所职自若也。萧何收图籍而遗此，惜哉。"是博士职如故也，秦纪亦自若也。计戊子焚书至甲午入关，七年耳。诗书尚未堙没，而老成尚多存也。孰知沛公不好儒，萧何又刀笔吏，止入丞相御史府收其山川形势之图，官吏户口之籍，与夫刑法之律令制诰之文书，而不及博士所藏之经书百家语，且又不弛诗书之禁，又不委曲于约法三章之时，又不召老生宿儒以典其学。以致羽入咸阳，而博士所藏尽付一炬，其后虽有高堂、伏生其人，高祖又未遑其事。孝惠皆武力之臣，孝文唯具官之博士，而诗书之亡，不在始皇而在李斯，又不在项羽，而实在汉高之亭长，萧何之刀笔吏。

噫，何固不足责，张良又何为者与？不知良亦黄老徒耳，彼又乌知儒学而加之意哉？然而焚书之祸，其由来之渐。当缪公之世，由余入秦，乃曰诗书礼乐法度为政，中国所以为乱也，邪说之作始矣。至孝公，而商鞅变法修刑，此焚书之先声也。至荀卿，著论欲人毋贰后王，而迂法先王其徒。韩非、李斯皆师事卿，而非之言，曰世之愚学，不知治乱之情，多诵先古之书，以乱当世之治。李斯介之入秦，乃为灭学毁儒之说，极本溯原，由余、卫鞅开其先，而荀卿为之创，韩非为之导，而斯竟行之。荀卿曷胜诛哉，死于兰陵，幸矣。

始皇丧，棺载辒凉，车中抵九原，会暑上辒，车臭乃诏从官令车载一石鲍鱼以乱臭。

秦始虽崩，棺宁不慎，即曰仓卒，必不疎虞。况欲远达咸阳者哉？今也始抵九原，鲍鱼乱臭，事若齐桓，乌足深信。且穿及三泉，水银为海，而肯草草一棺乎？

又卷下

商鞅传

公孙座谓惠王曰："鞅有奇才，愿举国听之，不用即杀之。"召鞅谢曰："我言若为相，王色，不许我。我方先君后臣，勿用当杀之，汝可疾去。"

夫既先君后臣，则告以疾去者，不忠。夫既召谢趣去，而先告王必杀者，不义。不忠不义，座两有之。

吾说君以帝王之道，而君曰久远，以强国之术说君，君大说之耳。鞅曰："苟可以强国，不法其故。苟可以利民，不循其礼。井田、学校之法，尽废于鞅。刑刻惨苛之学，全由于卫。致古先圣王之遗意，至今荡然而不复者，皆其罪也。尚安敢曰帝王之道也哉？"曰，不法故，不循礼，而三代百王之制沦矣。又曰，常人安于故，俗学者溺于所闻，而焚书坑儒愚民之所由来矣。三王不同礼而王，五伯不同法而霸。罢封建、置郡守，自号始皇帝，而尊君卑臣之所由起矣。反古者不可非，循礼者不足多，则凡逸于伦常之外，矫制杀扶苏，立胡亥，指鹿为马之无不可行矣。至于收司、连坐，使民莫敢议令，鞅始之，斯继之，而汉不能复之。民到于今受其害，鞅罪宁浅鲜哉。车裂以狥，而灭其家，未足赎也。王安石之祖宗不足法，天变不足畏，人言不足恤者，本是也。

孟子荀卿列传

荀卿之与孟子,爝火之同皎日也。荀卿者,李斯韩非之师。非斯之焚书灭学,至今日而礼乐沦亡,几使二氏异端并为三教者,皆非斯之罪,而实非斯之本荀卿也。安得与吾孟子距杨墨邪说者之可同年语哉?至云天下方务合从连衡以攻伐,为贤孟子,乃述唐虞三代之德,是以所如不合,退而与万章之徒序诗书,述仲尼之意,作《孟子》七篇,未尝不知之也。且唐虞三代之德,荀卿知之乎?更以驺忌、驺衍与夫淳于髡、慎到等亦列之一传,迁可谓不知类矣。荀子性恶,而孟子性善,是荀子早已外于圣人之教。至驺衍之言大类佛氏。南瞻西牛之荒,而曰见尊礼如此,岂与夫子菜色陈蔡、孟氏困于齐梁者同哉?又自驺衍与齐之稷下先生如淳于髡、慎到、环渊、接子、田骈、驺奭之徒,各著书言治乱之事,以干世主,岂可胜道?迁未尝不知尊孟子也。而与荀卿辈同传者,何哉?岂汉儒浅陋,谓孟子不过荀卿流乎?至迁言退与万章之徒,作《孟子》七篇,晁氏谓赵岐之言亦然,韩昌黎曰,弟子所集。今考孟子所见诸侯,皆称谥。如齐宣、梁惠、滕文,盖死而后谥者也。诸王公死于孟子之前,未可知也。至鲁平公者,自惠王元年至鲁平卒年,凡七十七年,孟子见梁惠之时,已称叟矣。决不及平公之卒也,则后人所集是也。韩子之言是也。赵氏曰:《孟子》凡二百六十一章,三万六千四百八十五字。

清·李光地《榕村语录》卷二二

人但知焚书者李斯,不知萧何不为无罪。何原是吏,故从入关,止知收图籍,为钱粮兵马计,经书皆置不问。至项羽一炬,乃尽澌灭。秦人所禁,禁其行于民间者耳,所谓王府则有者,固在也。

清·惠士奇《春秋说》卷二

盖臣子不名君父,从一家一国之辞,亦如天王不名而不为僭焉。左氏谓列国同盟,故赴以名,非也。《杂记》曰,君讣于他国之君,曰寡君。不禄,不称薨,亦不称名。赴以名者，惟赴于天子。故《春秋》志诸侯之卒，临之以天下而称名。其有不名者，恶无礼也。杞子不名，夷之。宿男不名，贱之。秦伯不名，狄之。其后滕杞皆名，秦惟罃稻名，余皆不名。则秦之无礼为尤甚矣。曷为楚子名，而秦伯不名，楚国有书，其文甚美，秦不好学，焚书坑儒，盖其家法然也。秦穆悔过，君子取之，故《秦誓》编于书。三良殉葬，君子读《黄鸟》之诗而悲之。故《春秋》卒楚庄，而不卒秦穆。后世称为虎狼秦，又曰无道秦。有以夫。任好之卒，不志于《春秋》也。

清·秦蕙田《五礼通考》卷四九

《史记·始皇本纪》，二十八年，始皇东行郡县，上邹峄山。立石，与鲁诸儒生议，刻石颂秦德，议封禅望祭山川之事。乃遂上泰山，立石，封，祠祀。下，风雨暴至，休于树下，因封其树为五大夫。禅梁父。刻所立石，其辞曰："皇帝临位，作制明法，臣下修饬。二十有六年，初并天下，罔不宾服。亲巡远方黎民，《诗记》，宋大观中，汶阳刘跂至泰山，见其碑摹之，乃作亲巡远黎。登兹泰山，周览东极。从臣思迹，本原事业，祇诵功德。治道运行，诸产得宜，皆有法式，大义休明，垂于后世，顺承勿革。皇帝躬圣，既平天下，不懈于治。夙兴夜寐，建设长利，专隆教诲。训经宣达，远近毕理，咸承圣志。贵贱分明，男女礼顺，慎遵职事。昭隔内外，靡不清净，施于后嗣。化及无穷，遵奉遗诏，永承重戒。"

《封禅书》，秦始皇既即帝位三年，东巡郡县，祀驺峄山，颂秦功业。于是征从齐鲁之儒生博士七十人，至乎泰山下。诸儒生或议曰："古者封禅为蒲车，恶伤山之土石草木。扫地而祭，席用葅秸，言其易遵也。"始皇闻此议各乖异，难施用，由此绌儒生。而遂除车道，上自泰山阳至巅，立石颂秦始皇帝德，明其得封也。从阴道下，禅于梁父。其礼颇采太祝之祠雍上帝所用，而封藏皆秘之，世不得而记也。始皇之上泰山，中阪遇暴风雨，休于大树下。诸儒既绌，不得与用于封事之礼，闻始皇遇风雨，则讥之。于是始皇遂东游海上，行礼祠名山川及八神，始皇封禅之后十二岁秦亡。诸儒生疾秦焚诗书，诛僇文学，皆曰始皇上泰山，为风雨所击，不得封禅。

蕙田案，始皇封禅意在夸诩功德也。

又《五礼通考》卷一二三

《旧唐书·玄宗本纪》，天宝元年冬十月辛丑，改骊山为会昌山，仍于秦坑儒之所立祠宇，以祀遭难诸儒。

蕙田案，诸儒不在祀典。明皇此一祭，真足千古。